李慈雄与恩师南怀瑾先生

共产主义的理想
社会主义的福利
资本主义的管理
中国文化的精神

丙子春 南怀瑾 题

南怀瑾先生书于1996年。这四句话是先生在美期间（约1987年）对很多留美学子和企业家讲的，当时很多人想回祖国大陆投资，先生嘱咐大家，投资大陆必须具备这四项理念

春夏间的恒南书院

恒南书院南师墨宝馆

书院大堂

书院回廊

南怀瑾先生著述导读 第一辑
Introduction to Mr. Nan Huaijin's Writings, Volume 1

重建中国人的文化自信

恒南书院 ◉ 编

人民东方出版传媒
People's Oriental Publishing & Media
东方出版社
The Oriental Press

图书在版编目（CIP）数据

重建中国人的文化自信：南怀瑾先生著述导读. 第一辑 / 恒南书院 编. —北京：东方出版社，2023.1
（遇见南师系列）
ISBN 978-7-5207-2515-6

Ⅰ.①重… Ⅱ.①恒… Ⅲ.①南怀瑾（1917-2012）—著作研究 Ⅳ.①B261

中国版本图书馆 CIP 数据核字（2022）第 030923 号

重建中国人的文化自信——南怀瑾先生著述导读（第一辑）

编　　者：	恒南书院
责任编辑：	杨　灿
出　　版：	东方出版社
发　　行：	人民东方出版传媒有限公司
地　　址：	北京市东城区朝阳门内大街 166 号
邮　　编：	100010
印　　刷：	北京明恒达印务有限公司
版　　次：	2023 年 1 月第 1 版
印　　次：	2023 年 4 月第 2 次印刷
开　　本：	710 毫米×1000 毫米　1/16
印　　张：	32.75
字　　数：	265 千字
书　　号：	ISBN 978-7-5207-2515-6
定　　价：	89.00 元

发行电话：（010）85924663　85924644　85924641

版权所有，违者必究

如有印装质量问题，我社负责调换，请拨打电话：（010）85924602　85924603

缘　起

这是一个物质丰富、生活便利的时代，这是一个科技文明发达的时代，这也是一个人类不断追求生命起源和科学源头的时代，尤其是现在的新冠肺炎疫情，又为未来增加了很多不确定性。我们感到困惑、感到抑郁，需要找到人生的安身立命之处。

我有幸从二十岁起跟随南师，三十六年里听了他很多讲演，目睹了他的种种身教，希望现在能将多年来研读南老师著作的心得与体会和大家一起分享。

南老师一生致力于弘扬传统文化及教育，著作等身，将传统文化的精华深入浅出地讲解出来，使我们得以一窥先贤圣哲的智慧。

有鉴于此，我们恒南书院决定推出"遇见南师"系列——南怀瑾先生著述导读讲座，让更多的人能够听到南师著述的精要所在。

孔子曰：学而时习之，不亦说乎？有朋自远方来，不亦乐乎？有志者，曷兴乎来？

李慈雄

目　录

001 | 重建中国人的文化自信
　　　——从"见、闻、思、修"学习南师的教化思想

045 | 心药与济世利他
　　　——《药师经的济世观》导读

081 | 从历史哲学看企业经营
　　　——《历史的经验》导读

117 | 南师的教育思想及实践
　　　——《新旧教育的变与惑》《廿一世纪初的前言后语》导读

159 | 人生的内修外用工夫
　　　——《原本大学微言》导读

201 | 中国人的处世圣经
　　　——《论语别裁》《孔子和他的弟子们》导读

247 | 骑牛的智者
　　　——《老子他说》导读

291 | 庄子的入世与解脱
　　　——《庄子諵譁》导读

341 | 致中和，天地位焉，万物育焉
——《话说中庸》导读

375 | 本无所住而生其心
——《金刚经说什么》导读

419 | 宇宙生命科学的实践
——《楞严大义今释》导读

453 | 孔子的《易经》学习心得
——《易经系传别讲》《易经杂说》导读

491 | 附录一
南怀瑾先生年谱（简谱）

515 | 附录二
恒南书院缘起

重建中国人的文化自信
——从『见、闻、思、修』学习南师的教化思想

　　南老师一辈子只做一件事，就是践行他在峨眉山发下的宏愿，重续中华文化的断层，为保卫中华民族文化而战，为发扬中华民族文化而战，为全人类找到人生大道而战。

　　很多人称南老师为国学大师，其实真是误解他了，他绝对不只是某一方面的大师，而是融汇古今中西，有他重要的历史使命与担当。

"遇见南师"课程缘起

各位朋友、同学们，很高兴今天能够有这个缘分，在线上跟大家共同认识南老师，学习他的教化思想，研读他的著作。恒南大讲堂"遇见南师"系列课程的缘起，是两个月前，我与宗性法师谈起，我们目前这个时代有很多的困惑，不管是个人、家庭、单位，还是整个国家民族，乃至全世界，都处在困惑不安之中。如何面对这些困惑，实际上南老师的著述里，他的教化思想中，蕴藏着很多宝贝，已经给我们提供了很多答案，也为我们指引了方向。南老师的学问，涵盖了自古以来中华民族文化的真正精华，不只是他的一家之言。他的书深入浅出，很容易读，你读进去会爱不释手；但也很难读，要了解其中的思想以及中华文化的精髓，也有一定的门槛。所以我与宗性法师商议，由我先站出来，导读一部分南老师的著述。以后还有其他同学，包括宗性法师，也可能出来跟大家分享。希望透过这样的一个系列讲座活动，可以帮助有心学习中国文化、学习南老师教化的朋友们，比较快地进入学习状态。

今天是我们第一次的课程，我把题目定名为"重建中国人的文化自信——从'见、闻、思、修'学习南师的教化思想"。南老师一辈子只做一件事，就是接续中华文化的断层，为保卫民族文化而战，为发扬中华文化而战，为人类找到一条人间大道而努力，这是他一辈子念兹在兹，希望与天下有心人共同开展的大事业。

今天的课程分为五个部分：第一部分，介绍南老师所处的时代与生平，大家只有了解他所处的时代与生平才有办法了解南老师；第二部分，介绍南老师的为人与行愿，如果不了解南老师的为人和行愿，你也没有办法了解他著述里贯穿的精神；第三部分，介绍南老师的学问与著述，他不只是简单地空谈，而是把他的生命、精神都贯穿在这些讲述之中；第四部分，如何建立我们中国人的文化自信；第五部分，学习南老师教化的方法，这也是我跟他学习三十六年，揣摩出来的心得，供大家作为参考。

今天早上，我醒来之后，在南老师的像前跟他报告，今天晚上我要跟很多同学、朋友介绍他以及他的著述，希望不会让他失望，也希望对同学们有所帮助，我会尽力而为的。

时代和生平

首先，我们需要了解南老师所处的时代与生平事迹。南老师于一九一八年，也就是民国七年，出生在温州乐清。当时中华民国刚建立不久，整个社会动荡不安，风雨飘摇。在此之前的清朝末期，一八四〇年发生第一次鸦片战争，又有一八五六年的第二次鸦片战争，一八九四年中日甲午战争，一九〇〇年的八国联军入侵，整个中国被列强分割，处于广受欺凌的困厄时期。一九一四年发生了第一次世界大战，整个世界也很混乱。

另一方面，从人类的文明发展来讲，十八世纪开始，西方的工业革命产生了新的科技文明，使得现代国家军事制度和教育制度的发展方兴未艾。邻国日本通过明治维新，学习西方的制度以自强，更增强了其扩大领土的野心，想进一步参与列强的军事侵略。

反观我们中国，军阀混战，政治思想混乱，民不聊生，维系中华民族几千年的道统与文化体系被打得东倒西歪。最终导致一九一九年的五四运动，中华文化的自信几近丧失。在那山河破碎，民族危亡的困苦时期，所有中华儿女的有识之士都在思考探索：中华民族究竟将何去何从？当时很多青年人出国留学，带回来所谓的"德先生、赛先生"。德先生，也就是Democracy，民主；赛先生，也就是Science，科学。想当然地以为"德先生和赛先生"可以救中国，而事实真的是如此吗？南老师就出生在这样一个世界文明变化动荡、军事政治体系巨大变革的时代。

南老师的一生可分为以下几个阶段：

一岁到十七岁，在温州期间。南老师在十七岁之前，一直生活在温州乐清。他的父亲南光裕先生，字仰周，也就是我们的师祖，母亲赵氏是我们的太师母，他们对南老师有着很严格的中国传统方式的管教。记得南老师常讲，他小时候还不到十岁，春节时就

重建中国人的文化自信
——从"见、闻、思、修"学习南师的教化思想

被父亲送到家庙井虹寺去读书。他就是这样一个人在冷庙孤灯之下，度过了一段很长的学习时光。后来，南老师受用一生的文化功底，也正是在那时候培养出来的。

南老师所受的启蒙教育，实际上是师祖精心设计安排的。那个时期，师祖为南老师拜请了很多当地的贤士、有学问的人做老师，也引导南老师自读了《纲鉴易知录》、《史记》、"四书"等很多著作。详细的资料，大家可以参考南老师的二公子南小舜先生所写的《人生路漫漫》，这本书我看过两遍，讲述一家几代人的故事，每次看都会情不自禁地掉下眼泪。大家要了解南老师的家世，以及他的家人如何默默承受并支持南老师走上拯救中华文化的道路，这本书有很好的参考价值。同时，我相信对今天很多立志学习的年轻人来讲，它是一本很好的参考书。

南怀瑾先生父亲：谱名光裕，名正裕，字仰周，号化度（1888—1957）

南怀瑾先生母亲：赵荷香女士（1891—1990）

十八岁到二十岁，在杭州期间。南老师十八岁只身离开家乡温州，到杭州求学，进入了浙江省国术馆习武。并在武艺比赛中获得冠军，毕业后留校担任教官。在学习之余，他在杭州西湖边寻师访道，潜心学习《四库全书》、《指月录》、《金刚经》以及道家秘本等。南老师从小就对这些学问有很深的好奇和兴趣。

《人生路漫漫》封面

二十岁到二十九岁，在成都、峨眉山、康藏、昆明期间。一九三七年"七七事变"后不久，当时刚好二十岁的南老师就决定到大后方成都去。在川期间，他参贤访道，同时担任中央陆军军官学校的政治教官，之后在当时的西康与四川交界一带，创办了大小凉山垦殖公司并任总经理。这是一个近两万人的边防垦殖公司，专门做开垦边荒的工作，所以南老师在很年轻的时候就已经尝到和体会过权力的滋味。虽然很年轻，但他已经深深认识到，最重要的还是文化教育。国家民族真正缺少的并不是英雄豪杰，而是如何在文化思想上，真正把中华民族的文化命脉传承下去的人。

重建中国人的文化自信
——从"见、闻、思、修"学习南师的教化思想 | 007

四川灌县灵岩寺。一九四二年,南怀瑾先生在此参加袁焕仙先生主持的禅七

峨眉山大坪寺。一九四三年,南怀瑾先生入大坪寺闭关阅藏

所以，他毅然决然地放弃了当时的权势和地位，回到成都，在金陵大学研究部选读学习。也是在这期间，他开始跟随袁太老师——袁焕仙先生，在成都郊区的灵岩寺学禅，并得到了袁太老师的认可。悟道之后，他只身一人来到峨眉山大坪寺闭关三年，阅《大藏经》。在峨眉山闭关期间，他发愿重续中华文化的断层。因为他深知，假定在这个时代中华文化断绝了，中华民族将万劫不复。其实南老师的一生，都是为履行他在峨眉山所发的宏愿而辛勤操劳。从峨眉山下山之后，为了实证各种修道的殊胜境界，他也曾寻访康藏，参拜密宗上师。抗战胜利之后，他应邀到昆明讲学。

三十岁到三十一岁，在温州、杭州期间。南老师由昆明赴上海，经杭州回到阔别十年之久的温州家乡，在故里乐清短暂省亲，并完成了南氏家谱的编修工作。当时他早已看到整个国家局势的动荡不安，预知时代会有大变动。之后他只身一人到台湾考察，三个月后返回浙江。

三十二岁到五十二岁，在台湾早期。他迁居台北与基隆，组建"义利行"，用三条机帆船从事货运业务，一开始生意很红火，后来因为两岸的战事，三条机帆船因火灾沉没在舟山，生意也因此终止。经过这个打击，南老师并没有气馁，继续选择他一辈子要走的道路。不久后，他在台湾开讲《楞严经》，并带领学生打禅七。

这二十年时间里，他先后出版了《孔学新语》《禅海蠡测》《禅宗丛林制度与中国社会》等著述。其中，包括《楞严大义今释》与《楞伽大义今释》，这是佛经里最关键的两部经典，用现代的方式把它重新阐述出来，所以他笑称自己是"二愣子"，同时也出版了《禅与道概论》，等等。所以南老师不是一个简单的读书人，他教过书、带过兵、打过仗、经过商。

五十三岁到五十九岁，在台北期间。一九七○年，南老师五十三岁时，预见时机成熟，在台北成立"东西精华协会"，开始正式大力弘扬中华文化。一九七一年，他组织创办了《人文世界》月刊，并发表他的个人文章及讲课记录。一九七六年，在古国治学长的参与之下，他创办了"老古出版社"，出版了《习禅录影》与《论语别裁》。其间也定期为社会各界讲授《论语》、《易经》、《金刚经》、"历史与经验"等。我是在一九七六年南老师闭关之前，到他那里学习的。

一九七○年成立的东西精华协会，它的主旨与使命，就是南老师在峨眉山发愿的主要思想的进一步具体化实施。南老师说，东西精华协会的主旨与使命是：

第一，唤醒近世东方各国，使他们恢复文化自信，不再舍弃固有文化的宝藏而一味盲目地全盘西化；

第二，重新振兴中国人文思想的精神，以纠正西方物质文明的偏差；

第三，沟通东西文化，以谋求人类的和平和幸福。

东西精华协会的主旨与使命开宗明义，是很清楚的。其中下设四个机构，禅学班、国际文哲学院、安颐别业、青少年辅导院。安颐别业是专门照顾老年人、给老人养老的社会福利事业，我们办的"悦心·安颐别业"就是想实现南老师的理想。青少年辅导院是专门帮助青少年成长的。实际上今天的恒南书院，就是希望继承当年东西精华协会的事业。当然，我们现在做的事情还很粗浅，但是努力的方向是一致的。

东西精华协会，希望揭橥人类两大历史课题：

一是如何为全人类着想，建立新的经济哲学思想。大家有没有想过，到目前为止，世界各个国家，包括西方所谓的大经济学家们，所提出的经济理论往往只是站在自己国家或一个地区的经济目的而产生的，并不是真正为全人类着想而产生的。为什么今天全世界的贫富差距会越来越大，地区与地区间的矛盾越来越深？这些不是偶然的，都是由经济社会背后的思想原因造成的。

二是如何沟通精神与物质文明，以建立综合科学思想。今天为什么我们人类的精神方面的毛病越来越多？就是因为人类越往物质文明发展，越忽视精神文明。现在所谓的精神文明，事实上只是很肤浅的一个表层。所以当时南老师对我们说，作为这个时代的年轻人，要对历史有交代。我为什么跟着南老师学习一辈子，也就是被他提出的这两大历史课题深深地感染，觉得这是我们该做的事情。只是很遗憾，也很惭愧，到目前我们所做的研究和贡献还是那么粗浅。但是我们不会忘记，还要继续往前推进，今天我也特别提出来跟大家共同勉励。

六十岁到六十二岁，在台北闭关期间。记得在南老师闭关之前，他跟我们商量要在哪里闭关。很多人也提供了郊外山上僻静的好地方，但是他觉得最方便的，就是在他的住所，所以他就在台北的寓所掩方便关三年。那三年他很用功地深入实证了很多的修行境界。

在他闭关期间，仍然没有忘记对社会作贡献。一九七八年，他在台北佛光别院讲授"融会显密圆通修证次第",每周一次,前后用了一年的时间,这次课程的记录经过整理出版,就是今天的《如何修证佛法》这本书。每个礼拜我也会跟着南老师去听课,这个过程里面有很多感人的故事,其中我印象最深刻的一次,是在一个冬天的夜里,佛光别院所在的大楼停电了,我们很自然地觉得今天要停课了,没想到南老师二话不说,走楼梯爬到十几层的教室,叫同学们点上蜡烛照常上课。这种绝对不让自己妥协,不姑息自己的精神,让我们看了很惭愧,也很受触动。

一九七九年,南老师接受洗尘法师的敦请,开始主持十方丛林书院。这一段时间他在十方丛林书院讲授了"佛教佛法与中国历史文化"、《禅秘要法》、《宗镜录》、《大圆满禅定休息清净车解》、《大乘要道密集》、《楞严经》及"诗学"等课程。

与此同时,老古出版社也在不断发展,出版了《新旧的一代》、《正统谋略学汇编初辑》(34卷50本)等书籍,南老师对于宗族孝道也极为重视,在此期间还编辑出版了《南氏族姓考存》。

六十三岁到六十七岁,在台北期间。六十三岁时,他正式出关。应各方之邀,他开始更系统性、更大范围地弘扬中华文化。他先后为企业界、学术界、政府、军队等组成的专题文化研究学习班讲课,讲授《孟子》《左传》《老子》《庄子》《列子》《战国策》《史记》《长短经》《汉书》《管子》《易经·系辞》《参同契》等典籍,并系统性地讲授了"中华文化大系"这一课程。同时他还主持十方丛林书院的教务工作,亲自教导带领出家僧众。我们看他是那样辛苦,有时半夜两三点还在批改学生的心得报告。不管是谁的报告,他都一定看一定批。这种为人师表、诲人不倦的师道精神,感动着我们每一个人。

这期间,我刚好到美国斯坦福大学留学,我的指导教授是一位专门研究人类前途包括经济思想的哈门教授。因为我的介绍,南老师与哈门教授彼此有信函往来。当时南老师就提到一个全球性的计划,他说到目前为止,全世界各国的经济学家提出来的经济理论都是为富国强兵,都是为自己一国私利,并不是站在全人类福祉的前提之下的。他正式提出,现在的人类要有一个全球性的发展经济的前提,不只是单纯从某一个国家或是某一个地区的利益来看待问题。两位老师当时往来的书信,也在南老师的《中国文化泛言》中正式辑录出版。同时南老师主持了南氏宗亲新正祭祖大典,由此大家看得出来,他对家族、对孝道的精神是很重视的。

这一时期,南老师的书逐渐也在国外流行起来。美国出版英文译本的《静坐修道与长生不老》(*Tao and Longevity*),这本书后来也译成了多种国家的语言,影响很大。很多人在海外知道南老师,最初也是因为这本书。与此同时出版了《孟子旁通》《参禅日记》《金粟轩诗词楹联诗话合编》等书。

六十八岁到七十岁,在美国华盛顿期间。一九八五年,他离开台湾到华盛顿寓居近三年。这三年时间里,我有幸也从纽约迁移到华盛顿工作,在他身边生活了两年多时间。这段时间里,他讲授了"中国未来之前途"、"密宗大手印"、"佛学大纲"、《佛说入胎经》、《易经》等很重要的课程。老古出版社也出版了《历史的经验》、《老子他说》(上)、《易经杂说》、《一个学佛者的基本信念》、《道家、密宗与东方神秘学》、《中国佛教发展史略述》、《金粟轩纪年诗初集》等很重要的书籍。

七十一岁到八十六岁，在香港期间。一九八八年，南老师七十一岁时，从华盛顿到了香港。在香港期间，他做了几件重要的事。第一件事，协助两岸沟通，推动两岸达成"九二共识"。当时的民革中央副主席贾亦斌先生，专程从北京飞到香港与南老师商谈两岸关系的事。为了祖国的和平统一，南老师促成两岸沟通，并亲笔写下《和平共济协商统一建议书》。这个《建议书》的影印本目前展示在恒南书院二楼的墨宝馆里。

《和平共济协商统一建议书》南怀瑾先生亲笔

另外一件很重要的事，就是从一九八八年到一九九七年，整整十年，南老师促成修建了金温铁路。大家都知道，金温铁路是从浙江金华到温州的铁路干线，是孙中山先生在《建国方略》中就已经提出的，整体国家大建设里很重要的一环。但一百多年来，因为当地地层、地质结构复杂，山脉、湖泊特别多，工程施工极为艰难，一直未能修成。南老师刚从美国回到香港，温州政府代表团就到香港拜望他，希望请南老师帮助家乡修建金温铁路，经过南老师的推动和促进，各方面洽谈确定于一九八九年签订金温铁路的建设意向书，一九九二年正式开工兴建，一九九七年整条铁路全程铺通。铁路建成时，南老师写下四句感言：

铁路已铺成，心忧意未平。
世间须大道，何只羡车行。

铁路虽然已经修成了，但南老师心心念念的，还是世间的文化大道，并不只是修建一条铁路有车能行，而是要修一条通往人心的大道。一九九七年，他放弃所有合约中应得利益，只收回投资，不计利息，还路于浙江地方。今天，当我们乘坐金华到温州的火车时，就会想起他老人家，这是他在历史上的一个伟大贡献，而南老师这种功成身退，还路于民的情怀，是很难得的。

在香港期间，他依然坚持思想教化不辍。每天晚上在他的会客厅（戏称"人民公社"），高朋满座，讲学不断。一九九四年，他专程从香港飞到厦门南普陀寺，主持了七天的"生命科学与禅修实践研究"，带领大陆学人系统性地去认识什么叫"打禅七"，认识什么叫"禅"，也就是很多朋友都知道的"南禅七日"。

一九九六年，南老师将自己近一百万美元的著作版税捐献给家乡，作为温州市政府旧居改建"乐清老幼文康中心"的建设基金。这是他一辈子的稿费，捐出来建设一个老年人跟孩子们的文康活动中心，以回报家乡。他深情地写下"乐清老幼文康活动中心"赠言：

> 我生于此地长于此地，而十七年后，即离乡别土。情如昔贤所云：身无半亩，心忧天下；读书万卷，神交古人。旋经代嬗五六十年后，父罹世变，未得澡雪，老母百龄，无疾辞世，虽欲归养而不可得，故有此筑。即以仰事父母之心转而以养世间父母，且兼以蓄世间后代子孙。等身著作还天地，拱手园林让后贤，以此而报生于此土长于此土之德，而无余无负。从今以后，成败兴废，皆非所计，或嘱有言，则曰：人如无贪，天下太平；人如无嗔，天下安宁。愿天常生好人，愿人常做好事。

南老师讲自己真正的心情是"身无半亩，心忧天下，读书万卷，神交古人"。他十七岁便离开家乡，除了在抗战之后短暂回到温州一年，从此再也没有回过家乡，但在他心里一直很挂念。谁不爱自己的父母？谁不爱自己的长辈？所以他讲自己的心情是"即以仰事父母之心转而以养世间父母"，把自己对父母亲的孝养之心转而孝养天下父母，也就是"大孝孝天下"的精神。"且兼以蓄世间后代子孙。等身著作还天地，拱手园林让后贤"，这是何等的胸襟。关于这些内容，大家可以参照南小舜先生所著的《人生路漫漫》，了解更多的细节。我相信你会更为深刻地了解南老师，了解南氏整个家族的伟大。

中国文化,源远流长,上下七千年皆有可证。原法动心忍性而七百年必有王者兴之说,老而弥坚,如青年时期曾志到文骞书生报国之心,历代史传皆有记载。清此难而能得济时救世者,概皆依佛道儒三教之影响。後之学者并此认知亦缺,纵有少数人如我者,皆有心无力,眼看风气日下,人心不古,徒唤奈何。老矣!毕竟年近百岁,而对文化教育,则以从事讲说为长。此数十年讲录存稿,虽非精审,不无小补,聊以赠之。

岁在一九九六年十一月上旬
南怀瑾 时年七十八

一九八八年至二〇〇三年期间，他的大陆简体字版著述也开始大量地出版，包括《论语别裁》、《孟子旁通》、《老子他说》（上）、《楞严大义今释》、《历史的经验》等。同时，在台湾也继续出版繁体字版的《原本大学微言》《易经系传别讲》《圆觉经略说》《金刚经说什么》《药师经的济世观》等著述。

八十七岁到九十五岁，在上海、江苏吴江期间。二〇〇四年，他正式从香港移居上海，与中国科技大学联合举办为期十天的"中国传统文化与认知科学、生命科学、行为科学"的专题研讨会。同年，南老师推动了社会教育相关的事业，在他的鼓励之下，我们创办了武汉外国语学校美加分校。这所学校将国学与国际教育并重，素质教育与学历教育并重，经过十几年的耕耘，现在已经在湖北省名列前茅，是当地很有分量的一所学校。

武汉外国语学校美加分校

二〇〇六年，南老师正式移居太湖边的吴江，创办"太湖大学堂"。当年夏天，即主持了七天的"禅与生命科学的实践研究"。《禅与生命的认知初讲》这本书，就是这次研讨的记录。

太湖大学堂

2007年7月，先生与李慈雄、美国建筑设计师Kenneth Grant Jenkins（中文名：郑克耐，也是太湖大学堂建筑设计师）讨论上海恒南书院的规划、设计

行禅中的佛陀

二〇〇七年,南老师同意在上海筹设"南怀瑾研究院"(后更名恒南书院)。二〇〇八年,他主持了为期十天的"传统文化与身心性命内修外用之学"研讨会(注:其记录于二〇二一年由南怀瑾文化在台湾出版,名为《传统身心性命之学的探讨》)。同年协助印度龙树学院的世友先生进行复兴印度佛教的工作。图中这尊高二十几米行禅中的大佛,就是在南老师的号召下,学生们共同出资,并由雕塑大师詹文魁先生完成的。每年有超过百万人瞻仰,是印度佛教复兴很重要的形象代表。

二〇〇九年,在宗性法师的协助下,南老师为恩师袁焕仙先生修建灵骨塔。他是一个极为重视师道的人,为我们树立了尊师重道的典范。

洞山普利禅寺

同年，他推动重建了江西洞山曹洞宗祖庭——洞山普利禅寺；并协助推动修建江苏吴江庙港的老太庙，这是当地传统文化活动的场所，也很有特色。

二〇一〇年，南老师九十三岁，他深感目前的教育有很多本质上的缺陷，大家重视学历而不重视学生的实际才能，所以他提倡兴办"农工商科技职业教育"。一开始，我们听到他起这样的一个名称觉得很奇特。但只要大家细细体会，就会明白，这里面涵盖了农业、工业、商业、科技职业教育。所以我们在湖北孝感创办的美珈职业学院也是秉承这样的思想在往前推进。

这段时间，简体字版的《庄子諵譁》《廿一世纪初的前言后语》《我说参同契》《维摩诘的花雨满天》等书也相继在大陆出版。

先生辞世后

二〇一二年南老师辞世之后，他的事业并没有停止，由刘雨虹老师提议及推动，以南老师的家人为主，在台湾成立了"南怀瑾文化事业有限公司"，开始系统性地出版南老师新的著述，并重新校订出版了很多南老师之前的著述，包括《孟子与尽心篇》《孟子与滕文公、告子》《我的故事我的诗》《话说中庸》《孔子和他的弟子们》《中医医理与道家易经》等。另外，东方出版社也系统性地把南老师在大陆出版过的书籍重新校订出版，修正了其中的错误。更多南老师的生平、史料请关注"南怀瑾学术研究会"公众号及网站。

在整理南老师书稿的人里，我要特别提出来的，就是我们的刘雨虹老师。刘老师小南老师两岁，她跟随南老师的时间有四十多

重建中国人的文化自信
——从"见、闻、思、修"学习南师的教化思想 | 021

与刘雨虹老师合影

刘雨虹老师编、著的部分著作

年。我们今天看到南老师这么多的书,大多数都是在她主持之下,加上很多同学的共同努力而出版的。前段时间我去看她,对她说:"刘老师您很辛苦,一百岁了,精神各方面要多保重。"她说:"慈雄啊!我做的事情是我最想做的,我乐在其中,一点都不辛苦。"我听了之后,很有感触,一个人一辈子能够找到自己想做的事,乐在其中,真是一点都不为苦,是多大的福气啊。我们对她真是顶礼膜拜,感激万分。

南师的行愿与教化

南老师一辈子只做一件事,就是践行他在峨眉山发下的宏愿,重续中华文化的断层,为保卫中华民族文化而战,为发扬中华民族文化而战,为全人类找到人生大道而战。很多人称南老师为国学大师,其实真是误解他了,他绝对不只是某一方面的大师,而是融汇古今中西，有他重要的历史使命与担当。

关于南老师的为人风格与行事风范，有四点跟大家分享：

第一，"天下为公"。他常常鼓励我们"士不可以不弘毅，以天下兴亡为己任"，也就是儒家所讲的士大夫精神，不要只考虑个人的一时之利，而是要有"不以物喜，不以己悲"，包容天下的情怀。他也常引用日本明治维新名臣伊藤博文的话，"计利应计天下利，求名当求万世名"，来鼓励我们。

2011年，94岁的南怀瑾先生在江苏吴江的太湖大学堂书写"天下为公"

第二，以人类文化传承及发展为鹄的。不只是考虑我们中华民族，而是要为全人类的文化着想。所以他特别强调东西精华要结合，他说西方文化本身有很多宝贝，我们应该把东西文化精华结合起来。

第三，强调道是天下人的公道，不是某个人的道。所以只要你诚心想学习，他一定是无所保留，没有任何私心地教你。当然，有些人不够诚心，既听不懂，也看不懂，那也是无可奈何的事。

第四，"视天下人为子女，视子女为天下人。"其实这两方面他都做到了。乍听起来，我们也许会觉得这很平常，但事实上大家仔细想想，就会觉得不简单。

"视天下人为子女"，或许还容易理解，把天下所有的人当作自己的孩子一样来看待。我们跟着南老师学习，跟他没有任何的亲戚血缘关系，但他把我们这些学生，都当作他的子女一样来看待和照顾。

"视子女为天下人"，就更不容易了。我认识南老师的六个孩子，也跟他们有比较多的交往。我很了解他们，也很佩服他们，他们的所作所为，都很值得尊敬。南老师在世的时候，他们在南老师身边宁可叫老师，不叫父亲。为什么？因为他们觉得南老师对学生比对自己的孩子更好。我们作为学生在旁边听到他们这么说，事实上心里很不是滋味的。

但南老师离世之后，他的六个孩子真正做到了"天下为公"，他们统一签署了一份文件，并同时在台湾和大陆登报声明，把他们继承的南老师遗产，包括版税，各种遗物全部捐献出来做公益，回馈国家和社会。他们和南老师的学生们一起组建了"南怀瑾文教基金会"，把南老师在世时讲课的很多录音，用最新的科技，逐步整理修复。所以大家现在在网上可以听到比较清晰的南老师讲课的录音资料，这是南怀瑾文教基金会的功劳，也都是南老师的孩子们这样无私地把南老师的遗产捐献出来做公益的结果。大家

南怀瑾先生与家人、学生摄于一九六八年春节（左起：次女圣茵、妻子杨晓薇、三子一鹏、幼子国熙、学生朱文光、南怀瑾先生、长女可孟）

南怀瑾先生与四子一九八九年摄于香港
（左起：幼子国熙、长子宋钏、南怀瑾先生、次子小舜、三子一鹏）

要知道，南老师的孩子们生活并不是很富裕，能够这么做，一定是长期受到南老师"天下为公"思想的熏陶的结果，所以我要对他们致以崇高的敬意。

报纸刊登的南师子女关于南师遗产处置的声明

可以讲南老师的一辈子，专注在文化教育事业，比较少顾及自己的家庭和亲人，事实上他很怀念自己的母亲，也怀念家人。有一年他生日，也就是母难日，作了这首《丙午母难日怀双亲》。我们在他的诗作里，可以充分体会到他的心情。

> 空谈怀想报慈恩，此恨茫茫欲断魂。
> 历劫几能全骨肉，对人不敢论亡存。
> 寄情幻梦为真实，仰护平安托世尊。
> 读礼每惭言孝道，碧天无际泪无痕。

"空谈怀想报慈恩，此恨茫茫欲断魂。历劫几能全骨肉，对人不敢论亡存。"当时，两岸还没有正式沟通，他家乡父母的情况如何都不知道。"寄情幻梦为真实，仰护平安托世尊。"只能寄托佛菩萨加持，保佑自己的父母。"读礼每惭言孝道，碧天无际泪无痕。"几十年不能与父母亲人相见，想到家事、国事、天下事，真是百感交集，这种心情，又有谁能得知啊！

南师的侠义与立功

我们再看南老师的侠义与立功。南老师一辈子做事情是"义所当为、义无反顾"的，他觉得该做的就去推动，等到做完了，好像跟他没有关系，不再去回想，在他心里面就像一片浮云，早就飘过去了。

南老师一无己私地推动两岸沟通，促进和平统一，推动建设金温铁路，鼓励儿童读经与"中、英、算"儿童智力共同开发（他并非只是鼓励读经），创办太湖大学堂，鼓励创办武汉外国语学校美加分校，推动江西宜丰洞山普利禅寺与江苏庙港老太庙的重建，协助印度佛教复兴，等等，还可以列举出很多很多事情，他都是义无反顾地去推动的。

我们在他身边，看到他帮助过无数的人，支持过无数的事，很多人都受到他的帮助，不管是个人身心状况、家庭还是工作，都获益良多。这些人回去看他，对他说："老师啊，您这么帮助我，我能够做些什么回报您？"南老师说："假定你能够用这种心情回报社会，多做好事、多帮助他人，就是对我最好的回报。"

南师的难行而行

我们再看南老师的难行而行。南老师早期在中国台湾几十年的生活是很辛苦的。我是一九七六年到南老师身边学习的,当时的东西精华协会是很小的一个机构,只有一层楼面,寥寥几个人,真是辛苦艰难。大家看他当时的诗句:

> 辛苦艰危独自撑,同侪寥落四周星。
> 松筠不厌风霜冷,雨露终教草木青。
> 熟读经书徒论议,实行道义太伶仃。
> 乾坤亘古人常在,欲为天心唤梦醒。

"辛苦艰危独自撑,同侪寥落四周星,松筠不厌风霜冷,雨露终教草木青。"他相信只要坚持这条大道,努力把东西文化的精华融合起来,将来肯定会培养出年轻一辈的人才。"熟读经书徒论议,实行道义太伶仃。"真正的人生大道,真正的千古事业要经得起寂寞。所以他常说热闹的事情容易,但真的能够忍得住寂寞,欣赏寂寞,享受寂寞,太难了。真正的学问,真正的本事也就在这里养成。"乾坤亘古人常在,欲为天心唤梦醒。"他一辈子所做的事业,念兹在兹:"为天地立心,为生民立命,为往圣继绝学,为万世开太平。"难行而行,难忍而忍。希望我们中国人不要忘记自己的文化宝藏,更不要被西方物质文明迷惑吞并。

辛苦艱危獨自撐，同儕零落四周星。松筠不厭風霜冷，雨露終教草木青。熟讀詩書徒論議，實行道義太伶仃。乾坤亘古人常在，欲為天心喚夢醒。

乙酉仲冬感賦於東西精華協會 中國總會 南懷瑾

南师的教育与学问之理念

南老师在教育与学问方面有很深的理论，他对教育与学问的阐述跟我们现世的教育有相似之处，也有很大的不同。

教育之目的　为后世造就利国利民之人才
学问之理念　为群生启发自觉觉他之慧知

他说"教育之目的,为后世造就利国利民之人才",教育不只是培养有学历的人,要培养真正有本事、利国利民有才能的人。譬如你能够踏踏实实,安身立命,做好一个木工、一个工程师、一个医生,乃至做好一个农民工、一个保安,也都是对社会有所贡献,而不是徒有学历。当然,他很期待能培养出大教育家、大企业家、大政治家、大医学家、大文学家、大科学家、大艺术家等各种对社会有大贡献的人才。

"学问之理念,为群生启发自觉觉他之慧知",我们人是众生之一,人生在世要启发自己以及别人的生命慧知,要唤起生命的良知,把我们与天地共通的智慧唤醒,这样生命才真正有意义,才有办法去面对各种困难,也能够真正地做出对社会有贡献且长久的事业,使生命得到升华。我们目前在办的很多教育事业,也就是根据南老师提出的这两条教育理念而往前推进的。

南师的教育与立德

南老师的教育理念,有他具体的方向,他说作为教育者,首先要以身作则,为人师表。不只是简单地拿着课本去教书,变成教书匠,所以中国人讲"经师易得,人师难求"。第二,他强调文武合一,身心并重。现在我们很多孩子身体是不够健康的,身心发展是失衡的。第三,他强调经史合参,强调我们所有的学习要有所感受,要有受用。第四,结合科学,与时俱进。南老师对世界上最新的事物或科技发展是非常敏锐的,他吸收力很强,不断地在学习、吸取,每天一定给自己保留念书的时间,他觉得只有这样,一天才没有白过。第五,他强调东西文化精华结合,世界大同。第六,他强调要以出世的精神做入世的事业。第七,他在晚年特别提出来,每个人要有谋生的职业技能,才能立足社会。

南老师常常强调自己是最平凡的人,称自己是"三无"老人。他说自己"一事无成,一无所长,一无是处"。对这三句话,我给它做了注解。"一事无成",实则继承了中华文化的精华,成就了千秋事业;"一无所长",实则时时学习,博古通今,很少看到有人比他更努力、更用功;"一无是处",实则出世入世通达自在,处处充满智慧,真是极高明而道中庸。但他却是那样谦虚、从容、自在。

在二〇〇六年,代兴玲女士写了一首《天净沙·怀师》,白描南老师:

糜粥香烟岩茶,圆帽长衫鹤发。大师高僧菩萨,耄耋顽童,他是当今神话。

代兴玲女士和南老师的合影

"糜粥香烟岩茶",南老师吃得很少,每天喝两碗粥,抽香烟,喝岩茶。"圆帽长衫鹤发",南老师喜欢穿长衫。"大师高僧菩萨",很多人给他不同的名头称号,给他戴不同的"帽子",他都无所谓。"耄耋顽童",他称自己是老顽童,"他是当今神话",南老师就是这样自在从容,一辈子念兹在兹地为中华文化的复兴而努力。

所以南老师的好朋友,李石曾先生形容南老师一辈子的学问是:

上下五千年,纵横十万里。

经纶三大教,出入百家言。

这个形容毫不为过,我们读他的书就知道他的学问之广,见识之深,东西方文化都非常深入,又真正能够融入我们的生活与工作中,使人受用。记得有一位官员,生了一场差点危及生命的大病。他在人生最低谷的时候,读了南老师的《金刚经说什么》而振作起来,使他无畏于痛苦困难,而重新燃起生命的力量,后来他专程来上海恒南书院瞻仰南老师。类似的故事还有很多。所以南老师的著述很重要的一个特点,是可以启发人生命的力量,使人无畏,克服种种困难。

南老师再三告诫我们,东方文化的慧命不绝如缕,再不好好地护持发扬就断了。对此我深有体会,在没有跟南老师学习之前,真的没有办法体会中国文化的博大精深与实际受用。

南师的学问

所以我们今天讲中国文化,并不是空谈,中国文化儒、释、道及诸子百家，都强调人伦世界的建立及做人处世之道。要有以"天下兴亡为己任"的士大夫精神，有"不以物喜、不以己悲"的情怀。有这样的襟怀，才有办法做出千秋的事业。

南老师说，"儒家如农之种植，春耕秋割，时播百谷而务期滋养生息，故止戈而后修齐以致治平，舍此而莫由"。儒家有一套治理国家的办法与程序，诚意、正心、修身、齐家、治国、平天下，乃至天下大乱之后而休养生息，"舍此而莫由"，不走儒家这一条路线是没有办法的。

譬如汉朝刚刚打下天下，刘邦实行儒家的制度，结合道家的办法，把当时整个天下稳定下来。南老师对儒家主要的经典都有专门的著述，如《论语别裁》《原本大学微言》《话说中庸》《孟子旁通》《易经杂说》《易经系传别讲》等。

道家追求生命的求证与逍遥，但却不逃避拨乱反正的历史责任，功成身退。很多历史阶段，当整个国家社会动荡的时候，都是道家人物出来拨乱反正。所以南老师讲"道家如良医诊疾，谈兵与谋略，亦其处方去病之药剂，故世当衰变，拨乱反正，舍之不为功"。所以我们讲大医道，不仅仅是讲个人的养生，治未病，更包括国家、民族、社会出现动荡时，能够出来拨乱反正，帮助国家社会恢复安定，就是大医道。

南老师的《老子他说》《庄子諵譁》《列子臆说》《我说参同契》，包括《静坐与修道》等，这些都是很重要的道家方面的书籍。南老师还专门编了《正统谋略学汇编初辑》，为谋略学正名。大家可能会很好奇，谋略学就是谋略学，为什么要加上"正统"两个字呢？南老师在这套书里已经给出了答案，他特别强调，谋略学最高的原则是："王者师之，霸者友之，守者臣之，亡者奴之。"这与个人的道德及人性善恶息息相关，谋略并不是如何设计去谋害对方，而是晓得权变，完成最高道德。同时，他也提出要以老子的"以正理国，以奇用兵，以无事取天下"的理念来治国。

佛家也是我们中国文化很重要的一支。佛家是实证生命的自觉觉他，以出世的精神行入世的菩萨道（实际上出世入世是一回事，只是各有侧重），它有一套完整的理论和实证体系。但很多人提到佛家，尤其最近社会上经常讲到"佛系人生"，以为逃避责任、自私、退缩、不求上进、无所谓，就叫学佛。实事求是地讲，真是完全曲解了佛家真正的精神。南老师讲佛家是百货公司，什么都有，它是绝对的出世，也是绝对的入世，入世出世是一体的。

南老师著述了很多佛家的经典，包括《药师经的济世观》《金刚经说什么》《楞严大义今释》《楞伽大义今释》《禅海蠡测》《圆觉经略说》《如何修证佛法》《维摩诘的花雨满天》《一个学佛者的基本信念》《人生的起点和终站》等。

南老师的学问涵盖十方，还涉及历史、医学、杂家等方面，出版了《历史的经验》《新旧教育的变与惑》《小言黄帝内经与生命科学》《廿一世纪初的前言后语》等著述。他强调历史经验要与现实事功结合，绝非徒托空言；强调"经史合参"，经典一定要跟历史结合；强调中国文化要与生命科学及认知科学结合；强调中西医药要结合，不要闭关自守。

最后，我要以北宋张横渠先生的名句仰赞南师：

为天地立心，为生民立命，为往圣继绝学，为万世开太平。

"为天地立心"，为宇宙天地，奠定真正精神的主宰。"为生民立命"，为我们所有的众生，立下生命的根本。"为往圣继绝学"，要融汇东西方文化的精华，承继中华文化的传统。"为万世开太平"，大家看，目前中美之间的对抗，严格讲起来就是东西文化思想的对抗。所以南老师一辈子的心愿，就是当年他在峨眉山上发的愿：为接续中华文化的断层而战，为保卫中华民族文化而战，为全人类找到人生大道。

重建中国人的文化自信

所以说，我们要重建中国人的文化自信。

首先，要认知中国文化对"身心性命、内修外用"是有完整的理论与实证体系的，它尊重所有的圣贤，超越宗教，但是又包含一切学问。

什么叫"身心性命"？人的生命统筹起来包括身、心、性、命。身就是指我们的身体，同时也包含物质及物理世界。心是精神、心理。性是形而上的道，命则是我们讲的生命。中国传统中常有"生死有命，富贵在天"的观念。现在很多西方科学家在研究我们的意识作用深处，是不是还有一个能够影响未来身心健康的信息传播机制。

"内修外用"，从你个人内在的修养，包括对身体的调养及对情绪的调御，能够进一步影响你的做人处世，包含对家庭、单位、社会、国家有所贡献。这是中国几千年文化最重要的地方，而且它不只是知识而已，内在修养有一个完整的理论及实操体系，同时强调"齐家、治国、平天下"，能够"外用"，去帮助整个社会，造福全人类。可以讲中华文化的精神被这八个字说尽了。

其次，中华文化对国家治理有完整的理论和丰富的经验教训。有些西方人以为，我们中国人没有前途，没有宗教信仰，只晓得赚钱。这是因为他们不了解中国文化。几千年来，中国能够在世界上立足，中华文化能够这样历久弥新，不是偶然的。管子早就提出"礼义廉耻，国之四维，四维不张，国乃灭亡"。单单靠经济、靠军事国防力量是不行的，一个国家一定要有它的文化底蕴。大家也不要忘记，我们古人早就提出过，"非我族类，其心必异"。东西方文化本身有所差异是必然的，也不要期望他们会站在我们的立场上思考。中国这几千年来多难兴邦，永远是自强不息，越是遇到困难，反而越能促进我们整个国家民族的自强。所以思想文化才是一个民族真正的灵魂，也只有抓住了灵魂，才能够真正实现伟大的"中国梦"。

第三方面，是我们儒家的特长，要建立人伦世界的秩序，注重"五伦"。一个人如何对待长上、父母、子女、伴侣、兄弟姐妹、朋友等，中国有一套完整的为人处世之道，这是很宝贵的人类文化。现代社会，很多人把重心搞偏了，生活很无序，老祖宗的东西不去了解不去继承，是很可惜的事情。

第四方面是刚刚我们讲过的大医道。这个大医道不只是医学上所谓的个人健康，企业、国家都有大医道，绝不简单的。所以范仲淹说"不为良相，即为良医"。

我们讲重建中国人的文化自信,是很实在的,假定把它缩小到我们每个人身上,就是要树立正确的"三观"。南老师常常讲我们要实在做人,要有责任感,不要浮在表面,要有一技之长,才有办法立足社会,所以他特别强调要办农工商科技职业教育。他也强调每个人要学会调御身心,面对烦恼,不畏艰难,不能放纵,越放纵身体越糟糕,心理也就越是无序。为什么这个时代精神疾病越来越多?因为大家不知道如何调御自己的身心。另外,他讲我们要处世圆融,成就事业。处事圆融不是变成滑头,而是要获得别人的信任,能团结人,这才能够成就事业。更重要的是,要有家国情怀、天人合一的思想。仰不愧于天,俯不怍于人,从容自在地对社会有所贡献。

南老师也再三提出,现代世界的战争,归根究底是文化思想的战争。我们要真正实现中国梦,实现中华民族的伟大复兴,除了以经济国防实力超越世界之外,作为灵魂的文化与思想,更要超越世界,领导世界。我们自己的文化宝藏为什么不去挖掘呢?为什么不将它找出来结合到我们的做人、做事中,服务整个社会呢?南老师就提倡,要发扬优秀的中华文化与世界文明的融合创新。

南师的"洽世"思想

一九八七年,南老师在美国的时候提出,未来中国的前途就是这四句话:

> 共产主义的理想
>
> 社会主义的福利
>
> 资本主义的管理
>
> 中国文化的精神

共产主义的理想不是西方的舶来品，早在中国的《礼运·大同篇》里就已提到"大同世界"的思想，还有道家的"华胥国"，这些就是共产主义的理想。社会主义的福利，强调任何一个国家社会制度不是只为少数人谋福利的，而是要符合绝大多数老百姓的利益，是要为全天下人谋福利的。

南老师讲资本主义的管理，但并没有讲资本主义的制度哦，学习资本主义的管理怎样把效率提高，把大家的积极性调动起来。更重要的是要具备中国文化的精神，也就是我们今天讲的主题——重建中国文化自信。

大家看南老师对自己的期许，也是对所有学人的期许：

> 入世出世皆通悟
>
> 人道佛道两圆成

作为一个人，不管是入世，还是追求个人生命解脱的出世，都是融合在一起的。你看南老师所有的书，有出世的也有入世的，两者是不分开的。也因为以出世的精神做入世的事业，所以从容自在，一点都不拖泥带水。我敦请大家去读关于南老师家族故事的书《人生路漫漫》，读了这本书，你就会知道南老师的一生是难行而行、难忍而忍的。

重庆石林寺佛教居士林
入世出世皆通悟
人道佛道两圆成

辛巳初春乐清南怀瑾贺

学习南师教化的方法

最后,关于南老师教化的方法,我总结了四个字"见、闻、思、修",这是我三十几年的学习心得,把它贡献给大家。

"见",就是大家可以去读南老师的书,看他的讲课视频,等等。"闻",就是听南老师著述的有声书,或者在南怀瑾文教基金会网站听南老师的原声录音带,相信大家的感受是不一样的。当然听他上课的录音,摄受力会更强。假定从我们传统文化上来说,"见"跟"闻"也就是要"博学、强记",这两点很重要。"博学"是要多看多听。"强记"是关键的字、关键的句子一定要记下来。记住之后,有时候遇事它会不自觉地冒出来,自己就会受用。我自己的体会,强记是很关键、很重要的,大家可以参考。

"思",看了、听了之后要思考:为什么事情是这样的?为什么这句话要这么讲?一定要思考,要问自己问题,不只是耳朵听、眼睛看,更要用心,把学到的东西跟自己的生命与生活结合起来,思考怎样能够改善自己的思想行为。就是《中庸》讲的"审问、慎思、明辨",才会真正得到其中的精髓。"修"就是"笃行、受用",要拿出来用,不只是停留在自己的感受层面。譬如现在社会很多人看书,好像记住几个名词就算读过了,那不叫看书。

所以学问不只是接受一些信息,而是不断地反复上进,受用在自己的身上。尤其读南老师的书,你看一百遍也不为过。南老师的有些书,譬如《楞严大义今释》,我至少看了一百遍,虽然不是每次都从头到尾看。但因为在研究,所以我是带着问题随时翻阅。

有时晚上睡觉到半夜，想到一句话，就会去书中查证。对于《论语别裁》《老子他说》等，要是能够反复地阅读思考，我相信个人的成就指日可待。

最后，我想感谢大家！很高兴今天晚上能够用线上这样的新模式，与大家共同学习南老师的教化思想，希望对各位同学有所帮助，谢谢大家！

问　　答

问题一：我喜欢看南老师的书，看后很有感触，但又说不出来，是何道理？

李院长：我是从大学二年级开始跟南老师学习，看到这个问题，我是很有感触的，的确如此。因为南老师的书并不是知识性的，你看知识性的书，看了之后感觉懂了，把它记下来，而南老师的书是与我们的生命息息相关的。你今天看，有你现阶段的生命感触，但是再经过一段时间，可能你的境界变了，又会发觉其中还有另外的道理，所以这是很正常的。等到你真的读通了，我相信你可以讲出自己的道理。说不定你那时可以上来跟大家分享。

问题二：我人生碰到大困难时，看南老师的什么书好？

李院长：这个问题很有意思。南老师的书是很全面的，包括儒家、道家、佛家、历史、教育、医学等方面，可以对治不同的问题与困难。但最重要的是平常的研习，培养健康的三观，晓得做人做事的道理。事实上我们很多的烦恼和困难，是因为观念的问题导致的，所以培养智慧和情操，如何能够从容自在，是很重要的人生修养。孔子说的"君子无入而不自得"，就是这个意思。

我刚才讲过，有一位朋友，生了大病，他辞掉了很好的工作，准备等死。结果他读南老师的《金刚经说什么》得到很大启发，后来病也好了。《金刚经》说，"过去心不可得，现在心不可得，未来心不可得"，当你遇到大困难的时候，要了解一切事情都会过去的，太阳每天还会从东方升起。

问题三：现代文明，好像要被人工智能（AI）吞噬，物联网（IOT）的发展，更促进人类的物化，您如何看？

李院长：这个问题问得很深，但我想要讲的是，能够设计人工智能、设计物联网的还是我们人，是我们的心，问题是心是什么，大家有没有想过？有一次我跟我的孩子在外面看星象，大家知道晴空万里的时候，可以看得很远，你会觉得宇宙好大好远，当时我跟孩子讲，有一个东西比宇宙更大，是什么？就是我们能够看宇宙的这个心，问题是我们这个心在哪里，要把它找出来。所以，我们今天讲了人类的物质文明的发展，这些都还是初步的。未来随着人类文明的发展，我们整个精神和物质的交际结合，应该会有更新的东西出来，对我们人类的进步会有更多的帮助。

问题四：南师在几十年前就预言，二十一世纪人类精神疾病流行，现实世界的确如此。为何？我们如何自处？

李院长：二十一世纪人类精神疾病流行，这是南老师在《药师经的济世观》那本书里预言的。我记得这个课程是南老师在一九八一年讲的，到今天已经快四十年了。当时南老师说，十九世纪威胁人类的是肺结核，二十世纪是癌症，二十一世纪是精神病、心理病。大家看看现在社会上那么多事情，譬如前段时间在贵州有一个巴士司机把车子开到河里，诸如此类等，都是很可怕的现象。所以我们要从南老师的著述中找到"身心性命、内修外用"的方法，调节我们的身心状态，这样才能真正有一个自处的基础。

问题五：现代企业经营，动不动就强调创新的经营模式，快速成功赚钱。有人说，企业的终极目标是利润，做企业就是做生意，无利不起早。也有人说，企业必须创造实际的价值。但做企业是做事业，如果没有纯洁的理想，没有艰苦奋斗、锲而不舍的精神，那么生意将失去它的存在意义，而且不会长久。您是怎么看待做企业的？

李院长：这位同学说得很对，南老师以前带我们看了一部电视剧，是讲的明朝晚期的朝鲜大企业家林尚沃。他的师父教了他一句话："赚取人心，利润自然来。"假定你的企业长期帮客户着想，能够赚取客户的心，能够为他带来真正的福祉和价值，同时也帮你的干部、员工创造了一个安身立命的平台，能够回馈股东长期的效益，我相信，这家企业是可以长期持久发展的。目前很多人强调快速成功，这个说法也无法说到底是对还是错。但是，我想长期来讲还是那句话，"赚取人心，利润自然来"，而不是靠短期的忽悠和欺骗，这是一个根本的要点。

问题六：西方笑中国人只知谋利争权，没有宗教信仰，所以没有前途，对此您如何看？

李院长：美国的前国务卿希拉里就是这么说的，她说中国人没有前途，说我们没有宗教信仰，是急功好利的群体。事实上，她太狭隘了，她不晓得我们中华文化的悠久与博大精深。当然，我们中华文化不排斥任何西方的文化，我们尊重所有的圣贤，超越宗教，也包含宗教。但反过来讲，我们也应该警惕，不要陷入谋利争权之中，那实在是很糟糕的事情。

问题七：请问南老师对您最后的交代，"谦虚、反省、用功"，有什么深意？

李院长：这位同学问的问题，事实上是南老师离世之前交代我的六个字。在我的书里我也提到过"谦虚、反省、用功"。谦虚就是把自己看得很平凡，虚怀若谷，能够不断地吸收、长进，不要自以为是。所以南老师常讲自己一无是处，事实上也就是最谦虚的话。反省是什么？不断地反省自己，哪些是不足的；不要只是怪别人，要反思自己。用功就是要精进，这个用功本身有各方面的意思，包括我们做企业，不勇猛精进，企业肯定衰败；不反省、不反思自己的方向是不是有错误，也肯定会出问题。所以，这是南老师很平凡但又很深刻的教导。这六个字对于我们个人，对于企业，对于国家，都一样适用。

问题八：南老师的书哪一个版本是最完整、校订最好的？

李院长：我很负责任地讲，南师去世后，他的法定继承人授权了东方出版社继续出版（南师二〇〇八年起亲自与东方出版社签约）。目前国内东方出版社出版的南老师的书，是由刘雨虹老师带领的一批南老师的学生，与东方出版社的编辑们一起全部重新校订过的，对相关典故和引用资料等，都进行了细致的修订。所以，这次课程我们也很荣幸地跟东方出版社一起合作。大家有兴趣，可以自己去购买东方版南老师的书来看。

心药与济世利他
——《药师经的济世观》导读

观看本课程视频

在这样一个纷扰的世界里，大家都会有一个问题，到底应该怎样规划自己的人生？大家仔细反省一下，一天之中，真正能够有一刹那是身心绝对愉悦，内心清清静静的吗？事实上这样的时间是非常短暂的。我们大部分的时间都是在烦恼、愤慨、痛苦、忧愁之中，意境上很少有一刹那真正的愉悦。

一个人能够真正自净其意，才可以勉强讲是掌握自己命运的人，而不是说你得有多少钱，或有多高的地位。自净其意是掌握自己命运、把握生命的很重要的基础。能够这样初步做到，把自心还归到自性光明之中，那是最大的心药，是让我生生不息，永远追求的。这也是我这辈子一直跟随着南老师的原因。

各位线上的同学、朋友，很高兴今天再次与大家相遇。转眼间，一个月时光悄然而逝。上个月我与大家分享了南老师的生平，收到了十六位同学的心得报告。其中有很多他们个人的人生体悟，让我深受感动。与此同时，恒南书院公众号分期发布了二十五集南老师讲述《药师经》的原声带。这些原声带是由南怀瑾文教基金会和恒南书院，委托南老师的学生官大治先生，花了很长时间优化整理出来的。在这里，也对他致以衷心的感谢。

今天我们这次课程的主题是"心药与济世利他——《药师经的济世观》导读"。我们一般人平常是很少念《药师经》的，很少提到"南无药师琉璃光如来"的名号，但碰到有亲人生病，或者发生事故的时候，心里都会祈祷药师佛的加持，希望能够帮助自己的亲人、朋友消灾延寿。我自己在学习《药师经的济世观》的过程里很受益，也得到了很多感应。在进入主题之前，我先跟大家分享两个故事。

第一个，是我的亲身经历，我在大学四年级时已经在南老师那里学习一年多时间了，当时生了一场病，住进了医院。出院之后我去见南老师时，他正在闭关，他很慈祥地问了病况，并配药给我吃。后来我病好了，他跟我说："慈雄啊，你这次生病，跟你以前的业力有很大关系，你应该好好忏悔。我们是学佛的，要对这个事情有深刻的了解和认识。"当时我才二十一岁左右，我想生病就生病，怎么跟业力有关系？不是很懂。但是几十年来，通过自己的学习与人生感悟，我应该找到了答案。我想，这个问题可以通过今天的课程，提供给大家参考，希望大家也能够找到答案。

第二个故事，我们看美国最近的总统大选，民主党候选人拜登，我们先撇开他个人的政见不谈，拜登这辈子经历过很多人生的大不幸，他第一任太太和一个孩子在他很年轻的时候，就发生车祸去世了；在他晚年时，他的大儿子也得重病去世了。一个人经历了这么多人生的悲剧，包括失去他自己最亲爱的妻子和孩子，所谓的白发人送黑发人，他是怎么渡过难关的？在他的演说里他专门讲，假定一个人这辈子没有目标，看不到光明，那么他的人生就完了。是人生目标和希望引导他渡过了重重的难关。

这两个都是很实在的例子，我们不妨把这两个故事当作今天课程的背景，以此探究《药师经》是怎么看待这个世界的。

首先，我们来看今天的内容大纲：第一部分，讲娑婆世界与疾病；第二部分，讲文殊师利菩萨请法的故事；第三部分，药师佛十二大愿构成的东方琉璃光世界；第四部分，讲现实世界及药师佛的教化——我们会讲到现实世界，药师佛是怎样教导我们的；第五部分，我们会提到《三界天人表》，我们人在宇宙生命中处于什么位置；第六部分，修善去恶，自净其意；最后，我们会作个总结，如何建立疫情下的人生观。

娑婆世界与疾病

"娑婆世界"是佛法里的专有名词，因为很难用中文概括，所以音译为"娑婆世界"。"娑婆"意为"堪忍"。为什么叫娑婆世界？这个世界本来就是不完美的，有疾病、瘟疫、天灾、饥饿、战争、人祸等各种苦难，包括最近肆虐全世界的新冠病毒。虽然很难受，但是勉强可以忍受。《药师经的济世观》里也讲到了九种横死，包括饥渴、水灾、火灾等意外，一个人最后能够寿终正寝离开这个世界是很不容易的。所以说我们这个世界是娑婆世界，是一个勉强可以忍受，堪忍的世界。

在这样一个纷扰的世界里，大家都会有一个问题，到底应该怎样规划自己的人生？大家仔细反省一下，一天之中，真正能够有一刹那是身心绝对愉悦，内心清清静静的吗？事实上这样的时间是非常短暂的。我们大部分的时间都是在烦恼、愤慨、痛苦、忧愁之中，意境上很少有一刹那真正的愉悦。曾经有人做过一个观察，进出同一幢办公大楼的人，大部分都是来去匆匆，脸上的表情是比较疲惫的。南老师曾经半开玩笑地讲，人永远觉得自己钱少一块，房子少一间，衣服少一件，鞋子少一双；对名气、美貌、地位的追求，永远是不满足的，觉得自己应该得到更多。但一个人地位越高，财富越多，痛苦随之而来的往往更大，这就造成了我们这个世界各种不同的现象。

一九八一年，南老师在台湾讲授《药师经》的时候就说，十九世纪威胁人类的疾病是肺结核。大家都知道，那时候因肺结核过世的人是很多的。二十世纪威胁人类的疾病是癌症，到目前为止，全世界被癌症夺去生命的人很多。当时南老师也语重心长地提出，二十一世纪是精神病、心理病的时代，会影响整个人类到无可救药的地步。原因是什么？第一是社会的价值观与生活压力；第二是人生观和人伦关系的变化；第三是科技、物质文明的发展，虽然生活更便利，但精神更紧张。就像现在我们每天花很多时间在看手机，越看精神越紧张、越压抑。大家不妨看看现在我们周遭的很多社会现象，很值得我们深思，譬如最近有新闻报道，一位巴士司机，他把载有几十位乘客的车子开到河里去了，就是严重的精神问题导致的。这是南老师四十年前的预言，当时很多人不理解，但今天社会的现象，确实应验了他的预言。那么，在这样一个时代我们应该怎么自处？是一个很大的课题。

认清"学佛"

今天既然我们想学药师佛，首先应该正确认清什么是学佛？

最近我常常听到一个名词，叫作"佛系人生"。我听了之后，觉得很奇怪，也很生气。为什么？因为很多人以为佛系人生就是无所谓、心灰意冷、逃避现实、与世无争。这哪里是真正的学佛？这是对学佛很大的误解，真正的学佛绝对不是这样的。释迦牟尼佛是讲出世的，但也是最讲入世的，在今天讲的《药师经的济世观》里面，大家可以充分地认识到。

第二点，我们看到现在很多喜欢跑庙子的人，见人便合十，说一句"南无阿弥陀佛"，希望佛菩萨可以加倍保佑自己；也有人吃素，认为这就是修行。其实这都是误区，是一种依赖心理。同时又有功利心，以为念一句佛号就能够得到解救，就可以升天。事实上，这样念佛并不真诚，是糊涂心。糊涂心是什么？在念佛的时候，不晓得在念什么，莫名其妙地念，有些念法上也不对，而且心里还有很多念头，意念杂乱。为什么很多人念佛，没有真正得到感应，没有真正得成就，就是因为有这样的依赖心、功利心、糊涂心。

第三点，一般学佛的人，没有真正认清什么叫他力与自力，以为学佛是把自己的命运交给别人，靠佛菩萨的加庇，靠别人的帮助，是靠他力的。但大家要注意，他力须建在自力的基础之上，要自立自强，尤其是能够让自己的思想行为净化升华。没有自力的努力，佛菩萨也不会来保佑你的。

第四点，没有认清入世与出世的关系。一般人往往以为学佛就是出世的，这样的认识是彻底错误的。学佛是出世的，更是入世的。我们看释迦牟尼佛，他在八十一岁涅槃之前还在教化。南老师九十五岁时，在去医院前，还在批阅学生的心得报告。他们都是绝对牺牲自我的入世典范。

第五点，现世与来世。三世因果的概念是学佛的基础，这一点不彻底弄清楚，学佛很难真正地进入。假定认为这辈子可以胡作非为，不管别人，不管以后，没有畏敬之心，那是很可怕的。

最后一点很重要的，南老师在《学佛者的基本信念》这本书里主要讲了《普贤行愿品》普贤菩萨发的十大愿，后面也列了其他大菩萨的行愿,包括阿弥陀佛的四十八大愿、文殊师利菩萨的十大愿,也包括我们今天讲的药师佛的十二大愿等。这本书我反复读了很多次,南老师为什么把这本书定名为"学佛者的基本信念"?有一次,我专门问他这个问题,他笑了笑说:你自己参参看。因为发愿是一个学佛者真正的最根本的基础。

名号的意义

有了这些认识之后,现在我们回到《药师经》的经文。所有的佛经,尤其是释迦牟尼佛亲自讲的很多经典,都是在中午化缘,吃好饭之后,休息到下午,开始讲经说法的。很多时候都是由他的学生,例如文殊菩萨或者阿难尊者等请法的。这一次是文殊菩萨请佛讲法,南老师在很多书里讲到,大家要把佛经当作一部小说、话剧、电视剧来看,以这样的心情和态度看就会觉得佛经很生活化,很有味道,而且跟自己很贴近,并不是那么严肃的。我们现在看文殊菩萨如何请法。

世尊,惟愿演说如是相类诸佛名号及本大愿,殊胜功德。令诸闻者业障消除,为欲利乐像法转时诸有情故。

他说世尊啊,希望您能给我们介绍诸佛菩萨的名号和他们所发的大愿,以及他们的殊胜功德,让听到这些道理的大众,能够消除业障。"为欲利乐像法转时诸有情故",什么是像法?我们这个时代就是像法时代,释迦牟尼佛已经离开人世,只有佛经、佛像还留在世间,我们还有经典可以看可以听,就是像法时代。文殊菩萨说希望我们这些像法时代的所有有情众生,都能够有所获益。这就是文殊菩萨请法的因缘。

接下来,释迦牟尼佛隆重推出了我们这部经典的主角东方药师琉璃光如来。我们看他怎么介绍:

东方去此,过十殑伽沙等佛土,有世界名净琉璃,佛号药师琉璃光如来、应正等觉、明行圆满、善逝、世间解、无上士、调御丈夫、天人师、佛、薄伽梵。

"殑伽沙"就是恒河沙。我们知道印度最大的河是恒河,恒河里面的沙石是不计其数的。释迦牟尼佛说,往东方看,要经过十条恒河沙数量的宇宙世界,就像我们现在看到的宇宙苍穹,银河星系之外那么遥远的地方,有一个药师琉璃光如来的国土,干净清透,就像净琉璃一样,那里的佛叫药师琉璃光如来。"琉璃光"的颜色就是天青色,譬如我们到西藏或是以前我在加州的时候,有时在空气比较干净的地方,整个晴空万里无云时,就像一个净琉璃的世界。

佛有十个名号,我们今天简要来解释一下。

第一,如来。来不知其所来,谓之如来。"无所从来,亦无所去",好像是来过,本来就在这里。

第二,应正等觉。他应化来到这个世界。众生受他的感应教化,能够得到正等正觉,明心见性,能够得到彻底的觉悟。

第三,明行圆满。他的智慧、福德、神通都是绝对的圆满。要透明得像净琉璃一样,十方三世无所不知,天上人间无所不晓,一切修行,一切法门,邪门歪道、外道、魔道、正道,无所不知,叫明行圆满。

第四，善逝。善逝与如来是相对应的，去不知其所去，谓之善逝。"无所从来，亦无所去"，不晓得怎么就来了，也不晓得怎么就去了，大家觉得好像很神奇。事实上我们想想看，人世间的事情哪一件不是这样的，有些表面上会停留十年，有些会停留一刹那，事实上所有的现象都不会超过一刹那。人生就像做梦一样，譬如我们最爱的亲友，可能不知道什么时候就突然走了，包括我们自己，若干年之后也会离开。

第五，世间解。对世间的学问彻底地了解通达了，能够解脱世间、出世间所有的桎梏，达到真正的解脱，大自在。

第六，无上士。没有比他更伟大的，他是至高无上的大士。

第七，调御丈夫。他可以调御自己的情绪，调御自己的身心意念，对国家、社会的思想问题，也都能够调御和改变。

第八，天人师。他不只是我们人类的老师，也是天人的老师。

第九，佛。佛者，觉也，是彻底觉悟的人，又能够帮助别人开悟。

第十，薄伽梵。另外一个翻译叫世尊，这个世界上最尊贵的长者、老师。

我们看佛的名号有这十种意义。记得我第一次听南老师解释佛的这十种名号时，就被折服了。真正学佛有这十个方面的内涵，绝对不简单的，并不只是念一句"阿弥陀佛"就了事的，要出世入世都能通达，要能调御一切的身心问题，能够造福社会，等等，值得我们努力学习。

济世的心愿

接下来,释迦牟尼佛讲药师佛在还没有成佛之前,就已经立下了十二大愿,这是他成佛的因。这十二个大愿在《药师经的济世观》的书里面,大家可以仔细研究。今天因为时间关系,我们只作简要的介绍。

第一大愿,希望他真正成佛时,所有的众生都能够找到自己的自性光明,能够转化色身,照耀世界。

第二大愿,希望他真正成佛时,所有众生身内身外都能够彻底光明透彻,即身成就。

第三大愿,很有意思的,他强调所有在他国土里面的众生,能够受用无尽。在《礼运·大同》篇里,也提出了这样的一个大同世界的理想。

第四大愿,改邪归正。在他的国土里,任何邪见都能够回归正见,就像我们讲文化教育就是要改正人们错误的思想。现在社会上很多人以为只要有物质的满足,生活就能够更加幸福美好,这也是片面的。

第五大愿,清净持戒,改过迁善。在药师琉璃光如来的国土里,所有的众生都能清净持戒,改过迁善。

第六大愿,在他的国土里,色身下劣、诸根不具的人,听到他的名号,通过他的治疗,能改变其先天的不足,我称之为医疗保障。事实上,我们现代的医疗技术已经在这方面有了很大的进步,可以帮助聋、哑等残疾人恢复正常。科技本身是可以起到造福众生作用的。

第七大愿，他讲到社会福利，望在病痛中的、贫苦无依的大众，能够透过他的琉璃光世界的"福利"，解脱病苦，身心安乐。如果我们到医院或者比较贫困的地方去，就会发现这个世界并不是我们想象的那么光鲜，还是有很多病痛和贫苦。在社会动荡的时候，有战争或大瘟疫的时候，人民更加痛苦。所以这一条是药师佛为一切被众病逼切，"无救无归，无医无药，无亲无家，贫穷多苦"的有情众生而发的愿。

第八大愿，在他的琉璃光世界里，他希望所有的众生都相好圆满，巍巍庄严。

第九大愿，跳出魔网解脱缠缚。众生思想上的谬误，在他的琉璃光的世界里能够得到光明的启发和教化，从而得到解脱。

第十大愿，解脱忧苦。遭遇不幸的忧苦众生，能够透过琉璃光的修法获得解脱。在南老师的书里，他专门提到过文天祥的故事。当时文天祥被元兵俘获，囚禁三年，被关在最糟糕的牢里，他一念至诚修大光明法，平安地度过，没有改变自己的气节。

第十一大愿，他希望自己成佛以后，众生被饥渴所烦恼、为求饮食而造一切恶业时，只要念药师如来名号，马上可以得到上妙的饮食，最后则以佛法的法味使众生过上很好的生活。

第十二大愿，他希望成佛的时候，一切没有衣服穿、被蚊虫所咬，受天气冷热、昼夜逼恼等痛苦的众生，只要听到他的名号，能够"专念受持"他的名号，所要求的都能满愿，获得种种上妙衣服，也同时得到最宝贵、庄严漂亮的器具。能随心所玩，满足众生一切物质的欲望。

药师佛发愿让在他佛土世界里的众生，物质与精神都很充沛，不会因为物质和精神方面的匮乏，而产生忧愁，让每个众生都能够明心见性，这是所有人心目中所追求的理想国土。这十二大愿每一条都很具体，值得大家深入地研究。

我们再回来看药师佛，在成佛之前，他就像我们普通人一样。他修行时发的本愿，就是他后来成佛的因。因为有这个因，他后来才成佛，成就东方琉璃光世界的果。所以发愿是初心，就像我们提倡的不忘初心，为人民谋幸福，为民族谋复兴。你有这样一个初心，在意识上进一步修持，成为愿力，最后这个愿力变成愿行，能够可持续地发展。所以发愿是任何事情的根本。世出世间的事情不都是如此吗？今天我们线上的朋友中，有做企业的，有政府官员，有教师，有医生。如果你没有真正诚心地发愿，一定不会有特别的成就。因为一切事业要靠你的初心，只有发心才能形成真正的可持续的力量，造就一个引以为荣的团体。

当然，南老师也再三强调，不只是学佛要发愿，做任何事情都要发愿。药师佛的这十二大愿就是正法宝藏，他的理想是那样伟大——达到精神与物质圆满美好的境界。但大家不要忘记，药师佛强调很重要的一点：要舍己为人、一切为他。因为人人都是为他，整个社会就升华了。反过来讲，人人为他，也就是人人为我，这是辩证的，也是很实在的。所以药师佛的愿力从精神层次的明心见性、内外明彻、文化教育到物质文明的社会福利、医养保障等，全部涵盖进去了。

所以说药师佛的十二大愿，对我们来讲是很好的启发，可以这样理解，这十二大愿就是药师琉璃光世界的"宪法"，就好比一个国家或一家公司，要有自己的愿景和章程。所以大家看药师琉璃光世界就在现世，是凭我们集体的愿力共同建立的，是和儒道文化息息相通的，同样强调我们今世要为社会、国家、整个人类作贡献。并没有说要等到死后去西方极乐世界，而是希望在现世能够通过我们集体的力量，来改变和改善我们这个世界，让所有众生都能够离苦得乐，这是真正的药师琉璃光世界的精神。

《礼运·大同》篇

与药师佛的十二大愿相应的，我们中华民族早在两三千年前，就有同样的理想。譬如《礼运·大同》篇里专门提到：

大道之行也，天下为公。选贤与能，讲信修睦，故人不独亲其亲，不独子其子，使老有所终，壮有所用，幼有所长，鳏寡孤独废疾者皆有所养，男有分，女有归。货恶其弃于地也，不必藏于己；力恶其不出于身也，不必为己。是故谋闭而不兴，盗窃乱贼而不作，故外户而不闭，是谓大同。

"大道之行也，天下为公"，就是彻底地指出公天下的精神。孙中山先生特别喜欢"天下为公"这句话。南老师晚年，他留给我们的墨宝也是"天下为公"四个字。"选贤与能，讲信修睦"，选出贤能的人治理国家，大家讲究信用，关系和睦。"故人不独亲其亲，不独子其子"，不只是照顾自己的亲人，还要照顾好天下所有的人，也不是只照顾自己的子女，还要照顾别人的子女。"使老有所终"，让所有人能够好好终老，到晚年能安心颐养。"壮有所用"，壮年人能够拥有一技之长，有所作为，为社会贡献力量。"幼有所长"，孩子们都能够安心成长，得到好的教育和照顾。"鳏寡孤独废疾者皆有所养"，社会上各种不幸，孤独无依、身体残缺的人，都能够得到相应的照顾。"男有分，女有归"，男女各尽其职，安于其所，皆有属于自己的家庭归宿。社会井井有条，呈现和谐的氛围。"货恶其弃于地也，不必藏于己"，人人认为最可恶的是浪费，不随意把东西丢弃，使大众能够真正地受益，每个人都能够把自己的财物布施出来，好东西不自私地据为己有。"力恶其不出于身也，不必为己"，一个人有了力量，要贡献给社会，而不只是为了自己。"是故谋闭而不兴，盗窃乱贼而不作，故外户而不闭，是谓大同"，因为社会风气很好，晚上也不用关门闭户，没有盗窃乱贼，整个社会平安和谐。这就是两三千年前，在《礼记》的《礼运·大同》篇里描述的这样一个大同世界，这与我们所讲的共产主义的理想、社会主义的福利有很多一致的地方，这是优秀的中国传统文化。

讲到这里，要特别提醒大家，南老师在《药师经的济世观》里语重心长地指出，不可讳言，十七世纪以后，西方的社会福利与慈善事业做得比较认真踏实。但是，我们也很高兴地看到，这几十年来，我们的国家民族，在医疗、养老等整个社会福利和社会保障上有了很大的作为和进步，国家强调要脱贫，照顾广大的老百姓，这些都体现了我们对社会福利、慈善事业的重视。

东方文化注重实现济世的理想

药师佛的十二大愿，都是使娑婆世界一切众生的现实需求，在人间现有的国土就可得到满足，不须另外去他方祈求，也就是说，东方国土就可以变成药师如来净琉璃光的国土。为什么是东方呢？东方是太阳升起的方向，代表生生不息，希望无穷。这跟中国文化里讲的"苟日新，日日新，又日新"，是息息相关的。所以东方文化的药师佛十二大愿，并不是虚幻、遥远的。他强调靠自力，靠每个人自己的修持及行愿，即身成就；靠现世的努力而达到，不用再等到来世，这与我们儒家、道家的文化是相通的。

我记得一九八七年，南老师在美国的时候，对中国未来的前途提出他的诠释，包含四大方面：第一，共产主义的理想。我们前面再三讲到，共产主义的理想并不是舶来品，我们中国文化里本来就具有这样的理想。第二，社会主义的福利。第三，资本主义的管理。我们众生有很多习气和诉求，所以他说要通过资本主义的管理，调动所有人的积极性，这样才有办法提高效率，促进社会发展。第四，中国文化的精神。什么是中国文化的精神？我们今天讲的《药师经的济世观》，包括后面十几讲的导读，都是南老师对我们中国文化主要经典的诠释，里面包含了精神层面、文化层面的，与国家、社会和个人生活息息相关，值得用我们毕生的精力去参悟。

众所周知，中华民族是全世界最讲孝道的民族，我们一直强调要养儿防老，但是随着时代社会及经济的发展，传统的小家庭养老模式已经没有办法再继承下去。我们要与时俱进，透过社会组织力量，透过经济手段，以大孝孝天下的心态，打造一个可持续健康发展的养老模式。

这几年我们创办的"悦心·安颐别业"，就是实现南老师在六十年前提出来的"筹建安颐别业的愿望"——让老年人能够平安颐养天年。我们提出六个方面的建议，老有所养，老有所学，老有所乐，老有所医，更重要的是老有所为，老有所安，这样才能够真正达到人生的一个更高的境界。

金海悦心颐养院

悦心·泗洪医养基地

身上的病是心理原因导致的

南老师在《药师经的济世观》里特别提出来，生理上的疾病往往是由心理的问题慢慢引起的，生理与心理两个方面是相互影响、息息相关的。就像今天一开始，我跟大家报告的我年轻时生病的经历，南老师除了给我药吃之外，他还要我反省自己的业力，为什么会造成这样的毛病。现代最新的科学研究发现，人的任何一个意念都会影响到人体细胞 DNA 的排列和内分泌系统。心念还会影响我们的情绪和习气。譬如有些人很喜欢发怒，有些人喜欢埋怨别人，有些人喜欢笑，有些人很忧愁，等等，这些都与我们无始劫以来的习气相关，根本的原因就是我们的心念。其次，心念也会影响我们的作息和饮食。譬如在睡觉之前一个小时，最好不要看手机，不要看刺激性的电视、电影，因为这些都会影响我们的睡眠。现在所谓的癌症，在中医看来病因就是气瘀滞了。当你情绪纠结太厉害的时候，就会气结，气瘀滞在一起就生病了。所以生理的毛病大都是由心理的问题导致的，当我们生理有毛病的时候，首先要调整自己的心念，再配合药物或者手术等医疗手段来治疗。总的原则，身心是相辅相成的一体两面。

我们来看药师佛对众生业障的解释，他专门指出六个方面，也就是我们众生的六种病：

第一，悭吝。很小气，很吝啬。不只是钱财吝啬，还包括舍不得花时间精力帮助、照顾别人。但是大家注意，节俭和悭吝是不一样的，节俭是对自己而言，很节约，不浪费，但是在帮助别人的时候可以很大方。悭吝是不但对自己很小气，对别人更小气。

第二，贪。贪得无厌，永不满足。就像我们一开始讲的永远觉得衣服少一件，钱少一块。

第三，嫉。嫉是害贤。看不得别人比自己好，就想害别人。

第四，妒。妒是害色。譬如看不得别人比自己漂亮。嫉妒不只是女性的心理，男性也是一样的，只是表达方式不同。所以我们号称自己在修行，就要扩大自己的心量。

第五，自赞。觉得自己了不起，讲好听一点叫自尊心。正面来讲，自尊心是对自己的要求高，有原则。但反过来讲，假定你觉得"天下老子最大"，就是贡高我慢；觉得什么事情都是自己对，别人错，把自己抬得高高的，就叫自赞。

第六，毁他。总是讲别人的不对，甚至破坏别人的好事。就像美国看不得中国强大，也是自赞毁他的表现。

现在我们详细解释这个悭贪：

"**不识善恶，惟怀贪吝，不知布施及施果报，愚痴无智，阙于信根。**"他说一般的众生不知善恶，只知道贪得无厌和悭吝，不知道要布施及布施的果报，主要由于愚痴无智。

中国有一句老话：什么是让人最伤心的？一个是子女，另一个是钱财。《药师经》里也讲到"**设不获已，而行施时，如割身肉，深生痛惜**"。对别人布施、出钱，就像钝刀割肉一样，深生痛惜。我年轻时看不懂，但是经历过几十年的人生，发觉人世间就是这样子，无可奈何只能如此。但反过来看，社会上舍己为人的人也到处都有，这是给我们做榜样。

"**复有无量悭贪有情，积集资财，于其自身，尚不受用。**"社会上有些人悭贪,聚集了很多钱财,自己舍不得用,你问他要这么多钱干什么,他自己也不知道,就是要累积财富。但是人真正要离开这个世界的时候,什么也不能带走。在《药师经》中特别提到,悭贪的果报是生饿鬼道或是傍生趣。

那么对治悭贪的方法是什么呢?大家要把悭贪和布施拿来对照。布施是对治悭贪的。布施分两种,第一种是内布施,解脱放下,一切外境皆能够摆开;心里好的、坏的念头,都能够放下,这叫内布施。内布施是让一个人能有成长、能够成就的很重要的工夫,儒家、道家、佛家都教了我们很多内布施的修行方法,要学会调伏念头,把念头变成自己的工具,而不是让自己变成念头的奴隶。第二种是外布施,能够把自己的财物,一切好的东西布施给别人,舍己为人。譬如我们最近看到的电影《八佰》,讲守卫上海四行仓库的八百壮士,他们舍生取义的精神,振奋了我们国家民族的灵魂。正是这种精神,才使得中国抗战逐步取得胜利,这是外布施,同时也是内布施。

大家有没有想过,为什么《药师经》《金刚经》一开始都强调要布施?因为释迦牟尼佛深知我们众生的毛病,所以他再三强调布施。布施不只是施舍一点钱财,更重要的是要内布施,要能够解脱放下,一切外境皆能摆开。

刚刚我们讲过,自赞毁他就是贡高我慢,是增上慢,也就是我见。我看得起你,看不起你,都是因为有个"我见"的关系,自己以为老子我最了不起。南老师在离世之前,送我"谦虚、反省、用功"六个字,其中"谦虚"就是要去增上慢,去掉贡高我慢。但贡高我慢是从哪里来的?我们再仔细研究下去,当你把自己的

"小我"抓得牢牢的,"天下我最大",就是贡高我慢。要认清这个"小我",要能够把这个"小我"放大,变成"大我"。譬如很多家庭里,母亲往往为孩子做出很多牺牲,事实上她对孩子、对家庭已经做到了"大我";有些人为了整个社会、国家民族,乃至千秋大业而牺牲自我,这些都是"大我";再由"大我"做到"天下为公",最后达到连"天下为公"的概念都没有了,就是"无我"的境界,无形无相的,已经没有小大之别了,大而无外,小而无内;更进一步,能够找到自己生命本来的真面目,找到"真我",自然就会去掉贡高我慢,而得到生命的升华。

接下来,再看个人的业力。我们每个人都有自己的业力,业力又分恶业和善业。恶业有十恶业道,分身业、语业、意业三大类。身体造的恶业有杀、盗、淫。嘴巴造的恶业有四个方面:妄语、两舌、恶口、绮语。妄语,欺骗人的假话,乱讲话。两舌,挑拨离间。恶口,讲恶毒的、错误的话。绮语,讲讨好别人、言不由衷的话。绮语不单指黄色笑话,无聊的话、过分的话说多了,也是犯了绮语。意念上造的恶业是贪、嗔、痴,这是人的根本烦恼。我们所有的行为和言语,都是从意念发动的;我们所讲的习气,也都是由贪、嗔、痴的意念累积所造成的,所以十恶业里,最根本的还是意业里的贪、嗔、痴。如何把十恶业转化为十善业,这是人类文化真正的精华所在。

《三界天人表》

这张《三界天人表》是南老师在一九八〇年带领几位学生,

三界天人表

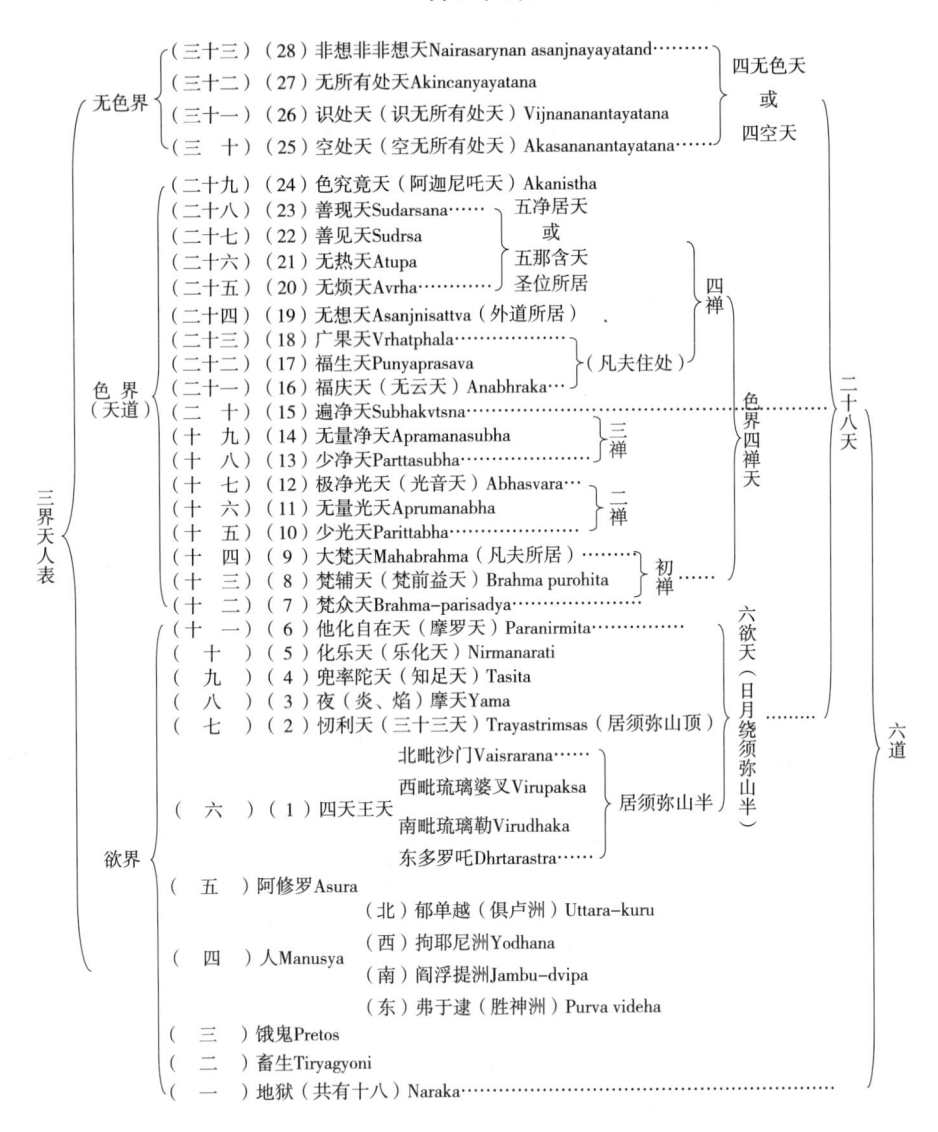

```
                            ┌ (三十三)(28) 非想非非想天 Nairasarynan asanjnayayatand ┐
                  ┌ 无色界 ┤ (三十二)(27) 无所有处天 Akincanyayatana                   ├ 四无色天
                  │        │ (三十一)(26) 识处天（识无所有处天）Vijnananantayatana    │      或
                  │        └ (三 十)(25) 空处天（空无所有处天）Akasananantayatana    ┘ 四空天
                  │
                  │        ┌ (二十九)(24) 色究竟天（阿迦尼吒天）Akanistha          ┐
                  │        │ (二十八)(23) 善现天 Sudarsana ···· 五净居天           │
                  │        │ (二十七)(22) 善见天 Sudrsa         或                  │
                  │        │ (二十六)(21) 无热天 Atupa          五那含天           ├ 四禅
                  │        │ (二十五)(20) 无烦天 Avrha          圣位所居           │
                  │        │ (二十四)(19) 无想天 Asanjnisattva（外道所居）         │
                  │        │ (二十三)(18) 广果天 Vrhatphala ····                   │
                  │        │ (二十二)(17) 福生天 Punyaprasava ···（凡夫住处）      ┘
                  │ 色界   │ (二十一)(16) 福庆天（无云天）Anabhraka ·····          ┐
                  │(天道)  │ (二 十)(15) 遍净天 Subhakvtsna                        │
                  │        │ (十 九)(14) 无量净天 Apramanasubha                    ├ 三禅       色 ┐
                  │        │ (十 八)(13) 少净天 Parttasubha ····                   ┘            界 │
                  │        │ (十 七)(12) 极净光天（光音天）Abhasvara ····          ┐           四 ├ 二十八天
三界天人表 ─┤        │ (十 六)(11) 无量光天 Aprumanabha                       ├ 二禅       禅 │
                  │        │ (十 五)(10) 少光天 Parittabha ····                    ┘           天 │
                  │        │ (十 四)( 9) 大梵天 Mahabrahma（凡夫所居） ····       ┐           │
                  │        │ (十 三)( 8) 梵辅天（梵前益天）Brahma purohita        ├ 初禅       │
                  │        └ (十 二)( 7) 梵众天 Brahma-parisadya ····              ┘           ┘
                  │
                  │        ┌ (十 一)( 6) 他化自在天（摩罗天）Paranirmita ······     ┐
                  │        │ (十)   ( 5) 化乐天（乐化天）Nirmanarati                │ 六欲天        ┐
                  │        │ (九)   ( 4) 兜率陀天（知足天）Tasita                   │（日月绕须     │
                  │        │ (八)   ( 3) 夜（炎、焰）摩天 Yama                      │ 弥山半）      │
                  │        │ (七)   ( 2) 忉利天（三十三天）Trayastrimsas（居须弥山顶）┘          │
                  │        │              北毗沙门 Vaisrarana  ┐                                 │
                  │ 欲界   │              西毗琉璃婆叉 Virupaksa ├ 居须弥山半                   ├ 六道
                  │        │ (六) ( 1) 四天王天 南毗琉璃勒 Virudhaka │                           │
                  │        │              东多罗吒 Dhrtarastra  ┘                                 │
                  │        │ (五) 阿修罗 Asura                                                     │
                  │        │                    （北）郁单越（俱卢洲）Uttara-kuru                │
                  │        │ (四) 人 Manusya    （西）拘耶尼洲 Yodhana                          │
                  │        │                    （南）阎浮提洲 Jambu-dvipa                        │
                  │        │                    （东）弗于逮（胜神洲）Purva videha               │
                  │        │ (三) 饿鬼 Pretos                                                      │
                  │        │ (二) 畜生 Tiryagyoni                                                  │
                  └        └ (一) 地狱（共有十八）Naraka                                          ┘
```

注：一、二十八天，诸经略有异见，本资料系广采参用。

二、《俱舍论》中，凡夫所居仅（不含外道）广果、福生、无云三天。

三、欲详细研究，请参阅《三界天人体系表》。

把散布在所有佛经里关于宇宙全体生命的形态，汇总编辑在一起的，这是一个前无古人的做法。南老师的《如何修证佛法》一书的附录里有这张表，大家不妨拿出来仔细看看，里面的学问太多了，人的堕落和升华都是与我们的行为、思想、意念息息相关的。

我们先看最下面的"欲界"。佛法强调我们人在整个宇宙生命中，处在"欲界"里面的中间位置。如果做人做得不好，就会掉到"欲界"的畜生道、饿鬼道，乃至十八层的地狱道。如果你的修行好一点，智慧高一点，功德多一点，由小我变成大我，就会向上得到升华。

人道上面是阿修罗道。阿修罗道什么样？那里的神是比较有神力的，但脾气很大。

再向上是六欲天，六欲天包含四天王天、忉利天（三十三天）、夜（炎、焰）摩天、兜率陀天（知足天）、化乐天（乐化天）、他化自在天（摩罗天）。我们中国神话里的玉皇大帝就是忉利天的天主，在佛经里叫帝释。很多同学应该都看过电影《星际大战》，里面提到宇宙中的一个共和国，说不定就是以三十三天为原型。我半开玩笑地讲，《星际大战》的导演卢卡斯应该是看过佛经相关的内容。

忉利天再往上，就是夜摩天和兜率陀天。据佛经讲，弥勒菩萨就在兜率陀天，等时机到了，他会离开那边来到我们的世界，继承释迦牟尼佛来传法。

再往上面是化乐天，还有他化自在天。

在不同的天里的人，寿命是不一样的，譬如在某一层天待一个小时，在另外一层天可能已经度过几万年。就像爱因斯坦在《相对论》中讲的，时间在不同的空间是不一样的，时间和空间是相对的。但在《相对论》之前，佛经对宇宙生命的描述中，早已体现这种思想。再看几千年前还没有天文望远镜时，释迦牟尼佛就讲宇宙是广阔无际的，这难道不是佛经与我们现代科学相互印证的地方吗？不晓得你有没有这种体悟：人真正很快乐的时候，会发觉时间过得特别快；而在痛苦的时候，则感觉时间过得格外慢。所以畜生道、饿鬼道、地狱道的众生，在长期无限的痛苦里，时间会过得特别慢。佛说不同业力的人，来世就会受到相应的果报。南老师说，不用等到下辈子，这辈子就可以看到很多人应该受的果报。他讲到一个认识的人，当时社会地位很高，后来年老生病，在医院里住最好的特需病房，身体本身问题不大，但是很奇怪，某天他自己跑了出去，后来死在了阴沟洞里。发现他时，他的相貌等各方面都已经扭曲了，很可怕的样子。所以南老师再三讲，人要对自己的行为负责任。为什么？凡事都是自作自受，别人救不了你的！但有些人胆子很大，不相信，所以很多人做起事情就无所忌惮，实在是可怕。

我记得小时候有一首歌谣，前两天一位同事念给我听：

三十三天天外天，白云里面有神仙。

神仙本是凡人作，只怕凡人心不坚。

类似的传说在中国的民间流传很广，我们中国民间的文化，受佛家、道家的因果观念及三界天人的观念影响很大，众生业力不同，受到的果报也不同。儒家虽然未强调这方面，但事实上也不否认。

欲界上面是色界，色界包含初禅三天、二禅三天、三禅三天、四禅九天。色界上面还有无色界，无色界分四空天。今天因为时间关系，我们不再赘述。

东西文化的比较

现在我们把东方文化和西方文化作比较，东方文化包含儒家、道家、佛家等，是尊重一切的圣贤，包含了宗教，也超越了宗教。事实上佛法跟佛教不一样，佛教是后来形成的，佛法包含佛教，但它不限于佛教的形式。我们刚才讲的三界天人是无穷无尽的。譬如玉皇大帝是欲界忉利天的天主，并不是是整个宇宙的天主，三十三天只是宇宙生命里面的一环而已。我们要好好地修五乘道，人乘、天乘、声闻乘、缘觉乘、菩萨乘，从人乘上升到天乘，由天乘再升到色界天，然后到无色界天，再"跳出三界外，不在五行中"，最终成佛。但你说成佛之后，是住在三界天人里的哪一天？这是一个好问题，先放到一边，我们后面的课程再回来研究。但三界天人的次第里，有一个很根本的文化思想，就是因果报应，一个人做了好事，自然就有好的回报。但假定你不好好地修持，又不好好地做功德，还做坏事、造恶业，就会掉到畜生道、饿鬼道、地狱道，这就是自作自受。所以学佛的目的是让生命能够升华，能够往上走，而不是往下走。

我们再看西方文化，整个西方文化的思想基础是宗教，尤其基督教是两千多年来西方最根本的文化基础。我的一个朋友到美国念书，我劝他不管信不信基督教，星期天最好去参加他们的礼拜，这才有办法初步了解西方人的观念和文化，以及他们的道德基础。西方宗教也强调人要行善，才能升天。我们看到，基督教办了很多社会福利机构，包括医院、养老院等。但西方文化强调上帝审判，人最终能上天还是下地狱是由上帝来审判的。就像这次美国大选演讲，所有演讲人最后都会说希望上帝保佑。我们中国文化、东方文化，讲上帝之上还有上帝，强调自作自受。虽然原则差不多，你做好事，佛菩萨、上帝都会保佑你的，但我们的文化中自力和他力是结合在一起的。

跳出"五毒""五见"，才能解脱证果

如何能够解脱证果，也就是《三界天人表》里面讲的，怎么能够由人乘不断地升华？佛法里讲到十个方面，其中一个是"五见"，就是我们的观念意识形态；另外一个是"五毒"，也就是根本烦恼，贪嗔痴慢疑。

五见包含身见、边见、邪见、见取见、戒禁取见。身见，是对身体的执着，包括身体上的各种感受。边见，你以为有边界，自己把自己限制住了。邪见，错误的见解。见取见，自己以为是对的，所以抓得牢牢的，牢不可破，不愿意改变。戒禁取见，譬如有些事情你觉得一定不能做的，事实上也是自己画地为牢。五见再结合贪、嗔、痴、慢、疑这五个根本烦恼，也就造成了我们在三界天人里相应的位置。如果能把五见和五毒转过来，变成正面的力量，才能够真正证果解脱。所以东方文化是一个博大精深的体系，有完整的修证程序，绝对不是简单地背几句唐诗就能够搞

明白的。目前西方的科学发展，包括自然科学、心理学、行为科学等，如果跟我们东方文化的宝贝彻底结合起来，我相信一定可以为人类找到一条真正的光明大道。

生命升华的办法

我们来看《药师经》里关于生命升华的办法：

第一，舍诸恶行。也就是释迦牟尼佛在离世之前讲的"诸恶莫作"。

第二，修行善法。也就是"众善奉行"，要修功德。

第三，正见精进。要"自净其意"，净化自己的意识思想。譬如我们讲的诚意、正心、修呼吸法门、观不净观等，都是正见精进的修法。

第四，善调意乐。这一点很重要。南老师经常骂我们：你们脸上怎么没有笑容？面带微笑，阳气生。一个人面带微笑，身体不好也会变好。一个人常常面带愁容，觉得别人好像欠你的钱，社会对不起你，别人对不起你，久而久之，没毛病也会有毛病，把自己身体也搞坏了。所以道家有一句话很实在，"神仙无别法，只生欢喜不生愁"。

接下来，我们讲《药师经》的关键：

第一点是发大愿，把自己全部布施出去。不要只考虑自己，身布施、心布施，把自己全部布施出去，最后都会回向给你自己，反而成就你自己。像做老师的，他一辈子把自己奉献给学生，学生自然会回报他，怀念他。就像南老师，他一辈子把自己奉献给学生，大家今天这样缅怀他，就是被他的愿力、愿行深深感染了。有人问我，为什么这么多年，还没有忘记自己的初心？因为我看到南老师、刘雨虹老师，这些长辈的行径，他们都是把自己毫无保留地布施出去，是我们的榜样。我们这些晚辈深受他们的影响和感召，所以要更加努力地回报。

第二点是行到有功即是德。我们看达摩祖师，大家不要以为禅宗只是讲禅的，其实禅宗特别重视"二入"与"四行"，"二入"是理入和行入，"四行"是报冤行、随缘行、无所求行、称法行，这里面道理很深，绝对不是几句禅宗语录就可以说清楚的。要修功德，要真正去做去实行，不只是嘴巴上讲讲。

第三点是自净其意，由专念受持到琉璃光境界。琉璃光的境界是身心内外都是青天一样的光明清净，身心没有一点残渣，这样才跟药师琉璃光如来相应。这一点大家可能很难体会，你不妨观想一个画面，碧蓝的晴空，万里无云，你的心境也跟它相应，至少初步可以这样去体会一下。假定自己的修持能够做到随时都在这个境界里，与自性的光明相应，就能得到道家所谓的天元丹，也就是从虚无中自然而来的大药，即心药。我们每个人要靠自己的心药来治疗自己的病。因为我们的身体有很多病痛是跟我们的心念交杂在一起的，所以先要把自己的心念解脱出来。我们一般人为什么不能跟药师佛感应？因为我们是以妄想多欲之心，愚顽痴呆之心去求，被自己的业力挡住了，蒙蔽了。所以要把自己放下，越是到无我的境界，就越能够跟琉璃光如来的境界相应。

另外，学佛要持戒，《药师经》里讲了三聚戒。第一个是摄律仪戒，也就是别解脱戒，戒除贪嗔痴、杀盗淫。摄律仪戒也就相当于儒家说的非礼勿视、非礼勿听、非礼勿言、非礼勿动。第二个是摄一切善法戒。要积极地利世利他，去做善事、行功德。第三个是饶益一切有情戒，也就是菩萨戒。观世音菩萨有三十二应化身，你有什么样的需求，提到他的名号，他自然就来帮助你，就是饶益一切有情。这三聚戒都是大戒，是对戒的归类，必须先达到"诸恶莫作、众善奉行、自净其意"，才是真正的戒。

保持"心斋"

我们希望跟药师佛感应，就要随时检查自己的起心动念与行为，要做到觉性常在。因为有这样的一个觉性，随时修正自己的行为，自然就不会有偏差。真正能够做到没有一丝杂念，内心素净、干净到极点，那便是真正的心斋，与宇宙的大我彻底结合为一。

接下来，我们讲"至心受持，不生疑惑"，这是一个很重要的修持方法。需要我们很深入地去修炼和理解。不晓得大家有没有体会过，当一个人悲伤到顶点的时候，是没有眼泪的，哭不出来，就像我们失去自己最好的朋友或亲人，那时便是伤心透顶的至心，没有妄想、杂念，空白了，至心悲伤，悲伤到无念忘我。又如有些时候，高兴到了极点，七情六欲达到极点，人就无念了，至心喜悦，喜悦到无念忘我。"至心"就是什么杂念都没有，最诚恳的心，诚恳到了极点。《中庸》里讲至诚无息，真诚到忘我了。我们中国人很讲诚心，假如一个人认为我怎么对你好，你就要怎么对我好,这不叫诚心。这是算计,是做生意。诚心不是斤斤计较去做交易,而是很纯真地希望能对别人好。我们中国人讲的诚心,很值得大家去深入研究。

那什么叫持?持就是保持这个心境,也就是《中庸》所讲"至诚无息",无息就是持,行住坐卧永远保持清净的心境,这才是正信,不生疑惑。

接下来,我们讲真忏悔——至诚忏悔。如果连"我"的观念都没有了,都忘记了,自己的一切所作所为,至诚地忏悔,设法把曾经的错误扭转过来,这样我们的业力也就随之转变了。如果在忏悔的时候,还想说"哎呀,这件事情我只是做错一点点",这不叫真忏悔。在《普贤行愿品》里,普贤菩萨的十大愿中有一条叫忏悔业障,讲的也是至诚忏悔。

往昔所造诸恶业,皆由无始贪瞋痴。
从身语意之所生,一切我今皆忏悔。

"往昔所造诸恶业,皆由无始贪瞋痴",我们过去无始劫来所造的各种恶业,都是由贪、瞋、痴所造成的。"从身语意之所生,一切我今皆忏悔",从我们的身体、言语、意识思想所生的,今天我把自己彻底地放下,真正地忏悔,全部归零,重新净化。大家现在不是都在用电脑吗?电脑到适当的时候也要归零,也就是要把自己彻底地忘掉放下。

接下来,我们讲到专念受持。药师佛十二大愿里的第十一大愿就专门讲到专念受持,南老师特别提出来,专念受持也就是佛法里讲的"三际托空"。前念不生,后念不起,中间一念,当体即空，当体这一念跟诸佛菩萨相应就是专念。我们要训练自己能够专一，专一到自己把念头都空掉了，专心到极点，连专心这个事情的本身都忘掉了，才勉强可以叫专念受持了。工夫到了这个程度，就可以无事不办，我们创造力等都会自然地开发起来。

心药——心光相应

最后，药师佛的大药是什么？就是心药，要与药师佛的心光相应，这是《药师经》很重要的一个观念，在前面我们也提过。那么如何做到与药师佛的心光相应呢？第一点，自净其意。把自己的意识思想净化，这里面有很多修行办法。儒家自净其意的方法就是《大学》讲的七证修养工夫，"知止而后有定，定而后能静，静而后能安，安而后能虑，虑而后能得"。佛家的观想、呼吸法门、十念法等，这些也都是自净其意的方法。作为东方文化的精华，大家应该去学习、掌握它。

一个人能够真正自净其意，才可以勉强讲是掌握自己命运的人，而不是说你得有多少钱，或有多高的地位。自净其意是掌握自己命运、把握生命的很重要的基础。能够这样初步做到，把自心还归到自性光明之中，那是最大的心药，是让我生生不息，永远追求的。这也是我这辈子一直跟随着南老师的原因。假定我们的心能够跟药师佛相应了，自然心光相应，就修到了长寿法，就是道家讲的上药三品——神、气、精，神具足了，气、精再充满，自然身体会改善，这个就是我们讲的真正的心药。

心药就在当下

最后，我们作个小结：

第一点，娑婆世界是苦中作乐，正好励志。今天下午南国熙先生发微信给我，他说"慈雄啊，又是一个月了，看你准备课程应该很苦"。我回复他说是苦中作乐，每月有一次课程要准备，逼我不得不下工夫重新回顾和整理南老师著述中的脉络和要点，我也要感谢大家提供这样的机会让我上进。

第二点，要修炼自己的心药。心药并不是一个很神奇，大到不可见的东西，关键是怎么做到自净其意。真的做到了自净其意，你的自性光明自然更加广大。这个光明是有形有相的，也是无形无相的。你心里有一个很好的目标，一个愿景，就是最大的光明。同时，要改变习气，为善去恶，行功德、做好事。

第三点，要发愿，发无量广大愿，这是很重要的基础。我们学所有的大菩萨，学所有的圣贤，要有无量的菩萨行，要对社会有所贡献；要学各种的智慧，有无量的善巧方便。南老师常说，所有的好事要学，坏事也要了解，并不是要做坏事，而是这样才知道怎么样防止、纠正坏的事情。好人要救，坏人更要去救，要有无量善巧方便。

在这样的疫情时代，虽然面临各种挑战、各种痛苦，我们正好励志，不断地向上。如果能够当下自净其意、专念受持，现在的整个世界也就是东方琉璃光世界，我们不用再到他方世界去寻找。

借用南老师写的一副对联,来描述琉璃光世界就在我们当下:

天机清旷长生海
心地光明不夜珠

其实,我们任何时候都在东方琉璃光世界里,虽然我们要面对各种痛苦,经历种种挑战,但是不要忘记,随时把自己布施出去,使自己的心念彻底净化,我相信这样在人世间里,就不怕任何苦痛,也能够得到真正的解脱和生命的升华。在这里也与大家共勉,谢谢大家。

问　答

问题一:请问李院长,为什么药师佛代表的颜色是天青色,不是红色、黄色或别的颜色呢?

李院长: 这个问题问得很好。假定你观想一片红光,心态上会怎么样?我相信你的心里会是躁郁的。观想一片黄光,你的感受也不一样。但是很奇怪,在碧蓝的天空下,我们很容易做到忘我,看到碧蓝的天空与蔚蓝的大海接合在一起,感觉我们人的心胸和心量是无量无边的。这个天青色你很沉静地再去观察它,它是生生不息的,有无穷的力量和生机。但是又生而无生,生机无穷你却看不到具体的生命。当然南老师在书里也有讲到,当你真的修行到了一个程度,自然整天都在"万里无云万里天"的境界里。这方面我没有做到,但希望大家各自努力,若真到了这个地步,可以与我们分享。

天機清曠長生海

心地光明不夜珠

南懷瑾

问题二：请问李院长药师佛的药到底是什么？如何用药师佛的法门治疗疾病？

李院长：这个就是刚刚我讲的，最重要的是找到我们自己的心药。疾病可能是生活环境、长期的各种情绪、生活习惯（包括饮食习惯等）造成的；也可能是外感病毒、细菌等导致的。另外一种情形是与生俱来的身体器官不完整，这是先天性疾病。我们要找到原因，对症下药。如果是因细菌或病毒感染，当然药物和疫苗会有很大的功效。

如果进一步分析病因，有不少慢性病与心理因素相关。我看过一篇报道，人的毛病差不多一大半是被自己吓出来的，疑神疑鬼以为自己有毛病。另外，据美国现在最新的医疗统计，有30%的人是被医院错误的治疗方式治死的。所以我们要很沉静的，用智慧找出病的来源。假定是心理的毛病，要知道如何应对，光靠吃药，或仅仅念一句佛号并不能解决一切问题。

问题三：从方位上来讲，为什么药师佛以东方为代表？

李院长：当年达摩祖师的师父般若多罗尊者跟他讲，东方震旦有大乘气象，这是一个很有意思的典故。我们中国在东方，东方是太阳升起的方向，生生不息。

问题四：一开始发愿行愿很容易，但做着做着就没有了。请问李院长几十年来是如何保持愿心不退的呢？

李院长：要保持愿心不退，还是要靠自己本身不断地反省和观照，事实上我是很汗颜的。我们看到南老师、刘雨虹老师，以及很多古圣先贤的行为，包括现实中很多了不起的伟人、在抗战中牺牲的英雄等这些为国家民族作出贡献的人。如果没有这些人，我们中华民族的文化不会传承下来。南老师说做学问要经史合参，发愿行愿是一回事。大家看目前社会上有那么多苦痛，有那么多不足的地方，我们的人生也会遇到很多困难，要让这些不足与困难变成我们发愿的动力，苦中作乐，激励我们不断向前。

从历史哲学看企业经营

——《历史的经验》导读

观看本课程视频

　　南老师强调学问是需要应用的,并不只是看了书之后,觉得自己很有体会而已。所以我们做学问要内修外用,你读书除了有心得体会,还要拿去用,对自己的身体和心理修养有所帮助,同时对社会有所贡献。那么要做到内修外用,有一点很重要,就是如何借鉴古往今来诸多的历史经验,这是值得我们去参悟的。

尊敬的各位嘉宾、各位朋友以及线上的同学们、朋友们，今天是我们"遇见南师"系列活动第三次的导读，这次我们共同研读《历史的经验》这本书。我想这本书的内容可以应用到我们的人生，应用到企业经营的各个方面，所以这次课程的题目叫作"从历史哲学看企业经营"。

南老师著述的读者群体，范围极为广泛，包括政府官员、企业界的朋友、学生等，包括对修行有兴趣的人，以及想要探求人生宇宙之究竟的人。南老师强调学问是需要应用的，并不只是看了书之后，觉得自己很有体会而已。所以我们做学问要内修外用，你读书除了有心得体会，还要拿去用，对自己的身体和心理修养有所帮助，同时对社会有所贡献。那么要做到内修外用，有一点很重要，就是如何借鉴古往今来诸多的历史经验，这是值得我们去参悟的。

大家看我们书院中庭，这幅《鱼藻图》是南老师给的，左右两

边的对联是苏东坡的字，一边是"斗酒纵观廿一史"（我相信苏东坡在写这幅字的时候，喝了不少酒，所以他的书法很飘逸），另外一边是"炉香静对十三经"。南老师讲，我们恒南书院要经史合参，要能把历史的经验与我们读经的心得结合起来。所以我们今天一起从历史的经验来探讨企业的经营。今天课程的形式也做了一点改变，在我作完报告之后，将有四位嘉宾来跟大家分享他们的心得。

我们看今天的内容大纲：第一点是历史的经验，哲学观。第二点是我们现代企业经营的迷失。讲到这里，向大家报告，我认识彼得·杜拉克差不多是在二十几年前，在座搞企业管理的朋友、念商学院的朋友，应该都知道他的大名。他是现代企业管理的创始人，写了很多书，影响很大。以前我们跟他半开玩笑地说，你年轻时出版的书最薄，其中有一本书叫《有效的经营者》，越薄的书影响越深远；后来年纪大了，书越来越厚，影响力反而没有以前那么大了。听我这样说，他也哈哈一笑，这位老先生是很了不起的。一九九五年，我跟他在美国加州面谈，希望把他的书拿到国内出版。那时他已经九十多岁了，自己没有办法开车，他的夫人送他过来。会议结束后，第二天我飞回纽约，一大早他就已经把面谈当天五页纸的会议纪要传过来了，要我们确认。你想想看，一位九十几岁的老先生，有这种修养和毅力，所以他的成就不是偶然的。这也是我们今天要探讨的，什么样的人在什么样的情况下能够取得成功。第三点，我们讲变易与时机。因为天下没有不变的事情，人和事每天都在变，也由此产生了很多机会。第四点，讲正反相生。天下事都是相对的，也是相辅相成的。第五点，讲臣道，也就是讲做干部。不见得只有从事政府工作的人才讲臣道，如果你是企业里面的干部，或者你是一个部门的负责人，你属下的同事也就是你的"臣"。第六点，讲君道，如何当领导。"君"不见得只是皇帝，部门的领导、一家公司的董事长或总经理都是"君"，臣道、君道就都是君臣相处的修养。最后一点，我想介绍一下南老师所提的经营哲学。

袁焕仙先生咏历史

一九八五年，南老师在台湾出版了这本《历史的经验》，封面上有几个孩子在玩耍，我相信这幅画是南老师选的。他说，历史的成败有很多偶然的因素，也有很多必然的道理。所以南老师在这本书封面上，题写了一首袁焕仙太老师的诗：

从历史哲学看企业经营
——《历史的经验》导读

> 漫言楚汉事由天，儿戏功名本偶然。
> 且付河山鞍辔外，一鞭红照出风前。

"漫言楚汉事由天"，刘邦和项羽当年争夺天下，事实上项羽有很多机会可以杀掉刘邦，但又由于种种因素，刘邦后来得了天下，这到底是天注定，还是自我努力的结果？不知道。"儿戏功名本偶然"，这个封面上，几个小孩子在玩耍，就像英雄们在争抢天下，但是很多事都有偶然性。"且付河山鞍辔外，一鞭红照出风前"，一个人历经了人生的风风雨雨，参透了历史成败的因果法则，自在地骑着马，看着远处太阳西落的景象，想起天下很多的事情，有其必然和偶然的道理，兴起一阵感怀。

南怀瑾先生之师袁焕仙先生　　　《历史的经验》台版封面

讲到这里，我想到一个历史故事。南老师在《论语别裁》里提到晚清名臣曾国藩，他是历史上很了不起的大臣，功劳之高可以算是清朝的半个皇帝。曾国藩过世前，他的一个学生郭嵩焘从英国回来看他。他说：嵩焘啊，我走之后，一定是你帮我写墓志铭。有一段，你一定把它写进去。我这辈子打过无数的仗，有好几次差点没命，后来也多亏各种缘分，才有现在这样一个结果。我觉得个人的努力和学问只占百分之十，百分之九十是天注定的。不过，我们这位郭嵩焘是学儒的，没有这么写。所以我们讲历史，大至整个国家民族的命运，小至企业的发展、个人的际遇，有很多看不见的、隐隐约约的因素在发生影响。在这里，我们先从历史哲学的观点，提出这样的一个问题，我也没有答案。今天我们在恒南书院，做这样的一个经史合参的探讨。

正统谋略学

接下来，我们讲今天的第一个主题——历史的经验。《历史的经验》这本书主要是在讲《长短经》，它是唐朝的赵蕤著的。当时赵蕤写这本书的目的是想培养具有雄才大略，能够打天下的人。李白就是跟他学习的，但因为时机不到，一辈子郁郁不得志。《长短经》被南老师收入在《正统谋略学汇编初辑》。《正统谋略学汇编初辑》总共有三十册。我当时在读大学四年级，因缘凑合，跟着南老师和曾令伟学长编辑这套书。

为什么南老师取书名叫"正统谋略学"呢？因为我们中国人有个特点，一讲到谋略，就觉得是害人的东西。事实上并不是这样，中国有一句话，"正人用邪法，邪法亦是正；邪人用正法，正法亦是邪"。南老师特别加了"正统"两个字，并在这套书里专门提出来，什么叫"正统谋略学"，其中有一个很重要、很根本的大原则——"王者师之，霸者友之，守者臣之，亡者奴之。"

首先,"王者师之",就像周朝八百年天下,开始就有王者之师的姜太公辅佐。"霸者友之",像刘邦打天下,有张良、萧何、韩信的辅助,这些人就是所谓的创业伙伴。"守者臣之",真正守天下,你要有一批奉公守法的好干部,真正的"大臣"。最后,假定你的部下都唯你马首是瞻,搞一言堂,历史为这种情形下了一个断语,叫作"亡者奴之"。坦白讲,我很担心自己变成"亡国之主",所以我在公司里培养了一些"反对党",可以让自己的脑子清醒一点。这些都是很深的道理,我相信大家都有这样的体会。

另外,老子讲:"以正理国,以奇用兵,以无事取天下。"我们今天不讲治理国家那么大的题目,就讲如何经营企业。一定要正派经营,要有正气,才能吸引一批正直的干部和好的客户。同时要有一个正统的管理办法,包括经营模式、组织方式、流程制度等,这就是"以正理国"。"以奇用兵",要打胜仗,就要能够四两拨千斤,能够出奇制胜。"以无事取天下",做到了好像没有事,而有事都能够解决,这就是老子讲的治理天下的大纲。

我跟在南老师身边学习了三十六年,经常和他一起吃饭,他随时都在教化,在餐桌上也是,他当场就会直接点拨你。我们今天分享的这本书,里面有很多都是他人生的体悟和经验。他经常讲,最高明的谋略是诚恳和实在。他说,有些人可能很聪明,有些事你还没有讲他们就知道了。有些人你讲了之后,他们慢一拍才能懂,这一拍可能是一天,也有可能是几个月。有些人还可能要等三拍才懂。但即使是最笨的人,到他死之前,基本上也都会知道你到底是怎么一回事。所以南老师说不要把别人当笨蛋,还是诚恳一点,实在一点,这是最高明的谋略。

现代企业经营的迷失

现在我想谈谈现代企业经营的迷失。彼得·杜拉克推行所谓现代企业管理之后，有一次我们跟他见面，他讲"我这辈子从来没有想到，所谓的企业管理会变成今天这样的显学，有那么多人花大价钱，还要上两年全方位的课程"，他的这个话是不是对此表示不赞成，我也不知道。但是大家看，现代企业管理有个很大的特点，强调对人和事情的管理都是针对别人的。我们半开玩笑地讲，现在商学院所传授的最好的管理办法是"风险要别人担，活要别人干，钱要自己赚"，能够做到这个的人就是高人。请问，天下有这么好的事情吗？这样的"好事"能维持长久吗？然而这就是所谓现代企业的经营管理模式，包括很多的评论都在往这个方面引导。

要想一个企业能够活得长久，企业经营者、领导者自身到底应该具备怎样的智慧和胆识，要具备怎样的修养和器量，很少有人会往这方面去反思，这一点是很奇怪的。但你如果仔细观察就会发现，一个管理很好的企业，它的领导者本身一定具有他独特的魅力，一定有他与众不同之处。

讲一个我个人的经历。一九八七年，我还在美国AT&T（美国电报及电话公司）工作，南老师也在美国，他鼓励我回祖国大陆创业，实际上我只在一九八五年到大陆旅行过一次。但对于老师的提议，我没有考虑很长时间，第二天我便跟南老师报告，我愿意去大陆创业。他说："慈雄啊，我没有钱送你，也没有钱给你投资，但我送你四个字：胆识、器量。"他在饭桌上跟我解释什么叫胆识，他说"真正的胆是建立在见识上的，你要有真知灼见，有智慧的判断，才会有真正的胆识"。另外一个，他说："你要有器量，要容纳不同的人，要容忍难忍的事情。你记得这四个字，就一定会有所成就。"这是一九八七年南老师对我讲的话。我从一九八九年创业，到现在已经快三十二年了，我很感激南老师。这四个字囊括了所有历史经验对企业经营的启发，使得我今天可以跟大家作这样的一个报告。

变易　反复　时机

我们要了解，整个人世间及宇宙，一切都是在不断变化的。再过几天就是中秋节满月了，我们讲月有阴晴圆缺，其实企业跟人一样，也有生老病死。大家所知有没有上千年的企业？可能有，但我没有听说过。有上千年的宗教，也有几百年历史的学校及医院。曾经有记者采访一位很著名的企业家，让他预测他的企业未来会怎么样，这位企业家回答：必然会死掉。我觉得他的回答很坦率，为什么？一个企业能够活几百年已经很了不起了，企业同人一样，必然会死掉，但我们做企业的人，怎样让企业生生不已，不断地创新，有源源不断的生命力，真正的学问就在这里。很多企业都是在最辉煌的时候没落下去的，就像美国的通用电气（GE），它是一家很了不起的世界级大企业，前两年开始出现大问题，就像自由落体一样，衰落得很快。国内最近有些企业也是一样。其实这是很自然的，并没有那么可怕。问题是遇到这种情况，我们应该怎样对待。

《易经》里讲"吉凶悔吝者,生乎动者也",南老师常常提到,我们动一个念头或者做出一个行为,只有四分之一的机会会有好结果。当时我年轻不理解,问他为什么。他说你自己算算,绝对的好就是"吉","凶"是绝对的坏,烦恼就是"悔","吝"是不顺利。按照概率,各占四分之一。我们在座很多人都经历过很多风浪,大家想想看,有哪件事情是一帆风顺的?另外,我们中国人很强调因果及反复。"无平不陂",前面的道路看上去一马平川,中间肯定会有坑坑洼洼的颠簸,不会一帆风顺的。"无往不复",我们的所作所为最终肯定会回复到自己身上。所以变易和反复是规律。我们看资本市场,股票的起起伏伏,也是很自然的事情,没有什么了不起,也没那么可怕,希望永远是一线长红,那是违反宇宙生命实际规律的。

接下来我们讲时机。记得有次在饭桌上,南老师半开玩笑地讲,第一等人能把握时机,领导变。第二等人赶上时机,跟着变。第三等人误了时机,但还抱怨,怨天尤人。他举了一个很普通的例子,就像我们等公共汽车,你事先算好这班车来的时间,从容地散着步去车站,等个几分钟,车就到了,你占了时和位。假定你时间算得很紧,看到车子过来才跑过去,勉勉强强冲上车还气喘吁吁的,这就是赶上时机跟着变。最后一种,赶到车站时车子已经开走了,吃了汽车尾气还不停地骂。大家想想看,一个很简单的比喻,但很形象,很多事情就是这样的。所以孟子讲"虽有智慧,不如乘势。虽有镃基,不如待时",就是讲时与势的重要性。这些都是很浅显但却很深远的历史经验和人生道理。

正反相生，古今无定法

刚刚我们讲变易，现在讲正反相生。我们常常强调辩证法，正反相生就是辩证法，天下事物没有绝对的，都是相对的，有正面必然有反面，也没有绝对的是非善恶，但却是有因果的。你做了一件事情，可能动机是好的，但有可能产生不好的结果。

《历史的经验》这本书里讲到《长短经》，很有意思。它从九个方面分析我们遇到的问题。首先讲"臣闻三代之亡，非法亡也，御法者非其人矣"，天下没有必然正确的制度，包括我们在企业里面讲的流程、组织方式等，没有绝对的对，重点是主其事者制定的制度是否符合当时的实际情况。所以有些所谓商学院出来的人动辄讲什么XYZ之类的理论，我听了觉得很好笑。好的组织架构及管理流程，是要根据企业当时的情况来判断制定的，否则没有办法真正落地。

接着它讲五帝三皇治世之术，包括仁爱、仗义、讲礼、乐乐、名器、法制、刑赏、学识、尚贤这九个方面，都是对的，但如果你不清楚其中正反相生的道理，做起事来肯定就会有偏差了。在《历史的经验》这本书里面，有很多很深的故事，值得大家去研究。

第一点，仁爱的流弊。"**仁者，所以博施于物，亦所以生偏私。——反仁也。**"我们在座的有很多人是做父母亲的，也有做领导的，请问：光靠仁慈，可以教导好你的孩子，领导好你的部下吗？我们讲所谓的"人性教育""人性管理"，不打不骂，只是关心爱护，到底是对还是错？都不是绝对的。关键是把握那个度，掌握那个分寸，任何一种方式的教育或管理都有正面效果，也有反面效果。所以有时我跟同事们讲，一个成熟的经理人一定晓得掌握这个度，如果不晓得掌握这个度，就不是成熟的经理人，不管你有多么傲人的学历，多少头衔。有些领导者很容易顺着下属，好像顺着就对了，我跟大家报告那肯定是错的。但你总是很严厉就是对的吗？也不尽然，还是需要把握度。

第二点，仗义的流弊。"**义者，所以立节行，亦所以成华伪。——反义也**。"目前社会上普遍有个现象，譬如说你在一个公司做事，为照顾你的朋友，你推荐他到你任职的公司去。你明明知道这个人不见得适合这家公司，还是推荐了他，表面上你的做法很仗义，圈子里都说你这个人不错，很讲义气。但反过来讲，你推荐不适合的人给公司实则害了这家公司，也害了大义。所以这个仗义的义，有小大之分，要看看反面的情况，当我们讲这个人很仗义，要小心的——他到底仗的什么义？如果能够做到公私两全，那真是了不起。历史上，战国时魏国的信陵君窃符救赵，虽然救了赵国，但事实上，他作为魏国的大臣是伤义的。所以仗义也是值得推敲的。我们再三讲正反相生，就是要智慧地、深刻地去分析，做人做事如何恰如其分。

第三点，礼的流弊。"**礼者，所以行谨敬，亦所以生惰慢。——反礼也**。"有些大单位，经营的时间比较久了，很容易什么事情都讲究规矩，什么事情都按既定的程序、流程等，这些都是对的。但也因为这样，整个公司的效率会降低，创新不足。所以，同样是怎么取得平衡、如何恰如其分的问题。不讲礼是对的吗？肯定是错的。无视制度流程是对的吗？肯定也是错的，但只靠讲礼，拘泥于制度流程，肯定是不行的。

第四点，文化艺术的流弊。"**乐者，所以和情志，亦所以生淫放。——反乐也**。"历史上，一个国家富强起来，文化艺术鼎盛的时候，也就是国家、民族、社会堕落的时候。我们看看北宋的《清明上河图》，当时北宋的经济、文化以及老百姓的生活多么好，但也就是在那个时候，北宋灭亡了。我也去看过法国的凡尔赛宫，法国大革命发生在路易十四、路易十五之后，当时的法国帝王真是穷奢极欲。所以说文化艺术可以陶冶人的性情，但如果追求得过分了，就会产生流弊。

第五点，名器的流弊。"**名者，所以正尊卑，亦所以生矜篡。——反名也**。"名器就是我们讲的头衔和职位。譬如说一个单位有很多头衔，有时大家为了争头衔和职位，背地里互相中伤，就怕某个人爬得比较快，这就是名器造成的流弊，也是基于我们人性而产生的。所以一个领导人要晓得事情的正反两面，要晓得怎样去调和。

第六点，重法制的流弊。"**法者，所以齐众异，亦所以生乖分。——反法也**。"这一点也是很重要的。我在美国待了十年，可以讲美国是一个最重法制的国家，也是一个最不重法制的国家。为什么？因为有很多的人利用法律的漏洞钻空子。我们老祖宗早就讲过"法令滋彰，盗贼多有""上有政策，下有对策""法出而奸生，令下而诈起"。所以靠法制，对吗？对的，但只靠法制是不行的。所以孟子说"徒善不足以为政，徒法不能以自行"，治理一个企业或一个国家，不能只靠法律。

第七点，刑赏的流弊。"**刑者，所以威不服，亦所以生凌暴。——反刑也**。"可以处罚人，可以开除人，甚至可以把人关起来，但如果没有处理得当，就会变成凌暴、暴虐。"**赏者，所以劝忠能，亦所以生鄙争。——反赏也**。"我们在企业里面讲赏罚分明，大家有没有发觉一个现象，在奖励下发之前，单位往往还是比较太平的，等到奖励发下去之后，有的员工第一分钟觉得很感激公司，但第二分钟会想：哎！为什么现在才拿到？第三分钟又想：别人拿了多少？第四分钟就去打听了，一旦得知别人比我拿得多，就开始抱怨。所以，赏罚分明是对的吗？是对的。但这个赏和罚的效果也有正反两面，人性就是这样。

第八点，学识的流弊。"**文子曰：圣人其作书也，以领理百事，愚者以不忘，智者以记事。及其衰也，为奸伪，以解有罪而杀不辜。——反书也**。"南老师对这一点是这么解释的：文字教育的目的，是使人有知识、懂事。使笨的人思想能够开发，不要忘记过去的错误，聪明的人知识学问高了以后，能够懂事。可是相反地，知识越广博，作奸犯科、作假的本事也越大，懂了文字，有了知识以后，犯法的也许就是这些人，而且有理论，讲得出道理来，有罪的人他可以说成没有罪，好人可就受害了。

第九点，尚贤的流弊。"**其上贤也，以平教化，正狱讼，贤者在位，能者在职，泽施于下，万人怀德。至于衰也，朋党比周，各推其与，废公趋私，外内相举，奸人在位，贤者隐处。——反贤也**。"所以历史上盛世时是"贤者在位，能者在职，泽施于下，万人怀德"。等到衰败的时候是"朋党比周，各推其与，废公趋私，外内相举，奸人在位，贤者隐处"，就像北宋和明朝晚期的朋党之乱。

崇尚这九个方面，其结果都是正反相生的，核心问题就是要能够做到恰如其分，要有智慧的判断。

不能善用所长的五反

我们再进一步讲"贵、富、勇、智、貌"，也是正反相生的道理。

"**势尊贵，不以爱人行义理，而反以暴傲。——反贵也**。"譬如说人有了权力与财富，应该利用它们去做事情，但是有些干部在单位里面位置高了，就会耀武扬威，反而变得暴傲。

"**家富厚，不以振穷救不足，而反以侈靡无度。——反富也**。"企业或社会有了财富，不但不去帮助别人，反而侈靡无度。所以往往一个企业太奢侈的时候，也就开始走下坡路了。就像我们刚才讲的北宋以及法国大革命之前的几十年时间都是如此。

"**资勇悍，不以卫上攻战，而反以侵凌私斗。——反勇也**。"勇敢，有斗志，有勇气是好的，应该去保卫国家和社会的安和，而不是去欺凌弱小搞私斗。

"**心智慧，不以端计教，而反以事奸饰诈。——反智慧也**。"智就是我们讲的智慧。人有了智慧，应该去把事情做好，而不是利用知识和智慧来遮饰掩盖事情。在座很多有成就的大企业家、在政府工作的朋友，我相信你们也见过很多类似的人和事。所以我再重申南老师常常讲的，"正人用邪法，邪法亦是正"，关键在动机，你的起始点是什么。"君子之权谋正"，君子是用自己的权力谋取正当的利益,是为公利的。"小人之权谋邪",小人是"邪人用正法,正法亦是邪",谋取的是个人私利。

"貌美好,不以统朝莅人,而反以蛊女从欲。——反貌也。" 风度好,相貌好,也是件好事,并不是坏事,但利用美貌来满足个人的私欲,做不好的事情,这就是貌的反面。

所以古人用很简短的几句话就说明白了正反相生的道理。贵、富、勇、智、貌都是我们追求的,但若是你不晓得反省,一不小心就很容易走向另外一个极端。

姜太公论三明

大家知道周朝能够有八百年的天下,姜太公是很关键的一个人物,我们讲"王者师之",他就是周朝的帝王师。他提到了三明:明罚、明察、明赏。

第一点,**"明罚则人畏慑,人畏慑则变故出。——反明罚也"**。管理太严,罚得太厉害,会让人怕你。当别人真的怕你时,你要小心,他可能就会走上另外一条路,变故就产生了,要么离弃你,要么背叛你,或者有更多可怕的事情在你看不见的地方发生。

第二点,**"明察则人扰,人扰则人徙,人徙则不安其处,易以成变。——反明察也"**。水至清则无鱼,凡事都调查得很清楚,对人看得很清楚。这就使人感觉被扰乱,受干涉。这样的情况下,你说他真的会很用心帮企业做事情吗?所以这里面也是一个度的问题。

第三点,**"明赏则不足,不足则怨长"**。动不动就奖励,就像我们刚刚讲的，员工从拿到奖励后，心态几经转变，变成"明赏则不足，不足则怨长"。奖励过头了，人的欲望不会满足的，不满足就生怨恨。所以这里有很多经验之谈，都是正反相生的道理，也是要恰得其分。

不晓得今天在座的各位朋友，有没有去过成都武侯祠。武侯祠里有一副清朝四川盐茶使赵藩写的对联，我一直很喜欢，把它记在心上。他讲：

能攻心则反侧自消，从古知兵非好战。
不审势即宽严皆误，后来治蜀要深思。

宽也好，严也好，都要审时度势，不审势即宽严皆误。今天，借此机会将这副对联分享给大家，也正好说明正反相生的道理，告诉我们做事要恰如其分。

本分的人生哲学

我们中国文化里有一个很了不起的地方，提倡"本分"。这一点在西方文化里也并不是没有，但表达方式不同。讲到本分，不是不作为、不精进，而是要怎么做到恰得其分，"**皆得其分而后可以成人**"。一个人或一个企业是不是真正成熟，能够持续有所成就，关键在于皆得其分，恰得其分。所以有：

君臣父子，上下长幼，贵贱亲疏，皆得其分曰理，爱得其分曰仁，施得其分曰义，虑得其分曰智，动得其分曰适，言得其分曰信。

"君臣父子，上下长幼，贵贱亲疏，皆得其分曰理。"就像我们在家庭里面，处理跟自己的子女、父母、兄弟的关系等，五伦要处理得恰得其分。"爱得其分曰仁"，仁爱要恰如其分，过头了就变成溺爱了，太仁慈了，也会适得其反。"施得其分曰义"，一个人很仗义，很愿意施舍，施舍也要恰得其分的。"虑得其分曰智"，有时考虑太多，一天到晚在想，想两三天，想十次还没有行动，那就不叫虑得其分，那就是思虑过头了。"动得其分曰适"，所有的行为都恰如其分，很恰当。"言得其分曰信"，话不多，但是真正讲出来一定是有所悟的，有内容的，可以兑现的。在我们中国文化里很重要的一点，就是本分的人生哲学，道理很深，绝对不是简单的不作为、乡愿，而是做人做事恰如其分。

夫仁义礼乐，名法刑赏，忠孝贤智之道，文武明察之端，无隐于人，而常存于代，非自昭于尧汤之时，非故逃于桀纣之朝，用得其道则天下理，用失其道而天下乱。

那么要能够达到恰如其分，"运用之妙在乎一心"，要靠智慧、经验，要多与各个方面良师益友的讨论，不能完全按照教科书上说的做。就像我前面提出的，目前很多人照章套用彼得·杜拉克书中的理论，是否正确？不尽然，最终还是回到"运用之妙在乎一心"这个道理上。所以"用得其道则天下理，用失其道而天下乱"，关键还是靠经验，靠智慧。

正反臣道之分析

接下来我们讲臣道——干部的哲学。有六种好的干部，也有六种反面的干部。希望能给今天在座的企业家朋友们一个参考借鉴。

第一是**圣臣**："夫人臣萌芽未动，形兆未现，昭然独见存亡之机，得失之要，豫禁乎未然之前，使主超然立乎显荣之处。"真正的圣臣，是最了不起的圣人境界的好干部，要能够洞烛机先，几十年乃至百年以后的事情都能看清楚，当然已经可以为王者之师了，就是我们讲的姜太公这样的角色。

第二是**大臣**："虚心尽意，日进善道，勉主以礼义，谕主以长策，将顺其美，匡救其恶。"一家公司，假使有"大臣"，那么这家公司肯定不会垮掉的。为什么？因为有真正的大干部，能够"虚心尽意，日进善道"。你作为老板，想要去赌博，他劝你不要去，不要乱来，"勉主以礼义"，这是"大臣"。但为什么很多企业到后来垮掉了？因为你身边没有好部下把你拉住，或者你容不下真正的好部下。历史上唐朝的魏徵就是唐太宗的好大臣。

第三是**忠臣**："夙兴夜寐，进贤不懈，数称往古之行事，以厉主意。"勤勤恳恳的、忠心的好干部。

第四是**智臣**："明察成败，早防而救之，塞其间，绝其源，转祸以为福，君终已无忧。"很会筹划、谋划事情，先把漏洞堵住，把失败的源头消灭了，把祸变成福，使上面的领导者，没有烦恼、痛苦、愁闷，这就叫智臣。

第五是**贞臣**："依文奉法，任官职事，不受赠遗，食饮节俭。"对公司很忠贞，负责任，守纪律，奉公守法，不贪污，别人再怎么样诱惑他，他都不为所动。

第六是**直臣**："国家昏乱，所为不谀，敢犯主之严颜，面言主之过失。"愿意讲真话、有话直说的。企业里的反对党、愿意跟老板讲不同意见的叫直臣。

以上这六种就是我们讲的好干部，大家不妨看看自己的组织里面，到底有多少人属于正臣。下面我们来看六种反臣。

第一是**具臣**："**安官贪禄，不务公事，与事沉浮，左右观望。**"安于那个官位、职位，只求不出毛病，反正拿薪水，对于公事都办，但并不特别努力，这叫具臣。单位历史越久，这种"具臣"越多，这种人多了，这个单位肯定会完蛋。

第二是**谀臣**："**主所言皆曰善，主所为皆曰可，隐而求主之所好而进之，以快主之耳目，偷合苟容，与主为乐，不顾后害。**"天天讲老板伟大，领导高明，只是讨好领导者而已；偷偷摸摸，不走正道，专门巴结上司，往往因此害了上司。这就叫谀臣，这种人也蛮多的。

第三是**奸臣**："**中实险诐，外貌小谨，巧言令色，又心疾贤，所欲进则明其美，隐其恶；所欲退则彰其过，匿其美，使主赏罚不当，号令不行。**"奸臣内心非常阴险，表面讲一套，背后做一套，而最严重的是忌贤，会误导老板。

第四是**谗臣**："**智足以饰非，辩足以行说，内离骨肉之亲，外妒乱于朝廷。**"谗臣很可怕，我也吃过这种亏。譬如说有些干部，为了往上爬，把别人踩下去，天天在领导耳边讲某某人的好，某某人的不好。抓到一件事情，似有若无地天天讲，如果你没有智慧的判断，作为领导你就会被误导，而且多是在很关键的时候被误导。我相信很多人身边都有这种人。

第五是**贼臣**："**专权擅势，以轻为重，私门成党，以富其家，擅矫主命，以自显贵。**"专门玩弄权术，用他的势力，颠倒黑白，以轻为重，结党营私乃至假传上级的命令，以达到自己的目的，这种人就叫贼臣。

第六是**亡国之臣**："谄主以佞邪，坠主于不义，朋党比周，以蔽主明，使白黑无别，是非无闻，使主恶布于境内，闻于四邻。"亡国之臣是最糟糕的，可能是前面几个反臣加起来都比不过的。他误导老板行差踏错，把错误都推到老板一个人身上。

所以，跟大家报告，我看完《历史的经验》之后汗流浃背。大家也可以看看身边哪些人是正臣，哪些人是反臣。正臣有时候会让你心里不舒服。想象一下，有人跟你天天唱反调，你会舒服吗？但有人天天给你戴高帽子，说你多伟大，你就会很舒服，可他却是反臣。

君道与防邪之道

讲到君道，领导者本身要对自己有要求。对待下属不同的干部，你能够将心比心，"己所不欲，勿施于人"曰恕。你如何体谅包容他，如何用好他的长处，叫作恕道。

一、臣有辞拙而意工，言逆而事顺，可不恕之以直乎？

二、臣有朴骏而辞讷，外疏而内敏，可不恕之以质乎？

三、臣有犯难以为上，离谤以为国，可不恕之以忠乎？

四、臣有守正以逆众意，执法而违私欲，可不恕之以公乎？

五、臣有不屈己以求合，不祸世以取名，可不恕之以直乎？

六、臣有从仄陋而进显言，由卑贱而陈国事，可不恕之以难乎？

七、臣有孤特而执节，介立而见毁，可不恕之以劲乎？

这七种怨道是很值得领导者注意的，要反思自己。譬如第一条讲"辞拙而意工，言逆而事顺"，有些人不会讲话，但他的意思很对，他可能没有办法跟你讲得很清楚，但他会提醒你，这事不能这么做。南老师在《历史的经验》这本书里，对这七种怨道有深入的讲解，大家不妨仔细研究。我也时常拿这些历史的经验当镜子，反省自己。

事实上当七种怨道是需要修养的。要看看我们自己，到底有没有这样的修养。修养本身并不是天生的，要靠自己经验的积累，靠师长的指点。我此生福气很大，幸遇南老师，有时被他骂——大家没有在他身边工作过，事实上他要求是很严格的。还有好朋友之间彼此砥砺，彼此提醒，这也是很难得的。

另外，《历史的经验》进一步地讲，你有这七种修养还不够，还要有智慧，要能够防邪，要懂得防邪之道。

一、臣有立小忠以售大不忠，效小信以成大不信，可不虑之以诈乎？

二、臣有貌厉而内荏，色取仁而行违，可不虑之以虚乎？

三、臣有害同侪以专朝，塞下情以壅上，可不虑之以嫉乎？

四、臣有进邪说以乱是，因似然以伤贤，可不虑之以谗乎？

五、臣有因赏以偿恩，因罚以作威，可不虑之以奸乎？

六、臣有外显相荐，内阴相除，谋事托公而实挟私，可不虑之以欺乎？

七、臣有事左右以求进，托重臣以自结，可不虑之以伪乎？

八、臣有和同以谐取，苟合以求进，可不虑之以祸乎？

九、臣有悦主意以求亲，悦主言以取容，可不虑之以佞乎？

这九个方面还能够引申出来很多。譬如第一点讲,"臣有立小忠以售大不忠,效小信以成大不信,可不虑之以诈乎",有些干部,在表面上、小事情上对你效忠,但在背后有他更大的目的。就像我们做生意,有些经销商一开始蛮好,小额生意的时候付款都很准时,为了诱取你更多的信用额度,到后来狠狠骗你一回,直接把你公司搞垮。

第二点,"臣有貌厉而内荏,色取仁而行违,可不虑之以虚乎",有些干部外表看起来很严厉,脾气很大,冲劲也很足,可是内在没有真胆识,内心是虚的;有些人看起来很仁义,但真到了义利之间的关键点上,却与仁义相违背。所以当主管的人,对其下属的干部,要检视他是不是表里如一、脚踏实地。

第三点,"有害同侪以专朝",有的人专门讲别人的不好,踩着别人往上爬。尤其是组织越大,在抢位子的时候闹得越厉害。所以说作为老板,自己要随时都很虚心,能够看得很清楚,但并不是不相信人。

第五点,"臣有因赏以偿恩,因罚以作威,可不虑之以奸乎"。譬如说有些干部为了树立个人的威望,专门喜欢给下属好处,"臣有因赏以偿恩",这样下面的人都很听他的,很有效的;"因罚以作威",不听他的话,他就要处罚你,甚至把你干掉,以树立个人的威望,这种现象在社会上是很普遍的。"可不虑之以奸乎",问题是他的动机是为了维护个人的权威吗?或是为了让下面的干部对他效忠?这些都是防邪之道,要小心一点。作为领导者,不管大小,你能够不被下属误导,不危害到单位,是很重要的。今天因为时间的关系,我们不能一一展开来说,希望大家去细读《历史的经验》。

欲不可纵，志不可满

另外有一点很重要的，企业也好，国家也好，最后为什么会衰败？往往都是因为少数几个人，在人和事上过度放纵私欲。纵欲不只是男女之欲，包括很多其他方面。比如希望把公司扩张成世界最大的公司，这就是欲。很多企业在最高明、最辉煌的时候突然出了状况，也都是因为"纵欲"。"欲不可纵，志不可满"，这些都是在讲人的修养问题。具体如何提升企业经营者或领导者的修养，最终还是要回到我一开始提到的南老师讲的四个字"胆识、器量"。只有通过智慧的判断，才有办法获得真正的"胆识"。胆识反映在你能否看清正反相生的道理，在人与事上做到恰得其分上，掌握合适的度。"器量"不能只是一个空泛的名词，要有真的器量，才能容人、容事、容痛苦。没有器量，你会发觉事情做不大，也做不久，所以本身要有修养。对企业经营者而言，就是要提升自己的综合素质，这一点很重要。这也是《历史的经验》这本书对企业经营者最深刻的启发。

赚取人心，利润自然来

最后，我想借几分钟来向大家报告南老师介绍的企业经营哲学，他正式讲企业经营的内容并不多，但事实上他是很在乎的。二〇〇二年，他刚回到上海，有一段时间，他让我们看一部韩国的电视剧《商道》，讲的是十九世纪朝鲜的首富林尚沃的故事，林尚沃的师父教他一句话"赚取人心,利润自然来"。当时南老师讲,你们经营企业的要注意,这句话就是经营企业的根本哲学。赚取什么人的心?第一是客户的心,让客户满意;第二是干部的心;第三是股东的心。这样很自然地你的企业肯定能够长久,即使遇到困难,也是短暂的,可以克服的,自然有生生不息的力量。林尚沃有一个杯子,叫作"戒盈杯",这个杯子很奇特,给它加满水,水就会自然漏光。这也是教我们不要自满,要谦虚进取。

另外一个故事,差不多是在二〇〇九年,有人介绍了一位国内比较大的房地产公司董事长去见南老师,我也在场。这位大老板当时事业是比较顺利的,在饭桌上讲了一大堆理论,南老师就把他的话打断了。他说,某某先生啊,你盖的房子很多,我们都知道,也赚了很多钱,但你晓不晓得盖房子也可以做功德的?当时那位老板就傻在那儿,他盖了一辈子房子,只想着赚了多少钱,能够拿多少地,从来没有想过可以做功德。南老师当时抽着烟慢慢地说,如果你盖的房子,让住在里面的人能够比较和谐、平安、健康,你就是做了功德。这些东西看上去好像不重要,事实上是很重要的,你的房子好不好卖,跟这些也有重要的关系。如果不能做到这个,你赚再多的钱都是不应该的。当时这位先生坐在南老师右边,我坐在南老师左边,南老师的眼神是很严厉的,他转过来看着我说:"慈雄啊,你做任何事业都是一样的。"这就是南老师讲的企业经营哲学,回到"赚取人心,利润自然来",就是那么简单,一点儿都不复杂。

留余的修养

今天，很多朋友可能是第一次来书院，我们书院大堂有幅明朝的《鱼藻图》，这是南老师送给书院的，是我们书院的镇院之宝。这幅《鱼藻图》是有很深的内涵的，我们中国人看到一条鱼，往往就想到"年年有余"，其实没有那么简单，这里面还包含了刚才我们讲的本分的哲学、留有余的哲学。

第一，做人留有余，厚道一点。大家仔细参究一下历史，秦朝和元朝算是杀人很多的朝代，所以享国很短。第二，做事留有余，多考虑一点。第三，才能和学问要留有余，这是南老师再三讲的。他说以前的大官，下朝之后换下朝服，就进书房念书的。怕一日不念书，自己面目可憎，只有不断学习，学问才能不断上进。所以他说，你有十分的才，做八分的事，恰如其分。假定你只有七分的才，要做十二分的事，那是"智小而谋大，力小而任重"，自己会很辛苦，而且会害了事情。所以我们讲留有余很重要的是才能和学问要留有余。这个才能和学问不仅是指念书而言，包括像我们今天这样的研讨，大家彼此交流，能够相互砥砺，都是学问。第四，钱财留有余，有资金可以周转，不要因为一毛钱，压死英雄好汉。第五，时间留有余，南老师经常讲，如果一个领导太忙了，没有时间思考，他绝对不是好领导，一定给自己留出思考的时间。所以我说这条鱼是南老师送给我们书院的镇院之宝，左右两边苏东坡的对联"斗酒纵观廿一史，炉香静对十三经"代表经史合参的意思。

大家时常会听到别人给南老师很多头衔,什么国学大师、佛学大师等。实际上大家并没有真正了解他的心情,他其实就是希望我们能够发扬中国文化的精华,融通东西方文化,为人类文明开拓出一条大道。怎么做到?一定要有大思想家、大科学家、大政治家、大教育家、大企业家,出来推动和引领这个时代。这个"大"字,并不是说你位置多高,也不是说你的企业有多少万亿的资产,而是有真正很深远的影响,对社会、国家能够有真正实质的贡献。今天讲的"从历史哲学看企业经营",最后用南老师的这个期许跟大家共勉,谢谢大家。

嘉宾分享

李院长:

今天我们邀请到几位好朋友,他们都是很有成就的企业家,与我们一起从历史哲学角度探讨企业经营,现在有请他们分享。

大众集团董事长杨国平先生:

谢谢。刚才李博士讲了很多南老师关于历史经验的观点。我认为企业如果想经营得长久,第一点,很重要的,必须树立自己的企业文化。我们说要经营百年企业,百年企业要有文化底蕴。当企业遇到困难的时候,要懂得如何应变,而不是放弃。新冠肺炎疫情出现以来,我们大众和很多企业一样碰到许多困难。特别是我们是从事交通运输服务业的,受到很大的挑战,市场需求受到很大影响,我们的出租车因为种种原因被搁下来,服务质量也有

右起：李慈雄、杨国平、徐力、毕舜杰、丁晖

所下降。大众这个企业是由员工、顾客、股东三个部分组成，在困难面前，我们更要坚持企业的文化，更要保持服务的精准度。比如，我们为临港新区的特斯拉工厂服务，特斯拉的员工从早晨七点多开始上班，到晚上十一点钟，三班倒，我们先配了二十辆大巴给他们做班车，并按照他们的作息制度进行调度。特斯拉今年年产十五万辆，明年年产要到五十万辆，他们工厂的人数还要翻一番，我们的车辆也要增加。我们离临港很远，就派了一个小分队驻守在那里提供服务。他们非常感动，说他们在全世界办过好多企业，开了好多工厂，只有在中国临港得到的交通服务是世界一流的。

第二，刚才李博士讲到，企业发展要有战略眼光，要守住自己的底线。我们在浙江商会内部讨论时也谈到，企业一定要守住商业底线。现在有个别企业由于守不住底线，盲目投资扩张，导致负债率过高，最后资金链断裂，企业出现危机。很多倒掉的企业往往开始创业时做得不错，但后来有点效益就盲目发展，负债率上升到90%、95%。我们大众始终坚守自己的主业，负债率有一定的上限，确保现金流为正，这是我们的底线。

最后一点，就是企业要有社会责任，要多做善事，多做好事。临港新区现在交通有很多困难，先要开好几条线，分别到浦东和虹桥等地。这些线路刚开辟的时候，可能都不赚钱，因为现在客流不多，但是如果不开，那么临港的人更少，就会恶性循环。所以我们支持临港交通集团，配合他们把这些线路开起来，让临港的人气上来，期待临港新区快速发展。在疫情中，大众也为防疫工作提供了很多车辆和服务的支持，包括为援鄂医务人员的家属提供免费用车。作为企业，要有社会责任感，多做善事，只有做善事的企业才能百年不倒。谢谢大家。

李院长：

我们谢谢杨总，他是我们都很尊敬的企业家。非常感谢他今天百忙之中专程赶过来。接下来我们有请徐董。

上海农商银行党委书记、董事长徐力先生：

谢谢李院长。南先生是我非常尊重的一位长者和智者，《历史的经验》《漫谈中国文化：金融·企业·国学》等很多书我都看过。我喜欢看历史书籍，特别喜欢看人物传记。以史为鉴，可以知兴替，也有助于科学决策。丘吉尔说："你能看到多远的过去，就能看到多远的未来。"

我觉得《历史的经验》这本书值得好好去读。今天李院长已经作了详细讲解。南先生说，人心赚取了，利润自然来。其实，做事先做人，经营业务的实质是经营客户，这是银行的经营哲学。只要客户认可，就能带来业务，所以银行一直在讲"以客户为中心"。以客户为中心，讲的就是做人的道理，站在客户的角度来考虑问题。把客户的问题解决了，为客户创造了价值，才能带来业务。我们现在在竞争中越来越深地体会到这一点。原来银行"朝南坐"的时候比较多，很多时候是企业来找银行贷款或者开户，银行服务态度好一点，满足客户需求，那就是"以客户为中心"。但从经营的角度来说，要赚取人心的话，这是远远不够的。

上海农商银行提出，"要打造为客户创造价值的服务型银行"。这种服务不只是微笑服务，态度好，而是要为客户创造价值。比如说杨总，也是我多年的老朋友。杨总现在在考虑什么问题，他的经营战略是什么？比如刚才说到的临港新区和特斯拉的合作。那么，作为银行要第一时间反应过来，根据客户的发展战略来设计需求，甚至为客户创造需求。有时候，客户还不一定想到，但银行可以用专业的金融知识为客户提前规划，所以低层次是满足需求，高层次是规划需求、创造需求。要做到这点的话，就必须对杨总的战略有非常深入的了解。所以，这其实就是做人，得到客户认可，业务自然就会来了。南老师非常英明，人心赚取了，利润就来了。

第二点，现在的企业，包括银行，在赚取利润的同时，确实要更多地考虑社会责任，这也是一种经营哲学。刚才李院长说到一位房地产商，如果造房子只是为了赚钱，而不是考虑"安得广厦千万间，大庇天下寒士俱欢颜"，来打造一个很好的、舒适的环境的话，那么这是不够的。对于银行来说，更是这样。前几年大家觉得银行钱赚多了，那是要感谢国家总体经济的发展。但我觉得银行现在确实需要反思很多事情，包括现在我们一直提出的，银行要为公民的金融发展权提供发展空间。现在都在讲普惠金融，普惠金融的历史非常悠久，其实就是实现公民金融发展权的很好的尝试。习总书记说过，"人民群众对美好生活的向往，就是我们的奋斗目标"，上海农商银行的使命，就是"普惠金融助力百姓美好生活"。在普惠金融领域，上海农商银行投入的资金量是本地最多的。但是做普惠金融不仅是为了赚钱，也是为了助力百姓的美好生活。在这次疫情期间，我们跟很多企业合作，跟各级政府部门合作，通过一些扶持政策和金融服务，让更多的企业得到了实惠，让企业在疫情期间得以生存发展。我觉得，这个才是银行的经营之道，也是银行可以持续经营的基础。我老家是徽州，徽州商人有一句话叫作"以义取利"。"义"就是正义的义，意义的义，以义取利，就是要通过正当的渠道来赚取利润，企业才能持久发展，才能打造百年老店。

李院长：

非常感谢我们徐董，我跟他也是几十年的老朋友了，现在有请毕总。

安永大中华区业务主管合伙人、安永研究院[①]院董毕舜杰先生[②]：

今天非常感谢李董事长的邀请，李董事长本身也是非常成功的企业家。我所在的这个行业和各位企业家有些不一样，我们实际

---

① 安永研究院是应用于安永商务技能培训（上海）有限公司的知识枢纽品牌概念。
② 该内容仅作为个人意见，并不代表安永全球机构或其成员机构的观点。

上是为各位成功的企业和企业家服务的。这是比较特殊的地方，是一个服务行业。我们所采用的制度也是不太一样的，是纯合伙制，现在大家都在说合伙人，合伙人制度。在我们这个行业，合伙人的制度应该已经持续了超过一百年了。南老师这本《历史的经验》，我也看了应该有两三遍了，非常有意义，由很多的小故事组成，通过各种故事来告诉大家一些道理，里面很多故事发生在战国时期，战国时期天下都分分合合，实际上跟我所处的行业很相似。我在大学后半段的时候，开始读会计和财务，才知道原来这个世界上有 Big Eight，有八大会计师事务所。我大学毕业，要去应聘的时候，八大会计师事务所已经变成了六大会计师事务所，我很荣幸加入了其中最大的那一家。在那里工作了将近四年的时候，我所处的这家最大的会计事务所，因为某几位客户的一些原因，突然之间就在全球分裂了，就等于这个品牌消失了。当时我还在做项目，项目做到水深火热，即将完成，要签报告的时候，发现机构的名字变了，原来的机构已经不存在了，这很像我们战国时期发生的种种变化。

我们的机构分开了，品牌没有了，最后我们又加入了另外一家机构。所以我觉得历史经验，对我所处的这个行业的发展是有特别意义的。但我一直在想，在这个分分合合当中没有变的是什么呢？没有变的，是我们的团队，这就是我们这个行业非常特殊的地方。我们采取合伙制，有很多的团队，团队都是由合伙人来代理、传承，团队的成员也可能成为未来的合伙人。所以，当我们机构分分合合的时候，团队却一直持续下来，那我们在这样的经营模式中，就会思考到底是什么能够把我们这一个企业连结起来，经营好并传承下去。南老师是一位精通儒释道文化的大家，他一直宣扬我们的禅文化，在禅宗里我觉得有三个字，跟我们现在这个行业的经营是非常契合的，这三个字就是信、愿、行。

我们采用合伙制，最关键的纽带是"信"，信任是我们合伙制的一个基础。我们来自各行业，来自不同的专业，我们所谓的行业精英，就是很多行业，很多人，对他所处的这个专业有非常深入的理解。要能把这些不同行业、不同专业的精英聚在一起，最关键是一个信字。合伙人之间有了信任，才能共担风险，共享成果。共享成果比较容易，难的是共担风险。我们经过过去的分分合合，大浪淘沙，发现最终留下来最精华的团队，往往都是愿意共担风险的。一个机构分分合合转变成另外一个机构，团队永远在，这是共担风险非常好的一个实证，所以信任是基础。这个信任，不仅是合伙人之间的信任，也包括了我们所服务的这些大企业，我们与客户之间的信任。我们的诚信，也是这个行业立足的一个根本。就像李董事长及各位刚才说的，这个诚信对于我们服务好客户，是非常关键的。有些真实的情况要告诉我们的客户，大家一起来想办法，寻求解决的途径，这才是我们服务客户的一个道。所以第一是信。

第二点是"愿"。我们有了充分的"信"，把很多优秀的团队组合在一起，自然而然，大家会产生一个共同的目标和愿景。当然这个愿很实在，就是以客户为核心，为我们的客户提供最好的服务，由此还派生出我们很多想要达到的愿望，当中也有非常重要的一部分，就是我们的企业责任和社会责任。包括像安永研究院，我们的这些正常的业务都是在我们这个大愿背景下，逐步派生出来的，以客户为核心给他们提供最好、最全面的服务。今天我们安永研究院的同事也在场，我们在做好服务的同时，也想要把我们的知识、我们累积下来的经验，不断地传承下去，所以今天来到恒南书院也是非常好的学习交流的机会。

另外的就是"行"，行是什么呢？不仅是执行，我们这个行业，很关键的是一种传帮带的传承精神。我们的合伙人带领团队，通过他的身体力行，怎么服务好客户，怎么去钻研项目，怎么提出最好的方案，这一切团队成员都看在眼里，这样，合伙人的"信"、合伙人的文化会传承下去，也使我们的客户能够受益，能够获得最好的服务，这些就是我今天的一些感想。谢谢李院长。

李院长：

谢谢我们的毕总。现在有请澳大利亚联实集团中国区董事总经理丁晖先生。

联实集团中国区董事总经理丁晖先生：

非常谢谢李董事长今天邀请我来。其实我是李董事长的新朋友，跟他认识大概也就几个月时间，但是我们现在成了很好的朋友。

我平时不大读书，李董事长送了我书，很惭愧我也没读，整天在外企不知道在忙什么，但是今天在李董事长讲课的时候，我做了一堆笔记，也有很多的体会。李董事长讲的"王者师之，霸者友之，守者臣之，亡者奴之"，在我们经常讲的领导力方面，叫作 Situation Leadership，就是在不同情境下的不同领导。后来李董事长讲到"以正理国"，我也觉得"正"就是一种正气。如果用在人身上的话，就是要求个人正直，有正确的价值观，能以身作则。公司的正气，其实就是企业的文化和价值观要正，如果这方面不正的话，要想经营管理好一个公司是很难的。

李董事长讲到最高明的谋略是诚恳和实在，我也非常认可，我们外资企业经常讲，Be honest 要诚实，Be open 要开放直接。生意从哪里来？做生意要讲信任，信在外资企业叫 Trust。只有双方都很诚恳很实在，才容易变成 Trust 的关系，信的关系。任是什么？我们叫 Responsibility，责任，它从哪里来呢？从信来，有了信，才有了任，有了对你的这种信，他才会给你更多的、更大的责任。

后面李董事长又讲到度的问题，正和反、赏和罚、赞和批等都要恰得其分、恰到好处，我就不展开了。最后讲到南老师强调的一句话"赚取人心，利润自然来"，对这个我想讲两个故事。

第一个故事，十几年前，我在北京做宜家荟聚购物中心，选址在北京的五环。当时在五环那个地方做购物中心，其实是不可想象的事。选址以后，我陪着宜家全球的 CEO 去考察。当时我就跟他讲，现在有点矛盾，这个停车场到底要挖多大。他问我这个购物中心有多大，我说大概有三十万平方米，这可以说是巨无霸了。他又问我客流量将来会有多少，我说我们的雄心是要做到三千万以上。他问那需要做多少停车位，我说最好要做到七八千个。他说：那你在犹豫什么？我说：如果做七八千个，怎么去计算财务回报？我算不过来。然后他问：你怎么样才算得过来呢？我说如果做四五千个，我就算得过来。他问：四五千个你算得过来，你能有三千万的客流量吗？所以很多时候，在向董事会汇报的时候，都是先把账算好。后来他跟我讲，宜家就是一个做零售的公司，我们一切的出发点都是顾客的需求。也就是刚刚讲的"赚取人心",让顾客满意。所以,他说,首先我们得考虑的是这个出发点,要从人的满意度的角度出发,从人的购物体验舒适度出发。我们常讲以顾客为中心,叫 customer in the centre 讲以人为本,不管是顾客的心,还是员工的心,最终还是要回到人心,那么做决策就容易了。其实一个购物中心能不能存在,在于是否有客流。他说,就像很多小溪汇成河,很多河汇成江,最后汇入大海,赚钱是水到渠成的事,这个水就是顾客,这个渠成就是你的财务回报。他的话我当时感触非常深。所以后来我们在北京的荟聚购物中心挖了七千个地下停车位,拿到了单体购物中心的吉尼斯世界纪录。而荟聚今天也成为北京客流量第一的购物中心。

我再分享第二个故事,是我到联实以后的。联实在中国,也在做养老地产,作为外资企业,它可能是第一家在中国做养老地产的。我们投入了十八个亿来做养老,业务模式也做了改变,根据长者顾客不同年龄,不同需求,细分为不同的会籍模式。长者顾客需要的是服务,是关怀,不是一套房子,所以养老社区重中之重是服务。今天非常感谢李董事长邀请,我听了以后有很多感悟。谢谢李董事长。

李院长:

非常感谢杨董、徐董、毕总、丁总四位的分享。今天在座还有很多各方面的企业家及朋友,因为时间关系,没有办法一一上台分享,但我相信大家一定都有精彩的见解,也期待以后有机会跟大家共同分享,谢谢大家。

南师的教育思想及实践
——《新旧教育的变与惑》《廿一世纪初的前言后语》导读

> 观看本课程视频

南师是教育家。

从他的字里行间去深入体会，就可以深刻感受到他老人家对中华民族文化断层的无比心忧，以及对国家乃至全世界文化教育现状与未来的深刻反思，真可谓"念天地之悠悠，独怆然而涕下"。

以我个人来讲，很希望能为中国文化的传承做更多的努力，我们现在从事的文化教育事业也在不断地反思，现在的教育现状是什么？到底我们能够做的是什么？

尊敬的各位嘉宾、各位朋友，以及线上的同学们，大家晚上好！

今天的天象很特别，一轮明月高悬，特别清澈，这让我回忆起八年前，我们为南老师举行荼毗仪式，那天的天象就像今天一样。用一句中国的古诗来形容，真是"千江有水千江月，万里无云万里天"。我们中国人讲，一个哲人远去了，但他的光芒、他的光辉，就像一轮明月，依旧照耀千江水，照耀整个山河大地，他的心境就是这样清澈无比。今天也是南老师辞世八周年零一个月，我们在恒南书院分享"南师的教育思想与实践"，正是对他老人家最好的纪念。

南老师这辈子是以教育家应世的，他一生的辛劳就是为了继承并弘扬中华传统文化，希望将东西方文化相结合，培养出杰出的人才，为我们中华民族开启更美好的未来。最近一个月，我为了准备这次的课程，再一次细读了南老师有关教育的专著，也就是我们今天要一起研读的《新旧教育的变与惑》与《廿一世纪初的前言后语》这两本书。

《新旧教育的变与惑》是二十世纪七十年代南老师在中国台湾所写的，其中包含他对台湾教育状况的观察，对当时的社会风气，以及中华民族新旧文化教育发展的深深担忧。《廿一世纪初的前言后语》中的第一篇就是他亲自写的《中国文化教育的自诉》，同时收录了南老师二〇〇四年回到祖国大陆之后几次演讲的内容，其中绝大部分都在谈教育文化。大家可以仔细研读，假定从他的字里行间去深入体会，就可以深刻感受到他老人家对中华民族文化断层的无比心忧，以及对国家乃至全世界文化教育现状与未来的深刻反思，真可谓"念天地之悠悠，独怆然而涕下"。以我个人来讲，很希望能为中国文化的传承做更多的努力，我们现在从事的文化教育事业也在不断地反思，现在的教育现状是什么？到底我们能够做的是什么？

教育现状的反思

大家不妨看看，外地我不太了解，但上海目前有个现象，我觉得很有意思。星期一到星期五，大家在上班；星期六、星期天，很多父母还要陪读，陪着孩子上各类辅导班。孩子们在教室里面上课，父母在附近的咖啡厅喝咖啡、看手机等孩子。有时候我也路过这些地方，莞尔一笑，真是可怜天下父母心啊，好辛苦！

我们公司的一些年轻同事，刚结婚，我就问他们：准备生孩子了吗？他们回答说现在不敢生，我问为什么，他们说生了孩子不晓得怎么教育。有这么严重吗？以前我们小时候受教育，没有这么辛苦，现在社会经济发展这么迅速，我们的国力也是举足轻重，但我们教育的根本问题却还没有解决。问题出在哪里？我们的挑战在哪里？未来的出路又在哪里？我想我们在座的各位，不管是身为父母，还是从事教育的老师，或是身为政府官员的朋友，凡是对我们民族文化有一份感情的人，应该去深思。今天这个报告是我自己的一点心得，并不完整，仅作抛砖引玉，跟大家共同探讨，然后大家再看南老师的书，可能会有更深的见解。

这两张照片，第一张是南老师在太湖大学堂，给吴江国际实验学校的小朋友上课的照片。他对儿童教育非常重视，九十多岁了还亲自给小朋友们上课，而且就像对大人讲课一样，是那么活泼生动，全心全力地投入。另外，南老师也特别重视母教，他对我们这些大男人讲，中华民族的希望在母教，中国历史上都是这样的，所以要特别重视。另外一张照片，是二〇一二年南老师辞世之前，在太湖大学堂的回廊里拍摄的，他老人家拄着拐杖独自走去，留下了这样一个背影。虽然他已经悄然离去整整八年，但他的精神不朽，就像今天这轮明月一样，照耀千江水。这八年来他所关心的教育问题，变得更尖锐、更严重。我深深地感到教育是我们所有人应该去深入了解，并且要设法提升的共同的大事业。

今天是我第一次基于我学习南老师关于文化教育的理念及实践，对教育做的一个比较系统的探索。内容分为四大方面：

第一个方面，教育的渠道。我们往往一提到教育，就想到学校教育。事实上，教育绝对不仅仅是所谓的学校教育这个阶段，教育的渠道包含家庭教育、学校教育、社会教育以及我们个人的学习四大部分，教育是一个整体，不能割裂开来看。

第二个方面，教育的内涵。我们现在社会上一讲到教育，很容易就会走到一个比较狭隘的范围里，譬如进某某学校，上某个科系，误认为这就是教育。那么教育的内涵到底是什么？难道就只是为了学历，考取一个文凭吗？这些问题假如不弄清楚，就不知道如何定义一个好的学生，更不知道如何做好父母，如何做好老师，如何做好校长。

第三个方面，教育的目的。有了以上两个方面的基础，我们再去探讨教育的目的何在，包括如何从国家社会的层面看这件事情。我们从小到大，从幼儿园开始念到大学毕业，有些人还念了硕士乃至博士。国家投入了那么多的资源做教育，从事教育的人就有几千万，难道只是为了学生考好成绩，进好学校吗？只是为了未来找份好工作，过上体面的生活吗？尽管这些目的都没有错，但教育的根本目的到底是什么？

第四个方面，教育的实践。我将举一些教育实践的例子，南老师作为一个教育家，我有幸跟随他学习三十六年，在他身边有点滴受教，也拿出来跟大家共同分享。

家庭教育的偏差及挑战

今天在这里我没有任何批评的意思，只是在反思，不论讲得对或错，仅仅是提供给大家一个思考的角度。

第一点，南老师特别重视母教，他说未来中国文化的基础和前途在母亲。中国文化有个很特别的地方，强调胎教，在《礼记》里就已经记载。一位母亲受孕之后，差不多两三个月的时候，孩子已经有了意识，父母亲吵架，他能听到；父母的情绪变化，他也能感受到。有些记录更神奇，据说白居易出生之后还认得"之""无"两个字。胎教在中国文化里，很早就受到重视。胎教与母教，实际上是所有教育最初始的根本。

第二点，南老师在他的书里再三提出来，父母往往把自己的愿望寄托在子女身上，望子成龙，望女成凤，这辈子自己没有完成的志向，很希望自己的子女能够帮自己完成，光宗耀祖，给自己挣面子。这些做法虽然无可厚非，但真的对吗？

第三点，目前的家庭教育、学校教育，很可怕的一点是什么？很少有人去重视孩子的性向和禀赋，没有根据孩子的性向和禀赋去引导他们发展。譬如现在大家都让孩子学钢琴，那我也让孩子学钢琴；大家都在学画画、学书法，我也要自己的孩子学画画、学书法，跟着所谓潮流时尚走。但孩子真正的性向和禀赋到底是什么，很少有家长去注意，去了解。所以父母很辛苦，孩子也很辛苦，整个社会都很辛苦。我自己也常常反思，我是不是也犯了同样的错误。

第四点，子女是为了父母而学习，父母以孩子取得好成绩，进好学校为标准，这一点在社会上是很普遍的现象。以前的家庭多是独生子女，现在放开二孩、三孩，但绝大部分的家庭还是只有一个孩子。孩子被作业、学习成绩压得喘不过气来，如何让孩子在做人处事方面有所成长，都变成了奢望。

第五点，过去我们传统社会里很强调的"规规矩矩做事，老老实实做人"，这样的一个基本道理，现在被认为是迂腐的论调了。说实在的，我们也不晓得对孩子的做人处事怎么去要求。

最后一点，同样是很普遍的现状。父母爱自己的子女，这是人之常情，但中国有一句古话"恩里生害"，因为太溺爱，反而对孩子没有应有的要求和正确教导。作为父母，有责任教导自己的孩子，这是天然的义务和责任，千万不能变成恩里生害。但人很奇怪，都是"莫知其子之恶，莫知其苗之硕"，这是《大学》里的话，很少有人能知道自己孩子的缺点。就像我们照镜子一样，每天早上照镜子，看自己越看越美丽，越看越英俊，是不是啊？这是人之常情。我们在教育孩子的过程里，不妨反思一下自己是怎样的一个现状。

学校教育的偏差与挑战

首先我们要理解一点，现代的所谓学校教育体制，并不是中国几千年来教育的原貌，它源自西方。工业革命之后，德国前身的普鲁士，为了整个国家的快速发展，制定了一套能够快速传授知识及培养技工等标准化人才的办法，演变成目前小学、初中、高中等这样的教育模式。后来又创造了大学，或所谓研究型的研究所这一类的学院。当然德国、日本，也重视学徒教育，包括蓝领的职业教育。希望大家能够了解这段历史，现代的教育制度是近一两百年来才产生的新模式，不是自古以来教育的原貌。

那么，在这样的体制下评判学校和老师优劣的标准是什么呢？就是考试和升学率。因为我们集团自己也办学校，所以我非常了解，这是很正常的现象，评判这所学校好与不好，就看学生们的考试成绩，看升学率。另外一点，更有意思的，我以前在美国的时候，看到美国的主流媒体评判哪所学校好，哪个科系好，包括所谓的学校排名，都是以其毕业生的收入为标准。目前国内有些大学也是这么做、这么宣传的。乃至有些学校的教授对学生说，如果你年薪没有达到多少，不要来看我。好像赚少了就不配做他的学生一样。我听了之后，真是哑口无言，走得太极端了。

过去我们中国人讲"经师易得，人师难求"。经师是什么？传授知识的老师，他跟学生之间的感情，很淡薄。我可以很负责任地讲，我在美国待了十年，也进了美国所谓比较好的学校，绝大部分的老师都是经师，都是传授知识的。更奇特的是，现在学生上课时可以翘着二郎腿评判老师。但我们中国文化不是这样的，经师之外，更有人师。人师是什么？学生与老师亲如家人，老师为人师表，做学生的榜样。譬如我们有些同事，过年过节时，会拎着礼物去看他的老师——小学、中学或大学老师，为什么？因为好的老师如同父母一样，他对学生的教导，学生会感念他一辈子，这种感念之情，超出了经济上的回报。我这辈子很有福气，遇到了南老师，他如同父亲一样对我们学生，作为我们人生的榜样，一辈子谆谆教诲，点拨我们，提携我们。同时我也遇到一些好老师，包括小学的黄义雄老师，高中的王维庆老师和熊惠民校长，大学的黄武雄老师，在美国读研究所时的邓恩（Donald Dunn）教授和哈门（William Harman）教授。

另外一个很值得注意的现象是什么？这是一个信息大爆炸的时代，人们获取知识的途径很多，书本提供的知识也很丰富，很多人好像懂很多东西，但动手能力变弱了，你要他真正做一件什么事，烧个菜，做点家务，或修理家里的电器，都不会。这是学校教育面临的一个很大的挑战。所以南老师特别提出来，他说大学里除了所谓专科教育之外，每个学生最好都能够学一个自己的谋生技能，有一技之长。

既然现在的学历教育、学校教育是这样衍生过来的，存在很多偏差，那么请问大家，除了学历教育，教育还有什么更深刻的内涵吗？这是值得我们深思的课题。

社会教育的偏差及挑战

社会教育影响最大的是社会的价值观和社会风气。社会的价值观及风气有形无形地主导了我们所有人的思想和行为，大家不要忘记，我们人都是生活在社会中，我们每天看电视、手机上的各种舆论、新闻报道，这些都会影响我们的价值观。考好成绩，进好学校，争取高收入的工作等，都是社会教育的导向在起作用，也是社会教育里最根本的部分。今天，我们不妨回顾近一两百年来世界思想的风潮，看看全世界受到了哪些主要思想意识有形无形的影响。我只是把这种现象描述出来，不论对错。

首先，是达尔文的"进化论"，讲适者生存、优胜劣汰，讲竞争。这一百多年来，它影响了人类对整个社会的观察和认识，乃至人类社会的道德标准。

第二个，是亚当·斯密的《国富论》，主要讲国家对内要讲究公理正义，对外要强权扩张；它讲有一只无形的手，通过市场机制调节社会，强调国富民强。所以大家看西欧国家，不管是英国、葡萄牙、西班牙，还是德国等，都是奉行这一套理论的，因此产生了很多的社会及国际问题。

第三个，凯恩斯的"消费刺激生产"，认为战争是刺激生产最重要的一个手段，不管这个战争是有意还是无意的，或是无可奈何的。这个理论的影响使整个社会经济发展出现很大的问题，包括人类对地球资源无限制的挖掘及对环境的破坏。

第四个，对当今社会人文思想影响很大的弗洛伊德的"性心理学"，它讲了潜意识里的各种心理现象。现在这个理论发展得日新月异，其社会影响巨大，不可估量。

第五个，科学方面，爱因斯坦的"相对论"及"量子力学"等相关理论，对我们现代的自然科学及社会科学产生了巨大的影响。

第六个，马克思与恩格斯的共产主义、社会主义的理论思想，影响着整个时代。

就是这几大思想风潮主导了近一两百年来的人类世界，直到今天还在深深影响着我们时代的发展，这也是目前所谓的社会教育的主导思想。但是仔细想来，这些跟我们中国传统文化好像有关联，又好像没有关联，为什么？我们传统的人文教育很强调人格的养成和受用，什么叫人格的养成？就是怎么做一个人，"仰不愧于天，俯不怍于人"，如何完善自己的人格，顶天立地。同时强调学问应该有所感悟、有所受用。这样的人文教育，目前在社会教育里是比较欠缺的，这就是为什么最近大家对传统文化和国学教育有所重视。但今天我们讲所谓的国学，所谓的国学教育，动不动就让孩子背几首唐诗宋词，难道国学就只是几篇诗词文章吗？所以，南老师很忧心，他说我们中国文化命如悬丝，我们有义不容辞的责任去保护和复兴它。

个人学习的偏差及挑战

我们讲到教育，事实上最该对自己教育负责的，不是父母、家庭，也不是学校、社会，而是我们自己。我们这辈子，能够很荣幸地生到这个家庭，很荣幸地生在这个社会、这个时代，除了追求所谓的学历、考试成绩之外，怎么扩充我们自身生命的内涵，怎么发挥自己生命的禀赋，这是每个人在学习过程中都应该看到的课题，而且是应该思考的问题。生命的禀赋是怎么来的？是与生俱来的。打个比方，我们这辈子就像来到某个车站，在这里停留一百年，或者是七八十年，最终要离开这一站到下一站去。在这一站，我们怎么样提升自己生命的内涵与品位，以便带着更好的"财富"到下一站去呢？除了看银行存款是否增加，除了看孩子是否考了好成绩，更重要的是自己生命禀赋的"银行簿"。它是无形的，而且是跟着我们生命不断走的。这就是我们中国文化里面讲的，生命的禀赋是怎么来的，绝对不是简单的由父母亲的基因组合来的。我在美国念书时，有一次跟我的指导教授开玩笑。因为这位老师相信基因决定论，他有两个孩子，我就问他：一对同样的父母，为什么生出来的孩子个性差别那么大？他被我问得没有办法，就说可能是统计学里面，所谓的随机变化。我只好笑笑，究竟是不是这样，不知道。但我们人除了父母的基因、环境、社会等因素的影响之外，与生俱来的禀赋很重要，但对此我们往往不自知。就像照镜子一样，人们往往只关注自己的眉毛、头发有没有变白，人有没有变瘦，却很少有人照照自己的心境，问问自己的禀赋是什么。

第二点，个人学习很重要的部分，就是如何调御情绪，陶冶情操。现代人精神问题特别多，事实上是与情绪、思想的困惑有着密切联系的。一个人在成长的过程中，难免会碰到各种困难、各种批评、各种评论。我相信很多同学，年纪越大越能够体会。我们怎么面对这些矛盾与困难，怎样去超越它们，摆脱不良的情绪与思想，这是我们中国文化里很重要的一个部分，也是我们个人学习很重要的部分。不管你是学文学，还是学艺术、书法、音乐，乃至观看历史剧，阅读人物传记等，都可以陶冶情操。这些在学校教育的阶段都会讲到。另外我们也注意到，西方现在也开始留意所谓的正念禅修，斯坦福大学的校园里就有一个冥想中心。另外你看，乔布斯学禅，他在做决策之前，先把自己放空。这些例子都是很值得我们研究的。毕竟我们人生在世，出了学校之后还有好几十年，我们在座的朋友，假定你在社会上想要做一番事业，不管是做领导的，还是一般的职员，能够设法调御情绪、陶冶情操都是很重要的。

第三点，如何扩大视野，容纳不同的意见和人事。就要比较积极地参与各种不同的事务和讨论，乃至参与到不同的群体活动中，而不是关起门来自己看手机、看电视。

总之，教育最主要的是每个人的自我教育。也希望家长朋友在教育孩子的同时，引导孩子去体会如何对自己的成长负责。

自学成才的历代教育

前面大家都已经了解了，现代的教育体制，事实上是西方工业革命以后的产物。中国历代人才的培养是靠民间教育的力量，靠自我成长。政府每隔几年大考一次，优秀的人才就收拢来了。真正出自国子监的人才很少。国子监相当于现在的公立大学，而且在整个中国，国子监也只有一两间而已。那么，我们中国历史上这么多的人才，是怎么培养出来的？事实上大多是自学成才。古人可以自学成才，难道现代人就不可以吗？一样可以，所以我们刚刚讲个人的学习很重要，不能光靠学校、靠别人，南老师在这两本书里也再三强调这一点。

南老师以前常引用的两首诗，一首是：

雨后山中蔓草荣，沿溪漫谷可怜生。
寻常岂藉栽培力，自得天机自长成。

"雨后山中蔓草荣,沿溪漫谷可怜生",山野中的草木因雨露的滋养,蓬勃生长。"寻常岂藉栽培力,自得天机自长成",它们没靠人力栽培,都是靠天然的养分,以及自己的禀赋所带来的各种信息和能量成长起来的,所以叫"自得天机自长成"。

另外一首:

自少齐埋于小草,而今渐却出蓬蒿。

时人不识凌云干,直待凌云始道高。

"自少齐埋于小草",大树的根苗跟小草一齐生长。如同小的时候,同学们在一起学习、成长。"而今渐却出蓬蒿",小的时候看不出来,现在慢慢长大了,才发现它与一般的草不一样。"时人不识凌云干,直待凌云始道高",当时看它是个小草,没人理会,等它长成参天大树之后,大家才发觉,原来它是这样伟大。我们历代的教育都很强调禀赋的重要及自我成长。

教育的内涵

教育的内涵,我花了很长时间整理,想给大家作个参考。我跟大家一样,一路从幼儿园、小学、初中、高中到大学,后来到国外去念研究所,读博士,但同时有幸在南老师身边跟随他学习几十年。教育的内涵到底有哪些?我总结有如下几点:

第一点,强调生活礼仪与伦理规范。这一点很重要,我们中国传统文化对这个方面是很重视的,所以以前的孩子在家要做家务,帮忙打扫、叠被子、洗碗,这是最基本的洒扫应对的生活教育,有其深刻的道理。另外，怎么对待自己的师长，怎么对待自己的兄弟姐妹、朋友、同学等，都是有基本礼仪和伦理道德的。如若不晓得这些生活的礼仪和伦理，就没有做人的基础。

第二点，强调身体健康和体魄强健。南老师对于身体的锻炼尤其重视，他九十岁高龄时，还怕我们不好好锻炼身体，每天晚上八点半会逼着我们一起去练拳。再举一个例子，现在社会上有很多人，包括我在内，牙齿都不好。后来我反思原因，才发觉从小到大，家庭、学校都没有教过我如何正确刷牙，而我到了五十几岁，才在牙科诊所里学会如何正确地刷牙。大家看看多可怕，这么简单的一件事，从小没有受到教育，自己也没有重视。而且现在还是有很多孩子不知道如何保护牙齿，如何保护眼睛。对于基本的保健常识、细微的生活常识都不够重视。

第三点，重视智力和专业。目前大学的教育侧重于专业教育，但对学生智力的培养是不够的。什么叫智力的培养？用《中庸》的话来诠释，"博学之，审问之，慎思之，明辨之，笃行之"。关于博学，要广泛地学习各方面的知识。目前大学开办跨专业的学科，也是这个目的。

第四点，强调技能和职业。这一点跟智力、专业是相关的。南老师有个教育理想，他说假定他办大学，会要求所有的大学生，每个人至少要有一技之长，做厨师、木工或者电工都可以，这并不影响你成为一个很好的银行家或企业家。技能与所学的专业没有直接关系，这是要你具备动手实践的能力。

第五点，人格养成及乐群。一般的学校教育不注重人格的养成与乐群的教育。人格养成就是培养独立人格，让一个人有自己心安理得的行事作风和人生态度。另外，可以通过榜样的力量，培养孩子的家国情怀和责任心，如何融洽地与大家共同成长和发展。关于这一点，现在学校里也有组织社团活动，做到了一些，但还需要想办法做得更到位。

第六点，如何调御情绪及陶冶情操。有朋友跟我讲，现在是一个不确定的时代，我们以前什么事情都要定位准确，但现在变了。我问他怎么变了，他说，"现在是在不确定的时代社会里，追求短暂的定位准确。"大家仔细揣摩这句话。我们过去什么事情都要求定位精准，现在变化太快了，今天精准了，明天就变了，那该怎么办？只有追求短暂的精准定位，但又保留弹性和余地，这就需要有健康的人生观和强大的心理承受能力。事实上中国文化强调"苟日新，日日新"，永远以正面的态度面对每天的变化，毕竟太阳每天都会从东方升起。

第七点，世事洞明及人情练达。《红楼梦》里有一句很有名的话，以前南老师常常引用，"世事洞明皆学问，人情练达即文章"，这方面很重要。譬如参加学校里的社团活动，在这方面就会得到锻炼。不管是做领导，还是经营企业，很多人之所以成功，往往是人情世故比较练达，但并不是滑头，大家不要误解。这是我们教育内涵的一部分，中华传统文化典籍《增广昔时贤文》里有很多经典的记叙，就是在讲这些事情。

最后一点，如何面对困难及解决矛盾。可以讲这一点在学校教育里是最为欠缺的。在我们人生的道路上肯定会碰到困难，肯定会面临矛盾，教育孩子如何面对与解决难题，是很重要的一点。

总之，教育并不只是简单地教几门基础的或专业的课程，而是要从这八个方面，比较全面地来考量。

学问与谋生

南老师在书中再三强调学问与谋生。学问与谋生有没有矛盾？没有矛盾，他并没有反对我们去读某所大学的什么科系，目前我们整个社会的教育，只看重谋生是走不长久的。所以他说"教育是以学问为本，持身以谋生为务"，学问和谋生相辅相成，这是一个很重要的教育理念。就像我们希望自己的孩子，有一个好的专业、好的学历，可以找到一份好的工作，但这还是不够的，要再扩大提升，要建立独立的人格，追求真正的学问。

那么学问的根本在哪里？第一是自立，自己站得起来。南老师的定义很清楚，他说"立身就是自立，在于造就一个人之所以为人"，这是学问之道。引申来讲，一个人要怎么面对矛盾，解决困难，能够做到"仰不愧于天，俯不怍于人"，也就是自立了。

第二是立人，处事就是立人，能够帮助别人，能够妥善处理事情。实际上就是与人打交道，要做到随时随地，在事事物物上体认，到处都是学问。就像我们刚刚讲《红楼梦》里的"世事洞明皆学问，人情练达即文章"。今天特别把学问和谋生提出来，要知道两者没有矛盾，是相辅相成的。我们除了要重视谋生的学历教育之外，还要重视人格的养成，陶冶情操，树立正确的人生观，建立立身处事的学问基础，才能成就一番事业。

最近，我们投资了上海的一家保险代理公司。前两天，我跟他们的董事长谈话，他谈到公司用人的标准，除了技能之外，还要看个人的素养，看这个人的价值观。首先要会尊重别人，假定他的谈吐不尊重别人，这个人是不好用的。另外，要讲诚信，要利他，要帮助别人。同时心怀感恩，感恩父母、同学、社会及国家。他说假定不符合这四个核心价值观，这个干部他们宁可不要。现在很多人力资源的负责人在招聘员工时，往往把技能和专业作为唯一的评审标准，这是很可怕的。大家不妨去研究世界上很优秀的公司，他们的用人标准，肯定不会纯粹看个人技能，不只是做简单的业绩评估，而是要看人才是否和企业文化的发展相符。所以学问和谋生是相辅相成的，认识这一点，对于我们的孩子，对于在校的学生，甚至已经步入社会的成年人来说都是非常重要的。

培养心智的力量

如何培养心智的力量，我总结了八个方面。

第一点，专注力。我们做任何事情，学习任何东西，如果不够专注，只是浮在表面上，就不可能真正地深入。能够专注的人，往往心境是比较宁静的。

第二点，观察力。当你专注了，就会发觉观察力变强了，容易看清事情是怎么发展演变的，能够在很多大数据里看出端倪，这是要有本事的。

第三点，记忆力。事实上要想记忆力好，没有专注力是做不到的。南老师诗词出口成诵，几十年前读过句子都记得，背得出来。不像我们动不动还要在手机里面搜索资料。他常常提醒我们，记忆力是要锻炼的，要强迫自己多记几次，慢慢就记住了。要入藏，记到自己的脑海里去，需要用的时候，可以随时从"云端"拿出来。相当于现在的云储藏。

第四点，思维力。就是逻辑推理等，我们现在的数学、物理、化学，都可以使人在这方面得到锻炼和延伸，这些也是心智力量的训练。

第五点，联想力。举一反三，从一件事情可以推理联想到另外几件相关的事情，犹如珠走盘，是滑动的、灵活的。

第六点，创造力。有观察联想，自然就有真正的创造力。现在国家强调创新型社会，强调培养学生的创新能力。但如何培养创造力，本身就是一个大课题。

第七点，宁静力。当今世界很重视宁静的力量，这不是舶来品，中国文化几千年来一直提倡静定修养。诸葛亮提出来的"宁静致远"，只有真正宁静了，才能摆脱杂乱的思想，才能达到真正的专注，才可以有深度的记忆力和创造力。为什么记不住？因为不够宁静。很可惜我们现在的教育对宁静力的锻炼不够重视。尤其信息化的时代，人们离不开电脑、手机，碎片化信息进一步破坏了我们与生俱来的宁静力。

第八点，空灵的力量。这个好像很难体会。大家平常都用电脑，电脑往往要适时归零，要把很多程序，很多还在后台运行的进程，以及没用的信息清理掉，不然它们会占用内存，影响电脑的运行速度。人的大脑也一样，需要适时放空，适时归零，这样我们的头脑才能变得更加敏锐。譬如这个大讲堂，可以容纳几百人听课。假设这里摆满了各种家具，连路都走不了，这间讲堂还可以用吗？心灵也一样，需要空灵。为什么叫灵？因为是活泼的，生机蓬勃的，不是死气沉沉的。空灵的力量是无穷的，能够体会到空灵的力量，生命自然就充实了，而且这个力量是源源不断的。但要怎么掌握宁静的力量、空灵的力量呢？我们中国文化，包括东方文化里有很多宝贝，用现代话讲，是可以通过标准作业流程去学习的，并不是神妙莫测高不可攀的。但是很可惜，现在我们过分强调所谓的专业知识，而忽略了老祖宗留下的这些法宝。

《礼记·中庸》的学习方法

中华文化里有一本大书叫《礼记·中庸》，它提出一套学习方法，"博学之，审问之，慎思之，明辨之，笃行之"。简明的五个方面，十五个字，但却浓缩了真正的教育方法。

第一，博学之。博学是"读万卷书，行万里路，交万人友"，参究各类资料，触类旁通，到处去学习考察，广交天下士。

第二，审问之。对收集的资料要审问，要晓得问对的问题，问深入的问题，问关联的问题。犹太这个民族很值得尊敬，他们在教育孩子的时候会问：你今天在学校里问了什么好问题？这也是审问之。今天这个时代，到处都是资讯，但也都是片断的、破碎的信息，要从中发现问题，观察是很关键的。

第三，慎思之。要谨慎、深入地从各方面思考问题。如果没有这种思考，是不会有真知灼见的。

第四，明辨之。就是要有辨别，而且要果断下结论。往往我们对很多事情东想西想，但最后没有判断，为什么？因为没有明辨。譬如我们有些同事讲话，讲了一大堆，你问他结论是什么，他会很茫然，就是因为没有明辨。黑格尔的辩证法讲正、反、合，《易经》讲十面看事情，都是"慎思之"和"明辨之"的方法。

第五，笃行之。有了结论要笃行，要坚定不移、坚持不断地去实行。而笃行的前提是真知灼见，就要靠"博学之，审问之，慎思之，明辨之"得来。

所以大家看，我们中国几千年前的这样简简单单的十五个字，已经把做学问及处理事情的办法都讲完了。这五个步骤的学习方法，是中国传统教育思想里很重要的一部分，如果大家能够掌握，就能成为一个有用的人。

教育的目的

教育的真正目的是什么？

第一点是转化气质，改进禀赋。这是很重要的，因为我们这辈子来到这个世界不容易，要珍惜生命，要抓住这个提升禀赋的机会。但是如何转化气质，改进禀赋呢？在《大学》里有一套完整的体系，从"格物、致知、诚意、正心、修身、齐家、治国、平天下"一路下来，内修外用，其中大有文章，有一套学习修证的流程。

另外还要养成崇高的人格。有一次，一个地方领导问南老师如何办教育。南老师说你要培养学生的"责任感"和"家国情怀"，一个人具备了这两种特质就会光明磊落，有一定的建树，对得起家庭、社会、国家，对得起世界。

第二点，能够把每个人与生俱来的禀赋、潜能开发出来。有些人适合做画家，有些人适合做科学家，有些人适合做会计，有些人适合做木工，利用每个人不同的性向、业力，顺势而为。南老师在晚年，常常很感叹地说"教育无用"。反过来讲，怎么体现教育的有用呢？教育就是让没有用的人变得有用，让笨的人变聪明，让"顽夫廉，懦夫立"，使个性很懦弱的人变坚强。所以说教育的根本是要改善人性。

这个在佛法里是怎么说的呢？它说有五别境，分别是欲、胜解、念、定、慧。为什么叫别境？因为这五个心理的状态能够超脱我们一般的意识之流，都是逆着我们原来的习惯走的。"欲"是什么？有这个需求，有欲望想要上进，想要成长，想要进步。"胜解"是有很好的、独到的、胜出的见解。"念"，念念、念兹在兹，譬如你想要做一个很好的钢琴家、书法家或企业家，念念不忘这件事情。"定"，念兹在兹，专一久了，自然定了，就会有心得。"慧"，由定而生慧，智慧通达，这辈子也会活得自在。所以佛法里提出人的心理有这五个特别的境界。假定顺着我们原始的习气一直走下去，就没有办法跳出业力之流，也无法开发自己的潜能。所以如何培养孩子的这五个别境，是我们作为家长及从事教育的人应该不断去思考的事情。

第三点，教育的目的就是化民成俗。它并不是简单的个人问题，而是关乎整个社会的风气。为什么我们中国在这次新冠肺炎疫情的应对处理上比较成功？这跟我们的文化基因有很大的关系，因为我们中国文化强调"化民成俗"，要改善整个社会的风气。管子很早就提出"礼义廉耻，国之四维，四维不张，国乃灭亡"，这是大家从小就朗朗上口的一句话。在孔子的学问里，怎么体现礼义廉耻呢？他进一步简化了，也更可行了，他提出四个字"孝、悌、忠、信"。"孝"是孝顺父母，孝顺长辈。"悌"是兄友弟恭，爱自己的兄弟姐妹，包括我们的朋友、同事。"忠"，"待人接物，无一事而不尽心，谓之忠"。有些人在公司里为什么能有所成就？因为他无一事不尽忠不力行，对公司有很多贡献。"信"，"立身处世，无一物而不尽情，谓之信"，这是南老师的解释。孔门学问的准则"孝、悌、忠、信"，是内外备至，体用兼圆的。孝悌是内以持之，从个人到家庭。忠信是外以致用，从社会到国家民族。这么简单的由内到外的做人处世的道理，已经把我们在社会里的人际关系讲尽了，这样整个社会的风气自然就会变好。所以我们中国的教育，是从个人推广到家庭、社会、国家民族，自然地也可以推广到世界。中国文化几千年没有消亡，这里面有很深的道理。

南老师的教育观

我们看南老师的教育观，这是他一九九九年为东莞幼儿园书写的。大家到恒南书院二楼的"南师墨宝馆"参观，就能看到这幅字：

教育之目的　为后世造就利国利民之人才
学问之理念　为群生启发自觉觉他之慧知

"教育之目的为后世造就利国利民之人才"，刚才我们总结的教育的内涵和目的，就是这句话的注解。"学问之理念为群生启发自觉觉他之慧知"，个人学习能够不断地提升上进，转化自己的本性禀赋，转化自己的情绪，陶冶自己的情操，提升自己的智慧，乃至能够启发影响别人。这两句话，南老师高度概括了教育的目的和学问的理念，抓住了教育不变的根本，非常值得大家去对照研究。所以我们说办教育不只是简单地教授一个专业或技能的事情，还要包含这样广阔而深刻的内涵。

教育的实践

我们看教育的实践及南老师给我们教育的启发在哪里？

首先，教育不可脱离师道，中国文化里有很深的师道尊严的观念。对于好的老师，我们一辈子都会感激怀念他。我当年去美国留学时，我中学的校长看我的生活比较辛苦，就找了一位企业家捐助我，虽然金额不多，却给了我很大的帮助，我很感念这样的好老师对学生的爱护。

中国文化讲"天地君亲师"。我们对"天地"要尊重敬畏；"君"不只是以前讲的帝王君主，现在要扩展到你的上级领导；"亲"是亲人、长辈；"师"是老师，这五个是并列的。所以过去讲一个好的领导是"作之君，作之亲，作之师"。"作之君"，做一个团体的领导，比如在企业里做一个部门经理或总监；"作之亲"，要待部下如亲人；"作之师"，不只是教授专业技能的经师，还要以身作则，做人师，让下属的人格修养及人生经验得到提升。一个企业的干部，仅仅把自己的专业技能教给部下，这还不是一个好干部，做到"作之君，作之亲，作之师"，才是一个好干部。很遗憾的是，有些干部都舍不得把自己的本事教给下属，想让企业永远只能依靠他，结果他个人没有得到提升，下属没有得到成长，也阻碍了企业的发展。

在中国文化中，老师对学生如亲人般爱护，一辈子对学生的思想行为负责任，并且他为人还很谦虚，对学生自称"愚兄"，没有趾高气扬的态度。反过来，一个好的学生对老师也是"一日为师，终身为父"。这些都是我们人类很伟大的情操。

我们看历史上师道的典范，东西方文化都一样。孔子有三千弟子七十二贤人，释迦牟尼佛常随众也有上千人。佛经上记载，佛陀有个学生的眼睛坏了，看不清东西，衣服破了，自己没法缝补，就问哪个同学可以过来帮他。当时释迦牟尼佛正在打坐，听到后就下座过去帮他缝补，这位学生很感激地问："是哪位同学帮我的忙？"佛陀回答说："是我啊。"那么自然的、平常的亲情，这就是父师之教。

隋朝的文中子——王通，唐朝开国出将入相的元老大部分是他的学生，包括李靖、房玄龄、杜如晦、魏徵等。在王通的《中说》里，有很多他们师生间的问答，尖锐而深刻，十分有意思。王通的后代也很了不起，他的孙子王勃，十几岁就作了《滕王阁序》。

还有北宋的范仲淹。北宋很多的大臣，包括大学问家，早年都受过范仲淹的资助。譬如大家都知道的张载，他原本要跟着范仲淹去打仗，范仲淹给他一本《中庸》，劝他回去好好念，所以张载到后来成了大儒，他提出的"为天地立心，为生民立命，为往圣继绝学，为万世开太平"也成为宋代以后，中国知识分子共同的目标。

另外西方历史上的苏格拉底、耶稣等，都行的是父师之教。南老师一生的行迹也是如此，他身边有很多跟随他一辈子的学生，南老师就是这样像父亲一样以身作则引导大家改进，无微不至地呵护大家。

南师对我的勉励

仗剑须交天下士　黄金多买百城书

"仗剑须交天下士，黄金多买百城书"，这幅字是我去美国留学时，南老师送我的，这也是他对我的要求。他说，慈雄啊，你到国外要广交朋友，要融入当地的圈子，不要像一般的留学生那样封闭在自己的范围里。天天吃中国菜，只认识几个留学生，那你干嘛要去留学念书呢。十几年前，一位国有企业的老总被公派去美国留学，我建议他星期天去教堂参加美国人的礼拜。他问为什么。我说你要了解美国，就要跟当地人打交道，去了解他们做礼拜在讲什么，这样才有办法比较深入地了解美国的国情，这就是"仗剑须交天下士"。这位领导很高明，虽然一开始他的英文不太好，但每个星期天还是坚持去，慢慢地收获越来越大，后来他非常感谢我之前给他的建议。

"黄金多买百城书",大家不要以为这里讲的黄金只是金钱,事实上真正的黄金是我们的生命、我们的时间。时间和生命过去了,就不会再回来了。"百城书"也不仅仅是指书。你跟一位朋友谈话得到了启发,或到一个地方去考察,或参加一场辩论,有见识上的提升和感悟,这不也是"百城书"吗?

南老师讲他一辈子自立的三原则:第一,"不向现成势力靠拢";第二,"不向不同主张妥协"(但并不是说不讨论、不交流);第三,"不向反对力量低头"。譬如在竞争的市场里,如果一味地对竞争对手低头,那么整个企业就会被吃掉,被赶出局。这三句话好像很傲气,但大家仔细去思考,若是把这三句话运用在企业、国家,甚至当今复杂的国际关系中,则更能显示他老人家具有深

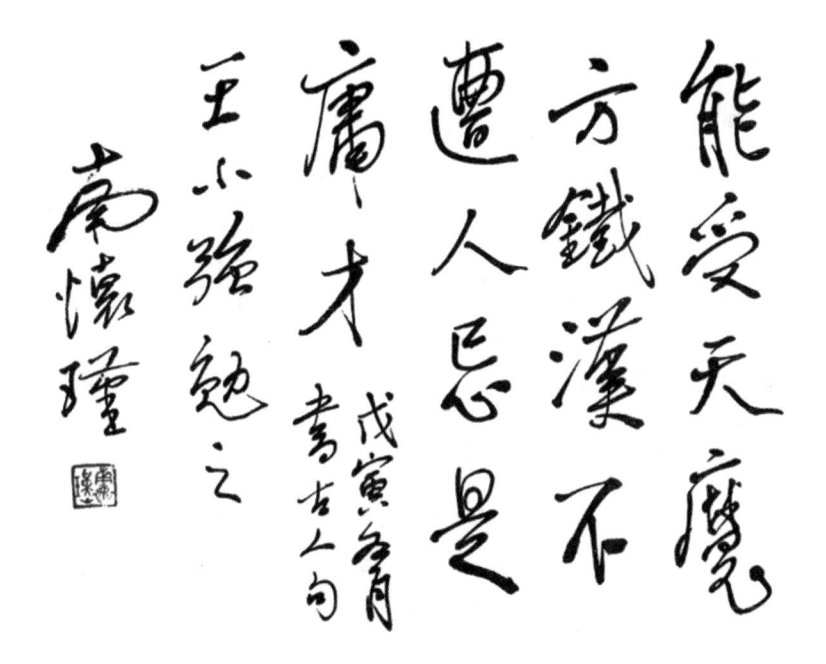

刻的哲理和智慧。你以为靠着大树就可以活得很好吗？不会的。所以南老师再三提醒我们，要自立自强，自立立人。他知道我们很容易求巧，都有想要快速成功的心理，都希望少付出一些心力，也能够得到同样的好处。

另外，他常用左宗棠的诗句："能受天魔方（真）铁汉，不遭人忌是庸才"，以鼓励正在遭受嫉妒、打击，遇到困难的学生。

在创业过程中有一段时间我遇到极大的困难，南老师送了我两句诗：

剑树刀山为宝座，
龙潭虎穴作禅床。

他说要把这种最困厄的环境当作历练自己身心的宝座、磨砺心志的禅床。他希望我遇险时能以不乱为定力，用智慧应对困难，这是对我莫大的勉励。

南老师常常引用南宋陈同甫（陈亮）的话来勉励我们：

至于堂堂之阵，正正之旗，
风雨云雷交发而并至，
龙蛇虎豹变见而出没，
推倒一世之智勇，
开拓万古之心胸，
自谓差有一日之长。

遇到艰难的环境中要怎样去开拓有生机的局面？格局要如何打开？因为当时的南宋偏安一隅，陈同甫提出应该有所作为，当然也很可惜，他没有得到机会，但是他仍然对自我有很高的期许。"风雨云雷交发而并至，龙蛇虎豹变见而出没"，他当时所处的时代与我们现在的国际环境，遇到的各种困难、各种挑战，不正是一样的吗？在这样的环境里，他期许要有"推倒一世之智勇，开拓万古之心胸"的气概，令人钦佩。所以我把这段话打印出来，遇到困难时，常常拿出来"照照镜子"，也就不会忘记南老师对我们的期许。今天借此机会，我把这段话送给听课的各位朋友。

南师的父师之教

二〇一八年三月，恒南书院举办南老师的百年诞辰纪念活动，有人问我南老师的父师之教有什么特点。我以前在其他场合也讲过，今天我想从这几个方面来阐述。

第一，有教无类，因人施教。南老师是不愿浪费生命做对他人和自己没有意义的事情的。但有一次，我看到他耐心地与一位聋哑人对话五六个小时，虽然对方听不见，也说不了，但他们却可以交流得很好。所以说，他是有教无类，因人制宜的。

第二，及时现场而教。他会引用很多历史典故，更重要的是随时随地讲人情世故。有一次春节之前，南老师请客，我们当时没有安排好，菜准备得不够，只好临时加了几个菜，勉强应付过去了。等客人走了，南老师给我们讲了一个故事：过去有个县官到一个地方任职，这个县很穷而且闹瘟疫，他去跟县里的有钱人化缘，每个有钱人都很抠门，不想捐钱。于是，他找到了一个最有钱的，但这个人同样不愿捐。没办法，他派人把这个有钱人抓了起来，说你犯了罪，现在有三条路可选择：第一条，捐一百两银子，就放了你；第二条，不想捐银子，就挨一百大板；第三条，不想挨板子，就吃十斤葱。这位富翁想了想，银子不能出，大板也不愿受，说：那我吃十斤葱。结果吃到第三斤的时候吃不下去了，说：算了，我宁可挨大板。结果挨了几十板后，他受不了了，说：算了，我还是出一百两银子吧。那时我还在上大学三年级，对此印象很深，南老师说做事要一步到位，不要葱也吃了，板子也受了，银子还得照给。这都是人情世故，是人生处世的经验之谈。

第三，不愤不启，不悱不发。南老师不会平白无故地跟你讲一个没来由的故事，他会观察你，看你研究问题琢磨很久也找不到路子，便会在适当的时候启发你。有一次，我有一个问题参究了一两年，南老师没有解答一句话。我写了很多报告，他也没有批，更没有说对错，后来在一个关键节点上，突然点了我一下，我才恍然大悟。这就是他的"不愤不启，不悱不发"。他上课常常会出题目，但不给你答案，就是要逼我们自己去找答案。

今天我还要专门提出来，一个好老师对问答的处理方式有四种：第一种叫"决了答"，对你的问题回答得很清楚，是对是错，该怎么做，直接给出答案。第二种叫"解义答"，把你的问题解释清楚。为什么这是对的，为什么那是错的，苦口婆心地解答你的问题。第三种叫"反问答"，反问你为什么问这个问题，你是怎么想的。最后一种也叫"置答"，不直接回答你。譬如刚才我讲的，困惑我一两年的那个问题，南老师一直不回答，我写了无数报告，他也不批，我也没有因此而觉得很憋屈，因为他知道时机还没到。

所以他是在引发你的智慧，你越是困惑，越是要去追问，最后便无师自通了。

第四，严格要求。关于这一点，我有两个亲身经历。第一个经历。南老师第一次提出希望我在大陆办学是二〇〇三或二〇〇四年他还在香港的时候。我去看他。"慈雄，你来啦。"他讲了一些事情，又说："如果你不在大陆办学，你以后不要来看我了。"那么严重！我说："好，我回去调查研究。"这是我们的标准答案。可是，老先生一直记得这事，隔了几个月，我去看他，他问："慈雄，你的学校办得怎么样了？"这时候他不是跟你客气了，脸拉下来了："上回我跟你讲的，你还记得吗？"我说："记得啊。"所以，当时老师让我办学校，我敢不办吗？我再不办，就真的不要去见他了。

第二个经历是"雷声大雨点小"。我刚在南老师身边学了一年左右的时候，他要去闭关了。那时我还在上大学，觉得应该做点什么回报给学校的同学们，就办了一个国学小组，每个礼拜大家在一起念书，一个非正式的学习小组。我跟南老师报告，他说蛮好。我以为南老师听了之后就忘记了，结果过了一个多月，他把我喊去了："慈雄啊，你那天讲的国学小组办得怎么样了？"我说："老师，正在找学生。"当时他就说："我看你还是雷声大雨点小。"这就是南老师的教化，现在想起来还回味无穷。所以很多事情，在他的严格逼迫下，就逐步往前走了。

第五，如沐春风，如遇时雨。我们跟在南老师身边，他是很慈悲，也很细心的。大事情他当然都看得很准，也都会给你指出方向；细微的方面，他也绝对比你还细心。以前在台北的信义路，还没有搬到复青大厦，当时那个地方很小，他住在二楼。四楼有一部分是教室,我们这些外地的学生,放假时每天晚上把课桌摆在一起,下面垫个棉被,就这么睡下。有一次,南老师上课到很晚才结束,我和陈世志等同学还舍不得睡,号称自己好像悟通了什么东西,还在那儿讨论研究。夜里十二点半的时候,他老人家上来说:"你们该睡了,要知道勇猛之心易得,长远之心难求。"你看他多慈悲啊!就是那么点点滴滴地春风化雨。

第六,处世要圆融。有一次,他交办一件事给一位同学。当时那件事并不是那么着急,但那位同学拖延了两个礼拜还没有办,结果误了事。他很生气地批评这位同学,同时教导我们做事要"急事缓办,缓事急办",我对此印象很深刻。一件可以慢慢处理的事情,既然想到了就要赶紧去办,如果这个时候不办,这件事就容易慢慢拖成急事,最后弄得鸡飞狗跳。大家是不是有这样的经验?反过来讲,真正着急的事情,在下决心之前要很慎重地考虑清楚,不要急着下结论,急事急办,很容易出错,这都是辩证的。

第七,"三碗面"的故事。上海滩名振一时的杜月笙,他晚年在香港的时候说:我这辈子"三碗面"吃多了。哪三碗?"**脸面、场面、情面**",这里有很深很深的道理。这个故事南老师常拿来教导我们。这"三碗面"我们每天都在吃,而且不可能不吃。但是,吃多了会拉肚子、会胀、会消化不良。天下的人很少是饿死的,大部分是撑死的——吃多了,身体容易出毛病,心脏病、消化系统病,或其他毛病,都是这么来的。

作决策也一样,最难的往往不是对事情的客观分析与把握,而是掌控好我们在处理事情的过程之中潜意识里的这"三碗面",也

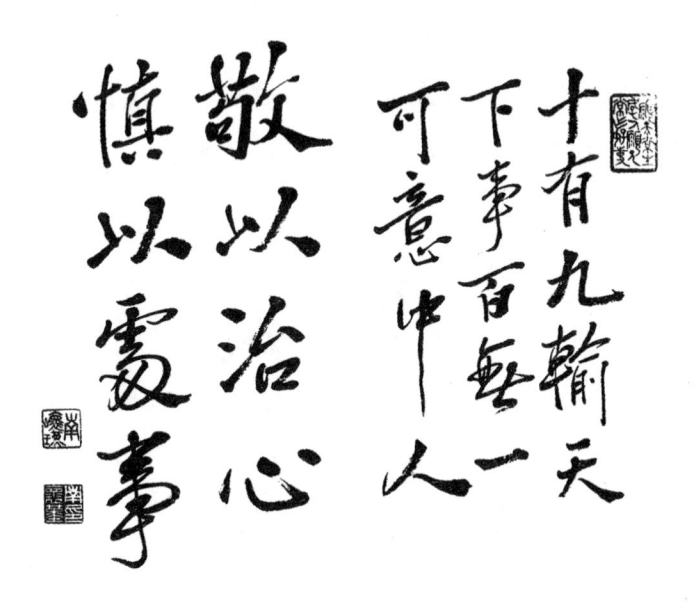

> 十有九输天下事，百无一可意中人
> 敬以治心，慎以处事

就只有高明的人能够自我觉察这三碗面不要吃太多。当然，不吃，那就不能称之为人。所以，要提高我们的决策质量，关键是要看如何吃好这"三碗面"，才能够支持配合企业总体战略目标。

第八，敬以治心，慎以处事。大家看南老师写给我们的字"敬以治心，慎以处事"，我把它挂在会议室里，提醒大家处理事情一定要慎重，不能无所谓。"格老子，办了再说！"这是很可怕的。

这些都是南老师在做人处世方面教导我们这些学生的故事。南老师是难得的人师，他的教化不是呆板的，而是很活泼很轻松的。每天晚上在他的"人民公社"和他一起吃饭，事实上就是在受他教化，这一切都是在谈笑之间无形中发生的。我今天讲的很多道理都是在饭桌上跟他学到的，听到就印在自己的脑子里了。我们跟他在一起总感觉如沐春风，如遇时雨。这么多同学那么怀念他，绝对不是偶然的。在座的有些人是做老师的，我想南老师的父师之教是我们学习的榜样。

人情看破秋雲淡

世事經多蜀道平

南懷瑾敬書古句

这几天正值深秋，云彩很漂亮，我时常看着秋云，回忆起南老师写的这副对联"人情看破秋云淡，世事经多蜀道平"，不经意地会吟诵起来。人生中碰到过许多事，常常会有这样的感触。看了这副对联，对人世间很多的人事都能看开了。

南老师的"天下为公"

天下为公

南老师之所以伟大，是因为他以身作则，他能够做到天下为公。南老师是怎么看待这个世界的呢？在他眼里，众生万物（包括他自己），乃至整个宇宙天地是合而为一的，没有分别。就像《金刚经》里讲的"无我相、无人相、无众生相、无寿者相"，甚至没有天地相，没有万物相，所以他的天下为公是很自然的。我们本身就是天地中的一部分，本来就是与天地同根，与万物一体的。借用《楞严经》里的一句话"虚空生汝心中，犹如片云点太清里，况诸世界在虚空耶？"，虚空在我们的内心，就像一朵云彩飘过天空一样，何况这世界还生在虚空中。有一天晚上，我和我的孩子一起看夜空，我就问他们，有没有什么东西比宇宙还更广大？能够去看宇宙的是什么？就是我们的心。但这个"心"，大家不要误解，不是心脏的心，也不是头脑中的思想。这个心是带引号的，是很深刻的宇宙生命科学。南老师的天下为公就是如此的境界，没有任何觉得自己伟大的念头。所以你会发现，南老师永远是很谦虚、很自在的。南老师"视天下人为子女，视子女为天下人"，他爱自己的子女，也爱学生们，他对天下所有人的爱都是平等的。在这种心境之下，我们中国人常讲的"天人合一"，讲的"士不可以不弘毅，以天下兴亡为己任"，都很自然地就做到了，不是只停留在观念意识中。这就是南老师"天下为公"的心态和境界。

再举一个例子，比南老师大几十岁的奇人——马一浮先生，他与南老师是忘年交。他很早就出国留学，回国之后，一心推广中华传统文化，把自己的名字由马福田改成马一浮。为什么叫"一浮"？他说自己就像一粒浮尘，浮游在天地宇宙之间，融入整个宇宙世界。就像我们常常说的，一滴海水怎样才能不干枯？就是要把自己融入大海。所以马一浮先生的名字是很有深意的。抗战时期，国民党的将领等都要去他的复性书院学习及反思。浙江大学的校歌就是马一浮先生作的词，一开头就说，"**大不自多，海纳江河。惟学无际，际于天地。形上谓道兮，形下谓器**"。大家看看，这气势之雄伟，也只有马先生能写出来。我非常佩服。这是马先生对浙大学子的期许，也是对我们人间大道天下为公的期许。

南师教育理念的实践

我们刚开始好像在批判目前的学校教育只重视学历，只重视考试。但话说回来，现代的社会是离不开这些东西的。那我们应该怎么办呢？不能摒弃所谓的学校和学历教育，而应该去寻求融合之道。所以我们依照南老师的指示，在武汉办了一所学校——武汉外国语学校美加分校，南老师为这所学校题了字。

武汉外国语学校美加分校，是按照南老师的指点和要求在武汉创办的，由我们集团的萧永瑞女士主办。她很用心，学校办了十几年，自己每周都坚持给孩子们上课。南老师要求，办教育的人，自己要教书，不要只是办"企业"。这所学校有几个特色：

第一点，强调素质教育与学历教育相结合。我们重视素质教育，绝不是对学历教育不重视，也并没有反对学历教育。我们强调学问，强调人格的养成，强调学生整体素质的全面提升，这样更能促进学历教育的发展。我们要求学生要有静定工夫，每天都有习"静"的功课。二〇二一届的中考毕业生，87%以上考入了省市级示范高中。所以我再三讲，学问、学历与谋生技能是没有冲突的，是可以结合的。

第二点，强调国学教育与国际教育相结合。中国文化海纳百川，我很反对有些家庭连学校都不让孩子上，只让其读经，放弃体制内的教育或者拒绝接触国外的东西。生活在我们这个时代，东西方的文化肯定都要了解，要结合起来，中文、英文、算术、科学都要学，怎么做绅士或淑女也要学。

第三点，强调"知行合一"。我们要求老师和学生每天都写反省日记，你今天做了什么事？做好事就点一个红点，做坏事就点一个黑点。这么简单的一个举动，却起到很大的作用。有些孩子原本从不做家务，为了在反省日记中点红点，回家后帮父母做家务，久而久之养成了爱家爱劳动的好习惯。

第四点，强调"文武合一"。除了教育部门规定的体育锻炼之外，孩子们每天还要学打拳，同时也有外教教他们橄榄球等运动项目。

这些都是很好的教育实践。如今，学校已经办了十七年，多次得到全国文明办及相关政府部门的嘉奖。南老师在世的时候，我们向他报告这所学校的情况时，他也为我们取得的成绩感到开心。

二〇一九年年底，我们在湖北孝感的临空新城办了一所美珈职业学院，占地八百亩。因为我们看到目前的很多学校只讲知识，很少传授技能，所以我们从大专职业教育开始做起。这个项目规模较大，编制上可以招收一万两千名学生，有七个不同职业的院系。这所学校也是按南老师生前的指导办的，南老师当时要求我们办一所"农工商科技职业学院"，我们正是按照这一理念在往前推进的。我们投资办学的心态是"取之于天下，用之于天下"，人终归有一天要离开这个世界，身外之物一件都带不走。我们以"大孝孝天下"的精神，期望能为社会培养一大批具备很强动手能力的专业人才。

恒南书院也是我们整个教育实践的一部分。我们秉承"身心性命，内修外用"的宗旨，希望培养出能够做事、能够创业、对自己生命负责的优秀人才。所以我们强调人才养成有五大原则：一是文学、历史、哲学、武术合一。南老师特别强调文学，文学是陶冶性情很重要的一方面。二是工作、生活与研究合一。在目前的社会，知识快速更新，如果将我们的工作、生活与研究结合起来，保持一个不断探索的心态，我相信这样大家会更有成就。三是教、学合一。你在教别人的同时，往往就是最好的学习时机。所以我们鼓励在座的同学、线上的同学，勇敢地上来讲课，分享你们的心得。四是言教与身教合一，也就是经师与人师合一。强调老师不只是做经师，还要做人师，希望书院里多出这样的人才。最后一点，内修和外用合一。要同时培养自己内在的修养和对社会贡献的能力。

未来教育的蓝图

最后我们作个小结，看看我们对未来教育的蓝图。首先，学问和谋生是相辅相成的。教育界的朋友，为人父母的朋友，或者未来将成为父母的朋友，绝不要忘记，学问和谋生是相辅相成的，这一点都不矛盾。第二点，依照性向培养孩子的能力，包括心智、动手、乐群、情绪、身体等几个方面。第三点，提升情怀与人格养成。刚才我们讲了"天下为公"，南老师就在这样的境界中，人生无处不自在，碰到再大的困难都可以应对。

还有几点，大家也要特别注意。一九八七年，南老师在美国，我受他的指点准备回国工作之前，请他讲授了"中国未来之前途"的课程。我问南老师：您觉得未来教育该怎么办？他说：首先，基础教育是必要的。第二点，未来的大学会是一个开放式的大学。譬如一个县或一个几十万人口的城市，有一个类似校园的地方，里面有实验室、有工作坊、有图书馆，大家可以自学，学到一定程度可以去参加考试，这样就能将现代的教育与古代自学成才的教育相结合。这两年，我看到斯坦福大学把学校的未来定位成开放大学，他们预计未来所谓的大学会变，不会是现在这种传统形式的大学。事实上，受这次疫情的影响，线上与线下是彻底结合在一起了。所以，未来的学校模式，我相信会有本质上的变化。当然，教育的形式、教育的渠道也都在变化，但我们今天讲的教育内涵的八个方面，肯定是万变不离其宗的。

今天提出的这样一个未来教育的蓝图，供大家参考。希望我们国家能够多出各方面的优秀人才，带领中华民族，带领全世界的人类，求得万世太平，谢谢大家！

问　答

问题一："立身处世，无一物而不尽情，谓之信"，请问这里的"尽情"是什么意思？什么是"情"？

李院长：这里的"尽情"，应该是说把问题的情况及内涵真正参透，才有办法作出判断，才有办法讲信用，否则只是随便讲讲。

问题二：李院长晚上好，请问南老师所讲的教育无用论，您是如何理解的？是否与现代教育体制冲突？

李院长：这个问题，事实上我在刚才的报告里已经提到了，假定教育难以将人的本性往真、善、美的方向引导，没办法提升人的气质，那这样的教育就是无用的。反过来讲，教育如果能够转化人的气质，开发人的潜能，我们才能说它是有用的。南老师因为看到目前教育的方向走偏了，所以才提出"教育无用"。

问题三：李院长您好，我提一个非常具体的问题。我是一个十岁孩子的父亲。现在无论是家长，还是老师，都很焦虑，因为在孩子的教育方面遇到很多问题，比如很多孩子也很焦虑，甚至有跳楼自杀等极端行为出现。在这方面，您有哪些指导、建议？

李院长：第一句话，"儿孙自有儿孙福，莫为儿孙作马牛"。第二句话，不要做"孝子贤孙"，现在我们许多做父母的往往是孝顺儿子，孝顺孙子，这实在是颠倒了。实际上，每个人都有自己的命格。你一定要他考上什么学校，明天要考多少分，很多的焦虑便是这样来的。我劝大家适可而止，孩子有什么禀赋就自然会发展成什么样。不要陷入没有考上好学校就不会有成就的误区。社会上很多有成就的人，并不是从好学校出来的。美国总统林肯，就是自学成才的。为什么现在那么多父母包括孩子都很焦虑？因为他们一定要挤进好的学校，要排进前几名，真是好辛苦！但是，我觉得跟孩子多一些互动，和他一起培养共同的兴趣爱好是很有必要的。就像现在一个很普遍的问题，都说孩子花很多时间在看手机、玩电子游戏，作为家长不能只是说"不能玩"，要培养他另外的兴趣。什么兴趣？要根据孩子的性向，包括父母自己的时间及兴趣而定。这样引导，我相信才是正途。一味地禁止是没有用的，发掘一点有用的兴趣，事实上是蛮重要的事情。

问题四：李院长您好，在教育中老师的力量是非常重要的，在老师的选拔培养方面，您有没有什么建议？

李院长：这一点，实事求是地讲，我真没有想过，这是一个很大的问题，很好的问题。师道是很重要的，去做老师的人至少本身是比较善良的，而且是抱有培养孩子的心愿的。所以怎样将这方面与今天讲的内容结合起来，我觉得这是一个专门的课题。我自己也不是老师，还在学习，只是用这样的方式把我理解的东西跟大家分享，谢谢你。

人生的内修外用工夫
——《原本大学微言》导读

《原本大学微言》是南师一生最重视的书之一，他曾说很可惜很少有人就这本书来跟他讨教。

《大学》中讲的"格物、致知、修身、齐家、治国、平天下"，我们从小读得朗朗上口。社会上有"格致中学""修齐大讲堂"，有孩子叫"修齐"，也都是受《大学》的影响。

那么，如何做到诚意正心修身呢？就要反求诸己，去参究怎么做到格物致知。《大学》中有七证工夫——知、止、定、静、安、虑、得，是一套严谨的修炼身心的办法，很可惜中国文化在这方面有一定的断层，我们需要把它重拾回来。

南师在这本书中描述了几千年来东西方文化思想的演变，尤其对中华民族这两千年来国运的演变有深刻的反思，同时指出未来中华民族的复兴，应建立在重建文化自信之上，整合东西方文化的精华，才能真正找出一条康庄大道。念起南师早年在讲此书的心情，一定是"先天下之忧而忧，后天下之乐而乐"。

想起他老人家，不禁如古人所言，"念天地之悠悠，独怆然而涕下"。

各位来宾，线上的同学们，今天是我们"遇见南师"系列第五次的课程，这次主要研究南老师的《原本大学微言》，题目是"人生的内修外用工夫"。我之前讲过两次类似的题目，一次是二〇一四年在南老师的家乡温州乐清；另外一次是在我们恒南书院举办的南老师的诞辰纪念会。在这次课程准备的过程中，我回顾了之前的两次演讲，真是汗颜，古人有言"学然后知不足"。今天早上我在南老师的像前，向他深深地鞠躬，每次上课我都诚惶诚恐，希望能把他的意思准确地呈现出来。

《原本大学微言》这本书实际上是南老师旅居香港时著述讲解的。前两天，我与老同学谢锦烊通电话，我们谈到《原本大学微言》是南老师最重视的书之一。南老师是一九八八年从美国回国到香港的，不久，他就开始筹备修建金温铁路，之后又开始推动海峡两岸的"九二共识"。当这两件事情进展到一定程度，他便把大量的精力放在了《原本大学微言》上面。我第一次拿到他送我的这本书，就是香港的一个出版社出版的。

大家可能都留意到南老师很多书的书名，譬如《论语别裁》《孟子旁通》《老子他说》等，这本书他用了"微言"两个字。我们中国人讲"微言大义"，我相信南老师的用字用词绝不是偶然的，而是有千秋大义在里面的。所以我希望能够和大家一起把《原本大学微言》中的"大义"阐述出来。

首先，我们看《大学》这本书的作者曾子。南老师特别强调是"原本"《大学》，为什么是"原本"？曾子著《大学》是在公元前四百五十年前后，大家要知道，那时候孔老夫子刚过世，对于一个长期跟随老师的学生来说，他的心情一定是很悲伤的，但这个悲伤不只是因为个体生命的逝去，而是因为整个天下动乱，道德陵替。孔子奔波一辈子，周游列国，留下的文化道统何去何从？曾子就在这样的心情之下写了这本《大学》。大家在读这本书的时候，要了解这样的一个时代背景。可以讲，这本书系统性地概括了大人之学内修外用的工夫及次第，实际上也是曾子跟随孔子学习一辈子的心得报告，影响了我们中国文化几千年。但南宋时期的理学大家朱熹先生著了《四书章句集注》，把《大学》原文的前后次序，依他的一家之言、一己之见作了更改。南老师对朱老夫子有很多的评价，对他个人的内在修养的一些境界给予了肯定。但很遗憾的是，明朝的开国皇帝朱元璋，利用朱熹是朱家祖宗这样一个名头，要求整个科举考试以朱熹的《四书章句集注》为标准。从此，《大学》的原初版本便不见了，就只剩下朱熹注解的章句，以至于后世读书人的思想被其章句主宰桎梏近九百年，影响了整个国家民族文化的发展。正因为如此，后世对儒家以及先秦的诸子百家，乃至中国传统文化都产生了误解和偏见。

到十九世纪前后，随着西方坚船利炮的入侵，新文化思潮的来袭，我们中国人手足无措，迷失了方向，不晓得应该怎么办，我们的民族也走入了一个极为艰辛的阶段。一九一九年，五四运动起来，要打倒孔家店，觉得是孔老夫子的罪过，焉不知这是朱老夫子们的罪过。我们这么讲并不为过，因为对朱老夫子思想的推崇所导致的中国文人的思想上的桎梏，阻碍了我们整个民族文化的发展。大家对什么是真正的儒家，什么是中国诸子百家思想真正一脉相承的东西并不了解，甚至是误解。

所以只有了解了两千多年来整个民族文化思潮的演变，我们才能理解南老师为什么要写这本书，他是以怎样一种心情写下这本书的。南老师将书名定为"原本大学微言"，就是希望还原曾子所著《大学》的本来面目。他很期待我们中华民族，尤其是我们的文化思想能够再次复兴。南老师多次提到《原本大学微言》和《论语别裁》是他最重视的两本书，但他很遗憾，很多人问他学佛方面的问题，对《原本大学微言》这本书，却少有人来跟他讨教。在准备这次课的过程中，我有好几次情不自禁地踱步，深深感受到他的心情。南老师很重视我们中国文化人伦世界的建立，希望每个人都知道怎么做到内养，同时还能够发挥外用，对社会有所贡献。他说整个社会、国家、民族的文化出现断层了，命如悬丝。他也描述了几千年来东西方文化的演变，指出我们未来努力的方向。《原本大学微言》这本书，充分体现了他悲天悯人、"先天下之忧而忧，后天下之乐而乐"的精神。这样一位一辈子忧心忡忡，念兹在兹，为中华民族、为全人类而努力的长者，是多么让人崇敬。

假定大家能够把《原本大学微言》上下册多研读几次，参究透，我相信对于我们中华民族，尤其是中华文化的认识，应该会有一个很清晰的脉络，文化复兴就不只停留于空言。

《大学》的四纲

大学之道，在明明德，在亲民，在止于至善。

首先，我们还是回到原本《大学》的本文。"大学之道，在明明德，在亲民，在止于至善。"你如果把它翻译成现代的白话，事实上并不难理解。大学并不是我们今天所说的某某大学，而是讲一个人之所以为人的学问，就是"大人之学"。这个"大人"包含两个方面：第一个方面，是自己内在人格的养成，要有智慧有见解，有所主张，有所坚持。第二个方面，具备这样的一个自我人格之后，对怎样去服务社会要有一定的认识，有决心，能够身体力行，能够与社会各方面合作作出贡献。这样才可以说是朝着"大人之学"的方向发展。反过来讲，就像我们目前的教育，强调知识文凭的多，强调人格、智慧养成的少，因此让很多人没有办法真正取得更高的成就。事实上我们看社会上各方面有所成就的人，之所以能够作出卓越的贡献，皆是因为其有独立的人格，是有国家民族情怀的人。

所以"大学之道"，这个"道"是讲道体，是学问的根本，这个道体包括三层含义。

一是"明明德"，第一个"明"是明白。"明德"是什么？明德是内明之学，明白如何利用内在修养工夫，启发智慧，知道如何立己，建立个人人格。

二是"亲民"，我们用句毛主席常常勉励大家的话，"全心全意为人民服务"，就是亲近人民，亲近人类。这个"民"包含自己的亲人、公司里的同事，从更大的范围来说，包括全人类。"亲民"就是为人民服务。自己内在修养工夫要先达到内明，才能外用。立己之外，还要能够立人，真正服务到社会人群。

三是"止于至善"，不管是自立或立他，都是没有止境的，要"苟日新，日日新"，要不断地努力，达到至善的境地，就叫"止于至善"。所以这样的一个学问，把我们人在社会上学习的整个纲要统括出来了，不管你是学哪一行哪一派，都是一样的。

因此"明德"是道的致用，是从道体出发的心理和身体力行的行为。"亲民"是将个人学问的道和德的成就，投向人间，亲身走入人群社会，亲近人民而为之服务。这便是"明德"立己以后，外用到立人的最终的结果。无论是个人立己的"明德"，或是外用立人的"亲民"，都要达到"至善"的境界。

"明明德"七证的修养工夫

接下来，曾子告诉我们要怎么"明明德"。它是有工夫次第的，我们先念一下《大学》原文：

知止而后有定，定而后能静，静而后能安，安而后能虑，虑而后能得。物有本末，事有终始，知所先后，则近道矣。

我相信很多朋友在小学或中学都念过这一段。这里面有七个关键的词"知、止、定、静、安、虑、得",就是工夫次第的七个步骤,南老师叫它"七证的修养工夫",这是我们中华传统文化里一个很重要的内涵和工夫。我在跟南老师学习之前,也念过《大学》,也看朱老夫子的注解。坦白地讲,我看不懂,后来我跟随南老师学习静定工夫,才恍然大悟,原来就是那样地清晰、简单。

首先,我们讲"知",譬如大家听我在讲话,知道自己在听,请问你怎么知道的?因为你有个知性。有一个与生俱来的知性作用,知性起用了,所以你知道我今天在讲课,不管讲得好坏,至少你知道了,你开始判断这句话有没有道理,那句话是对或是错,这是知性在起用。

"止",止在什么地方?止在你所专注的一个目标上。譬如我们讲呼吸,我以前的一位同事跟我讲他晚上睡不好觉,我说你睡不好觉的时候,稍微留意一下自己的呼吸,慢慢地跟着你的呼吸走,我相信你的睡眠会有所改善。的确如此,为什么?因为有止,止在呼吸上。另外,你说你喜欢写毛笔字,止在写毛笔字上,也是止。

"定",你真正进入一个专心一致的状态,止在一个所谓的对象上时,那时你的心念不是散乱、昏沉的,而是很专注、很清明的,这就是所谓的定境。譬如做科学实验,或是练习观呼吸,真正进入定的状态的时候,一定是不散乱、不昏沉的。当然定境有很多层次,比如佛法里有九次第定,有不同层次,但方向上是这个意思。

什么叫"静"?你从定进入另一层的状态,会觉得自己心里很宁静，好像整个世界都静下来了，万籁无声。这个静不是讲外境没有声音，而是你心里面的宁静，借用《老子》里讲的，就是"夫物芸芸，各复归其根，归根曰静"，好像整个世界都回复到它本来的面目了。所以我们说这个人很宁静，就是他能够不受外界的干扰，而回到清净的一面，这时候就会达到"安"。

事实上，这个"安"有两个方面的效果，一个是你身体的轻安，这个时候很直接的反应是身上会发暖，而这个暖不是热，是很舒服的状态，那种舒服没有办法形容。另一个是心里很轻安，很愉悦的，原来很多烦躁的思绪没有了。身轻安就是健康，心轻安就是愉悦。

当你达到身轻安、心轻安的时候会怎么样？"安而后能虑"，进入"精思"的状态，根本不用费心去找，自然而然、轻轻松松就知道了。"虑而得"，就如子思在《中庸》中所说"不勉而中，不思而得"的境界。这时候你的智慧就被启发了，对很多事务，会有独特的见解。我跟大家报告我的经验，我早上起来第一件事情就是喝杯温开水，之后会打坐，有时往往可能前一天，或者是一段时间以来，想不通的事情会突然想通了。"不勉而中"，等你得到了智慧，对很多道理，包括入世地处理事情，或是学问里的纠结与困难，平时没有办法体会理解的情感，乃至科学发明，都会在那时有所感悟。这就是很自然的"不勉而中，不思而得"。

那么，"虑而后能得"，得个什么呢？经过"知、止、定、静、安"的治心修养以后，思虑的慧力开发了，就可得入"明明德"而见道的真正成果。"大学之道"与"明明德"，不是空言思想，是有它实际的学养内涵的。要先从"知、止"开始，逐步渐修，进入"定、静、安、虑",而"得"到明悟"明德",才可以说真的接近"大学之道"的大道了!

这就是"明明德"七证修养工夫的步骤,是很科学的,很实用的。今天我不揣浅陋地跟大家分享这样的心得,表示我们中国这一套七证的工夫是实实在在的,是可以练习的,不只是理论学术上的事。

儒释道共通的修养工夫

我们看现在社会上有很多人在练习呼吸法门,呼吸法门最完整的名称叫"十六特胜",在《禅与生命的认知初讲》里,南老师已经把十六特胜的方法,很系统地讲解了,大家有兴趣的话,不妨找来研读。十六特胜的第一步"知息入",你的知性知道气息从鼻子进来了。第二步"知息出",知道自己的气息出去了。这就是知止,止在你的呼吸上。第三步"知息长短",知道呼吸有长有短,有时我们的心里比较烦躁,呼吸就很急促。内心很安静的时候,呼吸自然很深长。第四步可以做到"知息遍身",身上每一部分的气息变化都很清楚。第五步达到"除诸身行",修这个法门,到后来连身体都空掉了,身轻安到顶了,连身体的感觉都没有了。第六步"受喜",是心轻安的欢喜。第七步"受乐",这个时候已经超越一般所谓的快乐,是很愉悦的感受。后面的第八步到第十六步,每一步都有它的境界及理念。(详细内容可阅读《禅与生命的认知初讲》)

另外,儒家的孟子在他的《尽心篇》里面讲"我善养吾浩然之气"。我在念初中的时候就念过并背下来了,但不晓得他是在讲什么。大家不要忘记,孟子是子思的弟子,子思是曾子的弟子,隔了两代,所以大概是在公元前三四百年的时候,当时佛家没有进来,没有所谓佛家的呼吸法门。孟子怎么说,在南老师《孟子与尽心篇》这本书里有讲解,大家可以参照来看,但我不妨先跟大家透露一部分:

可欲之谓善,有诸己之谓信,充实之谓美,充实而有光辉之谓大,大而化之之谓圣,圣而不可知之之谓神。

首先,"可欲之谓善","可欲"就是说养浩然之气这件事情是你想做的,就像我一样,每天早上睡醒之后,第一件事情,一定是主动打坐,或者不打坐,正襟危坐也可以。"之谓善",这事情是好的。等到做到"有诸己之谓信",就像刚才讲的七证工夫,你自己有所心得了,有所感受了,就是起作用了,身体变好了,脑子变清楚了,更有智慧了,比如做什么事情总能想到很好的点子,那时候叫你不要做这样的修养工夫,你都不干了。

接下来是真实的工夫境界"充实之谓美"。譬如说你真的做到"我善养吾浩然之气",整个气充满了全身,也就是十六特胜里讲的"知息遍身",就可以说是"充实之谓美"。各位啊,这就是工夫,不是讲哲学理论,你会问"能做得到吗?"。当然做得到,只要你诚心去学,这是不难做到的。大家看,我们的儒家和佛家是不是在讲一回事?都是我们人类与生俱来的智慧。等到你充实了,全身的气充满了,"充实而有光辉之谓大",那时候很自然地光明境界就会升起来,除诸身行了,这个光明并不是日光灯的光明,也不只是有相光的光明，而是智慧的光明，是真实的圆明清净的光明境界。那时候光明和气"大而化之"，都化解掉了，跟宇宙万物结合为一了。"大而化之之谓圣"，大了以后能够神通变化，有了圣智妙用，才达到圣人境界。更进一步，连这样的境界都超越了——"圣而不可知之之谓神"。大家看，孟子在两千三四百年前，就把这样的一个"我善养吾浩然之气"的工夫境界和心得，清清楚楚地呈现给我们了。

大家再看道家吕纯阳的《百字铭》：

养气忘言守，降心为不为，动静知宗祖，无事更寻谁。
真常须应物，应物要不迷，不迷性自住，性住气自回。
气回丹自结，壶中配坎离，阴阳生反复，普化一声雷。
白云朝顶上，甘露洒须弥，自饮长生酒，逍遥谁得知。
坐听无弦曲，明通造化机，都来二十句，端的上天梯。

今天我们不细讲《百字铭》，我只是借此跟大家阐述道家的修养工夫也是同样的道理。譬如"养气忘言守"，就是孟子讲的"我善养吾浩然之气"。要做到什么地步？忘言守，要把养气这个事情都忘掉了。"降心为不为"，好像在降伏其心，但其实这件事情，本身也忘掉了。接下来最关键的是"动静知宗祖"，气息进来或出去都是动静，但你那个知性没有动，知性本身是老板，是"宗祖"，它并没有跟着外境的动与静在起变化。真正掌握了这个，你就稳坐钓鱼台了，很自然地做到"无事更寻谁"，也可以讲你找到了初步的真常。(详细内容可阅读《我说参同契》《如何修证佛法》)

所以这一套修养方法，儒家、道家、佛家都是一样的，是我们中华文化最宝贵的财产之一。但很可惜这些方法，包括七证工夫，有相当一段时间断层了，这就是南老师大声疾呼，要我们把这方面的文化遗产重拾回来的原因。有了这样的七证工夫，才有办法树立我们的基本人格，那是我们的根本，它可以让我们做自己的主人，不被杂念妄想及情绪牵着鼻子走。所以我今天诚恳地为大家把这些宝贝剖析开来，实际上这些在南老师的书里面都讲得很透彻。

内圣外王的程序

假定你能够做到内明的七证工夫了，然后该怎样做到外用呢？内圣外王的程序又是什么？我们来看曾子的大手笔。

古之欲明明德于天下者，先治其国；欲治其国者，先齐其家；欲齐其家者，先修其身；欲修其身者，先正其心；欲正其心者，先诚其意；欲诚其意者，先致其知，致知在格物。

我们把《大学》的八目剖析来看，曾子先讲外用的平天下、治国、齐家，然后讲修身、正心、诚意，最后讲到致知、格物。他说"古之欲明明德于天下者，先治其国"，你要把自身光明的人格养成，德性的发挥，放诸整个天下，要先治理好自己的国家。当时的国家是指周朝的诸侯国。"欲治其国者，先齐其家"，要治国，先要把自己的家族维系好，大家注意，这个家是指大家族的家，不是我们现代人观念的两三口人的小家。"欲齐其家者，先修其身"，这个身不单是指身体，儒家讲的身，更多是讲情绪方面。

情绪是身体变化的一部分，修身不只是保养锻炼我们这个身体，更重要的是如何调御我们的情绪。"欲修其身者，先正其心"，接下来道理就深了。我们先看正心，这里的心是指心态，包括我们平常讲的人生观、价值观及世界观。"欲正其心者，先诚其意"，"诚意"这两个字，我们中国人最喜欢讲，西方人也讲诚意，这个词好像成了大家的口头禅。我们常常会说这个人有没有诚意，交朋友的时候有没有诚意，员工和公司彼此有没有诚意，"诚意"用得很多。然而"诚意"是什么意思呢？我在读《原本大学微言》的时候不禁一笑，仔细想想我们常常说的话，我们并没有真正去体会它到底是什么意思。我们先把这个问题摆在这里。

曾子又讲"欲诚其意者先致其知，致知在格物"。什么叫"致知"？什么叫"格物"？你去读朱夫子所著的《大学章句》肯定是搞不懂的。刚才我们已经讲了"知止"，知性起用了，知道自己在呼吸的这个知是能知的功能，呼吸是所知的现象，但这个能知的功能背后，有个无形无相知性的"本体"，借用佛家的话就是所谓的"法身"。"致知"就是能够回到原来知性的"本体"。假定能够再进一步，能够跟天地万物合而为一，心能转物，才叫作格物。明朝有一位哲学家为了参究这个"格物"，格了七天的竹子，结果因为用心太过，把自己格到吐血，为什么？他的知性（能知的功能）被竹子（所知的现象）牵着走，结果越格越紧张，越格心量越小。南老师的书里再三讲格物不只是格除物欲，那太粗浅了。有一次在饭桌上有人问南老师什么是格物，他回答说，心能转物就是格物，心物一元就是格物。我们中国文化一直强调天人合一，强调宇宙万物与我合一，就如庄子所讲的"天地一指，万物一马"。不只是讲心性，而是要能够扭转乾坤，济天下之利，才是格物。我刚才提的这个大纲，《原本大学微言》里有很多篇幅的阐述，我建议大家不要简单地看过去，那些都是道体，智慧之学的根本。今天因为时间关系，不再专门对格物致知深究下去，我们先来研究最简单也最通俗的"诚意"。

所谓"诚意"

所谓诚其意者，毋自欺也。如恶恶臭，如好好色，此之谓自谦。故君子必慎其独也。小人闲居为不善，无所不至。见君子而后厌然，掩其不善，而著其善。人之视己，如见其肺肝然，则何益矣。此谓诚于中，形于外。故君子必慎其独也。

曾子曰："十目所视，十手所指，其严乎！"富润屋，德润身，心广体胖，故君子必诚其意。

接下来，我们看"所谓诚其意者，毋自欺也"。不要骗自己。南老师在很多书上都讲过，人一辈子只做三件事：第一个是自欺；第二个是欺人，骗别人；第三个是被人欺。事实上都跟"意"有关，这个"意"包含三个方面：第一个是意念，我们的念头怎么样，就是意念；第二个是意志，譬如今天这件事情我一定要做成，这是意志；第三个是意气，意念跟我们的脾气结合在一起，就变成了意气。"如恶恶臭"，就像我们很讨厌难闻的东西，心里有数，这个时候不会骗自己的。"如好好色"，这个杯子很漂亮，我很喜欢，就是"如好好色"。"此之谓自谦"，没有骗自己，并没有说我是为了取悦他人，说这个杯子很好看。"故君子必慎其独也"，所以当我们真正把自己的念头观照得很清楚，不自欺时，一定是"诚于中"的，也就会反映在外在的行为和形式上。但很可怜的是，我们人一辈子，对事或对人能够"诚于中，形于外"的不多。假定你能以这样的精神去做事情、交朋友，一定会成功的。"曾子曰：十目所视，十手所指，其严乎！"我们中国有句古话"举头三尺有神明"，我们做任何一件事情，包括起任何一个念头，都有很多的生命在看着我们，不只是你知我知、天知地知。不要以为别人看不见。最后看他的结论"富润屋，德润身，心广体胖"。"富润屋"，有了财富，房子修得很美。"德润身"，道德会滋润整个身体。"心广体胖"，并不是说会变得很胖，而是内心很自在，放得开，福气也会跟着来。假定一个人的内心很纠结，那他看上去一定是很不舒服的。

"诚于中，形于外"，南老师对这个"诚"字作了四个定义，我看了之后拍案叫绝，太精彩了。各位啊，要观察身边的人有没有诚意，这四点是很好的观察维度。第一点，看他是不是专一的；第二点，看他是不是很安定的；第三点，看他是不是无私，没有保留的；第四点，看他是不是明净的，光明磊落的。大家可能觉得很难理解，那么我举个例子。我们的母亲对我们是不是很有诚意？母亲对我们是不是很专一？不管有几个孩子，每个孩子都是她心目中的宝贝，都是唯一的。母亲对我们的感情从来没有摇摆过，在照顾我们的时候，她是无私的。全天下对我们最有诚意的是谁？就是自己的父母，所以我们一辈子最感念的也是我们的父母。假定你用这样的精神去做事情或对待朋友，交不到朋友是不可能的。为什么很多人在公司里得到很好的发展，我想他对公司一定是很有诚意的。为什么有些很聪明的人一事无成，因为他做人做事"诚意"不够，一天到晚心思跳来跳去，不安定，也不专一。所以专一、安定、无私、明净这四个维度，大家不妨仔细去审视一下。

我们念中国的古书，不要只把它当作知识念过就算了，还要反思，反求诸己。"诚于中"，当我们专一、安定、无私、明净的时候，就像母亲照顾孩子时一样，很辛苦，但也很愉悦很开心。为什么？因为"诚于中"的时候，人的意识和脑神经都变化，面貌、气色、神情也同样都变了。记得二〇一一年，南老师还在世的时候，他住在吴江的太湖大学堂。有一天晚上，二三十位苏州明善盲人博爱演艺队乐团的同学到太湖大学堂表演。表演完之后，南老师给他们讲"照明三昧"，虽然他们都是盲人，但事实上他们不是看不见，只是眼前黑茫茫的一片，他们能看的功能并没有损坏，所以有些人换了眼角膜，就可以看见了。南老师鼓励他们要坚定自己的信心，鼓励他们要上进。很奇特的是，当南老师讲完，整个现场的气氛、味道都变了，还有一股清香，因为"诚于中，形于外"，南老师的诚意感动了他们，影响了他们的脑神经细胞及内分泌，影响了面貌、气色，这就是诚意的作用，这也是我亲身经历的。

诚意，知止

另外，诚意很重要的一点是要知止，懂得恰到好处。《大学》引用了《诗经》里描述的一个很美丽的画面：

《诗》云："缗蛮黄鸟，止于丘隅。"子曰："于止知其所止，可以人而不如鸟乎？"

为人君，止于仁。为人臣，止于敬。为人子，止于孝。为人父，止于慈。

与国人交，止于信。大畏民志，此谓知本。

"缗蛮黄鸟，止于丘隅。"一只很漂亮的小鸟，停在山头上唱歌，就像我们恒南书院的院子里面，有时候小鸟会停在枝头，它活得好像比我们还自在。孔子看到这种景象，很感触地说："于止知其所止，可以人而不如鸟乎？"他说一个人要"知止"，知道自己应该在什么位置上，我们人怎么可以不如鸟呢？接着他讲到诚意的用，"为人君，止于仁"，这个"止"有专注的意思。怎么做一个仁慈的国君？在今天，你作为领导，要做到仁。"为人臣，止于敬"，为人臣怎么能够做到敬事爱人？你是做干部的，对你所做的事情、对你的上级要敬，这个敬不只是表面上的服从，不只是唯唯诺诺，而是从心底里敬。"为人子，止于孝"，为人子的，怎样做到孝顺？"为人父，止于慈"，为人父母的，如何做到慈爱？"与国人交，止于信"，跟人相处，要讲信用。"大畏民志，此谓知本"，国家对老百姓也要讲究信用，毕竟人民是国家的根本。

"知止"在内修外用上是很重要的。你专心做一件事，譬如说写毛笔字，或学任何技艺时，内心进入真正宁静的时候，才有办法如镜鉴物，达到永嘉大师说的办事定。《丛林要则二十条》里，百丈禅师专门提出"遇险以不乱为定力"，碰到困难危险，不要乱，那个时候反而要急事缓办，好好把它想清楚。你真正做到了这一点，就能知道什么时候该进，什么时候该退，什么事情该保存，什么事情该放掉。这叫知止。这个"止"很重要。

在《易经·系辞》里，孔子专门提出"知进退存亡，而不失其正者，其唯圣人乎"。我们人生很多时候都在抉择，很多事情要往前走，很多时候也要往后退，并非退就是错，也不是每天都进步才是对。有些东西，有些事情是留是舍，什么时候该留，什么时候该舍，都要恰到好处。就像打了败仗该怎么撤退，也是很有讲究的。很多人就是不晓得止，不知进退存亡之道，才引来大祸，乃至灭顶之灾。包括有些国家，比如日本侵略我们中国时，极度嚣张，结果却是以惨败收场，这都是不知止所导致的。经营企业也一样，要知止。南老师讲过一个例子，他说我们中国人不是常讲"百尺竿头更进一步"吗，大家有没有想过，百尺竿头更进一步，会怎么样？你已经到百尺竿头了，假定不管三七二十一，一味地猛进，再进一步就掉下去了。反过来，如果能够谦虚反省，把自己归零，那真的可以"百尺竿头更进一步"。这也是讲要知止。

修身在正其心

所谓修身在正其心者：身有所忿懥，则不得其正；有所恐惧，则不得其正；有所好乐，则不得其正；有所忧患，则不得其正；心不在焉，视而不见，听而不闻，食而不知其味。此谓修身在正其心。

"所谓修身在正其心者"，我们中国人讲修身，首先要正心，要修正我们的心态。关于正心和修身，曾子提出九个偏颇的状态，其中关于正心有四个，大家要警惕，要观察清楚。

第一，"身有所忿懥，则不得其正"。当一个人心中有愤怒的时候，就不得其正。大家知道清圣祖康熙皇帝，他在修养方面很有心得，曾在自己的书房里写了"制怒"两个字，提醒自己不要随便发脾气，要控制、调御自己的情绪。我见过一些领导，因为一怒之下拍桌子，结果把自己的仕途都丢掉了；也见过一些成功的民营企业家，对银行一怒拍桌子，银行第二个礼拜就把贷款全部收回去了，后来企业也就倒闭了；我还见过家人之间随便发怒拍桌子的，最后把好好的一个家庭破坏掉了。这就是"身有所忿懥，则不得其正"，在心态上对自己的念头没有办法把握好，被它牵着走。

第二，"有所恐惧，则不得其正"。人在恐惧的时候，往往就会失去理性，不得其正。但反过来讲，你对一个事情有所恐惧，知道会有麻烦，于是定下心来，很诚心地去思考，去化解这样一个恐惧，这时候就是正了。

第三，"有所好乐，则不得其正"。譬如说有些人特别喜欢吃甜的，有些人特别喜欢某种漂亮的东西，就是好乐，太沉溺于好乐，就不得其正。

第四，"有所忧患，则不得其正"。一个人、一家公司，乃至一个国家、一个民族有忧患意识是对的，但如果忧患过度就会失去志气，没有信心，当遇到困难的时候，会变得畏缩不前，发出各种消极的言论，这也是不得其正。

所以一个人一旦被"忿懥""恐惧""好乐""忧患"笼罩，就看不清本心了，会"心不在焉，视而不见，听而不闻，食而不知其味"。事实上，我们人生大部分时候都是这个状态。当意识到这点时，就要警惕了，怎样才能把这个心态调御过来？如何回到原本清净的本来面目呢？这就需要我们曾老夫子讲的"知、止、定、静、安、虑、得"的七证修养工夫，可惜我们现代的社会，不教这些东西。我年轻的时候，听我岳父讲过，二战前日本军人在做营长之前有一个传统，要在庙子里学习静坐一个月，我当时很好奇地问为什么要这样，他说当一个人处在决策层的时候，下面有几百号人，如果你不能够诚意正心，就很容易作出错误的决策。

齐家在修其身

所谓齐家在修其身者：人，之其所亲爱而辟焉，之其所贱恶而辟焉，之其所畏敬而辟焉，之其所哀矜而辟焉，之其所敖惰而辟焉。故好而知其恶，恶而知其美者，天下鲜矣。故谚有之曰："人莫知其子之恶。莫知其苗之硕。"

我们再看修身，这个"身"是指什么？通俗地讲，就是指我们的情绪，它有五种偏颇。

第一，"人，之其所亲爱而辟焉"。大家可能都有这个经验，你特别喜欢某类人或某个人，因为喜爱他，那么你决策的事与他有关时，你的判断就会有所偏颇。历史上很多领导人都犯过类似的错误。

第二，"之其所贱恶而辟焉"。譬如你对某些事情很讨厌，或厌恶某个人，或看不起某个种族，也就是我们通常讲的种族歧视，这些贱恶的心理都会造成错误。

第三，"之其所畏敬而辟焉"。对一个人太敬畏，也是很可怕的。就像希特勒当年如日中天的时候，德国人都很畏敬他，结果给世界造成了那么大的灾难。

但天下的事都是正反相生的，用好了就是正，用得不好就是反。所以说明主有"三惧"。一个伟大的君主或杰出的领导人都会畏惧三件事：第一是"处尊位而恐不闻其过"，地位高了，怕听不到别人对自己过错的谏言；第二是"得意而恐骄"，成功了，太得意了，太顺利了，就怕骄傲；第三是"闻天下之至言而恐不能行"，听到天下最好的道理，却怕自己不能去践行，怕自己做不到。这是畏敬心理正反相生的应用。其实畏敬心理本身没有对或错，畏敬过头会产生偏颇，适当的畏敬则对自己是一个警示，这时候要不断自我反省。因此凡事正反相生，要恰得其分。

第四，"之其所哀矜而辟焉"。很可怜某个人或某件事，也会有所偏颇。譬如你同情某一个人，即使他做事做得不好，但总觉得他没有功劳也有苦劳，没有及时与他沟通他行事存在的问题，结果把事情耽误了。

第五，"之其所敖惰而辟焉"。"敖惰"这两个字用得特别好。敖，就是自以为是。我常常看到，有的人有了一些成就，会自以为是，他觉得这辈子辛苦过了，已经很成功了，于是觉得老子天下的事都知道。惰，是懒惰，严格地说，是不太勤快的意思。并不是不工作，而是没有深入钻研求索的心思了，所以最后一事无成。我觉得曾子把这两个字放在一起，很有意思，它代表了一种心理状态，因自傲而养成了怠惰的习性。

"故好而知其恶，恶而知其美者，天下鲜矣。"你知道他的好，同时也要知道他的坏；你知道他的坏，同时也要知道他的好。"君子不以言举人，不以人废言"，就是这个意思。曾子举了个例子："人莫知其子之恶，莫知其苗之硕。""人莫知其子之恶"，每个人都爱自己的孩子，因为太过亲爱就不晓得自己孩子的缺点了。必须明白在疼爱的同时，还要去了解他的缺点和坏习惯。换言之，当你讨厌自己的家人和儿女时，也要切实了解他有美好的一面。不可以单凭自己主观的喜恶，就全盘肯定或否定一个人。"莫知其苗之硕"，老农总是觉得自己种的稻谷长得不够好，总认为邻家的稻谷比自己种的长得好；正如做老板的总是觉得别家的业绩比自家好。这就是讲个人的情感情绪会影响其行为。所以曾子说有这样的四种心态和五种情绪的人，行事很容易走偏。大家不要小看这些，很多事情就是这样产生大的偏差的，包括国家民族很多悲剧都是这样产生的。

治国在齐其家

孝者，所以事君也。弟者，所以事长也。慈者，所以使众也。《康诰》曰："如保赤子。"心诚求之，虽不中，不远矣。未有学养子而后嫁者也。

儒家对于齐家有一套很简单的理论体系。大家不要忘记，过去的"家"是指家族，可能几百个人住在一起。维持这个大家族的和谐，要讲辈分、讲规矩、讲礼仪。关于齐家，曾子讲了三个大的方面，这也是儒家特别强调的人伦之道。"孝者，所以事君也。"这个君就是长辈，包括自己的父母。"弟者，所以事长也。"就是要敬爱兄长。周室初期太伯、仲雍兄弟的故事，以及延陵季子三次让国的故事，便可说明"弟者，所以事长也"的道理。大家在单位里，尊敬年纪比较大的或者资格比较老、职位比你高的同事，也能算是"事长"。"慈者，所以使众也。"怎样对待下属呢？做领导的要关心底下的人，使他们得到成长及实惠。

"如保赤子"，不晓得大家有没有这样的经验，孩子刚出生的时候，全身都是红的，所以叫"赤子"，你抱着他，会很担心把他给摔了。曾子说一个大家长在经营一个家的时候要"如保赤子"，"心诚求之"，诚心诚意地，战战兢兢，像抱着刚出生的婴儿一样。"虽不中，不远矣"，假定你是以这样的心态处理事情，那就不至于犯大错误，离齐家的目标就不远了。接下来他用了个比喻说明"心诚求之"的重要，他说"未有学养子而后嫁者也"，没有一个姑娘是先学养小孩，才去嫁人的。

一家仁，一国兴仁；一家让，一国兴让；一人贪戾，一国作乱；其机如此。此谓一言偾事，一人定国。

这段话很严重。"一家仁，一国兴仁；一家让，一国兴让"，大家不要忘记，过去的帝王之家的家风往往影响整个朝代，如果这个帝王之家很仁厚很谦让，那整个国家的风气就会很淳厚。我们的企业也是一样，一个创办者家的家风会影响整个企业的风气。

"一人贪戾，一国作乱"，这句话厉害了。上至一个国家、一个社会，下至一个企业、一个人，如果太过贪婪，往往就会翻船。像我们国家，如果没有这几年这么大力度的反腐，国家肯定要出大问题。另外，如果领导人太凶暴，整个国家社会也会不稳定，譬如美国总统特朗普。

"一言偾事"，因为一句话，就拍桌子、发脾气，影响事情的走向。我见到过有些人，因为这样就把事情搞砸的，所以我们要再三警惕。"一人定国"，一个国家最终能够真正地强大起来，往往是少数几个关键人物起了作用，是他们扭转了乾坤。

齐家靠母教

相信今天线上也有很多女同胞在听课。南老师再三强调，齐家要靠女性，事实上不只中国，全天下都是一样。在《原本大学微言》中，南老师花了很大的篇幅向天下的母亲致敬。南老师晚年时，特别叮嘱我们，要加强女性的教育。大家知道，我们现在称呼某人的妻子为某某太太，"太太"这个称呼是怎么来的？周文王的贤妃叫"太姒"，他的母亲叫"太任"，他的祖母叫"太姜"，当时"三太"母仪天下，"太太"就是这么叫起来的。站在中华文化的立场，这个称呼是对女性最崇高的敬意。

南老师再三讲，我们中华民族经过几千年的演变，经历了那么多的苦难，能够将中国文化的传统强化维系下来，靠的是母系的精神，是女性伟大的牺牲和忍辱负重。我可以想见，南老师在写这一段的时候，一定是掉眼泪的。当年南老师客居台湾，而在大陆这边的家乡温州，他的父亲也就是我们的师公被关在牢房，家里是靠他的母亲和太太带着两个孩子苦撑过来的。这些艰辛的往事在南老师的二公子南小舜先生写的《人生路漫漫》这本书中都有记述。我相信大家看了这本书也会掉眼泪的，会对南老师的母亲和夫人生起崇高的敬意，同时也感念天下的母亲。

过去中国人讲女人要"三从四德"，好像就是要求女性不要有自己的个性，只要跟着父亲、丈夫、儿子走就对了，实际上这是彻底的误解，南老师对这"四德"有新时代的解释。这是妇女人格和人品养成的目标，不只适合女性，即使是一个男儿，也同样需要有这种教养。

首先是"妇德"，女性基本的德行。一个人的品德有问题，不论男女，当然都是不受人欢迎的。第二是"妇言"，要注意怎么讲话，做到不多言。一个人如果言语粗暴，或是刻薄贫嘴，或是出言不当等，也就是一般人所谓的没有口德，那当然也不行。第三是"妇容"，是指平常的"仪容"要整洁，不要故作风骚，给人作笑料。最后他特别强调"妇功"，南老师举过一个例子，他有个学生要嫁到美国去，出国之前来跟老师辞行，南老师说："你需要学一门技艺，要能自立，以后你就不会全靠你的先生了。"南老师很强调职业教育，他认为每个人都要有谋生的本事，尤其是女性更要有谋生技能，而不是仅仅依靠于丈夫。以前讲嫁夫随夫，现在不是了，女性自己要具备谋生的技能，这样才有办法自立立人。事实上，这是他语重心长的话，很有时代变化的考虑，因为他看到传统的家庭制度变了，社会风气也变了。

平天下在治其国

平天下在治其国者，上老老，而民兴孝；上长长，而民兴弟；上恤孤，而民不倍。是以君子有絜矩之道也。

"平天下在治其国"，怎么治其国？"上老老，而民兴孝"，上面是怎么做的，下面就跟着学。用现代话来说，就是在上面高层的领导人，能做到尊重老人，对自己家族里的老人，如他的祖父母辈、父母辈中的老人都能敬重孝养，那么扩而充之，就能善养天下的老人了，老百姓自然就晓得该怎么尽孝了。"上长长，而民兴弟"，上面的人能做到尊敬年长的兄长辈的人，那么老百姓也都会效法你的行为，懂得怎样做到兄友弟恭。"上恤孤，而民不倍"，这个"倍"字，在古文中有"违背"的意义。如果上面的人对那些鳏寡孤独的人都有所养，老百姓也就安心了，不会造反。这也体现了早期的社会福利思想。"是以君子有絜矩之道"，什么叫"絜矩之道"？公正无私，心里有一把尺，不偏不倚，就是絜矩之道。这也就是说，大人君子们，必须有"独立而不倚"、公平中正的内在修养，才能包容万民，泽及苍生。所以曾子说"民之所好好之，民之所恶恶之，此之谓民之父母"，要真正治理好国家，就要具备这种心态，我相信现在我们国家再三强调为人民服务，提高老百姓的生活福祉，也都是同样的精神。

反过来讲，"辟则为天下僇矣"。"辟"字，就是"偏僻"的"僻"之意，就是"不中不正"的另一说法。"僇"字，相当于

"杀戮"的"戮",这个字用得很重,就是说,做得不正,天下人就会起来"杀戮"了你。

曾子又特别慎重地提出对于有志于"治国平天下"者,言论和财货两者的反应作用,也可以说是因果律的法则:"言悖而出者,亦悖而入。货悖而入者,亦悖而出。""言悖而出者,亦悖而入"是指言语的"德行",也就是我们平常所称的"口德"。言语,是内心思维意识的表达,俗话所说,"欲知心腹事,但听口中言"。一个人的善恶,外在表现为整个人的行为,内在的则是意识思维。但这两者,对外起表达作用的,便是言语。假如你讲的话不算数,下一次就没有人再听你的了。"货悖而入者,亦悖而出",人性的最大的欲望,除了基本的"饮食男女"以外,就是"好货"。倘若你赚的钱来路不正,富贵不会长久。天下事冥冥之中有个循环的因果道理在。

见贤而不能举,举而不能先,命也;见不善而不能退,退而不能远,过也。好人之所恶,恶人之所好,是谓拂人之性,灾必逮夫身。是故君子有大道,必忠信以得之,骄泰以失之。

曾子进一步说,"见贤而不能举,举而不能先",意思是你见到一个优秀的人才,但不能够举荐他;或者你举荐了,但却太迟了,不能让他好好地发挥自身的才能。"命也",这是国家的命运,好的人才发挥不了作用。"见不善而不能退,退而不能远",是说你看到不对的事,不能反省。就如同你作为一个管理者,明知道一个人做得不对,却不能辞退他;或者辞退了,还无法真正地和他疏远。

"好人之所恶，恶人之所好，是谓拂人之性，灾必逮夫身。"你喜欢人们所厌恶的，厌恶人们所喜好的，这可以说是违反人性的，一定会有灾害上身。

"君子有大道，必忠信以得之，骄泰以失之。"一个仁人的君子，必然会遵循一个千古不易的大道，那就是言行忠信，那他必然会有好的结果。如果一个人自满、自慢、自傲，而且自以为是，一点也不知悔改，那他必定会失去一切。由此我们知道，儒家特别强调的人伦之道，也可以延伸到治国平天下。

我们从另一方面参考来看，《孟子·公孙丑》里讲的用人之道是"贤者在位，能者在职"。德性比较好的人，可以在高位上掌控关键的决策点，这样真正处理事情的时候，能干的人就有办法把事情推动，解决好，它们两个是相辅相成的。这方面雍正皇帝很厉害，他的宰相张廷玉就是"贤者在位"，而田文镜则是"能者在职"。这些人往往很懂人情世故，很会察言观色，做事情也很利落。

生财有大道，生之者众，食之者寡，为之者疾，用之者舒，则财恒足矣。此谓国不以利为利，以义为利也。

这里很有意思，"生财有大道，生之者众，食之者寡，为之者疾，用之者舒，则财恒足矣"。我相信很多开公司的人，或者在单位做主管的人，看了应该都会会心一笑。假定一个公司创造价值的人很少，不做贡献的人很多，那么真正做事的人很辛苦，混日子的人很舒坦，这公司肯定会垮掉。就像有些人开公司，为了有场面、够体面，于是搞一大堆人，"食之者众，生之者寡"，结果公司很快就完蛋了。

另外,"国不以利为利,以义为利",这些都是儒家再三强调的一个领导人本身该有的道德修养和智慧。我们在前两次课程中讲过"赚取人心,利润自然来",不正是"以义为利"吗?

评历史人物

我们刚才讲到诚意、正心、修身,大家不妨用这样的标准去审视历史上的皇帝、大臣,包括古今中外乃至当代社会的很多成功人士。我相信大家一定会有自己的结论,很多能人后来为什么会垮掉,相信你也会有所感悟。今天我们在座的朋友中,有些是银行家,你们在评估客户的时候,也可以把这几点作为标准,而不只是看财务报表。

《原本大学微言》这本书里,南老师特别指出几个人。第一个是北宋的名臣范仲淹。他是遗腹子,小时候家境很苦,母亲改嫁,他不愿跟着过去,就到庙子里去住。但当他成功之后,对继父没有任何怨言,对母亲一样孝顺,对整个大家族也是同样地照顾。他对北宋的政治和思想文化都产生了极大的影响。我很少看到南老师在书中对一位历史人物有这么高的正面评价。

第二个是雍正皇帝。雍正是一个很奇特的人。他编了一本《悦心集》,把历史上的很多好文章编辑成册。后来南老师也亲自题写过书名,之所以取名"悦心",是因为里面有很多隽永精要的文章。雍正皇帝虽然在位只有短短十三年,但他所做的事情却很多。假定康熙之后没有雍正,我估计清朝康雍乾的盛世不会那么雄伟。

南师题《悦心集》　　　　　清·雍正皇帝像

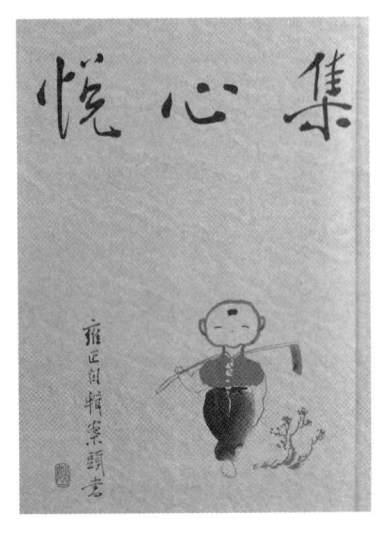

另外，今天我要特别提到的是邓小平同志。这是一位值得我们所有中国人怀念尊敬的领导人。他吃过很多苦头，包括他的家人也都遭受了很多磨难。但他没有抱怨过，而且无怨无悔，把我们国家从那么艰苦的局面一步一步地扭转过来，领导改革开放，使整个中国逐步富强起来。从诚意、正心、修身的角度去看，邓小平在历史上一定能得高分，是很了不起的人物。我们大部分人如果经历过他那样的磨难，是很难做到不抱怨、没有忿懑之心的。

从"意气"看历史

从某种意义上说，人类几千年的历史，不管是东方的还是西方的，十之八九是历史人物的"意气"所造成的。有多少人是真正怀有为国为民理想的？大家可以去审视一下。"小人之争在利害"，小人是为了个人的种种声名或权力、利益在争斗；"君子之争在意见",君子之争在于不同意见、观念,比如党派之间争的就是政见。所以我们看到各个朝代,你方唱罢我登场,就好像演戏一样,一轮接着一轮,几千年的历史真是好看,里面的人物虽然换了,但人类的意气之争并没有变。这个"意气"包含我们的情绪、欲望,以及各种不同的意见。

所以清朝有一位很有名的诗人张船山,他看了这么多的历史之后,写了一首诗:

> 一编青史太陈陈,上下千秋笑转轮。
> 治乱凭天如有数,安危注意恐无人。
> 只闻叔世多豪杰,不信深山有隐沦。
> 叹息典谟三五册,万年难遇此君臣。

"一编青史太陈陈,上下千秋笑转轮",历史都是在不断地轮转,即使主角变了,但还是绕不过那几件事。"治乱凭天如有数,安危注意恐无人",大道理每个人都知道,但最深层次的原因是什么,为什么有些朝代能够安定几百年,有些朝代却很短命,有几个人真正重视呢?"只闻叔世多豪杰,不信深山有隐沦","叔世"就是乱世。为什么乱世中很多豪杰起来,而一些有道之士却躲了起来呢?"叹息典谟三五册,万年难遇此君臣",史书讲得那么好,可千万年也难遇到真正的好君臣。

东方文化思想的运势

所以我们现在更需要深入审视研究几千年来整个东西方文化思

想的运势。大家看我们中国在尧、舜、禹、夏、商、周时期，文化已经非常发达了，并且有相当的深度。春秋战国时期，儒家、道家、兵家、法家、阴阳家等百家争鸣，当时的中国文化绚丽多彩，《诗》《书》《礼》《乐》《易》《春秋》六经，是我们中国重要的文化宝典。我们刚刚讲的七证修养工夫，它在佛法还没有传入中国就已经存在了，当时的科技文明也已经达到了一个很高的地步。《礼记》里《礼运·大同》篇就有了"天下为公"的大同思想。

到了汉代，汉武帝出于政治上的考量，"罢黜百家，独尊儒术"，就像西方在公元四世纪前后，罗马帝国确定基督教为国教一样。后来的汉元帝，不听他父亲汉宣帝的话，更加偏重儒家学术思想。汉宣帝曾对儿子（即汉元帝）说，我们刘家家法是儒家、法家、道家合用的，不是只偏向儒家。另外，也因为汉元帝个性比较温和，偏重儒家学术思想，很自然地导致整个汉朝的学术开始走向注疏、训诂、考据，两汉经学就是这样发展起来的。而独尊儒术虽然利于政治上的统一，却也桎梏了后世知识分子的思想。大家不要小看汉武帝到汉元帝这一段时期思想文化的演变，看似漫不经心，却导致了周秦以来，中国文化多元性的丧失。周秦时代的文化已经相当博大精深，并且呈现百花齐放的态势，假定不是"罢黜百家，独尊儒术"，我相信我们今天的中华文明将会是另外一番景象。

到了魏晋南北朝时期，老庄、玄学逐渐兴盛，佛家思想也传入了中国。因为社会的动乱，很多有识之士没有施展才能、抱负的舞台，只好躲起来追求玄学。在这些人看来，时代无法匹配他们的思想意境和人生追求。其实到底是时代对不起他们，还是他们对不起时代，谁也无法定论。一直到隋唐五代，儒家、道家、佛家（特别是禅宗）思想，又汇聚在一起，使得整个中国文化，别开生面，光芒四射。隋文帝时期的文中子——王通，他有学生如房玄龄、杜如晦、李靖、虞世南等，都是大唐开国的名臣、名相、名将，也都是儒、道、佛通才。也正因为诸多人才的汇集，多家思想的碰撞交融，整个唐朝文化气势恢宏，首都长安成为全世界文化的中心，也是留学生的向往之地。

到了北宋，出了邵康节、周敦颐、张载、程颢、程颐五位大儒。从中唐后期的韩愈开始，中国文化受禅宗及外来文化的影响太大了。而后宋明理学兴起，我们中国的知识分子潜意识里就有排斥外来文化的思想，到了南宋中晚期，朱熹的《四书章句集注》逐渐变成学术主流。

朱元璋做了皇帝之后，把朱熹的学问作为明朝考试取才的主要标准，当然这里有他的目的。我们不谈朱熹先生的学问到底如何，但因为他个人编排注解的"四书"，再加上当权者的有心应用，整个时代的思想开始变得更加狭窄了。但物极必反，等到明朝中晚期，王阳明开始强调知行合一，他觉得学问并不只是谈圣贤之道，要求每个人都成为圣人，如果不能经世济用，那国家一定会衰败。王阳明当时的这种学问是有它的时代背景的，也可以说是对之前思想桎梏的一个反动，他的思想后来还影响了日本的明治维新，日本也因此强盛了起来。

接下来到了清朝，因为清朝的统治者不希望汉族人的思想太开阔，所以基本上是延用朱熹的《四书章句集注》作为读书考取功名的标准。虽然经历了一百多年康雍乾三代的盛世，但因为文化思想的桎梏，整个国家生机疲惫，官员腐败，社会处于松散的状态中。一直到清朝的后期，鸦片战争开始，彼时西方的文艺复兴已经进行了两三百年，科学文明思潮也发生了日新月异的变化。西方的坚船利炮，打开了我们的国门，突然之间我们才发觉自己落后了。于是，中国的知识分子觉醒了，有识之士开始强调要学习西方的民主和科学，以为所谓的"德先生和赛先生"（Democracy，民主，Science，科学）才可以救中华民族。也因为当时中国国力的贫弱，国人的悲惨，大家对传统文化误解很深，造成民国初年的"打倒孔家店"等悲剧。

所以我们中国文化就是这样一路地艰难走过来，反反复复，正反相生。然而，未来我们将何去何从呢？这就是南老师再三讲的，我们这代人应该要承担的历史责任。纵观这两三千年整个文化思想的演变，我们中华民族是时候好好静下来整理自己的思路了。我们的思想宝藏究竟在哪里？怎样结合新的时代，实现中华文化的复兴？

西方文化思想的运势

公元前一千年左右，犹太领袖摩西带领犹太人出埃及，订立十诫，可以讲这是整个西方文化最早的戒律法典，西方文化跟摩西十诫有着很深的关系。后面雅典的希腊文化，出现了苏格拉底、柏拉图、亚里士多德等伟大的哲人。后来耶稣创立基督教，再到他被徒弟出卖迫害，钉上了十字架，早期的基督教被罗马政府迫害，不少基督教徒被杀害。直到公元两百年左右，一位罗马的皇帝发觉基督教对他统治国家有很大的帮助，他号称有神的感应，把基督教立为国教。到公元五百年，"黑暗时代"到来，整个西方文明被基督教禁锢了；再到经院哲学时代，有点像朱熹那个时代注重考据训诂的学问，经过这样长期的桎梏，人的思想发生了反动。十四世纪，文艺复兴开始，比当时文化艺术更重要的是哥白尼的日心说，还有很多新的科学发现及科技发明。十六世纪，马丁·路德领导了宗教改革，差不多跟王阳明在同一时期。经过几百年的文艺复兴及科学文明的发展，社会结构发生了变化，刺激了西方民主思潮的高涨，涌现了一大批启蒙思想家，包括法国的卢梭、孟德斯鸠，英国的洛克等。这样一路下来，到了十八世纪，发生了第一次工业革命，因为工业革命的关系，产生了社会主义、共产主义以及美国所谓的民主制度、资本主义等思想。

我不揣浅陋地把《原本大学微言》里讲到过的东西方思想的演变进行对照。我们中华民族在过去三四百年间，科技文明一步步落后于西方，殊不知人类四大发明，最早都诞生在中国。而西方自十四世纪开始走进文艺复兴，强调科技文明、文化艺术的发展。将传统基督教的经义摆在一边，以唯物的科技文明改善人类生活为主，这种思潮也导致了以武力侵略他国、掠夺他国资源归为己有的殖民主义思想的产生，彼此争斗，从而引发了第一次世界大战、第二次世界大战。这些都是内施公理、外施强权武力的思潮带来的问题。当时的中国积弱不振，日趋落后，整个文化思想摇摆于中西之间，莫衷一是，民族失去自信。殊不知我们中国的文化思想太崇高、太精深、太伟大了。未来中华文化怎么样往前走？我们这一代人，应当像南老师再三提出的，要整合东西方文化，结合科技、文化、哲学等领域，开拓结合物质文明、精神文明及民主思想的人类社会发展的新模式，这才是我们真正的课题。

反思检讨三大问题

所以南老师提出了我们的国家民族应当反思检讨的三大问题：

第一，有关国际形势的问题。中国，尤其从秦朝开始一直是统一的，而西方欧洲没有统一过。南老师说，我们学西方，甚至全盘西化，请问要学哪一国？要以哪一国为榜样？德国有德国的国情，英国有英国的国情，法国有法国的国情，美国有美国的国情，每个国家彼此都不买账的。你说要学，请问学哪个榜样？

第二，有关西方文化和文明的问题。西方科技文明的确给人们带来了生活的便利，但科技文明和人文哲学怎么融合？西方的基督教文明也是博大精深的，有它独到的精神，包括西方的哲学思想，这些怎么与中国先秦的诸子百家思想和佛法整合？我们不要妄自菲薄，以为我们自己家里没有好东西，我们的宝贝多得很。

第三，有关人文文化和政治社会的问题。日本的明治维新讲"尊王攘夷，敬天爱人"，就是由王阳明的思想结合中国传统儒家思想演变过来的。像伊藤博文讲的"计利应计天下利，求名当求万世名"，就是儒家思想。日本人虽然这么讲，但他们的天下还是以日本小国小岛为天下，不是以全世界为天下。假定日本真有这个气派，那今天就不会是这样的。我们中国早期翻译的西方著作，不管是科学类的还是哲学类的，大部分都是从日文翻译过来的二手货，包括我们今天讲的"经济"一词，实际上也是日文的翻译，西方的 Economy 并不是这个意思，而我们中国讲的经济是"经世济民"。后来才有严复和辜鸿铭翻译的比较直接的译本。南老师在书中特别提到，清末民初保定系的很多人都是留日学生，包括蒋介石。后来的黄埔系则与苏联有一定的关联。到抗战时期，欧美留学生才开始占主导地位，事实上他这是话里有话，意思是我们不能够只靠留学生来治国。

所以他说我们要学西方，到底要学哪一国，以哪一国为榜样，核心问题还是要立足于我们自己的文化，并结合东西文化的精华，开拓人类文明的大道。

中国希望和平共存的世界

中国文化讲究内圣外王，希望达到和平共存。最近西方，包括美国，很担心中国崛起。在西方掠夺殖民的思想里，的确是这样，他们认为崛起的中国一定会吃掉他们，但他们不晓得我们中国文化不是这个样子的。南老师说："我们国家几千年来是仁义博厚，恪守宽容忍让，希望天下人类真能达到和平共存的世界。"大家知道，以前的琉球国是清朝的一个藩属国。当时琉球国一年最大的一笔收入是什么？它每年向清政府进贡，清政府又以十倍的物资馈赠给它，它再把这些物资卖到日本，靠着这些资金支持国家的开销。

所以说我们中国从古至今，从来没有像西方殖民者一样，把别的国家的财富榨干，侵占其他国家的利益，把别的国家的人民当作奴隶贩卖。中国从来没有压迫其他民族的野心，也从来没有自认为天下第一的狂心。即使在清朝的晚期，国力衰弱的时候，清政府还派袁世凯到朝鲜帮忙平乱，等平定之后就撤兵了，并没有占领别国的野心。我们今天讲内圣外王是这样的一个思想演变过来的，我们绝不攫取、抢夺别人的利益。西方担心中国崛起会吃掉世界，事实上这是对中国文化很深的误解。但反过来讲，我们中国人也绝不接受别国的侵略和压迫。当年日本侵略中国，长期抗战，我们经历了那么多的苦难，最终取得了胜利。

内圣外王是中华文化的核心

所以，可以讲内圣外王思想主导了中国几千年的文化，这点不管是儒家、道家，还是佛家，都是一样的。《大学》的核心——内圣外王的学问，就是讲怎样做好一个人，怎样建立我们的人格，怎样修身、正心，怎样齐家，就是这么简单。"穷则独善其身，达则兼善天下"，这些事都做到了，行有余力，时机到了，再去治国、平天下，此乃圣人之余事。大家不要忘记，人之所以为人，最根本的还是要从内修做起。外用要看机缘，比如成为很有名的大企业家就需要很多的机缘，但绝对不是放任不作为，不是不努力。

中华文化乃是提倡德术兼备的。很多人以为孔老夫子只是坐而论道，讲讲道德，这是彻底的误解。我们整个中华文化是从《易经》而来的，最初并没有那么多家。从先秦开始，以儒家、道家、墨家为主，后面的法家、兵家、纵横家也都有很完整的体系，所以我们不要妄自菲薄。佛家是东汉时期才进来的，偏重于内明之学，这方面其实中国文化自古就有，但没有佛家讲得这么系统完整。南老师在晚年特别强调生命科学、认知科学，就是佛家所谓的唯识，我相信将来一定可以结合现代的脑科学、神经科学、心理学，在生命科学领域实现很大的飞跃。南老师也说过，后世中外很多著作，都是末流枝节，可以救一时之弊，不足为千秋定论。今天中国能够屹立于世界民族之林，是靠新中国成立后这几十年科技文明的进步，包括各种导弹、氢弹的研发而来的，中国人绝对有这个科技文明的基因，最早的四大发明都在中国，未来更要充分发挥我们这个基因的作用。所以我说中国文化是博大精深的，讲究经世济民的，讲究实用的，并不只是像朱老夫子那样天天讲道德，好像与世无争，绝对不是这样的。

最后用南老师的一首诗作结论，我把这幅字挂在他的卧室里。

道业名山不费寻，天人三界有声闻。
夜来再把吴钩看，辜负平生救世心。

"道业名山不费寻"，有些人以为要逃到深山去才算是修道。南老师说不用寻，"处处无家，处处家；到处无住，处处住"，他早就超越解脱了。道在哪里？就在当下，他也彻底觉悟了。"天人三界有声闻"，我们讲要"跳出三界外，不在五行中"，天人三界可以自在往来。这都是内明内圣的工夫，但是不仅要达到内圣，还要外用。"夜来再把吴钩看"，"吴钩"代表治世的手段，治世的术。所以南老师编《正统谋略学汇编》丛书，要我们研究《战国策》，研究《史记》。他希望我们后代能够有真正治世的雄才，能够帮国家民族乃至全人类找到更好的治世之道。最后他讲自己"辜负平生救世心",他绝对不只是独善其身,他希望能够兼善天下,也期待国家有大哲学家、大政治家、大科学家、大企业家、大艺术家、大文学家出世,能够为我们人类文明开拓更好的未来。谢谢大家!

问　答

问题一：知道自己在平时的生活中有很多时候都在忿懥、好乐的状态中,但又不知道如何脱离,请问该怎么办?

李院长：这个问题问得很实在。我们有时看到有些事很不爽,这个不爽就是忿懥啊。有时觉得别人好像比自己运气好,所以愤愤不平,该怎么办?另外,我们有时会情不自禁地被自己的情绪、贪念牵着鼻子走,或者晚上睡不着觉,念头纷飞,该怎么办?我的办法很简单。第一点,要多看历史、小说。历史上的帝王将相,包括所谓的成功人士,阅读他们的故事,你会发觉,原来"不如意事常八九,可与人言无二三",人生的成败得失就是这样的平常,也没有什么好计较、好愤恨的。

正所谓："滚滚长江东逝水，浪花淘尽英雄，是非成败转头空。青山依旧在，几度夕阳红。白发渔樵江渚上，惯看秋月春风。一壶浊酒喜相逢。古今多少事，都付笑谈中。"

所以很多事情事实上都不是单方面的，要通达地看。有情绪时，也可以听听音乐，或者唱诵赞美诗，读一读你喜欢的文章，或跟亲人聚聚，看看电影，这些都是很实在的办法。还有一个办法，不靠别人，就是今天讲的，"知止而后有定，定而后能静"，好好地去观自己的呼吸。这些都是很好的方法，目的就是把我们的念头引开，化解掉。所以，一个人能不能成熟，能不能在社会上活得自在，学会调御自己的情绪是很重要的，不能只是简单地压制，这就要看你平常的工夫了。这其实也是我们每个人都应该掌握的。假定你有孩子，那么怎样去教孩子调御自己的心情、情绪，我想也是很关键的。

问题二：南老师非常重视母教，请问您对现代的青年、女性朋友及广大母亲群体，有什么人生建议吗？

李院长： 我不敢说有什么建议，但南老师讲的"四德"里面讲到妇功，就是希望女性同胞有谋生之长，不要靠某一个人活下去，我相信这是很实在的。为什么南老师晚年很重视女性教育、重视母亲的教育？因为整个民族未来能不能健康成长，最主要的还是一个家庭中母亲自身的身心健康、德性提升，谋生技能的获取和自身不断改进，这些也都是至关重要的。

问题三：从朱熹注解《大学》等经典开始，朱夫子的学说至

今影响深远，为什么会对后世中华民族的发展起到非常不好的影响呢？

李院长：朱熹的学问有他的层次，南老师虽然在书里面批驳他，但也承认他在修养上有一定的境界。朱熹要求所有的中国人都成圣贤，都要天天正襟危坐，这是不切合实际的。后来我们中国为什么越走越偏，与这些思想的禁锢有很大的关系。我们中华文化原本是博大精深，能够海纳百川的，因为这种桎梏和偏颇，才影响到我们后面对西方科技文明的排斥。譬如乾隆时代，乾隆皇帝曾派了两万人去打现在的缅甸，当时缅甸已有从印度传过来的英国的火器装备，结果两万人被缅甸几千人打了回来，这样都没能引起清政府对科技发展的重视。所以当一个国家、一个企业，对外没有敏感度，不晓得精益求精，只是天天讲大道理的时候，也就是灭亡的开始了。所以我们鉴往知来，不仅要开阔我们的视野，同时还要德术兼备。

中国人的处世圣经
——《论语别裁》《孔子和他的弟子们》导读

春秋末期，社会风气败坏，人伦纲纪混乱。孔子出，删《诗》《书》，订《礼》《乐》，作《春秋》，系辞《周易》。很难想见，没有孔子集其大成，中国文化会怎么演变；也很难想见，没有孔门这一脉思想以维系整个中华大地的人伦世界，中国历史又会怎么演变。

两千多年来，孔子被称为素王，他没有一兵一卒，却和他的弟子们影响着千秋万世，其中的道理何在？孔子思想的精华何在？

南师在《论语别裁》里，综合了儒家和道家思想的要点，深入浅出、出神入化地将儒家精神彻底地诠释出来，同时又用经史合参的办法，把孔子思想"一以贯之"的精神及其在人伦世界的应用，讲得淋漓透彻。我们由此而知，《论语》不愧是一部可以传家、教子，指导人在五伦世界里，如何应对进退和修身养性的中国人的处世圣经。

在《论语别裁》出版之前，南师在台湾就出版过《孔学新语》，就是现在简体字版的《孔子和他的弟子们》。抚今追昔，再读这两本书时，在在想到孔子和他的弟子们当年栖栖惶惶，想扭正天下之风气，救人民于水火的心情。同时，也感受到他们处困顿而能安贫乐道、从容自在的人生境界。由此也想到南师，他一辈子为重续中华文化断层，也是栖栖惶惶，"生于忧患，死于忧患"，而他的个人生活恰恰是如此的简单平凡，从容自在。

逝者已矣，来者可追，期待我们中华文化能够再次发扬光大。

古道微茫

各位来宾、朋友们，大家晚上好。今天是我们"遇见南师"的第六次分享，主题是"中国人的处世圣经"，导读两本南老师的书，一本是《孔子和他的弟子们》，另一本是《论语别裁》。在正式进入今天的主题之前，我想把几个历史性的事件做个交代。

今天早上我特别去查了资料，南老师在台湾出版的第一本书是《禅海蠡测》，时间是在一九五五年。一九六二年出版了《孔学新语》，这本书实际上是对《论语》前六篇做了讲解，当时是由朱文光大哥帮忙编辑的。二〇一六年，刘雨虹老师将《孔学新语》更名为《孔子和他的弟子们》，并同时在中国大陆和台湾地区出版。《论语别裁》最初是一九七六年在台湾出版的，是南老师在《孔学新语》的基础上，系统性地把原来讲解《论语》的六篇扩展到二十篇，而且是以"经史合参"的方式讲述的，增加了很多的历史案例。一九九〇年，有心人士将《论语别裁》在大陆出版，大陆很多早期看南老师书的朋友，就是从这本开始的。南老师再三强调《论语别裁》是他最重视的书之一，因为他觉得我们中国人最重要的是需要将《论语》作为做人处世的一个参考。

让我们回顾历史，民国初年，"新文化运动"虽然在当时有其先进积极的意义，但它对中国的传统文化也有很深的误解和贬低，后来又提出"打倒孔家店"，把《论语》贬得一文不值，他们的理由主要有两个。第一个，《论语》里有很多义理不对。当然我们也不能说他们控诉得没有道理，因为《论语》在以朱熹为主的宋明理学家的注解之下，实际上有一些义理是越走越偏窄的，所以难怪有很多被人质疑的地方。譬如"无友不如己者"，朱子解释为"不和不如自己的人交朋友"；"自行束脩以上"，又被解释成"必须要准备火腿腊肉等作学费去看老师"，等等，好像孔老夫子很势利。第二点，诟病《论语》二十篇东一条西一句，不晓得在讲什么，说《论语》没有体系，不符合科学的分类编排，而且觉得那是一个语录大杂烩。事实上这些人都没有真理解《论语》。这两点在《孔子和他的弟子们》及《论语别裁》里，南老师都有很清楚的批驳。《论语》虽然看起来是孔子和弟子们的对话录，但实际上是一部很系统的书。我们在看书的过程中，很自然地就会收获自己的心得和体会。

在此我也要感谢大家，因为有这样一个因缘，在过去这一个月中，我重读了好几遍《论语别裁》及《孔子和他的弟子们》。甚至有一天，可能因为我准备功课太深入，晚上梦见了孔老夫子，真是心有戚戚焉。我也再次感受到了孔子的行事作风，他虽然没有一兵一卒，但一辈子栖栖遑遑，为中华文化道统的继承、为王道精神的传播而努力，所以他成为千秋万世的素王绝不是偶然的。这不禁使我更加怀念我们的南老师。他老人家一辈子的很多行径，包括对我们的教导，都如同孔夫子一样。所以，今天我特地将多年来学习《论语别裁》的心得向大家作个报告。

我的第一份工作，是在一九七七年，当时我还在读大学，我自告奋勇到南老师的老古出版社做义工，推销《论语别裁》，当时的业绩还不错，总共卖了好几千本。现在想来那已经是四十三年前的事了，我也因此对南老师的书情有独钟。我半开玩笑地讲，我的第一份工作是卖《论语别裁》，估计最后一份工作也是推销南老师的书吧！

古道微茫致曲全，由来学术诬先贤。

陈言岂尽真如理，开卷倘留一笑缘。

在《论语别裁》出版之时，南老师写了这首诗，表达了自己的心情，同时也是对我们这些后辈的鞭策。他讲"古道微茫致曲全"，《论语》是两三千年前孔子讲的道理，是那么微渺，那么遥远，人们很难看清它的全貌，容易曲解它的真意。"由来学术诬先贤"，尤其是宋明理学家的注释，更加掩盖、歪曲了孔子和他的弟子们的本意。同时我也希望今天的心得报告，不要扭曲了《论语》的原意，不要被南老师骂得太厉害。"陈言岂尽真如理"，过去的这些言语文字，很难准确地表达真正的道理。《论语》二十篇真的可以把道理都讲尽吗？事实上没有语言是可以把道理讲尽的。所以，南师自题书名《论语别裁》，他别出心裁，其实是想弥补"古道微茫致曲全"的不足。"开卷倘留一笑缘"，希望能够博得读到这本书的人会心一笑。我相信，透过南老师对《论语》的解读，透过我们智慧的参悟，我们的身心一定能够有所受用。

我们今天的内容一共分为七个方面：

第一，《论语》的脉络和体系。很多人读《论语》，觉得东一条西一句，没有体系和脉络。这次课程，我希望可以把《论语》的脉络和体系呈现出来。也建议大家在读《论语别裁》时，能够从头到尾多通读几遍，这样会对《论语》有更深的体会。

第二，《论语》是孔门弟子言行的记录。我们要从《论语》及其相关史料中去了解孔子和他的主要弟子，对他们进行一个素描。

第三，也是这次我们要重点提出的——儒家和道家不同的入世行径。

第四，阐述儒门中提倡的士大夫精神。

第五，讲儒家的学问体系。儒家讲仁，仁有体有用，大家不免感到迷茫，所以我们要专门做一个梳理。

第六，我们再次提出中国本有的大同世界理想。这一点，几千年前孔子在《礼运·大同》篇中，已经有很完整的描述。

第七，我们用南老师的自述和自讼作结语。

《论语》的脉络

首先，我们讲《论语》的脉络。假定大家仔细研究过《论语》，就会发现它是一部非常伟大的著作。《论语》的二十篇是经过孔门弟子悉心编排的，记载了孔子和弟子们的言行，可以说是创时代的一种编辑方式——语录体，此后很多年才有禅宗语录的兴起。事实上，按照南老师的研究，《论语》应该出自曾子或有子之手。在孔子离世之后，他们主持编辑了《论语》，整部《论语》二十篇首尾相应，有非常完整的体系和脉络。每一篇的道理，都有它一贯的精神。研究《论语》等于直接就要研究孔子的生平和他与弟子们的言行。我们要了解中国文化，了解我们历史文化的精神，就要研究孔子学术思想体系，所以研究儒家的代表作《论语》是至关重要的，我建议大家精读。《论语》最重要的是前面四篇。在《孔子和他的弟子们》这本书里，南老师把这一点讲得很深入。

第一篇《学而》，讲学问的根本。这个学问，不只是书本上的知识，实际上指的是内修内养的工夫。

第二篇《为政》，为政不是政治，是教化，是讲怎么服务人群，如何外用。但不管是学问的内修还是外用，很重要的两个要素就是要具备礼乐的精神。

第三篇《八佾》，八佾是一种礼仪，我们中国文化特别强调礼乐精神。要服务人群，体现学问的根本，就要发挥礼乐的精神。

第四篇《里仁》，讲仁的体用。孔门的学问很强调"仁"，这个"仁"有体有用。"里仁"的"里"是表示居住的意思，怎样住在"仁"的境界里，同时又能够体现在我们的行为上。

这四篇是整部《论语》的核心，后面的篇幅都是这四篇的引申，其中有一条总的主线。大家看《公冶长》第五、《雍也》第六，叙述孔门弟子的学养见地及事功德业，里面讲了很多当时的历史案例。《述而》第七再回到内修的学问，是《学而》篇进一步的引申注解。《泰伯》第八是《为政》篇的引申注解。为什么特别讲到泰伯？泰伯就是吴泰伯。大家知道泰伯为道德放弃王位，跑到现在的江苏一带，开创了吴国。所以太史公司马迁的《史记·世家》第一篇就记载了吴泰伯世家，他不贪图个人的地位和享受，薄天下帝王将相而不为，衍生出服务人群，公为天下的思想。整部《论语》再三强调为政要有公天下的心，也就是我们讲的初心这条总线。《子罕》第九是《公冶长》和《雍也》篇的引申。《乡党》第十记述了孔子的日常生活状态，包括怎样吃饭，怎样穿衣等。《先进》第十一是《学而》和《为政》篇的发挥。《颜渊》第十二特别强调克己复礼的精神，强调达到"仁"的境界，要内外兼修。《子路》第十三是《为政》篇的发挥。《宪问》第十四是《里仁》篇的发挥。一路下来到《微子》第十八，微子是商朝时的圣人，他有自己的政治理想，这一篇也是《泰伯》篇的发挥。《子张》第十九是《子罕》篇的发挥。最后《尧曰》第二十，是一个大总结，再三强调天下大同、公天下的士大夫精神。

所以《论语》是一篇大文章，有它明确的中心思想，但总的一条，还是要回到学问的根本，即怎样做到对内有自己的修养、对外又能够服务人群，如何能够公天下，体现出礼乐的精神。事实上，《论语》就是一部很精彩的语录集，它描述了两千五百年前，一群人在孔子的领导之下的言行，其中有很多案例，包括怎么样在社会上站起来等，假定你用这样的心态去欣赏、研究，《论语》你自然能够看得进去，也会理解南老师为什么要用这么多的心思讲述《论语别裁》，同时他引申的很多历史故事，我相信你会很有体会的。

千秋万世的素王

现在,我们回过头来看主角孔子的生平。孔子生活在春秋晚期,距今已有两千五百多年了。他有弟子三千,其中贤达的有七十二人。以当时的人口数量、社会状况、政治情势来看,凭借他自身的影响力、弟子们的精干及聪明才智,他完全可以从政,并且必将大有作为。但孔子却选择了道德修养,选择了千秋的文化教育事业。

我们看孔子对自己一生的总结描述:

吾十有五而志于学,三十而立,四十而不惑,五十而知天命,六十而耳顺,七十而从心所欲,不逾矩。

"吾十有五而志于学",他说自己十五岁就立志于学问修养的德业。"三十而立",到三十岁的时候已经立定了自己的人生目标。"四十而不惑",四十岁时对自己的人生方向已经很清楚了,就是从事千秋的文化教育事业。"五十而知天命",这个天命是对自己的自信,是对自己责任的肯定,知道这一条路是对的,是他该走的,绝对不可逃避。"六十而耳顺",虽然他一生颠沛流离,遇到种种的不顺,但在这时对世间的顺逆荣辱、穷困显达已经看得很通透、很平淡了。不会因为这些而影响自己的心境,影响自己要做的千秋事业。"七十而从心所欲,不逾矩",七十岁的时候,每一个念头,每一个行为,每一句话,都在"仁"的境界中,至真至善至美。

孔子晚年，知道要扭正当时整个社会的风气，最关键的还是要从文化教育着手。所以他回到鲁国，删《诗》《书》、定《礼》《乐》、著《春秋》，整合中国文化的大成。那么孔子的哲学思想在哪里呢？他真正的哲学思想，尤其是形而上的道与形而下的人文世界相结合的方面，体现在他研究《易经》的心得之中，包括彖辞、象辞、文言及系传里面。《易经》是中国文化的群经之首，是中国文化的根。要了解孔子，了解中国文化，也必须深入研究《易经》及孔子相关的著作。

中国历史文化问题

接下来，我们不妨再回顾一下中国历史文化的问题。大家知道，四千多年前，舜的后期，整个中国都苦于水患。于是大禹出来治水，经过多年的治理，最后取得成功。为此，天下诸侯曾汇集浙江会稽山为他庆功，最后大禹也在那里辞世，所以大家现在看到的大禹陵也在那里。"夏尚质"，夏朝整个文化的特质是很质朴的。"商尚鬼"，商朝的时候，人们很崇尚鬼神。"周尚文"，到周朝周文王时期，又回归到人的本位，提倡人文。我们今天中国的文化是承袭周朝周文王、周公的体系，也就是《诗》《书》《礼》《乐》《易》，这些都是在孔子之前已有的。到了春秋末期，社会风气腐败混乱，伦常失纲，臣弑君、子弑父的例子，不计其数。孔子有感于这样的社会风气，所以出来强调恢复我们正统文化的道统。

我常常在想：如果当年没有孔子出来整合中国文化，集其大成，没有后世孔门弟子推行他的教化，我们中国的历史会如何演变？我们中国文化会怎么发展？这是我问自己的问题，也是很深、很根本的问题。你或许不同意孔子的某些主张，但不管是有意还是无意，中国的文化里，我们每个中国人的血液中，早已深深烙上了孔子的教化。大家在读《论语》时，就会发现很多语句是我们从小就朗朗上口的。可见孔子的思想深深影响了后世人们的思想、行为以及整个社会历史的演变和发展。

太史公司马迁在《史记·孔子世家赞》里面写到，孔子没有一兵一卒，但历史上称他为素王，他就像是诸侯王一样。

太史公曰：《诗》有之："高山仰止，景行行止。"虽不能至，然心乡往之。余读孔氏书，想见其为人。适鲁，观仲尼庙堂车服礼器，诸生以时习礼其家，余祗回留之不能去云。天下君王至于贤人众矣，当时则荣，没则已焉。孔子布衣，传十余世，学者宗之。自天子王侯，中国言《六艺》者折中于夫子，可谓至圣矣！

"高山仰止，景行行止。虽不能至，然心乡往之。"太史公下笔很厉害，他对孔夫子是由衷地景仰和赞叹，他讲"天下君王至于贤人，众矣！当时则荣，没则已焉"，天下君王、贤人，当然也包括历史上有权有势的人，活着的时候很荣耀光鲜，等死了之后，往往是人走茶凉，没有多久就会被遗忘。我们看历史上，大家真的能够记住的皇帝、宰相有几位？包括有名的知识分子，能够被人记住的没有几个。但是"孔子布衣，传十余世，学者宗之"。从太史公著《史记》，到今天经历了两千多年，从孔子到现在也已经两千五百多年了，但他的影响依然那么大，那么深远，并且还会继续影响下去。"自天子王侯，中国言《六艺》者折中于夫子，可谓至圣矣。"后来元朝也封孔子为"大成至圣先师",这样的赞誉绝不是偶然的。

孔子的素描

我们现在先把这些光环暂时摆在一边,看看生活中的孔子到底是什么样的。他其实是一个可爱又平易近人的人。"子之燕居,申申如也",什么叫申申?很舒展、舒泰的,也就是轻松自在的,不拘谨不别扭的。"夭夭如也",这个"夭"是什么意思?即很活泼,生机盎然的,不是呆板的。这是描述孔子燕居,平常生活的样子。看到这里,我不禁想到南老师,他在生活中就是如此,和孔子一样。

子禽问于子贡曰:夫子至于是邦也,必闻其政,求之与?抑与之与?子贡曰:夫子温、良、恭、俭、让以得之。夫子之求之也,其诸异乎人之求之与!

作为学生,子贡是怎么描述老师的呢?人家问:你们的老师为什么每到一个地方,总是要问当地的政事政务如何,他有什么意图?子贡说我的老师是温、良、恭、俭、让以得之。现在社会上有些人对孔子的误解就是从这几个字来的,讲到儒家就觉得很迂腐,好像不是很聪明,做事比较容易姑息妥协,这是望文生义,是彻底的误解。后面我们会专门谈谈什么叫温、良、恭、俭、让。

《论语》后面又讲,"夫子望之俨然,即之也温",你远远地看,他是很有威仪的,真的亲近他,又觉得他很亲切,平易近人。

就像以前很多人去见南老师，跟他一起吃饭谈话，发觉南老师其实平易近人，一点架子都没有。另外，还讲到"子温而厉"，孔子本身是很严厉的，但这个"厉"又不会使人受不了，而是"威而不猛，恭而安"的。

用我们现在的话来解释"温、良、恭、俭、让"，"温"是什么？就是"望之俨然，即之也温"，天生是很有威仪的，就像我们讲一个好老板，他看起来很有威仪，但却没有老板的架子，接触起来很亲切。"良"是什么意思？善良存心，不管是对人，还是对事，包括对社会，起心动念是善良的，但这个良不是容易被摆布的，而是具备霹雳手段，行事是雷厉风行的。"恭"是什么意思？是谨严肃穆的，敬以治心，慎以处事。但现在我们一般人就理解成恭维、唯唯诺诺，把它变成一个贬义词。"俭"是什么？事情化繁为简，对时间、财务都很节俭，却能够抓住要点。"让"是谦虚为怀，也是当仁不让，该站出来的时候就站出来。我曾听到有些人讲，做某事就是因为太过"温、良、恭、俭、让"而导致失败，其实这都是没有真正领会这五个字的内涵和精神。大家仔细去思考每件事的正反面，这都可以反映我们对"温、良、恭、俭、让"的认知，我也时常用这个标准对照反省自己。

或曰：以德报怨，何如？子曰：何以报德？以直报怨，以德报德。

这是孔子很有名的一句话。有人问孔子："以德报怨，你认为怎么样？"孔子说：如果你以德报怨，那要怎么报德呢？所以应该是"以直报怨，以德报德"。假定社会上的恶人恶事没得到及时有效的制裁，后果将很不可控，所以对恶人恶事一定要采取必要的行动。譬如我们管理公司，该罚的时候不罚，不以直报怨，那么你的公司肯定是要衰败的。所以经营企业本身要有章法，不能只有宽大，不能只靠德，有时要罚，要纠之以猛，在纠正的时候需要下猛手。

另外，孔子讲"巧言乱德，小不忍则乱大谋"，这两句话很明白清楚，就是说个人的修养。巧言的内涵，也可以说包括了吹牛，说大话，乱恭维，说空话。巧言是很好听的，使人听得进去，听的人中了毒、落入圈套还不知道，这种巧言最容易搅乱道德。"小不忍，则乱大谋"有两个意思。一个是人要忍耐，凡事要忍让、包容一点，如果一点小事都不能容忍，脾气一来便坏了大事。许多大事的失败，常常都是由小地方搞坏的。另一个意思是，做事要有忍劲，狠得下来，有决断。有时候碰到一件事情，要当机立断，坚忍下来，才能成事。不能当下决断，而姑息人事，后面将会很麻烦，这也是小不忍。这个"忍"可以作这两面的解释。

这两句话连在一起的意思就是：某种思想言论，如果认为它是小事情而无所谓，滥慈悲、滥仁爱，往往误了大事。譬如与孔子同时代的少正卯，很会讲话，写煽动性的文章，鼓动社会风气，孔子的学生也常常跑去听他讲课，致使孔门的学生三盈三虚，好像都跟着少正卯跑了。但少正卯本身缺乏基本的道德修养，便成了巧言乱德，所以孔子在鲁国做大司寇的时候，就把少正卯杀了。很多人因此骂孔子，但孔子自有他的道理，"小不忍则乱大谋"，这种乱德的言论短时间内看起来危害不大，如果不铲尽除根，时间长了肯定会危害到整个社会。所以孔子绝不是我们所以为的迂腐的样子,而是具备霹雳手段,该出手的时候,一点都不客气。

我们再看,有人问子路:你的老师怎么样?子路回答了一大堆。孔子说,你就这么回答他好了,"默而识之,默而识之,学而不厌,诲人不倦,何有于我哉?"就是那么平常的一个人。"默而识之",做学问要宁静,不可心存外物,更不可力求表现,要默默地领会在心,很多事情很自然地就记住了,而且会举一反三。"学而不厌",善于学习,志在学问,永远不会厌倦。"诲人不倦",教导、教化学生从来不会感到厌倦。大家看孔子对自己的描述,他始终认为自己是很平凡的,但其实真正的伟大就在这里,就像南老师称自己是三无老人"一无所长,一无是处,一事无成"。并且南老师也真如孔子一般,做到了"默而识之,学而不厌,诲人不倦",他每晚读书要读到清晨,晚年的时候,眼睛不好了,同学们就把经典放大了,好让他能照常读书。你有问题向他讨教,他绝对知无不言,就怕我们不够诚心。离世的前几天,他还在批改学生们的心得报告……这就是我在读《论语》的时候,很有感触的原因,自然地会联想到我们的南老师也是这样的一个人。

天降大任于斯人

子畏于匡。曰:文王既没,文不在兹乎?天之将丧斯文也,后死者,不得与于斯文也。天之未丧斯文也,匡人其如予何?

大家看《论语》的这一段,孔子从卫国到陈国去,经过匡地,匡人曾受到鲁国阳虎的掠夺和残杀,孔子的相貌与阳虎相像,匡人误以为孔子就是阳虎，所以将他围困。就在如此危急的时候，大家看孔子怎么说，"文王既没，文不在兹乎？"文化的传统随历史一路走来，到如今周文王已经不在了，周朝文化经过几百年的传承，也开始出现问题了。孔子说，整个中华文化的道统难道不是在我这里吗？"天之将丧斯文也"，他说假定老天真的要把周文王流传下来的这个文化道统灭绝，"后死者，不得与于斯文也"，将来的人必然不会得传这个文化道统。"天之未丧斯文也，匡人其如予何？"老天爷如果不想让中国历史文化的道统断灭，那么你们就放心吧，匡人对我是无可奈何的，我不会有事的。所以"道之将行也与，命也"。孔子走的是为国家民族、为人类、为天地的正道，能够走得通，是命。倘使这个文化命脉真的要中断，那也只能说是民族、国家、时代的命运。从这里可以看到孔老夫子对自己、对天地、对人类文化传承的无上自信与责任感。

我记得在南老师离世之前，我们谈到未来中华文化，包括世界文明发展的课题时，我说老师啊，我们要请历代的圣贤，包括诸佛菩萨都保佑我们中国文化能够好好地发扬下去。他说："慈雄啊，不是这么说的，还要看众生的业力。"这句话我印象很深，当时我不相信自己所听到的，又说老师啊，还是要请您，包括诸佛菩萨往圣先贤，保佑我们民族文化长期健康地发展。南老师又回答我说："慈雄啊，要看众生的业力。"这就是"道之将行也与，命也"，就是要看我们中华民族及世界人类的命运究竟是怎么样的。但是，我相信前途是很光明的，我们中华文化一定会发扬光大，也希望大家共同来承担起这样的责任。

孔子弟子的分类和人才的要素

我们再进一步看孔子的弟子们。《论语》里提到，在学问方面有成就的学生有颜渊、闵子骞、冉伯牛、仲弓。大家可能不晓得，我们恒南书院地处上海闵行区，这个"闵"字是怎么来的？闵子骞在孔子的学生中是学问和德行很好的一位，《论语》里有很多关于他的内容，他的后人为躲避战乱，去了朝鲜半岛，后来成为当地的贵族之一。清末，日本人侵略朝鲜，闵子骞的后人坐船一路避难回到中国，把船停泊在现在闵行这个地方，沿着黄浦江成立了商行，闵行就是这么来的。颜渊的故事，我想就不用说了。言语方面有成就的是宰我、子贡。子贡的故事大家应该听了很多，整部《论语》里也有很多关于宰我的内容。言语不只是指很会讲话，而是讲话时条理很清晰，很容易说服别人。政事方面，可以出来为政的有子路、冉有。文学方面突出的是子游和子夏。

我们看孔门弟子有所成就的这四大类，学问、言语、政事、文学各有侧重，全才难得。所以孔子讲人才的要素，要求他的学生们，才、德、学要兼备，要"**志于道，据于德，依于仁，游于艺**"。"志于道"，他讲一个人一定要有志向，人之所以成为一个人，要有志于道，这个道就是要做到形而上与形而下的统一。"据于德"，立志虽要高远，但必须从人道起步。所谓"天人合一"的天道和人道是要从道德的行为开始的。对天下社会要有所回报，有所贡献。"依于仁"，仁有体有用。仁的体是内心的修养，所谓性命之学、心性之学，这是内在的。仁的外用则是爱人爱物，譬如墨子思想中的兼爱，西方文化中的博爱。"依于仁"，是依傍于仁，也就是说道与德如何发挥，在于对人对物有没有爱心。有了这个爱心，爱人、爱物、爱社会、爱国家、爱世界，扩而充之爱全天下，这是仁的发挥。"游于艺"的艺包括礼、乐、射、御、书、数，也就是六艺，孔子当年的教育以六艺为主。其中的"礼"，以现代而言，包括哲学的、政治的、教育的、社会的所有文化。至于现代艺术的舞蹈、影视、音乐、美术等则属于"乐"。"射"，军事、武功方面。过去是说拉弓射箭，等于现代的射击、击剑等体育项目。"御"，驾车，以现代来说，当然也包括驾驶飞机、太空飞船等。"书"，文学及历史方面。"数"则指的是科学方面。凡是人才的培养、生活的充实，都要依六艺修养，艺绝不是狭义的艺术。以前绘画属于文艺，现在美术却与文艺分开了，学科越分越细，但也越分越窄，有人说都走向一种病态了。假使没有"游于艺"，知识学问不渊博，人生便也就枯燥了。当然我们现在整个社会的教育总的来讲，还是没有偏离这样几个大的原则。可以讲中国经过几千年的发展，关于人才的评判还很难跳出几千年前孔子所讲的才、德、学兼备这个范畴。才能、道德、学识要不断地向上前进。

我们再看孔子成人之学的标准，一个人要成就完整的学问，必须具备五个方面的素养"**智、清、勇、艺、礼**"。"智"是对于大事有智慧，同时懂得权变，有办法成事。"清"是道德的涵养，有原则，不被人家牵着鼻子走，没有私欲，没有火气，心平气和，刚正不阿。"勇"是勇敢果决，有见义勇为的侠义精神。"艺"是文学艺术的境界，样样才能都会。"礼"是要懂得应对进退，有高度的礼教修养。同时还强调"**见利思义，见危授命，久要不忘平生之言**"。"见利思义"，遇到对自己有利的事，能多考虑一下义的方面。义就是宜——看看这个利是不是合理、合情、合法。"见危授命"，既然身为负责人，为大家做事，就要做到临危时，接受任命，为达成任务，不惜牺牲自己。甚至对朋友也能如此。还有平时说出的话，不管何等环境，纵然过了很久很久，都能言行一致，说到做到。所以，我们看一个人是否可以相交，是否值得托付，可以用这三个标准去评价。要做到这三点是很不容易的，就像我们经营公司，这样的好干部也是十分难得的。放眼社会，能够做到"见利思义，见危授命，久要不忘平生之言"的人不多，真要遇到这种人，和他成为朋友，也是人生很大的福气。所以一个真正的人才要智、清、勇、艺、礼兼备也就是我们上面讲的才、德、学要兼备。

孔子弟子们的素描

闵子侍侧，訚訚如也；子路，行行如也；冉有、子贡，侃侃如也。子乐。若由也，不得其死然。

我们再看对孔门弟子的素描，"闵子侍侧，訚訚如也"，闵子骞侍坐在老师的身边，讲话有条有理，没有什么多余的话，很恭敬，自然安详的样子。"子路，行行如也"，子路是一个很讲义气，经常路见不平、拔刀相助的人。他一直在动，好像坐不住一样。另外，我们平时或许能观察到，有些人坐在那里安静不下来，好像屁股坐在钉子上一样；还有些人坐下来腿就一直在抖动，这些都不是好现象。"冉有、子贡，侃侃如也"，"侃侃"形容他们器度很大，用现在的话来说就是很潇洒，很会讲话。大家想象一下这种情景，孔子和他的学生们围坐在一起谈天说地，多么高兴啊，那真是人生一大乐事，所谓"得天下英才而教育之，一乐也"。"若由也，不得其死然"，孔子把每个学生的个性特质都看得很清楚，譬如，他了解子路的个性，知道子路未来一定会出状况，会不得善终。所以真正厉害高明的人，从一个人的言语行为就可以看到很深远的问题。对孔子弟子们的素描，可以看作一面镜子提醒我们反躬自省。

我们再看曾子，曾子的父亲是曾皙，他们父子两人都曾跟随在孔子身边受教。假定孔门没有曾子，估计我们看到的《论语》不会是现在这个样子，曾子也可能因为看到《论语》的一些不足，所以编写了《大学》，他对整个孔子学问的发扬光大，起到了至关重要的作用。

大家看《论语》中怎么描述曾子。"参也鲁"，参就是曾参，也就是曾子，他是带着乡气的，很鲁直。**子曰：吾道一以贯之**"，有一天，孔子见曾参站在那里，好像入道了，孔子就跟他讲"吾道一以贯之"。"参曰：唯"，他说是的，老师，我懂了。他们师生之间的对答就像禅宗语录一样，彼此会心一笑，就懂了。"吾道一以贯之"，是什么意思？我们后面讲孔门心法体系时，希望能够稍稍把这个帷幕拉开。

曾子这个人是很实在的。我们常说反省，反省什么？曾子报告自己如何反省，"**吾日三省吾身。为人谋而不忠乎？与朋友交而不**

信乎？传不习乎？"他每天反省自己三件事情。"为人谋而不忠乎？"古代所谓的"忠"是指对事对人无不尽心的态度——对任何一件事要尽心地做，这叫作"忠"。我们既然答应要帮助别人，就要问问自己是不是很忠心地在提供帮助，这其实是很不容易做到的。"与朋友交而不信乎？"讲的话是不是做到了，有没有守信用。"传不习乎？"是不是每天都在不断地学习上进？是不是把所学用在自己的身上，用在做人做事上？曾子每天反省的这三件事情，表面上看起来没有什么了不起，平平常常的，但一个人如果能够这样坚持一辈子，肯定会做出了不起的大事业。

我们看孔子的学生们，都是很活泼的，各种个性的人物都有。其中子贡是做大生意的，也做过卫国的宰相。《论语》里描述他"亿则屡中"，每次做生意都能赚大钱，我估计他如果炒股票或是买期货也肯定是很厉害的。所以在《论语别裁》里，南老师说，孔子后半生的生活开销，可能很多时候是由子贡提供的。另外，子贡也绝不仅仅是一位商人，有一年鲁国遭到齐国的侵略，孔子是鲁国人，父母之邦有危难，要站出来，子贡就自告奋勇，去当时的各国进行了外交游说。《史记》里记载："存鲁，乱齐，破吴，强晋而霸越"，你看他多厉害，多有说服力，各国走了一趟，整个国际形势就大变了。不仅保住了鲁国，齐国还被他搞乱了，破吴，强晋而霸越。所以子贡绝对是一位很高明的政治人物，也是一位很高明的商人。我们不要低估孔子教化的力量，当时他有弟子三千，七十二位贤才，绝不是偶然的。

儒家与道家的不同行径

接下来，我们转一个方向，对儒家和道家不同行径的重点做个深刻的阐述。这是一个很大的课题，也是了解我们中国文化，包括入世方面很重要的一个节点。

儒家，知其不可而为，做中流砥柱，只问耕耘不问收获。大家看这个"儒"字，左边一个人，右边是一个需，即这个世间所需要的人，没有他整个社会就没有办法维系。

道家，并不是不关心时事，只不过他们认为做中流砥柱，在长江巨浪里就被冲走了，所以要等待时机，主张因应时势，四两拨千斤，拨乱反正，最终把时势扭转回来。中国历史上，很多朝代经过几十年乃至上百年的动荡之后，出来拨乱反正的，都是高明的道家人物，他们起了很关键的作用。这些人也就是所谓的帝王之师，包括姜太公、张良、刘伯温，等等。那么，儒道两家孰对孰错？都是对的，每个时代都需要不同的人扮演不同的角色。难道孔子不了解道家？事实上他当然了解。但他知道，如果他不站出来，整个社会风气就没有人去倡导往好的方向改变。如果没有儒家的中流砥柱，人人都做道家，可能永远都不会有四两拨千斤的机会。我们看《论语》里的一个例子：

微生亩谓孔子曰：丘，何为是栖栖者与？无乃为佞乎？

微生亩，是春秋时期鲁国的隐士。他说，孔丘啊，你干嘛这样呢？栖栖遑遑的，好像丧家之犬，东奔西跑。大家看整部《论语》

里面，他多少次被这样讥笑：是不是想做官啊？还是想讨个位置？其实孔子并不是没有本事，也不是没地方可去，他忍受别人的讥笑与怀疑，始终坚持自己认定的这条道路，孔子的伟大就在这里。我们对比南老师就很清楚了，他二十几岁时就已经很发达，完全可以走功名富贵的入世道路，但他把一切都放下了，坚持做文化教育的事业，而这条路是非常艰辛的。

贤者辟世，其次辟地，其次辟色，其次辟言。

大家看，孔子是真的不晓得可以走道家这条路线吗？他当然知道，所以他说"贤者辟世"，有些时代是要回避的，当你觉得无能为力，挽回不了的时候，只有避世。就是保住有用之身，等待机会，作更大的贡献。"其次辟地"，有些地方环境太混浊，就要离开，要避地。"其次辟色"，在处世的态度上要注意，对人对事，言论思想要端正谨严，要和善，能够包容别人，不要傲慢，不要随意鄙薄。反过来说，你看到某人脸色不对了，一定要回避，不要等他发作，引来杀身之祸。"其次辟言"，不发牢骚，有些话适当的时候再说。所以你说孔子不晓得吗？他当然都晓得，该站出来的时候，他肯定会站出来，当仁不让，这就是孔子，知其不可为而为之。所以我们看到孔子的行径，会不禁想到南老师为接续中华文化的断层，也是一辈子栖栖遑遑，忙碌奔波，同样使我们感动。

接下来，我们看儒家强调的是什么。儒家讲"亲亲，仁民，爱物"，推己及人，一步一步地渐次扩充。并不像佛家上来就讲彻底的无我，儒家是很务实的。所以南老师说儒家是粮食店，是我们整个社会不可或缺的。"亲亲"，我们都有父母、孩子及眷属，从自己做起，由亲爱身边的亲人开始往外扩充，推己及人，这并不是好高骛远，遥不可及的。有机会再扩大到服务更多的人，再进一步便是扩大到能够爱万物，也就是我们中国人常讲的"天人合一"的思想，这就是中国传统的人伦、人文。现在我们所说的爱护环境、爱护自然的思想，其实在中国文化中早就有了，只是传统的表达方式不同而已。所以孔子讲，真儒是智、仁、勇，文武兼备的，不是迂儒。我们看孔子的画像是佩剑的，这跟目前很多观念里所谓的儒者，尤其与宋明理学儒者的形象是大相径庭的。

什么叫圣儒？就是像宋朝的张载提出的那样，"为天地立心，为生民立命，为往圣继绝学，为万世开太平"的儒者。南师提出，现代人类文明走到了一个拐点，需要发扬东西文化的精华，为人类开拓新的文明大道，如此才能为往圣继绝学，为万世开太平。事实上，南师一辈子都在默默地从事这样的千秋事业。

五伦纲常

儒家所有的学问都是走务实的路线，务实在什么地方？我们看五伦关系，君臣、父子、夫妇、兄弟、朋友，这是我们人伦关系中最主要的几种关系。体现在洒扫、应对、进退之中，它真正的内涵其实就在于礼乐精神的诚恳与淳朴。我们中国人对五伦特别重视，这是我们中国文化很关键的一环，因为我们离不开这五伦的任何一种关系。所以南老师说儒家是粮食店，粮食我们每天都是要吃的，不吃就饿死了。提到"君"，不一定是皇帝，譬如在企业里，你是老板，下面有干部，你们就是君臣关系；你上面有老板，下面有部属，那你既是君又是臣。君臣、父子、夫妇、兄弟、朋友，五伦之外，中国文化还有一伦也是很重要的，就是师道。

孔子用"忠、信、孝、悌"四个字，把这五伦纲常描述尽了。"忠"，作为臣子的，要忠于上级，当然有人会问，假定我的老板不好，我还要忠于他吗？我说你可以换老板嘛，并不是一辈子都要被绑死在一个地方。真正的忠是什么？是忠于自己，忠于天下。"信"，言而有信。"孝"，父慈子孝，大孝孝天下。"悌"是兄友弟恭。这些事看起来是那样的稀松平常，但大家仔细想想看，反映在我们每个人身上又是这样的实在。在我们日常生活的道德规范里，如果要评判一个人的好坏，"忠、信、孝、悌"这四个字，会自然而然地在你的潜意识里浮现出来。

儒家的人生观及做学问的目的

大家看儒家的人生观是什么？孔子："君子坦荡荡，小人长戚戚。"君子要做到"坦荡荡"，胸襟永远是光风霁月，从容自在的，无论是得意还是艰困，都是很乐观的。"小人长戚戚"，小人的心里永远都憋着事情，不是觉得某人对不起自己，就是觉得这个社会不对，要么认为某件事对自己不利。"君子坦荡荡"，跟你的财富、你的权位都没有直接的关系。

"用之则行，舍之则藏"，这是很重要的人生观。"用之则行"，你有机会在一个平台上发挥你的才能,那一定要好好地施展。"舍之则藏",时机不到,机会不是你的,没有关系,暂时躲在一边,做隐士也可以。

"贫而乐,富而好礼",这是不容易做到的。"贫而乐",你经济上比较紧张,但并不因此而影响心情,安贫乐道,就是要平实。"富而好礼",这个富不仅指财富,还包括道德的富有。好礼不仅仅指讲礼貌,更是在学问做人各方面随时虚心求进。要做到富而好礼,真的不容易。

孔子的境界更高,他说:"饭疏食饮水,曲肱而枕之,乐亦在其中矣!"就是说一个人要真正有修养,先要能够不受外界物质环境的诱惑,摆脱虚荣的惑乱,粗茶淡饭而能自得其乐,这个境界一般人是很难达到的。"不义而富且贵,于我如浮云",不合理地、非法地、不择手段地得到了富贵,那是非常可耻的,对孔子来说这种富贵等于浮云一样,这是讲贫而乐道。"求仁得仁又何怨",这个理想是你立定目标要去实现的,有再多的困苦都不会抱怨,就像孔老夫子一辈子选择了这条道路,所求如此,无怨无悔。梁启超先生在这句后面又加了一句"老死何妨死路旁"。既然有这样的选择,死在路边又怎么样呢?难道死了之后,还希望别人给你盖个大墓,盖个纪念塔吗?都不需要。这就是自己人生价值的选择,这就是儒家的人生观。我记得南老师快九十岁时,他的师兄通永法师,从峨眉山写信给他,意思是说要帮南老师找一个可以好好养老的地方,南老师就用这句话回复他"近人有言,求仁得仁又何怨,老死何妨死路旁"。所以人生的价值取向,一旦立定之后,是这样从容自在,不受外界的影响,这是孔子伟大的地方,也是南老师让我们尊敬和怀念的地方。

那么儒家做学问的目的是什么呢？学问不是文章，是做人好，做事对，绝对的好，绝对的对，这就是学问。个人的做人做事成功还不算，还要利于国家、社会以及全天下，这才是做学问的目的。既然儒家那么强调利国家利天下，就需要讲究领导人的精神和人才的培养。大家知道我们中国历代的很多人才，都来自民间，都是广大平民教育出来的，这与孔子特别提倡的平民教育有很大的关系。孔子是历史上首先提出有教无类、发展平民教育的人。另外，中国历史文化的重心强调的是"公天下"。你看整部《论语》再三强调天下为公，绝不是为某一家某一人。不管是从哪个阶层出来的人才，都是为了服务天下，服务老百姓。因为有公天下、公心的思想在里面，以人民的幸福为幸福，以人民的福祉为福祉，中华文化的心量和气势很自然就大了。

中国士大夫精神

中华民族绵延几千年，虽几次近乎灭亡，但不仅没有衰落，反而还更加兴旺，历久弥新。原因是什么？就是因为我们有公天下的士大夫精神。西方人很难了解我们中华文化，他们说中国怎么不像其他几大文明古国，倒下后就消失了，再也站不起来。因为中华民族有那么多各个阶层走出来的人才，他们都有"以天下兴亡为己任，以天下苍生为念"的情怀，这是我们中华文化最珍贵的一面。

曾子曰：士不可以不弘毅，任重而道远。仁以为己任，不亦重乎！死而后已，不亦远乎！

这也是曾子的名言。"士不可以不弘毅"，"士"是读书人、知识分子的通称。"弘"就是弘大，胸襟大，气度大，眼光大。"毅"就是刚毅，有决断，对事情看得准、拿得稳、有见解。"任重而道远"，他讲一个读书人、知识分子，要以天下兴亡为己任，要把这个责任扛起来。"仁以为己任，不亦重乎？"要真正发扬这样的仁道精神使之能够千秋万世。"死而后已，不亦远乎？"一直这么努力，即使身死，精神仍能影响千秋万代。

曾子曰：可以托六尺之孤，可以寄百里之命，临大节而不可夺也。君子人与？君子人也。

一个士大夫能够托六尺之孤，是不容易的。就像刘备临终之前，把阿斗托付给诸葛亮。"可以寄百里之命"，一个国家能够把方圆百里大的一个地方托付给你，就像把一个公司托付给你一样。"临大节而不可夺也"，在真正关键的节点上不会妥协。"君子人与？君子人也"，这是不是君子？这当然是君子。这些都是曾子对中国士大夫精神的描述。

宋代大儒范仲淹说："先天下之忧而忧，后天下之乐而乐。"几千年来，中国士大夫的精神就在我们每一代人的身上。今天社会上有很多贤达人士，那样尽心尽力为地方、为国家出谋划策，为人民服务，这些都是中国士大夫精神的体现，也是西方人很难体会和理解的一面。假定大家把这种精神用于自己服务的公司，视公司的命运为个人的命运，那么这家公司肯定不会垮。这也就是士大夫精神的一种体现。

儒家的演变

我们不要误解儒家，它并不是呆板的，它后面有很多的演变，可谓集文化之大成，涵盖了很多内容。

比如说，战国时期兵家的吴起就是孔门弟子子夏的学生。战国时期代表儒家的孟子，他强调性善；从儒家衍生出来的法家，代表人物荀子则强调性恶，自那时起，儒家与法家就开始分家了。韩非子、李斯都是荀子的学生，后来秦国的发展跟他们都有很大的关系。法家可以讲把法制及机制都搞到绝了，也的确使秦统一了中国，但治理国家却没有礼的精神，所以秦朝不到几十年就垮掉了，这就是孟子说的"徒善不足以为政，徒法不足以自行"。一个国家只讲利益、法制和武力，肯定不能长治久安。对于企业来说，道理也是一样的。一个公司假定只靠机制，只讲利益，你说可以长久维持吗？我绝对不相信。那么光靠思想文化与道德能维持长久吗？当然也不能，这些要素融合在一起，才可以维持长远。

在汉武帝独尊儒术之后，整个汉朝的学术，儒学的思想越来越狭隘了。早期汉学讲训诂，宋明理学讲义理，清朝汉学讲考据，我们今天对儒家有这样的误解和偏见，与自汉朝起一路学术思想的演变有很大的关系。但大家不要忘记，在秦汉之前，我们的文化是儒家、道家、法家、兵家、纵横家多元一体的，诸子百家都是我们中国文化的宝藏。

所以你看儒家对历史上政治人物的影响是很大的。在座的各位，不管是从政的、经商的，还是从事思想文化工作的，如果对这个课题深入研究，就会发现中国历史上高明的成功的皇帝，一定是"外示儒术，内用黄老（法家）"，儒家、道家、法家、杂家并用的，他们对社会的治理，不是只唱高调，对五伦纲常的要求通常是很严厉的。像清朝的圣祖康熙皇帝就强调以孝治天下，后来的中兴名臣曾国藩，他母亲离世了，按律法一定要回去守孝三年，这就是维护伦常具体的制度。所以没有儒家思想，国家如何治理，历史、文化会如何演变，都是值得商榷的。

孔门学问的中心

现在我们回到第一个课题，很多人在读《论语》的时候，会觉得它不成体系，实际上它的体系是很清楚的。借这个机会跟大家报告我的读书心得。孔子对曾参讲"吾道一以贯之"，怎么理解"一以贯之"呢？这里的核心是"仁"，孔夫子讲的"仁"有不同的层次，就像佛家讲的"心"，有本体的心，有分别心的心，都是心。儒家的"仁"也是一样，有时候是讲仁的道体，有时候是讲仁的外用。比如我们平常所讲的仁爱，已经到了仁的具体的用的层面上去了，所以大家有时会觉得东一个榔头，西一个棒子，到底"仁"是什么，越搞越糊涂。

"仁"是整个儒家的道体，就像道家的道，佛家的佛，或者是西方讲的上帝。它体现在五伦纲常"忠、信、孝、悌"之中，是最平凡的，不用讲那么多大道理。那么高一个层次的，在处世外用上，仁爱居心，用在哪里？就是透过"仁、义、礼、智、信"这五个方面，把"仁"这个道体体现出来的。首先要有一个基本动机，从"仁"发挥你的善良之心，即所谓的仁心。"义"，应该做的事情义所应为、义无反顾。但你做事要有个尺度，恰如其分，注意方式，懂得应对进退，这叫"礼"。"智"是要讲究方法权变，不能只是直来直往的。另外还要讲"信"，尤其在我们的人伦世界里，信用、信誉无形地支撑着整个社会的运转。所以在中国的古书里，一个人才尤其要具备"仁、义、礼、智、信"，这是作为一个人才很重要的五个方面，是"仁"这个道体的处世外用。

但怎么做到"仁"呢？就要有内修的工夫，首先要"知"。这个"知"不只是知识的"知"，或知道的"知"，《大学》里讲道："物格而后知至，知至而后意诚，意诚而后心正，心正而后身修，身修而后家齐，家齐而后国治，国治而后天下平。"当时曾子作《大学》，也就是想比较系统地来描述孔门学问一脉相承的道理。《大学》有一套"知、止、定、静、安、虑、得"的七证内修工夫，如果没有从这里着手，怎么做到后面的"仁、义、礼、智、信"？

这是我读《论语》对"吾道一以贯之"的体会，所以我判断，曾子在编辑《论语》之后，意犹未尽，所以著了《大学》，这样就把孔门内修外用的工夫讲得更透彻了。从格物、致知、诚意、正心、修身、齐家，到治国、平天下，内修外用的道理一路延伸开来。

孔门的学问中心"知者乐水，仁者乐山"，其实就是两个字，一个"知"，一个"仁"。我们看"仁"，在《孔子和他的弟子们》这本书里面，南老师讲道："仁的作用，沉潜凝固，退藏于密，寂静常照而不变。"所以叫作"仁者乐山"，仁的作用像山一样，崇高、伟大、宁静。那么，它跟外界是怎样的关系呢？南老师特别提到什么叫"知"，他有一个很精彩的描述："智慧的境界，光明朗照，与时偕行，不断动用而不住，周旋万物。"所谓"知者乐水"，智者的快乐，就像水一样，悠然安详，永远是活泼泼的。

接下来，讲仁的体和用。仁的道体，亦曰道。孔子说："仁远乎哉？"仁跟我远吗？"我欲仁，斯仁至矣"，这个道是跟我一体，并不是分离的，"仁远乎哉？"就像佛家讲的"一念回机，便同本得"，不从外得，并不是向外面追求而来的。仁爱是仁的显用，仁爱之心是"人之所亲，有慈惠恻隐之心，以遂其生成"。南老师讲过一段话，"你们不要笑妇人之仁，妇人之仁是我们仁爱之心最初的东西，只是不要被它蒙蔽住，要更进一步升华"。所以仁的道体和仁的显用，是两个层面的事情。我们刚提到仁的外用，是行为修养的仁术。仁者，是能够真正随时处在一个仁的境界里，对外有所作为，对自己的心行有所管理，也就是做到所谓的"里仁"，他就能够居敬行简。

儒家讲义。什么是义？义者，宜也。我们常说中国人很讲义气，"义所当为，义无反顾"。大家看一个人会不会有所成就，就可以用这八个字去衡量，能够做到这八个字的人，这辈子一定会有所成就。如果一天到晚，该做的不敢做，不该做的又想做，那这个人一定活得很辛苦，就是所谓的"小人长戚戚"。这个"义"在公司或组织内部又如何体现呢？就是"赏善罚恶，立功立事"。在一个公司、一个组织里肯定要有规章制度的，赏罚分明，才能建立整个组织的凝聚力。

真正的礼乐精神

礼者人之所履，夙兴夜寐，以成人伦之序。

接下来，我们再讲中华文化里最重视的礼乐精神，我们往往把礼乐的"礼"误解为礼仪，礼仪只是"礼"的一方面，怎么称呼人家、怎么应对，都是礼仪。但不要忘记，最根本的礼是什么？"礼者人之所履，夙兴夜寐，以成人伦之序。"不管是礼也好，乐也好，就像我们现在听的音乐，有时一听就晓得唱歌人的心境，包括作曲人的心境是怎样的。所以礼乐是根据人的内心来的，根据人的思想来的。真正的诚恳、朴实就是最好的文化，也就是真正的礼乐精神。譬如你发觉有些朋友很淳朴，虽然话不多，但他的眼神一看就很舒服，他要表达的意思，你一听就懂了。有些人巧言令色，讲了一大堆，你也不会相信他。所以，真正的诚恳与朴实就是最好的礼乐精神。我们在评判人，特别是评判干部时，也是一样的道理。中国有一本书叫《菜根谭》，它里面提到"涉世浅，点染亦浅"，没有被世界这个染缸污染过的，诚恳朴实就都还在。"历世深，机械亦深"，假定一个人经历过世间的风波，经过锻炼和捶打，还能够保持真正的诚恳朴实，这样的人才是真正了不起的人。所以曾国藩常常讲"宁取其朴素，不取其机械"，用人宁可用有乡气的人。

知与知的工夫

子曰：吾有知乎哉？无知也。有鄙夫问于我，空空如也。我叩其两端而竭焉。

我们在研究《大学》的时候提到过"致知"。这个"知"很有意思。如果你真正研究"知"，知到顶是什么呢？无知也。知而不知，不知而知，谓之致知。知识最高处就是"无知"，就是始终宁静，没有主观成见，先没有一个东西存在，这是最高的学问境界。孔子说："吾有知乎哉？无知也。"他说我没有预设的立场，说我一定能用什么方式去应对解释。"有鄙夫问于我"，有人问我，"空空如也"，我没有东西。就像有人问苏格拉底，你很有智慧很聪明？他说没有啊，我什么都不懂。"我叩其两端而竭焉"，人家问我问题，我反过来问他，你问问题的动机是什么？你自己的定义是什么？逐步地剖析下去，答案就自己出来了。无知也，知而不知，不知而知，此谓真知。

那么知的工夫是什么？这个工夫就是孔子讲的"毋意、毋必、毋固、毋我"这四点。我们往往很容易把自己的思想框住，用意识形态把自己罩住了，有意识地把自己限定死了，认为这件事必然是怎么样，很固执，越是有知识的人越固执，把自我的立场先摆在前面，不去了解别人的想法，也不去了解事情的真正本质。"毋意、毋必、毋固、毋我"，在形而上把它推得更高一点，就是孔子讲的"易，无思也，无为也，寂然不动，感而遂通天下之故"，从形而上的寂然不动、无为无我到感而遂通。借用《金刚经》来解释，就是佛陀讲的"无我相，无人相，无众生相，无寿者相"，一旦着相了，就把自己限制住了。你若把"应无所住而生其心"跟"毋意、毋必、毋固、毋我"去对照，就会发现这里面实际上是别有一番滋味，是一种修养工夫，也是做事情的一种方法，大家可以好好地体会一下。

南老师讲"做人学佛要无我，做事写文章要有我"，我们做人应无所住，要无我而生其心。但真正处理事情，想定了这件事要怎么做，就要敢于出手，敢于站出来，当然要有我才能用得出来。现在社会上有些学佛的人，学到后来变成厌世，好像遇到什么事都可以逃避，号称"佛系人生"，我觉得这样对佛陀是很不恭敬的，这不是学佛，真正的佛是对自己、对世界都负责任的，绝不会逃避。我举个例子，就像大家今天来恒南书院听我分享读书心得，我在上课之前会去打坐，把自己彻底地放空。不管今天要讲什么，此时我都要"毋意、毋必、毋固、毋我"。如果现在我还去想该怎么讲，那只会越想越紧张。所以一定要先把自己放空，能够随时放空自己，自然就做到了"知而无知"的工夫。

敬以治心，慎以处事

另外，我们再讲讲"恭敬"。目前社会上对"恭敬"这个词有误解，我们作为一个人，想要有所成就，那一定要深刻地了解什么是恭敬之心。"恭"是什么？谨严肃穆的情态，并不是唯唯诺诺的，大家千万不要误解。"敬"是什么？忠实小心的情态，全力以赴的。譬如我们讲敬业，这个事情，我既然从事了，也承诺了要做到最好，那我们就要忠于它，全力以赴地、全心全意地去做。自己讲的话要算数，这也是敬。大家再看"居敬"是什么意思，"内敬其心，居敬于无为"，把自己的心安放在诚敬的境界里，应无所住，这个时候达到居敬于无为，自然活泼的，无为而无不为的。在这样一个情境里的人，他对外做事会是什么样？是"行简"的，"外简其事，慎以处事"。把事情化繁为简，能抓住重点。在我们中国人的文化里，这些东西都是很通俗的，如果你真正深刻地去理解它，有很多是可以供我们自己反思的。南老师写的"敬以治心，慎以处事"，就是这个意思。

我们看南老师写给他的孙子、孙女的字。这些是出自诸葛亮《诫子书》中的名句，"淡泊以明志，宁静以致远""慆慢则不能研精，险躁则不能理性"，这一路的思想都是从孔门儒家过来的，也融合了道家思想，所以我们讲儒道是不分家的。《诫子书》很值得我们深入体会研究，不管是传家教子，还是治理公司，都是很深刻的谨言。

孔子和弟子们的志向

子曰：盍各言尔志。子路曰：愿车马，衣轻裘，与朋友共，敝之而无憾。颜渊曰：愿无伐善，无施劳。子路曰：愿闻子之志！子曰：老者安之，朋友信之，少者怀之。

淡泊以明志 宁静以致远

辛巳岁阁书付

馨馨孙女 怀瑾

中国人的处世圣经
——《论语别裁》《孔子和他的弟子们》导读

慆慢则不能研精 险躁则不能理性 诸葛亮语 书付品锋孙 己丑作秋 祖父手书

我们最后讲讲孔子和他的弟子们的志向。这个牵涉到我们整个国家民族的大方向，当然也包括我们每个人自己的志向。这段选自《论语·公冶长第五》。"子曰：盍各言尔志"，孔子跟学生们说，大家每个人都讲讲自己的志向吧。"子路曰：愿车马，衣轻裘，与朋友共，敝之而无憾"。子路就是这么一个很可爱很豪爽的人，他很讲义气，为了朋友可以两肋插刀，这种人对朋友是很够意思的。"颜渊曰：愿无伐善，无施劳"，颜渊是讲道德的，"无伐善"，有了好的表现，他不宣传，不夸耀。"无施劳"，自己认为劳苦的事情，不推给别人。孔门弟子每个人的个性都不同，我们说一个人的个性是这辈子才有的吗？或是从父母亲那里遗传来的吗？其实都不是，是每个人自己的业力带来的。那么孔子的志向是什么？"子曰：老者安之，朋友信之，少者怀之"，所以，孔子考虑的不只是他自己，他心怀天下国家。"老者安之"，社会上所有的老年人，无论在精神或物质方面，都能够得到安顿。"朋友信之"，朋友之间，能够互相信任；人与人之间，没有怀疑，没有仇恨。"少者怀之"，年轻人永远怀抱美好的理想、美丽的期望。也可以说永远都有人爱护他们，是被关爱的年青一代。

点，尔何如？鼓瑟希，铿尔，舍瑟而作。对曰：异乎三子者之撰。子曰：何伤乎？亦各言其志也。曰：莫春者，春服既成，冠者五六人，童子六七人，浴乎沂，风乎舞雩，咏而归。夫子喟然叹曰：吾与点也！

从《先进篇》的这一段，我们看看曾子之父曾晳的志向是什么。"点，尔何如？"点就是曾晳的字，孔子问他，你的志向是什么?"鼓瑟希,铿尔,舍瑟而作。"当时曾点正在弹瑟,听到孔子问他,节奏就慢慢放下来了,弹瑟的手指在弦上一拢,瑟弦发出铿然的响声,然后曾点站起来对孔子说:"异乎三子者之撰。"他说,我与前面几个人的志向都不一样。"子曰:何伤乎?亦各言其志也!"孔子说没有关系,每个人就讲自己的志向罢了。曾点的志向是什么?"莫春者,春服既成。"莫春就是晚春,早春天气还很寒冽,所以要到晚春的时候才可以换上春装。"冠者五六人,童子六七人,浴乎沂,风乎舞雩,咏而归。"沂水,当时鲁国的一条河。风乎舞雩,跳着祈雨的舞。咏而归。这是春天郊游的情景,如果整个社会都是这样的一个太平景象,那必然是很安定的。"夫子喟然叹曰:吾与点也!"不管是从个人的政治理想,还是从个人的心境来讲,孔子的心情都是可以体会的。有时我们整天忙忙碌碌,想到曾点的志向,也是心向往之啊!

《礼运·大同》篇

前面讲到"老者安之,朋友信之,少者怀之",这是孔老夫子的理想,这十二个字很不容易,我们把这十二个字衍生一下,就是中国大同世界的理想。

大道之行也,天下为公。选贤与能,讲信修睦,故人不独亲其亲,不独子其子,使老有所终,壮有所用,幼有所长,鳏寡孤独废疾者皆有所养,男有分,女有归。货恶其弃于地也,不必藏于己;力恶其不出于身也,不必为己。是故谋闭而不兴,盗窃乱贼

而不作，故外户而不闭，是谓大同。

所谓大同世界的理想"大道之行也，天下为公"，天下是全天下人的，不是某一人某一家的。"选贤与能，讲信修睦"，选举贤能的人才出来治理社会国家。"故人不独亲其亲，不独子其子，使老有所终，壮有所用，幼有所长，鳏寡孤独废疾者皆有所养，男有分，女有归"，这就是社会主义的福利，不只是照顾自己的孩子和亲人。我们正在办的养老事业，就是想把天下的父母当作自己的父母来照顾。南老师在中国台湾的时候，就打算做养老的事业，取名"安颐别业"，正是从世界大同这个思想衍生出来的。"货恶其弃于地也，不必藏于己"，好东西浪费是很可耻的，东西何必要藏起来只是给自己拥有呢？"力恶其不出于身也，不必为己"，怕自己游手好闲，好吃懒做，不是只考虑自己的好处。假定我们每个人都能天下为公，"是故谋闭而不兴，盗窃乱贼而不作，故外户而不闭，是谓大同"，那时便很自然地没有偷窃的事情，家家户户的门也不用关了，天下太平。

这是两三千年前《礼记》中的《礼运·大同》篇，共产主义的理想、社会主义的福利、中国文化的精神都体现在这篇文章里。所以为什么孔子讲"老者安之，朋友信之，少者怀之"，其实都是从这里一路过来的。大家可能不知道，全世界最早的孤儿院是谁办的。就是我们的苏东坡先生在杭州创办的，大家可以去查一查苏东坡的这段历史。所以，对中国文化我们要去了解它，珍惜它。

唐玄宗对孔子的感叹

最后，我们看唐玄宗的这首诗《经邹鲁祭孔子而叹之》：

> 夫子何为者，栖栖一代中。
> 地犹鄹氏邑，宅即鲁王宫。
> 叹凤嗟身否，伤麟怨道穷。
> 今看两楹奠，当与梦时同。

唐玄宗是一个大才子，他在做皇帝的时候，经过山东（即春秋时期的鲁国），祭拜孔子时有感而发，写下了这首诗。"夫子何为者，栖栖一代中"，孔子现在是受我们祭拜的伟大圣人，但他在春秋战国时期，却栖栖遑遑地度过了一辈子。他对自己选择的道路，即使被天下人讥笑也无所谓，很坚定地坚持下来了。"地犹鄹氏邑，宅即鲁王宫"，孔子是千秋万世的素王，不是现实世界的某个诸侯国的王。天下也许今年是你的明朝，明年就变成他的清朝，政权随时都在变，但孔子的鲁王宫，永远是鲁王宫，几千年都没有变过。"叹凤嗟身否，伤麟怨道穷"，实际上孔子一辈子都是很不顺利的，他晚年时，看到出世的麒麟受伤了，感叹道：吾道穷矣。这里是作者感叹孔子生不逢时。"今看两楹奠，当与梦时同"，唐玄宗很感慨，孔子是这样一位伟大的圣人，成就了这么伟大的千秋事业。

南师的自述

我们用南老师的自述作为本次课程的总结,第一首:

一生志业在天心,欲为人间平不平。
愧我老来仍落拓,望渠年少早成名。
功勋富贵原余事,济世利他重实行。
怜汝稚龄任远道,强抛涕泪暗伤情。

这副墨宝是南老师写给幼子南国熙先生的，今天我用这首诗来勉励各位同学，这也是南怀瑾文教基金会的宗旨。南老师就像孔子一样，一辈子满怀救世救民的热忱。他作为父亲，送十几岁的儿子远赴美国念书，希望他将来能够为国家和民族做事情，再三提醒他"功勋富贵原余事，济世利他重实行"。这也是南老师的自述，代表他自己的心情。他坚持振兴中国文化的道路，一辈子走来是非常不易的。所以，我们今天更要珍惜南老师对我们的教化。

第二首，自讼诗《耻为人师》：

微言大义有沉哀，王霸儒冠尽草莱。
用舍行藏都不是，耻为师道受人推。

"微言大义有沉哀，王霸儒冠尽草莱"，南老师说真正儒家的微言大义，看不见了，沉没掉了，他设法重新讲述出来。"用舍行藏都不是"，我们刚才讲了"用之则行，舍之则藏"，南老师八十几岁了，从香港回到内地，所为何哉？难道是为了求名求官吗？"用舍行藏都不是"，这种心情、这种对文化的期望，绝非常人所能理解。他很谦虚地讲"耻为师道受人推"，他一辈子都说我不配做老师，就是那样谦虚。

"往者已矣，来者可追。"我相信对于《论语》的理解，通过读南老师的《孔子和他的弟子们》和《论语别裁》这两本书，大家一定会有心得，也希望我今天的读书心得报告，对大家有所帮助。谢谢大家！

问　答

问题一：孔子说"饭疏食饮水，曲肱而枕之，乐亦在其中矣。不义而富且贵，于我如浮云。"请问李院长，在当今这个追名逐利的物质时代，我们应如何看待这句话？

李院长：我想核心问题还是要清楚什么叫幸福。这一点我觉得现在的学校教育、家庭教育以及社会教育都很少去反思。我见过很多公教人员或者职业经理人的家庭，教出来的孩子在各方面都很上进，而且很有成就。我也看过很多很有钱的家庭，过得蛮辛苦的。讲一个笑话：年末，几个大老板聚在一起吃饭。其中一个是那个地区排行第四或第五的富翁，他对当地的首富讲，老天太不公平了，你今年赚了几百亿，我只赚了几十亿。他都拥有几十亿了，却还在抱怨老天爷，那么你说什么叫幸福？我觉得身处这个时代，还是要想清楚，假定一个人平安健康，家庭关系也和睦，父慈子孝，兄友弟恭，而且社会风气很正，这就是很难得的幸福。

现在有些学校，我很反感，它会比较毕业生的薪水高低。当年我在美国时，美国有些商学院每天都在进行排名，比较毕业生的薪水。假定一个社会变成用数字衡量一个人的人生价值和幸福感，那这个世界是不是有一点扭曲了？当然，也不是说你穷到连饭都没得吃，连衣服也没得穿就是好的。我相信这个时代，这个世界还不至于这样。

还有一个问题，每个人都要有一技之长。南老师再三强调，教育一定要让每个人都能学到一技之长，让每个人都可以自己站起来。你有一技之长，就有了最基本的生活保障，"小富由勤，大富由命"。但你说真正成名，盛名之下，就一定好吗？也不尽然。

问题二：李院长您好！我是一名小学教师，平常会带领孩子读诵《论语》等经典，我拿不准是否需要给他们讲解。如何通过《论语》启发孩子们的智慧呢？如何避免死读经呢？

李院长：这是一个好问题。因为恒南书院也和桂馨基金会合作，送了很多《论语别裁》给各地的乡村教师。我觉得作为老师，还是应该对《论语别裁》进行精读，要去深刻体会这二十篇。就像我希望今天的导读能够把《论语》本身的体系和脉络呈现出来，把其中的精神也呈现出来，更重要的是要把如何应用也呈现出来。

所以我说，第一遍，你应该设法去体会它的体系。第二遍，《论语别裁》中有很多故事、很多场景，你要融会贯通，应用在做人处世上。至于孩子们念书，你要看时机的，一开始就给他们讲太多道理，不见得就好。但有些话，他们背了会印刻在脑海里。譬如我们小时候讲的，"益者三友，损者三友""友直、友谅、友多闻"，都是朗朗上口的。我们中小学都是这么背过来的，后来在社会上碰到了事情，自己就会去衡量，这个人是益友吗？是损友吗？孩子在背的时候，可能不会感觉有用，但是到今后碰到事情的时候，很自然地会冒出来。

另外，对我们已经入世的朋友来说，为什么说《论语别裁》是中国人的处世圣经？你放在案头，睡觉之前翻两三页，读到一两个故事，再结合自己的工作、生活、人生经验，我相信你会有会于心的。

问题三：很多人一直以来认为儒家人物都是很迂腐的，但听了您的分享，发觉真正的儒家自有大文章，请问您如何看待这个问题？

李院长： 如果你有这样的认知，我就觉得我今天的心得分享没有白做。事实上，当时儒家、道家、墨家等诸子百家是不分的，像我们现在这样，分哪一家、哪一派。孔子是集其大成者，其他的伟大人物也很多，包括老子、庄子，等等。后世对儒家、儒者有迂腐的感觉，可以讲是从汉代董仲舒提倡独尊儒术开始的，到宋明理学的章句训诂，彻底把儒家搞坏了。我们要回到春秋战国时期去看儒家，那时思想更开明，能够体会得更广阔。但重要的一点是学问要用在自己身上，并不是为了别人而念书。我们现在都是成年人，已经不用再考试了，把学问放在自己身上，学而时习之，我相信你会有所体会，有所收获。

骑牛的智者
——《老子他说》导读

相传两千五百年前，老子骑着青牛，西出函谷关，应守关令的要求留下五千言，被后世奉为《道德经》，而后人对《道德经》的注释超过千万言，到底老子所言何物，为什么人们对他如此重视？

道又是何物，为什么"道可道，非常道。名可名，非常名"？德者得也，是道的起用，为什么老子却说"万物负阴而抱阳，冲气以为和"，又说"为而不为，用而不用"？历史人物如范蠡、汉文帝、诸葛亮、清康熙帝、曾国藩等，又是如何运用道家的智慧，建立千秋事业的？

如何修道？怎样达到修道的工夫？老子说"致虚极，守静笃，万物并作，吾以观复"，南师指出"致虚极，守静笃"是修道修养的根本原则，又是所言何事？

老子所谓的"士"又是怎样的呢？难道是只在乎自己的修道不管世事？他们的内修外用工夫是怎么一回事？人生短短几十个寒暑，如何与天地同休，与日月同光，建立一个天长地久的事业？

南师在《老子他说》中将这些智慧以经史合参的方式，向大家娓娓道来。

各位线下线上的贵宾、朋友、同学们，今天是我们"遇见南师"系列第七次南老师重要著述的导读，这次的题目是"骑牛的智者"，导读《老子他说》这本书。有同学跟我讲，这个题目取得蛮好，事实上其中有个故事，在我们恒南书院"人民公社"的墙壁上挂了一幅画，就是《老子骑牛图》。每天晚上吃饭，我对着他，他看着我，这幅画的图像自然就进入我的脑海中，所以这次课程我情不自禁地就想到"骑牛的智者"这个题目。

《老子》这本书，大家不管是读过还是没读过，一定都听过。虽然只有短短五千言，但历史上注疏它、讲解它的，已经超过几千万字了，而且还在不断地增加。尤其是近现代的学者，动辄写上百万言的著作以解读《老子》。那么《老子》到底在讲什么？什么原因使它这样受重视，不断地被人研究？又为什么在全世界能有这么大的影响？我想这些是很值得我们参究的。

我是在四十年前开始读《老子他说》这本书的，从那以后就对它爱不释手。即使出国也都带在身边，因为里面有太多启发人的故事和道理。在准备这次课程的过程中，我回顾了这辈子很多做事的经验，也思考为什么当时会有成败。说来惭愧，因为自己没有把《老子》这本书读透，所以在做事的过程中，犯了一些很严重的错误。这个感觉就像曹操被诸葛亮火烧赤壁，百万大军损失惨重，逃回北方，后来他在书房里再读《易经》，读到其中的一段，当下拍案叫绝。他的属下问他怎么回事，他说因为《易经》里有一段话，他以前没有读懂，才被孔明算计到，主要是讲立冬之后有三天的小阳春，那时候是会刮东南风的，平常一般是刮西北风。这个曹丞相没有像诸葛亮一样把《易经》读通，百万大军成为他读《易经》的一个注释。可见古人这么精练的文字里，有着深远的智慧，它能够广泛应用到我们的生活中，包括我们在资本市场里也处处都可用到，所以我觉得这是很奇特的。

我在念大二时，在拜见南老师之前，对未来的前途感到很迷茫。当时我学了很多东西，但越学心里越乱。我记得有一天晚上在睡梦中冒出一句话"不知常，妄作凶"。以前读《老子》，读到脑海里去了，但在大学时也没有去追究什么是"不知常，妄作凶"。实际上，《老子》强调要去追究宇宙生命最根本的东西，也就是去搞清楚那个不生不灭的"常"是什么东西。这几十年来，我跟着南老师学习，也一直在追问：为什么老子讲"不知常，妄作凶"呢？其实老子的内圣外王、内修外用的学问实在太精彩了！所以我今天跟大家一起学习《老子》，尤其是借南老师的《老子他说》可以帮助我们深入了解老祖宗两千五百年前留下的智慧。同时，这也是我对自己这几十年来为人处事的一个回顾，不只是简单的心得分享。

我们今天课程的大纲有以下几部分：第一是前言，整体性地介绍《老子》。这是我的一个心愿，因为《老子》八十一章是由一小段一小段组成的，我们很少去看它的整体，所以我希望把《老子》整个的轮廓，利用今天短短九十分钟的机会，跟大家作个报告。第二是对道的阐述。《老子》又叫《道德经》，我们要理解道的本体是什么。第三是讲道的起用。道的本体起用靠什么？靠德。我们经常讲"德者，得也"，要有所作用，又是怎么一回事？第四是讲怎么将道应用于人世治道，讲"为而不为，无为而无不为"。我们常常听到"无为而治"，什么叫无为？是指什么事情都不做就叫无为吗？这是彻底的误解。第五是讲怎么修道。实际上《老子》本身就是一本修道的书，其中包含了个人的修养和解脱之道，同时也包含了入世之道，譬如怎样扭转乾坤去造福天下苍生。第六是讲老子的"士"。老子讲的修道人是怎么一回事？我们一般认为，道家人物好像与世无争，躲在山林里，真是这样的吗？其实完全是两回事。秦汉以前，儒道不分家，都强调内圣外王、内修外用。最后一点，我们讲天长地久，功成身退，那么怎样做到与天地同休，与日月同光，建立一个天长地久的事业呢？希望这样的梳理对大家以后研究《老子》《老子他说》，能够有所帮助。

《老子》研究趋向及其应用

古往今来，研究《老子》的路线众多，一般趋向包括：

第一种，纯粹走哲学思想的研究路线。尤其是受现代西方哲学影响的人一般趋向这个路线。

第二种，归到个人修道和做工夫，修神仙丹道上去，历史上走这个路线的人很多。

第三种，归到谋略学，认为老子的谋略学是阴谋之术。事实上，这是似是而非的，对老子的误解很大。老子秉承了秦汉之前，中国文化《易经》中"一阴一阳之谓道"这样的道统而来，讲"阴阳五行""正反相生""顺逆相成"。因为老子对天地宇宙的物理运行法则，有着深刻的观察，从天地里去学习，他得到很多结论，提出了"阴柔"，并不是在讲"阴谋"。

那么在《老子他说》里，南老师是如何阐释老子哲学思想的应用呢？

第一点，大而用之于天下国家大事，包括政治、军事、外交等。南老师在《老子他说》中再三提到，自宋明理学兴起之后，人们对于这些大的方面的研究相对少了，逐渐导致整个国家民族的积弱。我们要重建中华文化自信，要实现中华民族的伟大复兴，这些都非常值得去研究。

第二点，小而用之于个人的立身处世，包括齐家、创业、经营企业、为官从政，乃至用之于处理人际关系。老子的世故并不是叫我们去害人，而是说为人处世须对人情世故有更深刻透彻的了解。

第三点，由上述的大用、小用，进一步升华到形而上的修养之道。

这三方面的应用都是很实际的，一点都不虚无缥缈。

儒、释、道的异同

我们不妨对中华文化儒、释、道三家的大纲作个梳理和比较。

儒家是偏重于入世的，从伦理入手，而后进入形而上的道。佛家偏重于出世，从心理入手，而后进入形而上的道。儒、佛两家都是形而下与形而上彼此交错、相互辉映的。佛家的大乘道主张入世普度众生，但不可讳言的是，佛家绝大部分经典确是重在强调个人的解脱。当然，我们在"遇见南师"系列导读第二讲讲到的《药师经的济世观》，就是彻底的入世。至于道家，是可入世，亦可出世的。它讲道体，也讲道的起用，道体是在形而上的自然，这个"自然"不是我们现在西方翻译的自然科学的自然。现代一般所谓"自然"这个词，是当年日本人根据西方 Nature Science 一词翻译过来的，但老子的"自然"是讲本来如此，法尔如是，形而上道（自然）的起用在万事万物平常日用之间。其实儒道不分家，都是从《易经》的根本学说而来。

善用道家的皇帝

所以老子的学问是贯穿了整个形而上到形而下的统一，但又是分而体现的学问。历史上善用道家的皇帝很多，只是有运用层次的不同。我们举其大者，汉文帝善用老子的三宝"一曰慈，二曰俭，三曰不敢为天下先"。"慈"是慈悲，"俭"代表节俭、简化，"不敢为天下先"是谦虚。汉文帝利用这三宝使原来民生凋敝的社会，得以休养生息，经过文帝、景帝两代国力的累积，最后成就了汉武帝时驱逐匈奴于千里之外，大汉文化的光芒远播万里的丰功伟绩。汉文帝真正做到了老子所说的"为而不为，用而不用"，后来的汉宣帝也成功地运用"内用黄老，外示儒术"的治国方针，这是中国历代成功帝王的不二法门。

再如清朝的康熙，他是唯一一位在历史上被称为圣祖的皇帝。他九岁登基，当时"反清复明"的风潮未息，外有强有力的藩镇，曾帮助清朝打下天下，后来尾大不掉；内有大权在握的权臣，处心积虑、野心勃勃，康熙小小年纪如何应对这样的局面，又怎样扭转乾坤呢？事实上，有赖于他对《老子》的深入研究与运用，从而奠定了一百多年"康雍乾盛世"的雄伟局面。所以他后来专门颁布圣旨，要求皇族子弟都要好好研究《老子》，不是偶然的。

道家历史人物"拨乱反正"

另外，历史上帮助所处时代拨乱反正的道家人物很多。譬如商朝的伊尹、傅说，周朝的姜太公，春秋时期的范蠡，都对当时的社会起了关键性的作用。南老师教我的第一篇文章是《史记·货殖列传》，它表面是讲做生意，事实上蕴含了很深的人生哲理，值得大家仔细研究。《货殖列传》中有很大的篇幅在讲陶朱公范蠡，他被誉为中国的商圣，帮助越王勾践复国后，知道勾践为人可与共患难，不可与共安乐，便功成身退了，留下了携西施泛舟太湖之上的美好传说。事实上他是举家迁移到北方，在山东陶地做生意，每一次做生意都很成功，赚了很多钱又把钱散掉，救济穷苦的人。他"三聚三散"的故事里有很深迥的人生智慧，包括如何对待自己的家人，如何对待社会等，都能给人以启发。

道家人物还有汉朝的张良、陈平，三国时期的诸葛亮。我们看《三国演义》里的诸葛亮，是以道家形象出现的，但他的行事作风是介于儒家、道家之间的。《老子》里面讲"以正治国"，诸葛亮就是运用儒家的很多办法，制定纲章制度来处理内政的。另外他坚持"以奇用兵，以无事取天下"，我们读《三国演义》就能够体会到诸葛亮在这方面的深迥造诣。还有唐代的郭子仪、李泌，明代的刘伯温，等等，我们可以举出很多历史人物，这些人在中华民族遭逢苦难时都能够站出来拨乱反正，受的就是道家思想的影响。可见我们研究《老子》是多么重要。

道的三玄门

接下来，我们回到《老子》的原文，看它到底在说什么。《老子》开篇就讲：

道可道，非常道。名可名，非常名。无，名天地之始；有，名万物之母。故常无，欲以观其妙。常有，欲以观其徼。此两者，同出而异名，同谓之玄。玄之又玄，众妙之门。

首先，我们要了解体会这个道，道的本体是怎么一回事？其实道家讲的道，《易经》里讲的易，佛家讲的如来，西方讲的上帝，我们一般老百姓讲的天，都是同一个意义。那么这个道到底是什么？老子讲了三个层次。

第一层,"道可道,非常道。名可名,非常名。无,名天地之始。有,名万物之母"。他说,这个道的本体,真的有办法讲吗?可以道(说)吗?如果可以道(说),那就不是真的道。"名可名,非常名",假定有办法去描述它,就像我们现在去形容某一个东西,当你去形容它的时候,已经不是这个东西的本身了,一经描述就已经偏离了原本的意义,所以我们说语言文字本身是虚幻的。"无,名天地之始",天地开始之前是"无","无"不是什么都没有哦,勉强借佛家的话,以经解经,可以讲是真空。但不是我们物理的真空,不是什么都没有的意思。"有,名万物之母",这个"无"转过来产生的"有",是万物之母。借用佛家的话叫作妙有,也就是我们讲的真空生妙有,即是真空名天地之始,妙有名万物之母,妙有缘自真空。进一步借用佛家的话叫作"性空缘起,缘起性空"。

第二层,我们怎么去体会这个"有"跟"无"呢?"故常无,欲以观其妙",这就是修养工夫了,假定你能够常常把自己的心念空到底,做到放下一切,正如老子讲的"致虚极,守静笃",放下放下再放下,连放下都放下了,你就自然可以去体会这样一个"真空妙有",有生于无的妙用境界。反过来讲,"常有,欲以观其徼",徼就是边界,也就是要从妙有中去观察道体真空的一面。譬如我现在看这个杯子,看讲台下面的同学,都是有界限的。再大的事物,只要有形,就都有界限。我们有形的世界,你将它观察到底,比如我们现代物理科学讲人体是由几十万亿个分子、细胞组成的,这些分子、细胞如果用最精密的电子显微镜去观察,你会发现它们都是真空的。所以,真正的有,最终都是妙有,缘自真空。

第三层,"此两者,同出而异名,同谓之玄。玄之又玄,众妙之门",所以"有"和"无"是由同一个地方转出来的,此之谓"众妙之门"。我这样讲,也许你会皱着眉头:不知道到底在讲什么。不要着急,我们以经解经,研究《老子》要前后对照着看,我们来看《老子》第二十五章。

何谓"道"

有物混成,先天地生。寂兮!寥兮!独立而不改,周行而不殆,可以为天下母,吾不知其名,字之曰道,强为之名曰大。大曰逝,逝曰远,远曰反。

老子描述什么是道呢?"有物混成",等于现在一般口语中的"有个东西",讲不清楚的,并不同于现代"物质"观念中的物质,不是物质,也不是物理。"先天地生",天地还没有形成之前,它就存在了。"寂兮",一点声音都没有,很寂静,绝对的清虚,清净到极点,没有一点声色形象。"寥兮",好广大,比我们看到的银河系更深远,更广大无边,类同佛家所说的"无量无边"。他说这个东西"独立而不改",超越于一切万有之外,悄然自立,不动声色,不因为日月星辰起落变化而变化,不因为春秋寒暑交替更换而变化,也不会因为你的悲喜而变化,它从来都没有变过。"周行而不殆",永远不断地在运行,圆满周行于天地间,从来没有休息过。"可以为天下母",这个道是天地万物之母,一切宇宙万有的根本,具足一切的可能性。"吾不知其名",我不晓得怎么称呼它,实在很难用一般世间的语言文字来形容。"字之曰道",不得已,姑且就叫它"道"。"强为之名曰大",因为它实在广大无边,所以也勉强叫它"大"。"大曰逝",一直伸展出去,宇宙是不断延伸的,并且它不断地在消失,真想去抓也抓不到。"逝曰远",不断地在扩大,无边无际,就像我们现代自然科学讲的,宇宙正以多少亿光年的速度在向外扩展。"远曰反",远到极致的时候,又回转到道的本体。所以"逝曰远,远曰反",最远的就是最近的,最终的就是最初的。如果大家不能理解这一点,那么看我们现在自然科学的发现,有反物质,有黑洞,就是"远曰反"。物理世界如此,事实上,人世间也是一样的,天道都是往复循环的,你做了什么事情,产生的效应最后还是回到自己身上。

故道大,天大,地大,王亦大。域中有四大,而王居其一焉。人法地,地法天,天法道,道法自然。

"故道大",就是刚才我们讲道的本体最大。"天大,地大,王亦大",这个王是什么?就是指我们人。我们这样一个小小的地球,养育了我们六七十亿的人口。"域中有四大,而王居其一焉","域"是代表广大的宇宙领域。道家所讲的四大是"道、天、地、人"。老子说,在这一无穷无尽的宇宙中,有四种东西是最主要、最关键的,而人的价值占了其中之一。在人世间这个范畴里,我们人是最伟大的生物之一,如果人类乱来,地球就会受到影响,甚至毁灭。"人法地,地法天,天法道,道法自然",这个"法"是效法、学习的意思。人要效法大地,大地则依法于天,天则要遵循道，道效法自然。我刚才解释了，这个"自然"不是我们现在自然科学意义上的自然，而是本来如是，没有办法去形容的。

前面老子在讲道，既然我们都是道衍生出来的，请问我们的人道，也就是"王"的价值何在？《易经》里有一个让人没有办法推翻的答案——人道的价值在哪里？在于"参赞天地之化育"。人世间有很多很了不起的事情，事实上都是人在弥补天地之间的不足。譬如说我们学会了建房子，是因为没有房子，风吹雨打，风餐露宿，人就会过得很痛苦；我们种植五谷，是因为没有五谷杂粮，我们就会饿肚子，这些都是在参赞天地之化育，弥补天地之不足。但有些事情人类做了半天，反而却有损于天地，譬如环境污染问题，现代经济思想强调的消费刺激生产和生产促进经济，社会经济等各方面发展了，却也造成了气候危机。所以我们要注意要反省，人道的价值在于"参赞天地之化育"，而不是破坏天地之化育。我们刚刚讲的，很多拨乱反正的历史人物也是遵循此道的。

道体的形容

我们再看《老子》二十一章里怎么进一步描述道。

孔德之容，惟道是从。道之为物，惟恍惟惚。惚兮恍兮，其中有象；恍兮惚兮，其中有物；窈兮冥兮，其中有精。其精甚真，其中有信。自古及今，其名不去，以阅众甫。吾何以知众甫之状哉？以此。

"孔"是什么意思？很广大。"德"代表真正有道者的行为。

"容"，则指内涵的包容作用。一个真正有道德修养的人，他的内涵只有一个东西——"道"。"惟道是从"，二六时中，随时随地，每分每秒，都在要求自己合于道的原则，起心动念，一言一行，无有稍微违反道业。老子怎么形容这个道呢？"道之为物，惟恍惟惚。惚兮恍兮，其中有象；恍兮惚兮，其中有物"，我们现在常说，这个人恍惚，好像有一点头脑不清楚，但《老子》说的恍惚不是这个意思。《说文解字》中的"恍"字，竖心旁一个"光"，是心地很光明的境界。"惚"是一个心，一个忽，是很活泼的境界，自然飘逸的。南老师在《老子他说》里对于"恍惚"是怎么解释的呢？他说恍惚是不可思议的光明洒脱境界。在这不可思议的光明洒脱境界里有个现象，有个东西，就是道。我们可以对比佛法的涅槃境界，南老师在《圆觉经略说》里提到涅槃是"圆满、光明、寂静、无生"。"圆满、光明"不就是光明洒脱的境界吗？"寂静、无生"不就是不可思议的境界吗？所以道家与佛家说的是同一回事，只是用不同的语言来描述而已。

接下来讲这个道"窈兮冥兮，其中有精"。"窈"是很广大无边的，形容其深远。"冥兮"，冥然无物，看不见的。"窈""冥"可以用太空的现象作比喻。"其中有精"，就是里面有个东西，这个东西会产生宇宙万有。"其精甚真，其中有信"，它是个绝对真实的东西，无始无终，不生不灭的。这个东西也会产生世间万物。我们讲所谓的地、水、火、风四大，都是它变化出来的。"自古及今，其名不去"，它是参天地的造化之机，不生不灭，永恒存在。从最远古的开天地之先，到今天为止，这个东西没有变过，没有离开过。"以阅众甫"，众甫就是众生，因为体会了解了道，所以可以去观察众生世界。众生的种种习性,种种因缘,千差万别的生命状态,皆可一目了然,看得透彻。"吾何以知众甫之状哉?以此",我为什么能将众生的根性和心理、思想观察得这么清楚呢?因为我了解体会到了道的本体,也了解了道的应用。照见无涯无际的生命现象,所以才能无所不知。

道的运用之妙

接下来《老子》的第四十二章讲道的起用,就是讲德,"德者,得也"。

道生一,一生二,二生三,三生万物。万物负阴而抱阳,冲气以为和。

道这个本体,"道生一",由无变有,无中生有。"一生二","有"之后,就开始产生阴阳两面了。所以我们讲天下任何一件事情,一旦形成之后,一定有阴阳正反两个方面,一定有利弊。"二生三",有了阴阳正反两面之后又产生交融,阴中有阳,阳中有阴,所以变成三个。我们叫正反相生,就是辩证法里讲的"正反合",即新的事物产生出来并不断地衍生。譬如人世间男女结合,又分化产生不同的家庭。再如你要做一家企业,动了一个念头要办什么样的公司,就是无中生有,这家公司的优点和缺点,不断地在冲和、激荡,也就是"二生三,三生万物"的道理。

后面这一句,是《老子》很重要的一个观念,值得大家记住,"万物负阴而抱阳,冲气以为和","抱阳",抱是前面怀中抱着,较为明显的那一面，就像我们在看天地之间的太阳，但不要忘记，背后背着阴，"负阴"，看不见的，背在后面的。我们在白天看到太阳的时候，月亮就在太阳的反面；晚上看到月亮的时候，太阳也在月亮的反面。天下万事万物，有阴必有阳，有利必有弊，当你看到一个人很成功的时候，不要忘记他背后也暗藏了困难和失败的种子。所以天地间任何一个事物都存在阴阳两股力量，"负阴而抱阳"。

"冲气以为和"，"冲"是中和，绵绵不绝的意思。这个调和的力量叫作"冲气"。我们看太阳、月亮每一时刻、每一秒钟都在变化，绵绵不绝，没有停止过，就是"冲气以为和"，有一个调和阴阳的力量在起作用。生命的功能，就是这么一个现象。我们人世间的事也是一样的，表面上你觉得很多事好像没有变化，再仔细看看，我们个人的身体，以及公司、社会各方面都在不断的变化之中。真的观察清楚了，就会很自然地了解到世界本来如此，从而找出一个不断的中和之道。这就是老子所表达的天地宇宙根本的运行之道。

《老子》第四十章又讲，"**反者道之动，弱者道之用。天下万物生于有，有生于无。**"万事万物是正反相生的，有正面的就一定有反面的。我们学过物理就知道，有向心力的同时也必然有离心力。做领导的人更要懂得"反者道之动"的原理，做一件事别人有反对意见很正常，相反的意见正是"道之动"。换句话说，有人反对才有新的启发，才有进步。譬如今天课程一开始，我就反思自己曾经在处理事情方面经验不够，没有深入权衡事情的利弊，没有深刻体会事情的发展变化。

"弱者道之用",一个人如果显得太自信、太强大往往不会受欢迎,就像美国表面上帮助别的国家,事实上处处都在实施霸权。假定它能够谦虚一点,不是总想着指导、操控他国,那它今天在世界上的地位肯定是不一样的。所以做人谦虚一点,人家反而会尊敬和帮助你。另外,有许多人打坐做工夫,到了某一阶段,总觉得自己一点力气都没有,骨头也软了,连一张纸都拿不起来。如果不懂老子这个弱的道理,一定会被吓到;懂得的人,就知道这是"弱者道之用",正是进步的象征。

"天下万物生于有,有生于无",这里老子又讲回到道的本体。"有生于无","有"是从空来的,空能生万有,道体是一样的,但它起用的时候变化就产生了。中国文化在秦汉以前是儒道不分家的,讲"一阴一阳之谓道",但是能阴能阳的道的本体,并不在阴阳之中。修道就是要去找不在阴阳之中,能阴能阳的东西,要去体会"道体同,而起用异"。假定我们仔细观察,物理世界宇宙自然的法则也是一样。"冬至一阳生",冬至那天是日照时间最短的一天,阳气开始生起来了。夏至一阴生,也是这个道理,与冬至相反。所以万物都是相生相克,彼此在变化之中,所以人们常形容最困难的时候如同黎明前的黑暗。对人世间的事情也要有这种观察力,但这个观察力从哪里来?这就要深刻地去体会"一阴一阳之谓道""万物负阴而抱阳"的道理。比如在资本市场,有波浪理论,很多事情在演变的过程中是一波接一波的。所以我们要体会这个阴阳交互之间的变化,交错的应用,并不是因人力而转移的。

道的起用，体同用异

《老子》第二章里讲"**天下皆知美之为美，斯恶已。皆知善之为善，斯不善已**"。所有人都讲一件事情特别好的时候，就要小心了。我常常半开玩笑地讲，《老子》的很多道理在资本市场中都有体现。就像几年前，当很多人都在吹捧资本市场，大盘涨到六七千点时，热过头的时候就崩盘了。所以天下人都说这个事情特别好的时候，你就要小心了！

故有无相生，难易相成，长短相较，高下相倾，音声相和，前后相随。

这些都是很值得我们背下来的好句子。"有无相生"，就是我们刚刚讲的有和无不断在变化相生，无中生有，有生于无。"难易相成"，不知道大家是否还记得我们以前讲的"处世不求无难"，假定你知道做一件事情本来就不容易，反而不难了，知难则不难。如果你天天以为格老子自己最伟大，什么事情都不怕，小心一点，你随时可能倒霉！就像拿破仑的字典里没有"难"字，结果兵败滑铁卢。"长短相较"，我们在讲"从历史哲学看企业经营"一课的时候，讲到唐朝赵蕤的《长短经》，它事实上就是从《老子》的"长短相较"衍生出来的。《长短经》上讲，一个做领导的人要仁慈，但仁慈过头了，就变成懦弱，就像俗话说的"慈悲生祸患，方便出下流"，仁慈也有它的弊病，这就是长短相较的道理。怎样取长补短，做到恰得其分，关键就是要把握这个度。"高下相倾"，高与下，本来就是相对而自然归于平等的。有时高处不胜寒，崇高至极必致堕落。越是自觉平凡，越是能够谦虚反省，就越能够长久不衰。"音声相和"，音和声是两个东西，音和声只有结合在一起才构成自然界和谐的音律，这是很自然的物理。"前后相随"，前与后本来是相随而来，相随而去，没有界限，无论是时间的还是空间的前后，都是人为的界别。总之，有无、难易、长短、高下、音声、前后都是相对的，都是会变化的。

读了这些不免喟然长叹，我们人总有一种心理，希望所有的事情永远都是好的、希望天下的事情都是容易的，希望自己永远身居高位，但天下没有这回事。事实上这是违反天地自然之道的，人所能做的，就是一直谦虚不断反省，不怕面对困难，不停止努力。

处无为之事，行不言之教

是以圣人处无为之事，行不言之教，万物作焉而不辞。生而不有，为而不恃，功成而弗居。夫唯弗居，是以不去。

这一段是很多人误解老子的地方，南老师在《老子他说》里进一步阐述了"处无为之事，行不言之教"。老子强调无为而治，什么叫无为，我们要去体会。无为有好几层意思。

第一层，为而无为的原则。一切作为，你觉得该做的，应如行云流水，义所当为，做应当做之事，做过了，如雁过长空，风来竹面，不着丝毫痕迹，不有纤芥在胸中。套用文殊院的一副对子

"见了便做，做了便放下，了了有何不了；慧生于觉，觉生于自在，生生还是无生"。这是对无为的一种解释，也是一种修养。

第二层，圣人因为清楚地看到整个物理世界是长短相较、有无相生、难易相成的，由此判断出事情会怎么演变，他把所有预测到的可能的危险事先打好预防针，以避免问题和毛病发生。这也是为而无为的道理。

第三层，"行不言之教"，万事言教不如身教。我们很多做领导的人，讲了一辈子，天天做思想教育工作，还不如以身作则，行不言之教。就像司马迁讲的"我欲载之空言，不如见之于行事之深切著明也"。南老师也再三强调："富贵功勋原余事，济世利他重实行。"我们作为一个读书人，学问要真正地见诸行事，不要只是载诸空言。

万物作焉而不辞。生而不有，为而不恃，功成而弗居。夫唯弗居，是以不去。

比如这个天地间的万物，它们都不辞劳瘁地在造作。造作了虽然生长不已但并不据为己有，作了也不自恃有功于人，或自恃有功于天地。它们总不把造作而来的成果据为己有。正因为天地万物如此这般，不自占为己有地在作为，而使人类更尊敬，更体任自然的伟大，始终不能离开它而另谋生存。

我们再接着看，在《老子》的第六十三章里，讲什么叫无为。"为无为，事无事，味无味"，"为无为，事无事"，一个人看起来没有做什么事情，可是一切事情无形中都做好了。大家可能听过扁鹊三兄弟的故事。扁鹊是千古神医，当时的人都说他很了不起。

但他告诉大家，他在家排行老三，事实上是三兄弟中医术最差的。"长兄于病视神，未有形而除之，故名不出于家。"他的长兄能化病于无形，眼神一看就知道你病在哪里，你还没有讲，他已经把你的病化掉了。所以大家从来不晓得他大哥是神医。二哥怎么样治病呢？"中兄治病，其在毫毛，故名不出于闾。"有一点小毛病症候出现时，譬如你刚有点发烧，他就给你用药，帮助你，让你多喝热水，病就好了，大家觉得这些都没什么了不起。"若扁鹊者，镵血脉，投毒药，副肌肤间，而名出闻于诸侯。"至于扁鹊，你已经得了重病，他再给你针灸，给你下很猛烈的汤药，把病治好了，于是大家说扁鹊最伟大。所以现在我们说中医的厉害之处是治"未病"，就是"为无为"。真正厉害的人，是无为之治。在问题还没显现，还看不到什么迹象时，他就已经预料到了，处理好了，这叫无为。无为并不是说什么事都不管，那就变成无所谓了，所以我要帮老子喊冤。下面一句"味无味"，世界上真正好的味道，就是没有味道的味道。没有味道是什么味道？就是本来的真味、淡味，那是包含一切味道的。真正好吃的菜是菜的本味，而不是靠佐料加工出来的。从另外一方面来说，真正顶天立地的事业也都是在淡然无味的形态中完成的。这个淡然无味，往往是可以震撼千秋的事业，他的精神永远是亘古长存的。

何谓"以德报怨"

另外，我认为《老子》里值得提出来讨论的还有"大小多少，报怨以德"这句话。大家知道，孔子讲过"以直报怨"，晋朝的王弼怎么注释《老子》的"以德报怨"呢。

小怨则不足以报，大怨则天下之所欲诛，顺天下之所同者，德也。

他说"小怨则不足以报"，小的事情，哈哈一笑就算了，不值得去报。"大怨则天下之所欲诛，顺天下之所同者，德也"，但真正的大怨，比如一个恶人，做了十恶不赦的坏事，全天下人人得而诛之，那就要杀，那就是"德"。我这里不作注解，但"以德报怨"和"以直报怨"是不是同一回事，值得大家深思。南老师在《老子他说》里也没有作正面的解释，我也想留个公案，大家可以自己参究。

图难于其易，为大于其细

老子讲：

图难于其易，为大于其细。天下难事，必作于易；天下大事，必作于细。是以圣人终不为大，故能成其大。

什么叫"图难于其易"？就是天下的万事万物一定有个关键所在，你要找到那个关键点。我们讲太极拳四两拨千斤，在对的时候、对的情势之下，四两之力确能够拨动千斤的重量。但我回顾过去做过的很多事情，假如没有找到关键点，没有做到"图难于其易"，而是蛮干，很容易进入死胡同。现在我们管理学里常讲细节决定成败，其实老子早就讲过了"为大于其细"，就是你要成就大事业，必然要把细节做到位。"天下难事，必作于易；天下大事，必作于细"，他是一步一步的，每一件事情安排得很妥当。南老师就是这样，他在台湾时，给他的下属，我们的李蔚亮师兄写的字条，其中有一张讲："八楼大厅钟没有电了，要立即换电池。"南老师对事情有非常细的要求，在细节里面见真工夫。所以我常常开玩笑，有些人号称自己是大总经理，小事不需要管，那公司肯定会被搞垮。如果你连小事都管不好，大事未必能成功。但也并不是说所有时间都被小事、细节占据了，而是见到该做的就抓紧做了，不轻视小事，不随意放过细节。"是以圣人终不为大，故能成其大"，圣人永远是谦虚的、谦和的，事情的方方面面都考虑得很周到。

夫轻诺必寡信，多易必多难，是以圣人犹难之，故终无难矣。

"夫轻诺必寡信"，随便承诺，则难守信。换句话说，观察一个人，如果是轻诺者，此人多半寡信。"多易必多难"也就是我们讲的"处世不求无难"，当你以为天下没有难事的时候，就要小心一点了，差不多要出事了。"是以圣人犹难之，故终无难矣"，正是因为很慎重，不敢随便承诺，把事情都做到位了，大家才会更信任你，难事反而会变得简单。

提得起，放得下

老子讲这个无为而无不为的时候，好像在绕口令，但其实是在从不同角度阐述为而不为，无为而无不为。《老子》第四十八章里又进一步作了引申：

为学日益，为道日损，损之又损，以至于无为，无为而无不为。取天下常以无事，及其有事，不足以取天下。

"为学日益，为道日损，损之又损，以至于无为"，有人说既然老子这样说，那我就不用学习了，因为学得越多，离道反而越远。这种说法是彻底的误解。"为学日益"是什么意思？做学问要"博学、审问、慎思、明辨、笃行"，要拿得起，并没有叫你什么事都不要管，脑子空空的。现在有些人误认为修道什么都不用学不用知道，脑子像木头一样，那叫修木头，不是修道。"为道日损"，学道与做学问相反，是要丢得掉放得下。任何事该放下的时候，要彻底放下。放下到什么程度？连放下的念头都要放下，把自己的心念彻底地空掉，以至于无为。那才叫作真正的无为。"无为而无不为。取天下常以无事，及其有事，不足以取天下。""无为"事先都安排妥当了，考虑得很周到，一切事情化于无形，就像我们刚刚讲的扁鹊的大哥的行医之道一样。"而无不为"，表面看起来好像没有做什么事情，实际上都已经做好了。"取天下常以无事"，没有感觉他做了什么，不知不觉中已经达到了天下之大治。假定都像扁鹊一样，等到人病重了才把人治好，那不能算是真正的工夫。所以我们在做人处世和修道之间，为学日益，要拿得起；为道日损，要放得下，两种工夫要一起做。

道应用于人世治道

我们再回到《老子》第四章，道应用于人世治道方面的阐述：

道冲而用之或不盈，渊兮似万物之宗。挫其锐，解其纷，和其光，同其尘。

这个"冲"字很重要，南老师在《老子他说》里专门解释为"虚而不满，源远流长，绵绵不绝"的意思。阴阳冲和的时候，"道冲而用之或不盈"，没有满盈的时候，没有任何限制，心和宇宙一样广大，就在万物之中，那时就回到道的本体中去了。"渊兮似万物之宗"，"渊"，它看起来深不见底的。"宗"，万物真正最根本的东西。你看阴阳之道，天地之间是不断在变化，不断在中和的，永远没有满盈，永远无止境。能够做到冲虚而不盈不满，自然可以"挫其锐，解其纷"，这应用在我们人世里，是很实在的。当你处在各种矛盾纠纷里，把你心神上的念头解放出来，怎么样做到"挫其锐，解其纷"？很重要的，要不断地中和，把自己彻底地放空，谦虚到底，不要以为老子天下第一，要"和其光，同其尘"。南老师讲这些都要在个人的修养中去体会，或从事功与待人处事上去领会。

我们举几个例子。大家都知道，经过安史之乱，唐明皇被迫逊位于唐肃宗。此后的几十年间，唐朝换了好几任皇帝。能够扭转当时的局面，不致灭亡，事实上有赖于几个人，其中一个就是在外面打仗为将的郭子仪。大家不要以为皇帝用他就一定很放心，有时候听信谗言就把他罢免了。而郭子仪呢？一切任凭皇帝，说罢免就罢免，让他上来就上来，没有任何怨言。"挫其锐，解其纷，和其光，同其尘"，他做到了"道冲而用之或不盈"，不断地在中和，一片忠心为了唐朝的社稷，但没有任何执着。所以司马光在《资治通鉴》里这样评价郭子仪："天下以其身为安危者殆三十年，功盖天下而主不疑，位极人臣而众不嫉，穷奢极欲而人不非之。"唐朝中叶如果没有郭子仪，可能整个天下已经改朝换代了。

我们再看李泌，他历经唐玄宗、肃宗、代宗、德宗四代，当时皇族李姓一家本身就很复杂，彼此勾心斗角。李泌接近于宰相之位，针对皇家提了很多的建议，连皇帝都怀疑他是不是别有用心。但他挺身而出，仗义执言，排难解纷，调和父子兄弟之间的矛盾，乃古今第一人，这是很不容易做到的。这就是对"挫其锐，解其纷，和其光，同其尘"的运用。李泌做这件事不是为自己，他知道如果不调和皇家成员之间的矛盾，天下苍生又要经受苦难。

大家千万不要觉得"挫其锐，解其纷，和其光，同其尘"很容易。大家想想，北宋的王安石变法，清朝晚期的戊戌变法，是不是都以失败而告终。所以我们会情不自禁地对这些历史上拨乱反正的人物顶礼膜拜。西方人不明白为什么中华民族经历过那么多的苦难都没有灭亡，其实主要还是这批拨乱反正的历史人物起了关键作用。

立身处世的体同用异

持而盈之，不如其已；揣而棁之，不可长保。金玉满堂，莫之能守；富贵而骄，自遗其咎。功遂身退，天之道。

因为老子对宇宙世间有这样的观察，很自然的，他也理解"持而盈之，不如其已"，你能够打天下，能够守天下，已经不容易了。俗话说打天下容易，守天下难，譬如我们创业成功了，但能够让企业长久地良性运营下去很不容易，有些事有时要知道适可而止。"揣而棁之，不可长保"，什么叫"揣而棁之"？譬如一支矛已经很锋利了，还要在这个矛尖上再装一个更锋利的矛，矛上加矛，反而防碍了杀敌，"不可长保"，事实上这个"揣而棁之"比画蛇添足更加严重。"金玉满堂，莫之能守"，一时的金玉满堂是有的，但从历史长河来看，几十年乃至上百年，其实都是一刹那。聚财不知适可而止，最后终归不能长保。"富贵而骄，自遗其咎。"如果恃富而骄，因贵而傲，那便是自己和自己过不去，终会自招恶果，后患无穷，所以人要谦虚。

因为看清楚了天道，所以一个真正的道家人物，即使有功于天下，该退时就隐然而退，不会执着。"功遂身退，天之道也。"天道是这样，并不是个人想要怎样就能怎样的。老子不是说教，而是深刻明了宇宙物理，人世间的自然法则。

大成若缺，其用不弊；大盈若冲，其用不穷。大直若屈，大巧若拙，大辩若讷。躁胜寒，静胜热，清静为天下正。

曾国藩晚年把自己的书房定名为"求阙斋",我相信他对"大成若缺,其用不弊"这句话深有体会。我在回顾反省自己的过去,往往对人、对事要求得太完美。因为过于求全,反而害了事情,但其中的道理,也不只是简单的抓大放小,而是对人对事要把握合适的度。所以我读《老子》是自己反省的过程。

"大盈若冲,其用不穷",表面上满了的时候就已经开始消亡了。只有不自满,不断地吐故纳新,也就是不断地冲和,才能像流水一样源源不断,其用无穷,这才是真正的充满,大盈若冲。"大直若屈,大巧若拙",这个地球是圆的,但是看局部又好像是直的,曲和直是相对的,有时候为了达到某个目的,不得不转个弯,就像俗话所说的"曲线救国"。譬如汉朝刘邦死了之后,陈平一直隐忍不发,表面与吕后合作,到吕后死之后才帮助恢复刘家的天下。"大辩若讷",有些人平常讲话不多,但关键的一两句话就解决了问题。

"躁胜寒,静胜热。清静为天下正",老子引用的都是相对的,主要在说明这些都是两边的观念,只有"清静为天下正"。能够真正清净,才能有无为的境界。反过来说,无为又是清净的原则、道的原则;无为达到的境界就变成清净,这就是"清静为天下正"的道理。比如曾国藩晚年平定太平天国之后,曾家兄弟都很风光。他的弟弟曾国荃没有他那么高的修养,据说曾国荃在打进南京之后,抢了很多珠宝,当然也得罪了很多人。此时,曾国藩就写了一首诗给他的弟弟:

左列钟铭右谤书,人间随处有乘除。
低头一拜屠羊说,万事浮云过太虚。

"左列钟铭",一边是皇帝的表彰。"右谤书",一边则列着厚厚的谤书,是人家告他的信。当时很多人向慈禧太后告状,当然慈禧随时有可能把曾家兄弟杀掉,因此曾国藩写这封信给曾国荃,其实也是写给慈禧太后看的。"人间随处有乘除",人世间哪一个人不被别人说啊?谁又不在人后说别人?处处都有矛盾,有是非。"低头一拜屠羊说",屠羊说是春秋时期帮助楚昭王复国的隐士。春秋时期的吴楚之战,伍子胥帮助吴国打败了楚国,楚昭王逃离了王都,后来在屠羊说的帮助下复国了。复国之后,楚昭王要封屠羊说做三公,但他再三推辞说:你把卖羊肉的摊子还给我,成功是你的,你成功了我有机会继续卖羊肉也挺好的。"万事浮云过太虚",这是曾国藩劝诫自己的弟弟功名富贵都是浮云。

修道,静的妙用

刚刚讲了道的起用和在人世间的应用。接下来,我们看看《老子》的第十六章讲怎么修道。

致虚极,守静笃。万物并作,吾以观复。夫物芸芸,各复归其根。归根曰静,是谓复命。复命曰常,知常曰明。不知常,妄作凶。知常容,容乃公,公乃王,王乃天,天乃道,道乃久。没身不殆。

"致虚极",要你做到空到极点,没有任何染污。放下一切,放下再放下,放下到极点。虚不是什么都没有,把放下也放下了是致虚极。"守静笃",在寂静的境界里,能够定得住,稳定地常住下去。"万物并作，吾以观复"，看到整个人世间、天地万物都不断在演变。"观复"是指回到它最根本、最原始的地方。"夫物芸芸，各复归其根"，就是我们讲的"万物生于有，有生于无"，万事万物都在不断变化，就像草木一样不断生长消亡，包括我们的念头，要把它们各复归其根，返回到最根本的地方。"归根曰静，是谓复命"，回归到我们生命的根根，静到极点，才能体会到生命真正的本来面目。勉强解释，就是刚刚讲的道的本体。"复命曰常"，假定你能够回到生命本来的面目，也就找到了生命的根根，即那个不生不灭的，不会随着太阳月亮变化，不会随着人的生老病死而变化的生命本源。"知常曰明"，明白了生命的本源是不生不灭的，就叫作明道，成了明白人，再也不懵懵懂懂，迷迷糊糊了，那个时候就叫作真正的悟道了。"不知常，妄作凶"，假定没有找到生命的根根，生命的本源，没有办法找到这个不生不灭的道体，那么就是"妄作"，整天忙来忙去，乱作妄为，盲修瞎练，必然大凶大害，没有好结果的。假如你真的找到了道的本源，知"常"便能"容"，那时气量真的就大了，能够容纳天地，万事万物；"容乃公，公乃王"，胸襟大了，自然能做到天下为公，毫无私心。之后"王乃天"，广大无边而且很兴盛，就像天一样。"天乃道"，回到道的本体。"道乃久"，天长地久与天地同休，天地没有死亡过。"没身不殆"，没有灭亡，这叫修道。肉体没有了，但生命的精神却永恒常存。所以你看老子一直在围绕这个道，要让我们通过修行回到道的本体上去，同时又能够掌握道的起用。

那么，怎么做到致虚极、守静笃？南老师在《禅与生命的认知初讲》一书中，专门讲了"十六特胜"的十六步工夫，我建议大家把这本书找来仔细研究。

在这本书里，他提出"致虚极，守静笃"的修持方法，从呼吸着手。大家一起来看看"十六特胜"。"知息入"，知道呼吸进来，"知"是什么？我们的知性。"知息出"，气呼出去的时候，你也知道。"知息长短"，知道自己呼吸的长短。"知息遍身"，身上每一个细胞，包括密宗讲的三脉七轮及中医讲的十二经脉，对气息变化都很清楚。这是讲工夫境界，并不是讲理论，也并不是讲逻辑。接下来，到了"除诸身行"。我们一般为什么能感觉到身体有病痛？通则不痛。身体真的好的时候，通的时候，你就不会感觉有身体；一旦生病，就感觉身体很粗重。后面的"受喜、受乐、受诸心行、心作喜、心作摄、心作解脱"都是在讲工夫的修持，"观无常、观出散、观离欲、观灭尽、观弃舍"是讲慧观。

我们用唐朝吕洞宾的《百字铭》来理解的话，就是"养气忘言守，降心为不为，动静知宗祖，无事更寻谁。真常须应物，应物要不迷"。孟子《公孙丑》篇里的"我善养吾浩然之气"，以及《老子》中"谷神不死，是谓玄牝，玄牝之门，是谓天地根。绵绵若存，用之不勤"也是一样的道理。所以说，我们研究中国文化，要把儒家、道家、佛家结合起来看，你会发现它们三家是相通的，但各有其侧重点。

老子的"士"——对道人的描述

我们看第十五章，老子眼中的"士"，也就是修道人是什么模样，这一篇希望大家能够背下来。中国文化推崇的"士"是什么样子？老子的"士"又是怎么一回事？首先我们看：

古之善为士者，微妙玄通，深不可识。夫唯不可识，故强为之容。

古代被称为士的人能达到精微到妙不可言的境界，能絜静到冥然通玄的地步，他对宇宙万物、人情世故都是很通达的。一个得道的人，因为他已经圆满和谐，无所不通，所以你没有办法去了解他，也没办法去形容他。虽然没有办法去了解他，但勉强给你形容一下，他具备七个方面的品质。

豫兮若冬涉川，犹兮若畏四邻，俨兮其若容，涣兮若冰之将释，敦兮其若朴，旷兮其若谷，浑兮其若浊。

第一点，"豫兮若冬涉川"，他考虑事情、处理事情是很周详很严谨的，就像冬天过结冰的河川一样，要事先做勘探，因为有些地方太薄，如果不小心就会掉下去。

第二点，"犹兮若畏四邻"，"犹"是一种动物，它很谨慎，行动前会先到处看看，四面八方都观察清楚了才会出来，不会莽撞。这是说处理事情要观察周详，慎谋能断。

第三点，"俨兮其若容"，"俨兮"，很庄重的样子，庄严而又雍容大度。一个修道的人，待人处事都很恭敬，随时随地绝不马虎。

第四点，"涣兮若冰之将释"，这怎么解释呢？你和他在一起会感到很温暖，交流时好像心中的冰石都被化掉了。就像宗性法师在一篇文章里讲的，他每一次读南老师的书，都会化去心中的一块"石头"。不晓得大家有没有这个经验，跟智者交谈，真是让人如沐春风的感觉，他能帮你解决心中的困惑，化解心中的"石头"。

第五点，"敦兮其若朴"，他很敦厚，很朴实，一点也不花哨，没有故意张扬自己。

第六点，"旷兮其若谷"，他的心量、气度广阔无边，而且反应很灵敏，就像在山谷里面，你一叫马上就有了回声，这是形容他的修养境界。

第七点，"浑兮其若浊"，本来就很平凡，平凡到浑浑浊浊，没人识得。一个修道有成的人，他就是这样高明，但外表一点都看不出来。就像以前南老师常说的有些很有钱的人，穿着一件普通的长袍，吃的东西也很普通，你根本看不出来他们真的有钱。

大家看老子对道人的描述，这七个方面是从外到内的，"豫兮若冬涉川，犹兮若畏四邻，俨兮其若容，涣兮若冰之将释，敦兮其若朴，旷兮其若谷，浑兮其若浊"，这些内容需要仔细去体会，都是不同的境界。世上有没有这样的人？我不知道大家有没有见过，但我见过，就是南老师。希望大家仔细读南老师的书，要能够从中透悟。那么怎么做到呢？老子又教我们了。

孰能浊以静之徐清，孰能安以动之徐生。保此道者不欲盈。夫唯不盈，故能蔽不新成。

这几句话大家要记得哦！老子讲天下事"浊以静之徐清"，在很浑浊的环境里，让自己沉静下来，你才能看清楚，不要莽撞蛮干。对万事万物能够图难于其易，包括你的信念、环境、复杂的人事纠纷等，真正找到事物关键的本质，才有办法四两拨千斤。

"孰能安以动之徐生",就像我们前面讲的"犹兮若畏四邻",能够沉静下来,在落实的时候不要急,安排好,一步步来。清楚事情不可能一蹴而就,要有步骤地不疾不徐地安排,慢慢把它转化过来。所以天下的事情都是渐变的,突变也是从渐变来的,有它必然的法则在。我回顾自己这几十年来在工作上的错误,有时候心太急,没有做到"安以动之徐生",以为一件事情一下子就可以搞到底,结果欲速则不达,到后来很辛苦,也败得很惨。这是我切身的体验,供大家参考。"保此道者不欲盈。夫唯不盈,故能蔽不新成",他永远是很谦虚的,没有觉得自己很了不起。正因如此,他不断在长进,不断在前进,这就是老子所谓的"士"。

我们看《老子他说》里举出的道人的例子。五代时期是中国历史上政权最混乱的时候,冯道做了好几任皇帝的宰相,谁做皇帝请他出山,他都去,大家觉得他没有骨气。事实上他的目的并不是做官,而是因为看到天下苍生的苦处,想要保住中国文化,不管谁做皇帝,他都设法把社会稳定好。从他的诗《偶作》中,就能看出他的心境:

> 莫为危时便怆神,前程往往有期因。
> 须知海岳归明主,未必乾坤陷吉人。
> 道德几时曾去世,舟车何处不通津。
> 但教方寸无诸恶,狼虎丛中也立身。

"莫为危时便怆神",他说在遇到危险的时候不要怨天尤人,可是我们一般人都是这样的。"前程往往有期因",一切事都是有因果的,不要着急,该来的总会来。"须知海岳归明主,未必乾坤陷吉人",他难道不期待天下尽快有一个明主出来,他自己也可以早点丢掉包袱,不要那么辛苦吗?"道德几时曾去世,舟车何处不通津",道德在人世间没有离开过,有舟车自然就有通路。"但教方寸无诸恶,狼虎丛中也立身",这是讲如何在狼虎丛中安身。冯道处在狐狼豺豹之中,若没有这种修养,没有老子"士"的工夫,他何以自处呢?可见冯道正是老子所谓"士"的一个很好的榜样。

道体起用的因应

曲则全,枉则直,洼则盈,敝则新,少则得,多则惑,是以圣人抱一为天下式。

我们再回过头来看第二十二章,讲的是道体起用的一面,也是做人处事很重要的体会和原则。我们一直在讲长短相生,很多事情你想直接这么走,是行不通的,转个弯这件事情就走通了,这并不是滑头或讨巧,而是所谓"曲则全"的道理。我相信很多朋友都能够体会到这一点。在《老子他说》里,南老师也举了很多历史故事来说明。"曲则全"这三个字是核心,是我们在做人处世中需要去学习的工夫。"枉则直",歪的东西要把它矫正过来,并且该扭正的时候要一下子把它扭正过来。"少则得,多则惑",一个人,乃至一个公司能够做的事有限,要能够聚焦,才能专精,创造核心价值。"洼则盈,敝则新,是以圣人抱一为天下式。""洼则盈",水性下流,凡是低洼的地方,积水必多,最容易盈满。"敝则新",最古老的智慧,往往有它亘古长青的道理,就像太阳每天从东方升起，没有变过。"是以圣人抱一为天下式"，老子说：自古以来，有道的人——圣人，必是"抱一为天下式"，确然而不可拔，固守一个原则以自处。

老子的领导学

不自见故明，不自是故彰，不自伐故有功，不自矜故长。夫唯不争，故天下莫能与之争。古之所谓曲则全者，岂虚言哉！诚全而归之。

"不自见故明，不自是故彰，不自伐故有功，不自矜故长"，应用在领导学里，老子有这四句话。"不自见故明"，人不可执着于主观的成见，否则就无法吸收客观的东西。作为一个领导人，不认为凡事都是自己对，而是很谦虚地征求大家的意见，譬如会去做市场调查，做行业竞争调查，了解市场、行业情况，而不自以为是想当然。"不自是故彰"，把自己的姿态放低，不认为天下我最伟大。"不自伐故有功"，真正有修养的人要不自伐，有功等于无功。把功劳都归于自己的部下，归之于社会，反而大家会拥护你，包括你的上司、部属等同事都会帮助你。"不自矜故长"，不会觉得自己了不起，不居功自傲。这些都是"曲则全"运用的道理，也都是正反相生的道理。或许你要问，这样算是阴谋吗？不是的，是很自然的道德的体现。

所以我们讲"夫唯不争，故天下莫能与之争"，因为什么东西都还归天下，以天下人的智慧为智慧，以天下人的功劳为功劳，所以天下莫能与之争，这也是"曲则全"的道理。"古之所谓曲则全者，岂虚言哉！诚全而归之"，他说古人所说的"曲则全"实在太有道理了，这就是我们做人处世要深刻体会的。这不是谋略，也不是阴谋，能做到是因为你心量、气量、智慧本来就已经到了这样的地步。

《老子》里的宝贝太多了，我在准备课程时，也犹豫如何取舍，今天只是抽取了一些我觉得会对大家比较有帮助的来报告，希望大家自己好好地去读《老子他说》。

老子的三宝

《老子》的六十七章中特别说道："我有三宝，持而保之：一曰慈，二曰俭，三曰不敢为天下先。"我们来看汉文帝善用三宝的故事。南老师在《老子他说》里，花了很多篇幅介绍汉文帝，实际上从汉文帝开始的文景之治就是道家无为而治最成功的典范之一。所以这一章，很值得大家深入研究。

首先，我们看汉文帝的"慈"，因为早期的汉朝沿袭了秦朝的法令，他废除了"一人犯罪并坐全家"的严刑，并建立了当时的社会福利制度。所以文景之治，为汉朝累积了雄厚的国力。到汉武帝时大汉才得以彻底驱逐匈奴。如果没有文景之治，今天的中华民族会是什么样，还不好说。

其次，是"俭"，这个俭不仅有节俭的意思，还有简化的意思。汉文帝"不贵难得之货"，有人进贡很贵重的奇珍异宝，他都退回去了。穿了二十年的袍子，补了再穿。他的皇后、妃子也是一样俭朴。另外，很重要的一点是他让政令尽量简化，化繁为简。所以我们看有些人话多，啰唆，实际上都是有问题的。

最后，是"不敢为天下先"，不主动生事。就如同《老残游记》里讲的，为官最怕作怪，为了表示自己厉害，结果生出很多麻烦。汉文帝也很有谦德，周勃请他回来继位，到了城外，周勃给他下跪，他马上回跪，因为当时他还没有登基。他做了皇帝之后，跟南越王赵佗交往，化战争于无形，这些都是不敢为天下先的体现。

另外，他"用而不用"，本来他跟母亲在边疆镇守小城，周勃和一班大臣请他回来继承皇位，他并没有马上着急赶回来继位，而是先派大臣前往长安打探情报、观察形势，认为可为，才答应接位。"为而不为，用而不用"，汉文帝本身具备这样的修养，他的见识也是受他母亲所推崇的道家思想的影响。

治大国如烹小鲜

《老子》第六十章里讲到"治大国如烹小鲜"，这句话可与"道冲而用之或不盈"相对应，都是讲天下事不断地在中和，不断地在演变。烹饪小鲜的时候，若火一下子烧得太猛，会把菜烧焦，需要用文火慢慢地烹调，天下事又何尝不是这样呢？所以老子讲治理国家，包括我们现在治理企业，有时面临大的变革，要坚持用文火逐步把思想、形势转变过来，个中道理值得我们在具体行事时细细体会。其实我们每个人都有不同的人生境界，在遭遇烦恼、困扰时，记住老子这句话，解决大问题"如烹小鲜"，冷静地思考，慢慢地清理，不要怕艰难，就如同我们上面讲的"孰能浊以静之徐清，孰能安以动之徐生"。大部分人没有这种修养，当问题来时被烦恼困住，一下就被打倒了。所以，要懂得"烹小鲜"的道理。

玄德，全而备之

道生之，德畜之，物形之，势成之，是以万物莫不尊道而贵德。道之尊，德之贵，夫莫之命而常自然。故道生之，德畜之，长之育之，亭之毒之，养之覆之。生而不有，为而不恃，长而不宰，是谓元德。

《老子》第五十一章里讲到"玄德"，到了唐朝，因为唐明皇的庙号为"玄宗"，所以后人碰到"玄"就改成"元"了，所以叫作"元德"。大家知道，刘备字玄德，这个"备"就是"全而备之"的意思，是刘备对自己的期许，希望能达到玄德的境界。

"道生之"，讲道的本体，道的起用。"德畜之"，起用之后，养育天地万物。"物形之"，事情每天在演变，在发展。譬如你经营一家公司，管理一个部门，或者操持家庭、照顾孩子，慢慢就成形了。"势成之"，《孙子兵法》里面专门讲"势"——"转圆石于千仞之山"，一块石头在天上转，它会砸到哪里谁也不知道，所以大家都很怕。一旦一件事情成势的时候，很奇怪哦，很多东西都跟着那个势头变了。譬如说资本市场也是一样的，牛市到了，很多股票都跟着上涨，成势的时候自然就有天时地利。真正厉害的人会造势，其次是等势，要等到某个时间和空间，才能成势。最怕的是逆势而为，那就是自找苦吃，自寻死路。所以刘玄德这个名字不简单，最后的三分天下，势成之，不是偶然的。

天长地久，功成身退

最后，我们讲第七章的"天长地久，功成身退"，整个的宇宙天地万物，包括道的本体，道的起用。

天长地久，天地所以能长且久者，以其不自生，故能长生。是以圣人后其身而身先，外其身而身存。非以其无私邪？故能成其私。

人们推崇道家，是因为它看透了宇宙天地、万事万物的道理，请问大家，是谁生了天地？天地没有主宰，很自然地在演变。"天地所以能长且久者，以其不自生，故能长生"，天地生育长养万物，并不为自己的需要而生，也没有觉得自己了不起，所以长久。"是以圣人后其身而身先"，圣人因为悟到了这个道理，把所有的功劳都推给别人，自己什么都不要，彻底的无私，彻底地放下，反而成就了自己。"外其身而身存"，譬如说你要修道、打坐，天天守着你的身体，没有办法做到忘身，那你还谈不上修道。只有忘掉自己的身体，真正的生命道体才能起来。很多历史人物，比如大禹、舜等，真正地把自己忘掉了，彻底的无私，反而成就了千秋的功名和事业，"非以其无私邪？故能成其私"。不过正因为这样，天下人都记得他的功劳。另外，我们每个人的母亲也都是无私的，没有哪个母亲会说，孩子你将来一定要孝顺我，我才照顾你，更没有说，孩子生下来先订个契约，以后怎么孝顺，再把你养大，所以我们从小到大，最感念的是自己的母亲。

《老子》五千言就是这样讲述宇宙天地万事万物的道理的，我们最终还是要回到道的本体，道的起用上去观察。道家的立身处世是"功成、名遂、身退，天之道"，很自然就是这样的。譬如范蠡帮助越王勾践，功成后自然隐退，此后的事跟他个人没有关系。我们每个人也是一样的，今天做了一件事情成功了、出名了，但最后人总是要走的，留不下也抓不住，这也是身退，是天之道也。我们人在整个宇宙天地中就是这样平凡，也是这样伟大，与"天地同休"，与"日月同光"。因此道家可以入世，也可以出世，就是这么自然洒脱。读了《老子》，惊叹于我们中华文化里竟然有这么一个大宝藏，实在是叹为观止！

所以今天我不揣浅陋地跟大家简要阐述我读《老子他说》的心得，希望对大家有所帮助。谢谢大家！

问　　答

问题一：很多人理解老子的"无为之道"是无所作为，您认为这种观点正确吗？

李院长：我在整个报告里再三强调，无为并不是无所作为，它有几层意思。一件事情能够化之于无形，就像扁鹊的长兄一样，作为一个医者，能够治未病，这才是真正的无为而治。另外一层意思是，你即使取得了再大的成功，也好像没有事发生一样，心里不留任何"我很伟大"的念头，这也是无为，即无为之治。认为无为是无所作为,把它作为逃避的借口,那是彻底的误解。

问题二:李院长,您在课程中提到,老子的"不敢为天下先"有谦德的意思,在这个时代,社会竞争异常激烈,如果大家都不争,人人都不敢为先,是不是会影响社会的发展和进步呢?

李院长:这是一个很好的问题,他说"不敢为天下先",但没有说叫你要为天下后啊。什么时候该先?什么时候该后?运用之妙存乎一心。你说诸葛亮出山,他是不敢为天下先,还是不敢为天下后?该出来的时候当然出来,他是当仁不让啊。"不敢为天下先"并不是要你永远躲在后面。但不要忘记,一定是把个人的利益,把所谓的个人名声摆在后面,而重点是什么?希望把这件事情做成,所谓谦德就是这个意思。国家民族在危难的时候,需要有人站出来。我们刚刚讲了历史上很多拨乱反正的人物,他们难道不是这样吗?所以现代社会,包括各国之间角逐、斗争,我们该斗争还是要斗争的。问题是怎样斗,不违反"不敢为天下先"的原则。

问题三:老子说"夫唯不争,故天下莫能与之争"。在当前中美竞争日趋白热化的时代,这个观点是否已经跟不上时代了呢?我们如何用现代的眼光去理解它呢?

李院长:"夫唯不争,故天下莫能与之争",并不是说我们要彻底举白旗投降。举个比较极端的例子,你看美国的政策,永远是霸权主义的,永远是"争"的,结果怎么样?没有人喜欢它,没有人尊重它。我们经营企业也一样,一方面要很谦虚,但也不要忘记累积自己的实力，做好该做的事情，争与不争之间，运用之妙也是存乎一心的。所以说，我们对老子，对道家还是有很多误解的。

问题四：老子讲的"不敢为天下先"与儒家讲的"当仁不让"矛盾吗？我们该如何理解？

李院长：我刚才也简单点到了，一点都不矛盾，实际上是一体的两面。这个"不敢为天下先"是表示谦虚，而"当仁不让"是该站出来的时候，一定要站出来，但成功不必在我。

问题五：老子讲"以德报怨"，而孔子讲"以直报怨"，这是两种不同的处世态度，请问我们应如何看待这两种处世态度，如何运用到我们的行为处事中呢？

李院长：这也是一个比较有争议的地方，我刚刚专门讲了晋朝王弼对此的注解。《老子》很有意思哦！老子讲"大小多少，报怨以德"。王弼怎么解释？"小怨则不足以报"，小怨就算了，人家欠你一块钱，哈哈一笑；泼水泼到你了，也哈哈一笑。"大怨则天下之所欲诛，顺天下之所同者，德也。"如果这个人真的罪大恶极，危害国家乃至世界，该诛杀的时候照样要诛杀。这是王弼的解释。我个人蛮赞成他的，至于对错，留待大家自己思考，但我感觉这两个问题是一体的两面，是矛盾而统一的。

问题六：学问之道是"为学日益，要提得起；为道日损，要放得下"，两种能力要一起修，请问我们如何能够达到两者的平

衡，而不致偏颇呢？

李院长：这两点实际上不是平不平衡的问题，二者是相辅相成的。为学是要博学、审问、慎思、明辨、笃行，要问问题，要周遍寻思的，这是讲为学日益。为道日损是什么意思？把自己彻底地放空。包括刚刚我们讲的"致虚极，守静笃"，很有意思哦，如果你每天真的能够给自己放空的时间，且不贪多，十分钟就好了，那我保证你的智慧，你的记忆力，你的决断力，包括你处理事情的能力，肯定大有长进。所以为学与为道在生活中应该是相辅相成的。儒家也是一样，从"格物、致知、诚意、正心"的内容开始到后来强调"齐家、治国、平天下"的外用，内圣外王，内在修养与道的起用相辅相成。道家讲"致虚极，守静笃"，强调宇宙万物的法则，讲一阴一阳之谓道，特别强调道的起用，强调正反相生、曲则全的道理。所以各有侧重点，却是相辅相成的，不是平衡不平衡的问题。

庄子的入世与解脱
——《庄子諵譁》导读

观看本课程视频

　　《庄子》所讲的人生境界，解脱潇洒，逍遥自在，影响了中国几千年文化和一代又一代知识分子。

　　很有意思的是，《庄子》文章汪洋博大，又有很多地方提到孔子，表面上骂孔子，却实实在在很厉害地在捧孔子，其有深意焉？

　　《庄子》又名《南华经》，是道家的主要经典之一，南师《庄子諵譁》阐发其旨，引人入胜，真乃奇书。其大旨曰：

　　宇宙万物，所有生命，不断彼此互相变化。众生做不了变化之主，只能被化。

　　如果能够具备高远的见地，不被物质世界所限制，不被人生痛苦环境所困惑，人的生命就可以超越升华。

　　见道之后，经过修炼，能把握住造化之主，才能够超然于物外，真正得到解脱逍遥。

　　得道之士，若处乱世，则可拨乱反正，帝王之功，圣人之余事，如斯而已！

各位线上的朋友，以及到场的贵宾，同学们！今天是我们春节之后第一次跟大家共同研究南老师的著作，这一次的题目是"庄子的入世与解脱"，导读南老师的《庄子諵譁》。《庄子》这本书，我们每个中国人都知道，表面上好像很容易懂，但我估计真正深入、全面地去理解、去精读的人并不多。这本书内在的深义，广博如汪洋大海，对我们中国人的影响很深远。

金圣叹眼中的"六才子书"，《庄子》就是其中之首。二〇〇七年，我有幸读到南师讲解的《庄子諵譁》这本书。当时感觉很奇特，因为过去读《庄子》，里面的很多话，即使看了很多古人的注释，还是不懂，看不进去。但南师的《庄子諵譁》真是融会贯通，把《庄子》的真正深意呈现出来了，我也才了解到原来《庄子》不只是从"北冥有鱼"讲到"大鹏鸟"，不只是讲故事，实际上它里面有一个完整的思想体系。今年（二〇二一年）过年之前，我去拜望刘雨虹老师，给她拜早年。她告诉我南老师讲《庄子諵譁》是在一九八一年，但真正完成书稿整理是在二〇〇五年，再到《庄子諵譁》二〇〇六年在台湾首次出版，前后跨越了二十五年，其中还有很多曲折的故事。所以一部历史性的著作完成，往往有很多的因缘，但不管怎样，《庄子諵譁》这本书还是很完整地将南老师所讲的内容呈现出来了。

希望今天我能够不扭曲庄子本人，以及南老师讲述《庄子》的基本精义，用一些故事，将这本书的精神面貌呈现出来。

物化　被化　自化

《庄子》的内七篇，从《逍遥游》开始，到《齐物论》《养生主》《人间世》《德充符》《大宗师》，最后到《应帝王》，是一气呵成的一个整体。那么整部《庄子》到底在讲什么？其实讲的就是"物化、被化与自化"。首先，它讲整个宇宙万物，包括所有的生命都是不断地互相变化，也就是所谓的"物化"。譬如说，我们现在很容易观察到身体内的细胞，它们每分每秒，每一刹那都在变化。从早上起床到晚上睡觉之前，一天之内，我们身上的细胞不晓得已经变化了多少。同时，我们身上有无数的细菌，以及各种微生物跟我们共存共生。进一步，庄子讲到"被化"，我们一般人、一般的众生都作不了变化之主，被我们的业力、思想、情绪外面的环境，不断地牵引着走，所以叫"被化"。还有一个是"自化"。什么叫"自化"？《庄子》里再三强调要有高远的见地，能够见道，能够把握住造化之主，才能够超然于物外，超脱物理世界的束缚，能够出世也能够入世，真正达到逍遥之境，这就是整部

《庄子》的根本大义。

如何达到自化呢？庄子提出"具见"。什么叫具见？他讲如果能够具备高远的见地，这个见地包括出世的，也包括入世的，比如我们日常所说的人生智慧。有了具见，就能够不被物质世界所限制，也不被人生痛苦和环境所困惑，我们的生命就可以得到升华，就可以得到真正的解脱逍遥，得到人间游戏三昧。事实上，大家仔细想想，我们每时每刻都受到外界环境，以及各种情绪的影响。

《庄子》七篇之要义

《庄子》内七篇的要点，是一脉相承，条理井然的。第一篇《逍遥游》，事实上已经把整部《庄子》点题了——要悟道解脱，做变化之主，才能够逍遥，才能够真正地游戏人间。接着第二篇《齐物论》，为什么叫齐物？我们这个宇宙的本体、道体，本来是绝对的、同一的。当道体起用的时候，万有现象就不同了，庄子称其为"吹万不同"。什么叫吹万不同？他打了一个比方，一棵很大很大的老树，上面有很多孔，风一吹，每个孔就会发出不同的声音。地球上有六七十亿人口，每个人的长相、情绪都不一样，为什么不一样呢？因为每个人的业力不同，就像这棵大树上的孔，每一个都不同，所以风一吹，就显出不同的现象。宇宙天地的本体是一个，但起用后产生了不同的万象，所以叫"吹万不同"。只有真正把握了物化之主，才有办法齐物，在宇宙万物不齐、不平等之间，找到平等统一。《庄子》七篇，齐物论是所有道理的根本。

那怎么回到宇宙天地的本体？庄子告诉我们，生命是可以修炼的。全世界的思想文化中，只有中国的道家明明白白地讲，人是可以长生不老的。怎么做到？第三篇《养生主》里提出了很具体的修炼办法。若不去修炼，我们的生命就是"不亡以待尽"。第四篇叫《人间世》，我们人毕竟是活在世间，身在"江湖"的，我相信在座的很多朋友，包括线上的同学们，经历过人生的几十年，一定感觉人世间是不容易的，世道难行，有各种困扰、麻烦、烦恼。但是，你懂得真正的养生以后，就会晓得什么叫"天命"，晓得什么该做，义所当为而为之，就可以安心本分、逍遥自在地活在人世间，能够对人类社会，乃至众生有所帮助。接下来，第五篇是《德充符》。庄子说当你认知了这些道理之后，就知道怎么去利用内在的修养工夫，使道德充沛起来，而不被外在的境界，以及现实环境所困，修养到自己精神的升华，能够以顺其自然的心境，很平和地滋养内在的精神，所以叫"德充符"。

有了这样的见解和工夫修养之后，才有办法真正称为"大宗师"（第六篇）。我们现在社会上，很多人自称大师。在庄子的定义中，唯有真正得道的人，才可以称为"大宗师"。人由出世的修养超凡入圣，完全解脱，这是"内圣"。得道之后，再修炼入世之道，发挥"外王"的作用，能够出世，也能够入世，这才叫"大宗师"。最后一篇是《应帝王》。庄子讲"帝王之功，圣人之余事"，一个真正得道的人，即使做到帝王，或者像历史上很多的道家人物，协助开国君主建立盖世功业，比如伊尹、姜太公、张良、李泌等，但对他来讲，都是"圣人之余事"，功成之后也不会受外在虚名和权力的迷惑。你有了这个本事，才可以入世应世，才可以成为齐家治国平天下的治世明王。所以说《庄子》内七篇的整个脉络，是条理井然，一脉相承的。

逍遥游

北冥有鱼，其名为鲲。鲲之大不知其几千里也。化而为鸟，其名为鹏。鹏之背不知其几千里也。怒而飞，其翼若垂天之云。

有鸟焉，其名为鹏，背若泰山，翼若垂天之云，抟扶摇羊角而上者九万里，绝云气，负青天，然后图南，且适南冥也。

我们从《逍遥游》开始。庄子很有意思，在这一篇里，他用了很多奇特的比喻和寓言。"北冥有鱼，其名为鲲"，北冥就是北极，北极有条鱼，这条鱼叫鲲。"鲲之大不知其几千里也"，它有方圆几千里那么大，庄子把它的大描述得好像不敢想象，这就是比喻。"化而为鸟，其名为鹏，鹏之背不知其几千里也"，这条鱼物化以后，变成一只大鹏鸟，这只大鹏鸟一飞起来，它的背有几千里那么大。读到这儿，你会觉得不晓得他在讲什么。其实，庄子是在讲生命的变化。我身边有不少朋友，名字中都有个"鹏"字，可见庄子的思想对后世中国人的影响。"怒而飞，其翼若垂天之云。"怒是振奋起来的意思。这只大鹏鸟一怒而飞，振奋起来，翅膀大到你根本不敢相信，飞的时候能够把整个天都盖住。"抟扶摇羊角而上者九万里"，大家知道龙卷风，就像大羊角一样，气势很吓人。这个"抟"字用得很妙，它的繁体字与搏斗的搏相似，二者不是同一个字，但抟也有搏斗的意思。这句是说跟风相争，把风卷在一起，大鹏鸟的翅膀把大风都包围了，所以飞上了九万里的高空。"绝云气，负青天"，把天都盖住了。"然后图南"，往南极飞，到达南极了。说起"图南"，很有意思，大家知道，北宋一个有名的道家神仙叫陈抟老祖，他的字便是"图南"，号"扶摇子"。南老师很喜欢陈抟的一副对子，"开张天岸马，奇逸人中龙"。

斥鴳笑之曰：彼且奚适也？我腾跃而上，不过数仞而下，翱翔蓬蒿之间，此亦飞之至也。而彼且奚适也？此小大之辩也。

庄子很有意思，他又说有一只斥鴳鸟，就像我们院子里的小鸟，这只小鸟听人说起大鹏鸟如何如何，就笑了，它说那是骗人的，哪有这种大鹏鸟？我在这个院子里从这个枝头跳到那个枝头，已经很不容易了，也非常满足了，天下怎么会有这种大鹏鸟，还能飞到九万里之上，把整个青天盖住？这是骗人的。大家注意，这里就是讲小大的见地不同，所以认知也完全不同了。

你是哪一种人？

故夫知效一官，行比一乡，德合一君，而征一国者，其自视也

> 亦若此矣。而宋荣子犹然笑之。且举世而誉之而不加劝，举世而非之而不加沮，定乎内外之分，辩乎荣辱之竟，斯已矣！

大家看庄子的手笔，他又跳过这些寓言，开始讲人。我们人也是造化变出来的，像天地一样有不同的变化。他让我们看看自己是哪一种人，总共列举了七种：

第一种人，"知效一官"。我们现在讲的具备一定专业知识能力的人，譬如你是财务经理，或者你在某个专业里是很有成就的人，就是"知效一官"。

第二种人，"行比一乡"。在一个地方比较拔尖的人，譬如某个乡镇里，你的行为可以作大家的表率，别人都很尊重你。

第三种人，"德合一君"。你的德性，你的才能可以配合一位君主，能够把国家治理好，可谓宰相之才。

第四种人，"征一国者"。这个征是经验的意思，你的经验、聪明才智可以治理一个国家。

这四种人都是社会上所谓有才有德之人，当然他们的层次境界有所不同。庄子说还不止这四种人，还有第五种人。

第五种人"举世而誉之而不加劝，举世而非之而不加沮"。这就不容易了，他说，就算整个世界都在称赞他，他也没感觉到自己有什么了不起，他不动心。同时，全世界的人都骂他，他也不沮丧难过，他有自己独立的中心思想，不受外界变化影响。这种人很厉害。"定乎内外之分，辩乎荣辱之竟"，对于一切人、事、物的分寸，他把握得非常到位，对于一切的荣耀和耻辱，他已经看淡了，这些都不足以扰动他的心。你说这种人是不是很厉害？庄子说还不止如此,还有第六种人。

夫列子御风而行,泠然善也,旬有五日而后反。彼于致福者,未数数然也,此虽免乎行,犹有所待者也。

第六种人是列子这种。列子有什么本事?"御风而行,泠然善也",列子乘着宝剑或拐杖能御风而行。泠然是什么意思?很爽快的,很逍遥的,很舒服的。"旬有五日而后反",大家想象一下,列子在天空中飞,也不用搭飞机,一飞十五天以后才回来,工夫厉害吧,可以做神仙了。"彼于致福者,未数数然也,此虽免乎行,犹有所待者也",虽然他不需要走路,可以御风而行,但不要忘记他还是要靠下面的风和气才能做到,"犹有所待者也",什么叫待?还需要依靠,要靠个东西,列子还要靠风,还要靠他的拐杖,才有办法飞行,才有办法达到这样爽快的境界。庄子说,这还不够,还有第七种人。

若夫乘天地之正,而御六气之辩,以游无穷者,彼且恶乎待哉!

他说这第七种人,不依靠任何东西,而是"乘天地之正",乘着天地的浩然之气。如何"乘天地之正,而御六气之辩"呢?天有阴、阳、风、雨、晦、明六气,人有生、老、病、死,但有一种人,通过修行,可以不再受物理世界的支配,而且还能转化物理世界。可以适应天地间六气的变化,气候什么时候变化,他能看得很清楚,这个物理世界起什么变化,他的身心也都有准备,因为他有一套修养工夫,不受物理世界的侵害。最后还有一句

"以游无穷者",把自己拓展到像虚空一样,不受这些外境的影响,没有任何阻碍,无量无边。"彼且恶乎待哉",那么这种人已经不需要依靠任何东西了,没有任何物理和精神层面的限制,这才是绝对超然而独立。我们生活在这个宇宙物质世界中,一切都是相对的,人只有超越这个物理世界,才能达到那个真正的绝对。那要怎样做才能达到这个境界呢?

至人、神人、圣人与三无老人

接下来,庄子点题了——真正的解脱是什么?

故曰:至人无己,神人无功,圣人无名。

"至人无己",得道的人是无我的,就是前面说的"以游无穷者"。"神人无功","无功"就是无功用地,表面上看没有什么作为,但无功之功是为大功,也就是老子讲的"无为"。什么叫无为?好像没有做事,但事实上所有的事情都已经提前预防,都已经做好了,我们看不见。一个真正高明的领袖,好像没有作为,但其实一切的事情他都预先筹划好了。换句话说,这种神人,无论是上帝也好,菩萨也好,他救世界,救了世界的人类,人类看不到他的功劳,他也不需要人类跪下来祷告,拜他,感谢他。他就像太阳一样,永远给你光明,他不要你感谢他,这是"神人无功"。"圣人无名",最伟大的人往往最平凡,能够做到真正的平凡,就是无己、无我、无功。他不会把自己的名字天天贴在额头,而是觉得自己很平凡,觉得自己很一般。南老师晚年,最后要走的时候，特别强调要"平凡"，他一辈子做了那么多事，为中华文化的传承与发扬，作出了那么大的贡献，但他一直觉得自己很平凡，觉得这就是他该做的事，义所当为。就像天地之间，太阳、月亮每天升起来又落下去，天地并没有表示它很伟大。所以南老师晚年自称"三无老人"，他讲自己"一无是处，一无所长，一事无成"，这不是自谦，而是他本身就把自己看得那么平凡。大家把他的"三无"与庄子的"至人无己，神人无功，圣人无名"对照研究，不难发现，都是一样的道理。

智量与境用

宋人有善为不龟手之药者，世世以洴澼絖为事。客闻之，请买其方百金。聚族而谋曰：我世世为洴澼絖，不过数金，今一朝而鬻技百金，请与之。

客得之，以说吴王。越有难，吴王使之将，冬与越人水战，大败越人，裂地而封之。能不龟手，一也；或以封，或不免于洴澼絖，则所用之异也。

我们读《庄子》，要了解它的寓言，就像要读懂《圣经》、佛经里的比喻一样。接下来，庄子又讲了一个寓言。他说宋国有个人有项专利技术——"不龟手"药膏，这种药膏涂在手上之后，即使冬天在冰水里面，手也不会龟裂。这一家族世代以帮人漂布为生，靠着这项专利技术，手不怕冻，也不会开裂，所以冬天也不会影响营生，生活得很不错。

有一天，一位客商路过此地，听说这家人有这项专利技术，就过去跟他们商量，能不能买下这项专利技术，他可以出一百金。这家人就回去商量，说我们这么大一个家族，靠漂布一年到头也不过赚个几金，今天有人要买我们的专利技术，一下子就出一百金，所以最后他们达成一致，将祖传秘方卖给了这位客商。当然，是不是独家垄断，不知道。结果，这位客商就拿着这项专利技术去投奔吴国的国王，吴国就在现在的江苏这一带。没过多久，越国来攻打吴国，吴王很聪明，就叫这位客商带领军队抵抗越军。因为当时正值冬天，他训练的水师有了这种药膏的保护，不怕冷，皮肤也不会龟裂，所以很快就把越军打败了。这项专利技术对那个家族来讲，可以养活一大家子人，还算可以。但是，对这位智慧不一样的商人来说，应用就大不同了，他利用这项专利帮助吴国打败了越国，功成名就，还因此裂地封侯。

大家看，庄子的比喻就是这样，一开始讲大鹏鸟，下面以一只小鸟作对比，紧接着又举了这样一个具体的入世的例子。记得我刚出来创业的时候，这个故事对我的影响很大。历史上很多创业之主，他们知道将哪个人放在哪个位置，可能发挥十倍甚至百倍的作用，这就是讲人的智量跟境用的不同。所以，庄子讲的逍遥是什么？就是要神化，要具备入世出世的真知灼见，变化而到达无何有之乡。也就是刚刚我们讲的"至人无己，神人无功，圣人无名"，这才是逍遥自在，才是真正的解脱。

如何齐物

接下来，我们讲《齐物论》。庄子回过头来，又从道体、本体开始讲起，为什么叫齐物？其实题目本身已经点题了。

大家知道，万物永远是"不齐"的，譬如说全世界有六七十亿人口，个个不一，我们这个教室里有桌子、椅子，也是个个不同，万物各异，但这些不过是形而上的道体起用所呈现的各种现象。形而下的世界，万物不齐，就像一开始我们讲的，大树里面有各种不同的孔，有大的、有小的，风吹过，就会发出不同的声音。再如，我们每个人的脾气、个性没有一样的。庄子说只有真正达到形而上的道，才能摒除万有的不齐，而归于齐一！那要怎样才能求证到齐物呢？难道只是理论上的事吗？不是的，是可以求证的，它有很多工夫步骤。我们讲齐物，第一要先做到"亡我"，要无我，要忘我。

子綦曰：偃，不亦善乎，而问之也！今者吾丧我，汝知之乎？女闻人籁而未闻地籁，女闻地籁而未闻天籁夫！

子游曰：敢问其方。子綦曰：夫大块噫气，其名为风。是唯无作，作则万窍怒呺。

庄子讲我们这个宇宙是"大块噫气，其名为风"，这个宇宙是怎么来的？道家讲是气化来的，这个气不是我们一般所认知的空气的气，按照道家的话来讲就是"炁"，宇宙的能量，随着你的业力在起变化。"是唯无作，作则万窍怒呺"，宇宙万物的本体，本来无形无相，好像没有什么作为。但碰到外境结合各种业力，则产生万事万物，发挥各种作用，产生各种声音，此所谓"作则万窍怒呺"。

所以庄子讲到人籁、地籁、天籁。人的心理情绪种种变化产生人世间的是非善恶，一切万象不同，都是随着我们个人的种性带来所产生的。大家想想看，有些人比较乐观，有些人比较悲观，有些人比较精进，有些人比较懒惰，有些人比较贪婪，有些人比较容易发脾气，所有这些都是人的情绪变化，这是人籁。地籁呢？你们要注意，我们这个身体就相当于这个地球，打起坐来，所谓上面打嗝，下面放屁，都是"大块噫气，其名为风"。甚至像身体里咕噜咕噜地动啊，什么任督二脉通啊，都是属于这一段的范围。假定身上那个气机走得很轻顺，好像你身体的感觉没有了，很自然，到了那个时候，你可以说由人本位的人籁达到了地籁的境界。这个时候你身体里这些气走通了，慢慢情绪变化了，思想的本位也逐渐升华了，但还谈不上道。要再进一步，才能由人籁、地籁，到达天籁。

什么叫天籁？天籁是庄子提出的名词。宇宙万有，生命的本来，庄子给它取了一个名字，叫作"吹万"。天籁是宇宙万有的开始，是宇宙间形而下第一个作用，不是形而上的。形而上是无我，无何有之乡，本来无一物，何处惹尘埃。形而下就是"吹万不同"，由一股力量吹出来万有不同的现象，"而使其自己也"，不同的现象生出，万物就不齐了。

每一个人得到一个生命，但是每个人自己的变化却各有不同，而原始相同的地方，就是这一口气吹出来的。吹出来以后，每一口气又分散成万气，变成万气以后，你有你的狗脾气，我有我的牛脾气，他有他的老虎、狮子脾气，每个人都不一样，因为吹万不同。

在这里我想借用《楞严经》的一段话来阐述庄子"吹万不同"的意义。《楞严经》说："清净本然，周遍法界，随众生心，应所知量，循业发现。"宇宙本体本来清净光明，无形无相，但它涵盖一切，随着众生不同的知见，依循不同的业力，而无时无处不显现它的作用。

天地一指　万物一马

接下来，怎么认知这个天地呢？《庄子》里有两句话，"天地一指，万物一马"，这两句在中国历史上影响很大，人们常常引用，还有人因为这两句话而悟道。

什么叫"天地一指"？这个指，不是指我们的手指，而是代表指头所指的东西。譬如我们的指头指着天、指着地、指着月亮。请问，天在哪里？地在哪里？事实上，天也好，地也好，都是概念，都是符号。你看，宇宙物理的天，天外有天，无边无际，无穷无尽，其实没有真正的天。而我们生活在地球上，以为地在我们脚下，但如果从脚下地球的这一边穿过地心，再穿出来，最终又回到宇宙浩瀚的虚空里面，可见也没有真正的地。所以你以为指头指的天，指的地就叫天地？事实上天地存在于你的心里，是心物一元的。

什么叫"万物一马"？宇宙万物就像一匹马，有头、有尾、有蹄、有毛，每一部分都代表这匹马，但也都不是这匹马。就像全世界有六七十亿人口，甚至世间众生都是宇宙万物这匹马的一部分，但是你说某一部分就能代表这匹马吗？不能，我们都只是宇宙变化里呈现出来的各种现象而已。所以叫作"万物一马"。

"天地与我并生，而万物与我为一"，把自己放在整个宇宙天地万物之间，万物跟我都源自同一个本体。我们跟万物一样，都是宇宙本体的"吹万不同"，变化出来的各种现象。《华严经》里讲"一切皆从法界流，一世还归于法界"，"法界"就是我们讲的道体，一切都从道的本体变化而来，不断在变化、在物化，没有止息，所以这个"流"字很形象。但从本体上来讲，一切又没有变过"一切还归于法界"，万物与我归一，都回到道体上的清净。

人生的境界

一受其成形，不亡以待尽。与物相刃相靡，其行尽如驰，而莫之能止，不亦悲乎！终身役役而不见其成功，苶然疲役而不知其所归，可不哀邪！人谓之不死，奚益！其形化，其心与之然，可不谓大哀乎？

了解这些之后，庄子笑我们一般人的人生境界，他说"一受其成形，不亡以待尽"，我们人或者万物一旦形成了一个形体之后，就开始走向死亡了。我们即使活到一百岁还没有死，也是"不亡以待尽"，在等待死亡。"与物相刃相靡"，我们与外界的各种事物，彼此间有很多矛盾冲突，"相靡"又感觉到很舒服。我们的人生就处在这样的矛盾里,既互相侵害,又彼此享受。譬如你喜欢吃辣椒,一方面辣得不停喝水,另一方面又觉得很爽很痛快,相刃相靡。你看庄子真是妙笔生花,文字太美了。"其行尽如驰",光阴似箭,每一分每一秒都在变。"而莫之能止",你能够让时间暂时停止吗?不可能。"不亦悲乎",在庄子看来,我们的人生是很可悲的。"终身役役而不见其成功",一辈子从头忙到尾,等到要走的时候,两个拳头才松开,那时候也没有所谓成功不成功了。"苶然疲役而不知其所归",一辈子辛苦到老,死的时候,你晓得会到哪里去吗?"不知其所归",不知道的。庄子下结论了,他笑我们所有人,"人谓之不死,奚益",所以人即使活到百岁万岁,长生不死,又有什么用呢?"其形化,其心与之然,可不谓大哀乎",假定我们在物化中,我们的身体老化,心里也跟着变化,却不能够找到自己生命的真谛,这样的人生岂不是很可悲、可哀吗!但大家先不要悲观,不要受这些物理环境的限制,要能够超脱出来,庄子还没说完。

成道的境界

旁日月,挟宇宙,为其脗合,置其滑涽,以隶相尊。众人役役,圣人愚芚,参万岁而一成纯。万物尽然,而以是相蕴。

接下来,庄子讲假定你悟道了,具备了高远的见解,成道的境界是怎样的呢?"旁日月,挟宇宙,为其脗合。"这个时候,日月跟你就是邻居了。你的器量、境界之大,日月就像你的朋友一样。

"挟宇宙",整个宇宙可以夹在自己腋下。"为其吻合",整个宇宙,天地万物与我合一,本就源自同一个法界本体。"置其滑涽",滑是什么意思?活活泼泼,生机蓬勃的,很自然的,没有个固定的形态,也就是禅宗常用的一句话,如珠之走盘。涽是什么意思?浑然一体,内外光明,打成一片,清静寂然。所以滑涽就是妙性天然,非常空灵。"以隶相尊",天上天下唯我独尊,这时候你真正找到了真我,并不是我们一般见到的小我。这个真我无名无相,但有其作用。"众人役役,圣人愚芚",他说我们普通人每天好辛苦,干什么事情都是为自己的欲望、身体而努力。而圣人外表上看似愚钝,但内在的生命充满生机。"参万岁而一成纯",万年一念,他看通了万事万物的变化,一切不足以动其心,他的心境永远像万里无云的蓝天一样晴朗。"万物尽然,而以是相蕴。"已经达到天地万物与我合一的成道境界,而不是众人役役的境界。

圣人不从事于务,不就利,不违害,不喜求,不缘道;无谓有谓,有谓无谓,而游乎尘垢之外。

这一段是说圣人的境界。"圣人不从事于务",不是不做事哦!并没有说躲在山洞里就是修道哦!就像我们在南老师身边,看他蛮忙的,每天做很多事情,但这些事情不会对他造成困扰。什么是"不就利"?并不因为这件事情对他有利,他才去做,他觉得应该做就去做,对他没有利,他照样去做。"不违害",不因为这件事情有危险、对他有害处就不做,即使对他不利,他也照样做。"不喜求",他做事不是为了多抓一点钱,不是为了求一个什么,才去做。"不缘道",也不攀缘,很多事情他认为义所当为就去做了。

"无谓有谓，有谓无谓，而游乎尘垢之外。"讲到这里，我想到南老师的一副对子。一九七八年，我陪南老师去参访台湾一座有名的寺庙。当时这座寺庙的住持请南老师写佛门楹联，其中一副，南老师写道：

在山泉水清，出山泉水清，即是如来大乘道；有所谓也错，无所谓也错，安心本分祖师禅。

大家可能看过很多学道的人，包括早期美国的嬉皮士，欧洲现在流行的不存在主义信仰者等，这些人很多都是蓬头垢面，乱七八糟，很邋遢，很懒散的，他们认为一切都无所谓，反正都是空的，都是会变化的，这是误解了道家的逍遥和洒脱。南老师这副对子就点出来了，"有所谓也错"，你很执着，抓得太紧是错的；"无所谓也错"，对什么事情都无所谓，认为反正都会变化的，这也是错的。其实最重要的是能够安心本分，问自己这件事情你做了是不是安心，有没有按照本分做自己该做的事情，事实上对此我们每个人自己心里最有数。我今天在这个位置上，就做这个位置分内的事情，真的做到了，就是"安心本分祖师禅"。所以真正得道的人，能够得其环中，应用恰到好处。

唯达者知通为一，为是不用而寓诸庸。庸也者，用也；用也者，通也；通也者，得也；适得而几矣。

"唯达者知通为一"，真正通达了道的人，就像孔子讲的，"吾道一以贯之"。"为是不用而寓诸庸"，怎么解释呢？譬如我们看泥土，一团泥巴好像没有用处，但按照我们的需求，可以做调羹，可以做杯子，也可以做碗。如果我们把《庄子》内七篇全部搞通了，会发现其实他并不主张完全不用世，但虽然在用，要用而恰当，用而适可。"庸也者，用也；用也者，通也；通也者，得也；适得而几矣。"庸不是马马虎虎，不是差不多，而是得其环中，恰到好处。换句话说，庸也不是现在一般人所讲的庸庸碌碌，称笨人为庸人的庸。高度的智慧，高到了极点，但看起来很平凡，这才是庸之道，得其环中之应用。庄子跟子思所处的时代差不多，子思著《中庸》，也讲了做人做事怎么恰到好处，怎么能够在人世间恰得其分，得其环中。

蝴蝶梦与物化

昔者庄周梦为胡（蝴）蝶，栩栩然胡蝶也，自喻适志与！不知周也。俄然觉，则蘧蘧然周也。不知周之梦为胡蝶与？胡蝶之梦为周与？周与胡蝶，则必有分矣。此之谓物化。

"庄周梦蝶"的故事大家都知道。有一天，庄子梦到自己变成了一只蝴蝶，飘啊飘啊，很快活，很舒服，这只蝴蝶并不晓得自己是庄子。等到他睡醒了，才发觉自己还是庄子，并不是那只蝴蝶。我们在梦里，是不是常常有这种境界？庄子问了一个问题，到底是我梦见了蝴蝶，还是蝴蝶梦见了我？我们常讲人生似梦，到底是谁在梦谁？是我们梦蝴蝶？或是蝴蝶在梦我们？毕竟，蝴蝶还是蝴蝶，庄周还是庄周，是有分别的。但这里有一个很重要的，很关键的要点，假定人生在世，你能够在梦中自己做主，而不被梦中的境界所牵引，那初步就有希望了。

南老师讲到这里，已经把《庄子》这本书的秘密点出来了：

第一步，要做到梦中能够做主，不随梦里的境界转动。

第二步，要能达到醒梦一如，白天醒的时候，和在梦里面是一样的。要达到这个境界，是需要修养工夫的。

第三步，要达到觉梦双清，你醒着的时候，在梦里的时候，都是清净的。

第四步，要做到心能转物，掌握物化，才能真正地解脱。

所以，什么是逍遥和齐物？真正能够把握物化，做物化之主，才能得到逍遥，才能做到齐物，才能够在梦境里做主，觉梦双清。在不齐、不平等的宇宙万物之中，才能够达到平等统一的境界。这个平等统一的是什么？我们刚刚讲了，天地与我合一。合一在哪里？在形而上的道上。所以要去悟道，要去修道，这是讲齐物论。

养生主的要点

第三篇《养生主》，我们有了这样的见解，就要去养生了，养生很重要的一点，要做到游刃有余。在《养生主》里，有三个要点：

第一个要点，"**吾生也有涯，而知也无涯。以有涯随无涯，殆已**"。庄子说，我们的生命是有限的，但知识是无穷的。尤其是我们这个信息时代，单单手机微信的信息量就是不得了的，我们一天大部分的时间都被这些信息牵引着走。庄子说我们要能够不被这些海量信息牵着走，不被这些知识、学问、思想、经验所困惑，要把自己的精神摄回来，这是养生的第一要点。他并没有说养生要吃什么维生素，也没有说要吃什么补药。假定庄子今天还在世，看到这个时代，人的精神被如此地消耗，他一定摇摇头，说我们真是在糟蹋自己的生命。

第二点，"**为善无近名，为恶无近刑**"。"为善无近名"，等于庄子的格言，就是说做善事应该做到不着痕迹，人家不晓得你在做善事。"为恶无近刑"，有时人也难免做坏事，世界上没有一个完全的善人，每一个人内在私心，或生活上总有些不对的地方，但不会达到犯法的边缘，不会达到打击、痛苦、失败到极点那个边缘。通俗地讲，在我们日常的行为上，就要做到"诸恶莫作，众善奉行"。所以庄子并没有说得那么缥缈，都是很平实，很平凡的。

第三点，要好好调养自己的身体，"**缘督以为经，可以保身，可以全生，可以养亲，可以尽年。**""缘督以为经"，督脉必须保持绝对的健康。督脉打通的时候，"可以保身"，可以祛病延年，健康长寿是绝对的。"可以全生"，什么叫"全生"？就是这一生过得很幸福、很快乐，全始全终。"可以养亲"，不会死在父母的前面，所以当然可以孝养父母，照应家庭。"可以尽年"，就是可以享尽天年，寿终正寝。大家看过武侠小说，里面经常说要打通任督二脉，我们今天并不是讲武侠小说，但如何把自己的身体调整得更健康，这是《养生主》的第三个要点。

人生的三重境界

庄子接下来在《养生主》又讲了三个故事。

第一个是大家都熟悉的"庖丁解牛"。它的寓意是说，我们对人生、处事要能够超神入化，要达到解脱的境界，如"庖丁解牛"一样。虽然如此，做人做事还是要处处谨慎小心。

第二个故事是"公文轩见右师"。这位右师相貌很丑陋，跛脚，但却是有道的人。我们看人，往往会被这个人的外貌、衣着、地位及其所在的环境等误导。这个故事是庄子的引喻，人活着要有超然不群的人格，身体残疾不要自卑，不要受外貌、外形、外境的影响。大家看我们普通人，即使长相很正常，但又有哪一个人心里完全没有自卑感？难免会觉得这一点比不过别人，那一点很遗憾，心里有所抱怨。我们不妨自己"照照镜子"。

第三个故事是"老聃死，秦失吊之"。老聃就是老子，老子死了，他的朋友秦失去吊丧。我们人最大的自卑是什么？大家有没有想过这个问题？人最害怕面对死亡。当我们面对死亡的时候都是很自卑的，至少我是这样，因为无知，不晓得未来会怎么样。所以庄子告诉我们要养生，"生者寄也，死者归也"，面对生死也不自卑。

庖丁解牛，游刃有余

良庖岁更刀，割也；族庖月更刀，折也。今臣之刀十九年矣。

所解数千牛矣，而刀刃若新发于硎。彼节者有间，而刀刃者无厚；以无厚入有间，恢恢乎其于游刃必有余地矣，是以十九年而刀刃若新发于硎。

现在，我们再回过头来看"庖丁解牛"的故事。庄子说世间有三种屠夫，第一种是族庖，"族庖月更刀，折也"。他是用砍刀砍牛的，因为天天在砍，所以刀不到一个月就断了。第二种是良庖，"良庖岁更刀，割也"。一年更换一把刀，他用刀割肉。第三种是庖丁，他用刀不叫砍，也不叫割，称之为解。他的刀用了十九年，解剖了数千头牛，但刀还像新的一样。为什么他能做到这样？"彼节者有间，而刀刃者无厚；以无厚入有间，恢恢乎其于游刃必有余地矣，是以十九年而刀刃若新发于硎。"因为庖丁对牛的骨骼关节的形状结构了然于心，心领神会了，闭着眼睛都知道，骨头与骨头之间有间隔，刀刃很锋利，找准空隙一刀下去就把牛解剖了，牛也不痛苦，刀也没有损坏，这就是游刃有余。我常常问自己，也问公司的同事，我们做事到底是庖丁解牛还是像族庖一样天天砍牛呢？这就是做事做人的三个境界，也是一个很有意思的比喻，很值得我们反思。

人间世，世路难行

现在我们进入《人间世》这一篇。世路难行，我们人年纪越大，就越会感觉到人世的不容易，每个人都有各自的辛苦历程，家家有本难念的经，每个企业、每个国家也都有一本难念的经。

在这一篇里，庄子讲了六个故事。第一个故事讲的是颜回。颜回想出道，他觉得自己的修养已经到家了，孔子劝他等一等，告诉他他的修养还不到家。事实上这个故事是在讲内圣的修养工夫。《庄子》里有很多孔子和颜回的故事。大家注意，表面上庄子是在"损"孔子，但事实上庄子很推崇孔子，是在捧孔子。第二个故事是讲叶公子高被派到别的国家做大使，他很痛苦。第三个故事是颜阖去做卫灵公的太子傅。第四个故事讲齐国有一棵大树，百无一用，无用不用。第五个故事讲商丘的大木，结驷千乘，可以乘凉。第六个故事讲孔子的楚国之行。因为时间关系，今天我们不能一一展开，但提醒大家注意去研究，庄子用这六个不同的故事来表达世路难行，但不是不可行。

虚室生白，吉祥止止

《人间世》这一篇中，有一个很重要的地方，"虚室生白，吉祥止止"。什么叫虚室生白？当我们的心念清净了，空了，止息了，这时自然会有光明的境界起来，这叫虚室生白，它是修养的一个境界。什么叫吉祥止止？譬如我们静坐，当你身体起了轻安，心里一定是很愉悦的，这是真正中国文化——道家、儒家、佛家修养工夫的境界，不是逻辑理论。借用禅定工夫来形容，就是"离生喜乐"或"定生喜乐"这样的境界。所以，孔子教育颜回，你真想要去度人，对世界对社会有所贡献，先要把自己修炼好，要有这样的修养工夫，才不会把自己的身体拖垮，才不会被外面的环境影响，才有办法真正成就千秋的事业，这是内圣的修养工夫。

叶大使的痛苦

凡事若小若大，寡不道以欢成。事若不成，则必有人道之患；事若成，则必有阴阳之患。若成若不成，而后无患者，唯有德者能之。

现在看我们刚刚提到的第二个故事，讲叶大使被派出去做外交，他很痛苦，去也不是，不去也不是。庄子总结了人生经验，他说"凡事若小若大，寡不道以欢成"。大家想一想，我们人生经历过这么多事，不管大事小事，真正有好结果，真正让我们觉得很圆满、很痛快、很高兴，没有遗憾的事多吗？不多。"事若不成，则必有人道之患。"假定事情没有做成，当然很沮丧。"事若成，则必有阴阳之患。"即使一件事按照你的想法做成了，后面的结果也不一定好，很难讲。譬如有些人买彩票，没有中大奖之前，天天祈祷中大奖，中了大奖之后可能招致来一堆麻烦事，甚至走到家破人亡的境地。"若成若不成，而后无患者，唯有德者能之。"所以各位，我们在人世间会遇到很多的沮丧、很多的不开心。大家可以去算一算概率，凡事十之七八必然是不顺利的。所以常言道，人生不如意事十之八九。但是，如果我们成功而不得意忘形，遇到困难和失败，依然能够泰然处之，就能够消除后患，也就是"唯有德者能之"，只有有德者、有道者知道如何自处。

乘物以游心

我们再看《人间世》里的另外一个故事。颜阖要去做卫灵公的太子傅。做一个很调皮、很难缠的太子的老师,他很害怕,为什么?因为这个位置不好做,做不好就要被砍头了。于是颜阖去请教蘧伯玉。蘧伯玉跟他讲,人世间有两大戒,第一要认天命,第二是义所当为。我们看看自己的母亲,她不会跟我们说:"你以后要孝顺我,我才照顾你。"母亲照顾我们是义所当为的。人世间的两大戒,我们的父母亲都做到了,命之所在,义之所为。所以,一个真正有成就的人做事情,他认定了一条路,一年做不成,做十年,十年做不成,做二十年,如此下去,肯定有所成就。所以庄子讲"乘物以游心,托不得已以养中"。养中就是恰得其分,认天命,义所当为。

《人间世》告诉我们,世路难行,但并不是世路不可行,而是要善于自处。要晓得怎么得其环中,应用之妙存乎一心。人要守本分,在什么立场就做什么事。譬如说,朋友出去喝酒,每个人都很高兴,但有些人就是自命清高,一副道貌岸然的样子。大家喝醉了,你也要装醉,大家都清醒了,你也要醒过来。所以说,要以"出世的精神,做入世的事业"。抱着一种游戏人间的心情去做,但并不是吊儿郎当的,而是自己的心境非常清醒,非常解脱,不被物质世界的外名外相所累,处处帮助别人,最终还是帮助了自己。

以上就是《人间世》,接下来我们看第五篇《德充符》。

只生欢喜不生愁

接下来我们讲《德充符》，即道德怎样能够充沛。庄子又讲了一个寓言，大家都知道我们神话传说中的后羿，他的箭术很高超，传说远古时代，天上有十个太阳，他能够把九个太阳都射下来，有那么大的功力。庄子比喻说，我们人每天都被后羿的箭射中，"游于羿之彀中"。这个箭是指什么？就是指我们喜怒哀乐的情绪。譬如别人送你一顶"高帽子"，你很高兴，但别人骂你一句，你就受不了了。人生在世，随时都要挨箭的，随时会被打中，很多时候是被自己打中，被自己莫名其妙的情绪思想打中，所以我们都是"游于羿之彀中"。前段时间我也开玩笑说，有人又给我戴"高帽子"了，像后羿一样拿箭射我。所以说人生在世，第一件事情要能够解脱，这些箭射归射，但我们要做到不被它射中，能够超脱出来。那么要怎样才能做到呢？这就要将我们的内心修炼得像明镜一样，镜子照东西，虽然镜子上显现出各种的影像，但并没有因为这些影像而影响镜子本身。一切现象显现就显现了，境过而不留一丝痕迹。这样，我们就不至于"游于羿之彀中"了。反过来说，假定箭射进来，你的内心像黏胶一样，黏得死死的，你的镜面就会越来越脏，最后迷掉自己的本性。

关于怎么样让我们的道德充沛，庄子说了两个根本的要点。

使之和豫通而不失于兑。使日夜无郤，而与物为春，是接而生时于心者也。是之谓才全。

第一点"使之和豫通而不失于兑",这个"兑"是开心的意思,心里时刻保持喜悦,借用道家一句话来简单说明,就是"神仙无别法,只生欢喜不生愁"。不需要另外再找其他的办法。第二点"使日夜无郤,而与物为春,是接而生时于心者也。是之谓才全"。道家有一位丘处机道长,号长春真人。"长春"就是"日夜无郤,而与物为春",心里永远是喜悦的,很平和、很健康。这个"郤",就是自己给自己找麻烦,找纠结。"无郤"不是退却的意思,而是昼夜心里没有杂念。拿佛家的话说,就是没有烦恼。我们很多时候都是在自我纠结的境界中,这就不是以日月为春了,就不能"长春"。所以要接天地之灵气,与天人相交,宇宙生命互相交接在一起,随时生生不已,心境长春,这就叫作"才全"。要做到德充符,第一要悦心,第二要德不形。

何谓德不形?曰:平者,水停之盛也。其可以为法也,内保之而外不荡也。德者,成和之修也。德不形者,物不能离也。

什么叫"德不形"?庄子的解释:"平者,水停之盛也,其可以为法也,内保之而外不荡也。"他说,你内在的心境如静水一般平静不流,永远保持这个境界,不受外境的影响,日夜都在这个境界里。但水不流不是指死水,是止水澄波,像一面镜子一样,外面境界不断呈现其上,但你的心境永远不受影响。"德者,成和之修也。德不形者,物不能离也。"就是达到"中和"的境界而不离,《中庸》里也讲到"致中和,天地位焉,万物育焉"的中和境界,这里大有文章,对我们人生有很大的实用价值。我们人都容易受喜怒哀乐的情绪和外在境界变化的影响,如果你达到"德不形"的境界，真正做到了"才全"，做到了不受后羿这支箭的影响，你就得到"德充符"了。

灵知之性与喜怒之情

接下来《庄子》里再三强调"性"和"情"，《礼记》里面也讲到"性"与"情"，大家首先要理解什么叫"性"。我们讲的灵知之性，是有思想，有知觉的，这叫性。"情"是什么？喜怒哀乐，悲欢离合，这是情。而能知一切的灵知之性本身，并没有在喜怒哀乐悲欢离合的"情"里面。譬如，我们高兴了，欢喜了，但这个能知道高兴欢喜的"知性"和"情绪"是两回事，要把它分开。性归性，情归情，这是非常非常重要的修养。那么，我们到底是要做情绪的奴隶，还是做情绪的主人？怎样才能做情绪的主人？关键的一点，就是要把我们的灵知之性，与喜怒哀乐的情绪分开。

所以庄子提出"无情"的修养工夫：

吾所谓无情者，言人之不以好恶内伤其身，常因自然而不益生也。

首先"无情"并不是叫你没有感情，并不是叫你不要孝顺父母，不去爱自己的兄弟、姐妹、朋友。庄子说的"无情"是什么？"言人之不以好恶内伤其身，常因自然而不益生也"，我们不要被这些喜怒哀乐的情绪影响，不要有偏见，不要让后天的好恶等情感伤害到自己，也就是我们前面讲的，不要入"羿之彀中"。但对人世间，包括自己的家庭、社会等各个方面怀有大情，去帮助大家，这个情是不加个人的情绪、思想偏见的，那个明明白白的灵知之性能够随时保持清醒，所以我们讲菩萨是觉悟有情。

当你真正道德充沛了，把生命的精气神恢复到原始的状态，就是神而通之的境界。当你修养到心中没有杂念，没有妄念，没有妄情，这些佛家叫妄想，意识中没有这些后天的思想，完全恢复到婴儿清净无为的状态时，生命的功能就整个发出来了。所以叫"德充符"。

内圣外王的大宗师

我们看第六篇《大宗师》。儒、道、佛三家，儒家偏重入世，所谓"知其不可为而为之"。我们历史上也有很多很了不起的儒家人物，为国为民做了很多事，但不可讳言，后期的儒家比较偏重为官。佛家则偏重出世，而道家处在出世入世的中间，可出可入，也能出能入。就像这本《庄子》，你看它一下讲到形而上的本体，一下子又拉回到人世间。事实上，道家还包括兵家、法家、谋略家、纵横家等诸子百家。大家不要忘记，秦汉以前，儒道是不分家的，中国文化是一个整体，都是从上古《易经》这个系统一路发展下来的。

首先，庄子提出来，大宗师"**知天之所为者，天而生也**"。什么叫天之所为？这一句，南老师在《庄子諵譁》里，引用了很多郭象的注解，他说：

为出于不为，故以不为为主；知出于不知，故以不知为宗。是

故真人遗知而知，不为而为，自然而生，坐忘而得。

这段话，大家要注意，什么叫"不为而为"？譬如说，你是做领导的，你把什么事情都做了，你的下属就不用干活了。但假定你心里有数，把事情安排好了，虽然自己没有亲自动手，但下面的部属都能发挥作用，这就是不为而为。另外，什么叫"遗知而知"？譬如说，我每天早上起来，一定要先打坐。上座时，我也没有想什么事情，只是把自己尽量空掉，往往很多事情的解决方法会自己冒出来。很多同事问我，你是怎么想到的？我并没有故意去想，自然不知而知的，就是《中庸》里讲的"不勉而中，不思而得"。不要一直抓东西，就像前面讲的，"吾生也有涯，而知也无涯，以有涯随无涯，殆已"。你一直拼命抓，越抓越痛苦，反而把自己的生命消耗掉了。

真人的行事风格

古之真人，不逆寡，不雄成，不谟士。若然者，过而弗悔，当而不自得也。

接下来我们看真人的行事风格，什么叫真人？首先，"不逆寡"，就是顺其自然，一切不贪求，物质少了也不会觉得难过，不会说什么都要多多益善。"不雄成"，不管做了多伟大的事情，都不会觉得自己很了不起，一切成功很自然，没有成功与失败的感觉。"不谟士"，谟同谋，不谋就是不打主意，就是不求，不会天天只在算计，所以活得很自在。但这个不谋，并不是不思考。譬如说

庄子的入世与解脱
——《庄子諵譁》导读 | 323

今天在这里与大家一起研读《庄子諵譁》，我要考虑怎样讲，怎样做PPT，当然要思考。

另外，岔过来讲一个故事。最近有一位朋友，他为了帮另外一位朋友，把一个重要的饭局推掉了，结果那天他父亲正好脑梗，他得以很及时地把他父亲送到医院，抢救了过来。本来他只有一个念头，觉得这件事情该帮朋友，他就做了，结果无意中却救了父亲的命，这也是"不谟士"得到的好结果。南老师一辈子做事情，他觉得义所当为就做了，他对我们学生，对天下人都是一样的，就是"不谟士"。"过而弗悔，当而不自得也"，很自在地，事情过去了就过去了，他不会后悔。我们人最怕的是什么？一件事情想要做，又怕做了后悔，总是怀疑这样做对我好吗，天天追悔过去，梦想将来，往往不能把握现在，我们许多人永远处在这样一个矛盾的境界之中。

若然者，登高不栗，入水不濡，入火不热，是知之能登假于道也若此。

假定修养能够做到这个境界，就没有时间及空间的概念，"登高不栗，入水不濡"，他爬高不会恐惧，不但不会恐惧，就是从万丈悬崖掉下来，他也不会觉得是掉下来，心里没有分别作用。到水里也淹不死，到火里也不感觉热。因为他忘掉这是水火。在《庄子諵譁》里，南老师举了我们袁太老师的老师的一个例子，大家自己阅读时可以参考。

人的生命功能修养到这个境界，就是真人的境界，就是得道了。"是知之能登假于道也若此"，"登假"就是登遐的意思，因为心的境界已经达到无量无边，大而无外，小而无内，一切知觉感觉同他毫不相干，身体也忘掉了，这个叫真人。庄子所描写的心理转化到这个境界，是真的事实，能够修养到这个境界，就叫作得道的真人。

道家的用兵与治世

庄子接着讲要怎么样入世。中国历史上几百年之中时代潮流总有一变，国家时代变化的时候，总有很多道家的人物如张良、李泌、刘伯温等出来影响时代。《庄子》这本书很有意思，既是一本内在修养的书，也是一本入世的书，所以我把今天的分享命名为"庄子的入世与解脱"。道家一直有隐士思想，但当国家面临危机，出来拨乱反正，救世救人的不少是道家人物，等到天下太平，他们许多人连名都不留就走了。

故圣人之用兵也，亡国而不失人心；利泽施乎万世，不为爱人。

"圣人之用兵也，亡国而不失人心"，圣贤之人把一个国家灭掉了，他们的老百姓反而很高兴，称赞他，爱戴他，因为他们得到了实惠，得到了真正长期的好处，包括整个文化修养的提升。不像今天的美国，表面上打着自由民主的旗号，到处把别的国家搞垮。"利泽施乎万世，不为爱人"，就像日本明治维新的名臣伊藤讲的"计利应计天下利，求名当求万世名"。不是出于小我的爱才去做的，而是功在天下，福泽万代。只是不知伊藤博文的天下是指日本的天下还是全世界的天下。

历史的大秘密

大家知道，历史上真正的治世并不多，像我们过去的几十年，能够有这样一个很安定的社会环境，其实是很不容易的。中国历史上治国之道有个大秘密，就是"内用黄老，外示儒术"。"内用黄老"是指什么？

第一点，**"以刑为体"**，这个刑不只是刑法，而是法治管理，戒律规范，包括体制、机制，都是刑。另外，对于个人修养来说，杀掉自己心念的修法，就叫作刑，刑也就是杀的意思。所以，修道的人，管理自己非常严格，就像法律上的刑杀一样，去恶存善，去掉恶业，只保存善业。这是以刑为体，讲其在修道方面的作用。

第二点，**"以礼为翼"**，讲社会需要的文化精神、礼治教育。假定一个国家、一个企业团体，只讲利益的交换，不讲文化精神，不讲初心使命，肯定会出问题的。前一段时间，有位组织部的领导跟我说，有一篇文章叫作《绩效考核导致索尼的衰败》，讲日本索尼原来是那么强大的公司，因为太强调绩效考核，导致组织僵化，到后来出问题了。不只是治理企业，整个社会、国家都要以礼为翼，要有文化思想教育，否则只一味地强调经济手段，肯定出问题。譬如秦朝以严刑峻法治国，很快就灭亡了，也是一样的道理。"以礼为翼"，礼的真精神是自然的道德。对个人来说，光把自己管理得很严，以刑为体修养这个心性，也是不够的，必须以礼为翼，了解礼的真精神。

第三点，"**以知为时**"，就是孔子讲的"知进退存亡而不失其正者，其唯圣人乎"。有智慧，知道什么时候该进，什么时候该退，什么时候该维持，什么时候该把它消灭掉，这叫真正的智慧境界。所以我们做事情，有时候该进而不进，该退而不退，该存的不存，该灭的又不灭，都是问题。往往只讲为善的人，比较容易妥协，太宽容又会养成别人懈怠的毛病。

第四点，"**以德为循**"，随时在道德上，知道人生的方向，自己走一条正路。这一点很重要的，就如同我们讲的不忘初心，为人民服务。比如我们经营企业，假定公司的经营目标，不是真正地想为客户、为社会做长期有价值的事，我向你保证，这家企业绝对维持不了多久，一个社会、一个国家也是如此。

上面几点总的来讲，也就是孟子讲的"徒善不足以为政，徒法不能以自行"的道理，历史上有很多仁善的皇帝，因为太强调所谓的儒术，导致了国家的灭亡。反过来讲，太严苛的帝王，只讲严刑峻法，也会导致国家的衰亡。

以刑为体者，绰乎其杀也；以礼为翼者，所以行于世也；以知为时者，不得已于事也；以德为循者，言其与有足者至于丘也；而人真以为勤行者也。

庄子又给我们补充了。首先，他讲"以刑为体者，绰乎其杀也"。什么叫绰乎？很轻松自在的，并不是严刑峻法。譬如刘邦攻入咸阳之后，相对于当时秦律的严苛，他只有三条"杀人者死，伤人及盗抵罪"，就这么简单利落。第二点，"以礼为翼者，所以行于世也"。以礼为翼，足以永垂万世，所以一个企业也好，一个国家也好，没有一个长期的长远的目标，肯定维持不下去。第三点，"以知为时者，不得已于事也"。知进退存亡之机，该进或该退时一定要果断，而不是迟疑不决。往往善良的人容易迟疑不决，结果误掉时机。第四点，"以德为循者，言其与有足者至于丘也"。树立一个很高的道德标准，足以为万世追寻的榜样。我们看，全世界维持最长久的团体是什么？第一个是正统的大宗教，几千年延续下来，第二个是学校，二者都是以德为循者，对整个国家社会有长期的影响。但真正能够存活百年的企业不多，为什么？因为毕竟企业是以利益为先，很难做到以德为循、以礼为翼。"而人真以为勤行者也"，所以真人，得道的人，虽然日理万机，别人看他好像很忙，但他却心中无事，就像游戏人间一样，也就是所谓的游戏人间三昧。其实要做到日理万机而心中无事，是要有很深的修养工夫的。

今天不管是线上还是线下，都有一些担任领导职务的朋友。大家注意，庄子在这里给我们点题了，要怎么入世？就是要"以刑为体、以礼为翼、以知为时、以德为循"。

善生与善死

接下来庄子讲到了生死。我们一开始就讲了，人最怕的是什么？最怕面对死亡。

夫大块载我以形，劳我以生，佚我以老，息我以死。故善吾生者，乃所以善吾死也。

"大块"是指宇宙。"载我以形，劳我以生"，我们的身体是借来的，带着这个形体活着，忙忙碌碌一辈子。"佚我以老，息我以死"，人老了退休了，最后安详地死掉，其实是让我们休息。"故善吾生者，乃所以善吾死也"，所以真正懂得生命的人，才能够真正看通生死，生不足以喜，死不足以惧，皆是自然的变化。举个例子，我曾经到美国一家比较大的养老社区去访问，那里面的老人平均寿命达到九十岁。美国人的平均寿命是八十岁，但那里的老人平均多活十岁。我看到他们在一起都很高兴，也很健康，有各种社团活动，就问其中一位老先生，我说，看你们在这里很快活，那有没有什么不高兴的地方？他被我问得愣住了，想了一下说，哎呀！你问得好。因为他们都是分为一二十人一组的小团体，都有自己的伴儿。他说，总有人要先走的。一开始每当有人走的时候，我们总是很难过，但后来我们想通了，人本来就会走，所以我们也很高兴，他走就走了。这位先生，我还记得他的样子，当时差不多是七十几岁。在那一刹那间，你会发觉这个人很通达。也就如庄子所说，"故善吾生者，乃所以善吾死也。"

藏天下于天下

夫藏舟于壑，藏山于泽，谓之固矣。然而夜半有力者负之而走，昧者不知也。

藏小大有宜，犹有所遯。若夫藏天下于天下而不得所遯，是恒物之大情也。

接下来，庄子又讲了一个大概念——"藏天下于天下"。"夫藏舟于壑，藏山于泽，谓之固矣。"有个人怕船被别人拖走，就把它藏到山谷里去。另外也有个人，把山藏到海洋里，以为这样别人就没有办法得到它们，觉得万无一失了。"然而夜半有力者负之而走，昧者不知也"，晚上又有一个更厉害的大力士，把海洋连同这个山都背走了。你以为庄子是在讲笑话，不是的。大家看天地万物，我们感觉一天之内好像没什么变化，但把它们放在一百年、一万年，或更长时间尺度来看，船肯定不见了，这个山也可能被冲掉了，海洋也变迁了。譬如我们现在上海旁边的大小洋山，可以说是"藏山于泽"，等到千万年之后，这个大小洋山说不定跟大陆差不多连在一起了。所以真正把这些"山"或者"船"拖走的"有力者"是谁？是天地、宇宙的造化，它们不断在变化，只是我们不晓得，以为什么都可以抓得牢牢的，其实是抓不住的。我们人的身体也是一样，借用几十年，了不起活一百年，细胞每天都在变，一样抓不住的。

我记得南老师有一次讲历史时就提到，他小时候家里的钱都存到浙江最大的民营银行，后来北伐成功，这家银行倒闭了。所以南老师在演讲的时候说，你们不要以为钱放在银行，藏在银行就没有问题了，你们看现在世界上这些最大的财务公司、投资银行都是有问题的。当时我在下面，正好跟一位领导坐在一起，我们两个面面相觑，心里想不至于如此吧。没想到南老师的话，讲了不到半年就应验了，美国的AIG——全世界最大的保险公司，包括几家大银行，一下子全部倒闭了。

我们再看"藏小大有宜，犹有所遯。若夫藏天下于天下而不得所遯，是恒物之大情也"。譬如说你有个珍贵的珠宝藏在珠宝盒里，藏几十年或许还藏得住。但是，真正的大藏，是藏天下于天下，该归本位的，让它归本位，一切归之于自然。

这里，我把它再引申过来，讲用钱的哲学。南老师有个用钱的哲学，他在书里面也专门讲过——"钱用了才是钱"。他说，你赚了多少钱，没有什么了不起，要使用它，把它用掉，才是自己的钱。我们的财富只有使用权，你如果把钱装在口袋里，带进棺材中去，那有什么用？财富要取之于天下，用之于天下，这也是藏天下于天下的道理。

相忘于江湖，相忘乎道术

《庄子》里有很多故事，都很有意思。今天晚上我只是引导大家，大家不妨在看书的时候再研究。庄子讲：

> 泉涸，鱼相与处于陆，相呴以湿，相濡以沫，不如相忘于江湖。与其誉尧而非桀也，不如两忘而化其道。

一处山泉枯竭了，里面的鱼都跳到陆地上了，这些鱼为了保命，彼此吐口水，相互维持着活下去，这就是相濡以沫。所以庄子说，与其这样"不如相忘于江湖"，鱼活在江湖里，多么自由自在。再引申到我们人世间，真正的好朋友，君子之交，需要帮助的时候一喊他就来了，不喊他他也会来帮忙，帮完就走了，彼此相忘于江湖。所以"与其誉尧而非桀也，不如两忘而化其道"，与其称赞尧的伟大，批判夏桀暴虐不道，不如忘了好坏，相忘于江湖。

孔子曰：鱼相造乎水，人相造乎道。相造乎水者，穿池而养给；相造乎道者，无事而生定。故曰，鱼相忘乎江湖，人相忘乎道术。

接着庄子又举了一个例子，说鱼忘水，人忘道。孔子说，鱼活在水里，但它没有感觉活在水里。就像我们人都活在空气里，并没有感觉自己活在空气里，一旦空气没有了，人快窒息了，才知道我们活在空气里。所以更深一层，我们都是"相造乎道者"，我们大家都想修道求道，道不须去求，人本身就在"道"里生活。怎么样把"道"找出来？要"无事而生定"，就是"于事无心，于心无事，如镜鉴物"，像镜子照物一样。所以"鱼相忘乎江湖，人相忘乎道术"，那是多么洒脱，这才是真正的解脱逍遥。

做生命升华的主人

在《大宗师》的最后，庄子特别提到，一切的变化都非常自然，道家就叫造化。生来是一个变化的现象，死去也是一个变化的现象。我们有了这个生命，也无所谓拘束，没有这个形体，也无所谓悲哀。这就是我们中国道家对生命，对生死的认知。

所以庄子讲解脱，讲了各种故事，或许你不晓得他在讲什么，但有一个很根本的重点，就是要我们能够掌握自己的生命，要做生命的真正主人。你真懂了这个道，虽然在变化之中，却能够主宰自己的生命，去发挥这个无可比拟的生命功能。譬如有位禅师悟道了，他跟他的老师报告说，我昨天梦见江水向西流。大家知道，中国因为西北边高，东南边低，所以"一江春水向东流"。他梦见江水向西流，是什么意思？当你能够让自己思想意识的乱象清静下来，反其道而行，才有办法真正地养生，才有办法真正地长生，才有办法真正地入世。

至人之用心

现在我们看《庄子》内篇的最后一篇《应帝王》，这一篇的重点是作为领导者如何游心于淡？

游心于淡，合气于漠，顺物自然而无容私焉，而天下治矣。

诸葛亮的名句"淡泊以明志，宁静以致远"，就是从《庄子》来的，所谓"游心于淡"，让我们把事情看淡一点，看通一点，但不是看成没有哦。"合气于漠"，漠是什么？广大无边的，我们的浩然之气，跟宇宙天地合而为一。"顺物自然而无容私焉"，人就顺天地自然之理生活着，把自己的私心、私欲、我见都放空了，把自己忘掉了，无私无己。"而天下治矣"，天下自然太平了，何须用什么方法去治理天下！所以他再三强调，作为领导，一定要无我。如果一个领导天天只考虑自己的"小九九"，这个领导是做不好的，不管是哪一个朝代、哪一个时代都一样。

老聃曰："明王之治：功盖天下而似不自己，化贷万物而民弗恃；有莫举名，使物自喜；立乎不测，而游于无有者也。"

这一段是讲老子的明王之治。"功盖天下而似不自己"，即使做了非常大的功德好事，也好像跟他没有关系一样，认为都是大家的功劳，这就是庄子说的"圣人无名"。"化贷万物而民弗恃"，"化贷万物"，这个贷是假借。他说，他是借用道德的感化，以爱和仁慈及于万物，"而民弗恃"，人民在心理上没什么害怕，觉得这一位领导人，真正是为我们，爱我们的。"有莫举名，使物自喜；立乎不测，而游于无有者也"，用不着标榜自己的功德与声望，而天下人都喜爱他。无形之中整个社会国家就治理好了，自己却永远都是在清净空灵的境界里面，从不标榜什么。

尽其所受乎天，而无见得，亦虚而已，至人之用心若镜，不将不逆，应而不藏，故能胜物而不伤。

最后庄子讲到真正的修养工夫。"尽其所受乎天"，我们刚刚讲了认天命，上天给我们一个生命，多么宝贵！我们要善于让这个生命，自然地活下去，到我们该离开的时候就赶快跑路，不要占着位子不走。这辈子从亘古带来的业力，包括愿力等，"所受乎天"，接受它，不要排斥它。所以刚才讲的人生的两件大事，即"认天命"和"义所当为"，该做的事情不要排斥它，不要逃避。但在做的过程里"而无见得"，什么叫"无见得"？没有说有一个固定的见解要抓住不放，不要被自己的知识所局限，拘束住了。不觉得自己了不起，所以我们念《心经》"无智亦无得，以无所得故"，也没有什么属于我的，一切都归之自然。就是这个"无见得"。"亦虚而已"，本身这些都是空灵的，很自在的。"至人之用心若镜，不将不逆，应而不藏，故能胜物而不伤"，他说至人，也就是真正修道成功的人，用心就像镜子一样。我们讲的大圆镜智，物来则应，事过不留，"不将不逆"，就像镜子里面虽然会显现影像，但不会被影像黏住。没有欢迎它，也没有抵触它，所以不会被黏住。最怕的是因为一点小事就纠结很深。目前很多得抑郁症的人，就是对事钻牛角尖，越来越纠结，所以本来明净的心，就被染污了。我们的心要像镜子照物，不将不逆，应而不藏，这样才能够游于"羿之彀外"，而不是在"羿之彀中"了。有了这样的修养，不管入世出世，可以做到"胜物而不伤"，可以做大宗师，也可以入世应帝王了。如此才可以了解为什么庄子认为"帝王之功，圣人之余事"。

《庄子》这本书，成书于两千三四百年前，中华民族受这本书的影响非常大，这是我们中华文化的伟大之处，非常值得大家深入研究。

南老师的祝福与期待

三月十八日是南老师的生日，今年因为疫情防控，不会特别举办诞辰纪念会。我想今天借此机会，与线上线下的同学共同研读《庄子諵譁》，也是对他老人家最好的怀念。在此，我抽出他在九十四岁母难日写的一首诗，与大家分享：

> 九四朦胧幻寄身，存亡恍惚旧非真。
> 岂图苟活浮沤界，只似灵明侍证真。

"九四朦胧幻寄身"，他讲生命是幻化的，如梦如幻。"存亡恍惚旧非真"，时间一弹指就过去了，万物每一分钟、每一刹那都在变化。这个恍惚不是我们一般认知上的稀里糊涂，恍是光明的，惚是很活泼的，天真自然的。老子讲"惟恍惟惚"，自性是光明清净的。"岂图苟活浮沤界"，他讲自己，我哪里是为了在这个世界上多活一天。浮沤界，我们地球就是宇宙里面的一个小泡泡。南老师的心情是怎样的呢？"只似灵明侍证真"，在灵明不昧的境界里，希望全天下的人都能悟道、证道。这也是他老人家对我们所有人的祝福与期待。

最后，我们用南老师在一九七八年写的一副对子作为结语：

回首依依，酒绿灯红，歌舞繁华，大梦场中谁识我
到此歇歇，风清月白，梵呗空灵，高峰顶上唤迷徒

实际上，我们的人生境界就是这样，我想今天南老师就在高峰顶上，期待着我们所有的同学能够共同证真，找到生命的本源。虽然世道难行，但还是祝福我们都能够在人世间活得逍遥自在。

问　答

问题一：现在一般社会上有个误解，以为道家人物是不修边幅，对一切都无所谓的一种形象，像美国的嬉皮士一样，请问您怎么看待这个问题？课程中您也提到，"有所谓也错，无所谓也错"，安心本分祖师禅，这里的安心本分应该怎么理解？结合实际的生活我们应该如何做？

李院长：刚刚在课程中我也点到了，安心本分，还是要回到这件事情你做或不做，哪个让你安心。事实上大家心里是有一杆秤的，有些事情做了不安心，不做也不安心。譬如说你做子女的，本来就该孝顺父母，这是你的本分；你做母亲的照顾孩子也是本分，这些一点都不深远，是很平实的。还是要回到怎么恰得其分的中庸之道，并不是模棱两可的。

问题二：庄子说："吾生也有涯，而知也无涯。以有涯，随无涯，殆矣。"您在课程中说，不要被自己的知识、学问、思想、经验所困。请问如何能够将学问做到入乎其内，出乎其外，不被自己的所学所知困住呢？

李院长：这个核心问题还是要先把自己空掉。大家不是都有电脑吗？电脑是不是要定期归零？首先要把自己的脑子归零，把心念空掉，让你的心能够清静下来，不要想去抓东西。我们一天到晚都在抓，假定能够把心念放开，你会更有创造力。所以我很想上一门课，叫如何培养创造力。这个时代我们为什么那么辛苦？因为天天想抓东西，永远都觉得信息不够。其实那么多信息，搞到后来把自己搞疯了。

问题三：中国自古以来当国家面临危机变乱时，出来拨乱反正，救世救人的，往往都是道家人物，请问原因是什么？为什么不是儒家或佛家人物呢？

李院长：这个说法是值得商榷的。事实上中国文化儒家、道家、佛家三家是不分的。佛家进来之前，儒、道是不分家的，佛家进来之后，化入了中国文化，三家也是分不开的。譬如苏东坡，他家里是拜罗汉的，他本身也学儒家，他还是很好的政府官员，同时他也是学道的。譬如诸葛亮，他平时穿着道袍，但是你看他做宰相治理蜀国的时候，却是儒家的作风。佛家很多高僧大德，在变乱的时代，也对国家安定有很大的帮助。我想，这里说中国自古以来当国家面临危机变乱时，出来拨乱反正，救世救人的，往往都是道家人物，是勉强分的，事实上儒、道、释三家是不分的。再进一步说，中国文化不只是儒道释三家，还包括法家、兵家、纵横家、阴阳家等诸子百家，都有其异曲同工之妙。

问题四：您说人生的烦恼是追悔过去，梦想将来，不能把握现在。那么当今社会，人们常常讲人生规划、职业规划、企业目标，是属于梦想未来吗？还是把握现在？这样普遍的做法，是否会徒增人们的烦恼？

李院长：事实上有规划是对的，但核心问题是你要有大规划。譬如说母亲照顾孩子，她有没有规划？当然要规划，怎么把孩子养大，怎么有足够的钱让家里不要断粮。但她对照顾孩子这件事情却从来没有摇摆过，她的大规划就是把孩子养大成人。为什么很多早期发展得还不错的企业后来会有很多问题？往往是因为认定的目标后来都摇摆了。追悔过去，可过去的已经过去了。人要有梦想吗？当然应该有梦想，但这个梦想还是要回到"认天命"和"义所当为"这两个根本的方向。假定这两条不符合，你再怎么规划未来，都是虚的，维持不了很久的。

问题五：《庄子》里讲"古之真人，不逆寡，不雄成，不谟士"，南老师说真人是不打主意，一切的成功很自然，没有成功与失败的感觉。道家这样的处世态度是不是太消极了？如果人人都不追求成功，那么社会发展会不会受到影响呢？

　　李院长：这个"不谟士"，不应该这么理解，庄子的"不谟士"是不只为自己考虑，就像我刚刚举的那个例子。那位朋友为了帮他朋友一个忙，放弃了一个可以赚很多钱的机会。但那天很奇怪，老天爷很眷顾他，他因此救了他的父亲。"不谟士"，就是说不是天天打自己的小算盘，你真的对国家、社会，对你的公司，对你的家庭有大的贡献，自然该是你的就是你的，这叫不谟士。所以不谟士，不是叫你不做计划、不做安排，而是看你的动机，还是要不忘初心。

　　问题六：《庄子》中讲"至人无己，神人无功，圣人无名"，南老师也强调越了不起的人，反而越是平凡的。现实社会中我们仿佛都在追求不平凡，追求最高的超越，请问我们要如何理解南老师所讲的平凡？

　　李院长：这个平凡应该这么理解，你本身有再大的本事，再大的贡献，再大的财富权力，你都觉得自己是很平凡的。因为做成一件事跟你有关，也跟你无关，之所以成功，不是凭个人一己之力，而是有很多因缘凑在一起的缘故。更何况即使某次成功了，也并不表示永远可以成功，事情永远是变化的，所以要永远谦虚，不要自满。我们在南老师身边听过这样一个故事，有一位国家领导人，他乘车路过一个正在募集捐献的活动现场，于是就让司机将车子停得远远的，再让随行人员跑过去捐了钱，然后默默地离开，一点都不张扬，很平凡。我们中国很多老一代的实业家也是这样。抗战的时候，重庆有一位交通局局长，家里很有钱，但他家住的房子很紧张，他把钱省下来做很多大善事，他并没有因为要体现自己有钱就装模作样，这就是平凡。庄子并不是让我们不做不平凡的事，而是把自己的心量放大，让心态能够真的放下来，这样你就活得很自在，在人间世就晓得怎么自处。

致中和，天地位焉，万物育焉
——《话说中庸》导读

春秋末年，子思受到乐朔的非礼压迫，连带孔子也被毁谤，因此不得不作《中庸》，以阐明孔子之所以被称为圣人的学养和造诣；既为传统的儒学辩护，又表达自己自少亲受孔子的教诲而别传圣学心印的精义。

《话说中庸》是南师少数亲笔写成的著作之一，其有深意焉？

有些人感慨，中国人就是被《中庸》所误，百年来弄得国家民族吃尽苦头，乃至成为孔家店被打倒的罪状之一。提到中庸之道，大家似乎认为就是马马虎虎、捣糨糊、不得罪人、不左不右、没有任何确定主张，如此，人人成为庸碌之辈，国将不国。事实上这是彻底地误解了《中庸》。《中庸》强调的是择善固执，其方法为：博学、审问、慎思、明辨、笃行。

另一方面，受宋明理学的影响，很多人不敢有喜怒哀乐，压抑情绪。其实如何调御情绪，发挥这些情绪的大机大用，乃是儒家真正的工夫。《中庸》特别提道："喜怒哀乐之未发谓之中，发而皆中节谓之和。致中和，天地位焉，万物育焉。"我们需要去了解并掌握其中的道理。

《中庸》的来由

各位线上线下的贵宾、朋友、同学们，今天是我们"遇见南师"系列的第九次导读，题目是"致中和，天地位焉，万物育焉"，导读南老师《话说中庸》这本书。讲到《中庸》，我想作为中国人，应该都知道或者至少听过，但中庸到底是何意，事实上，很多人的理解往往是似是而非的。

首先，我们看《中庸》的由来。大家知道，子思是孔子的孙子，同时也是孔子的学生。春秋末年，子思去了宋国，受到宋国大夫乐朔的非礼压迫，乐朔甚至连带毁谤孔子。主要原因是子思与乐朔在谈论有关人生学问的问题上，意见不同。乐朔是宋国的大夫，很强势，两个人话不投机，乐朔就把子思抓了起来，差点要把他杀掉。还好当时宋国的国君听到这个事情后，亲自带人救出了子思。因为这件事情的影响，我们的子思先生，想到周文王被囚禁羑里而作《周易》，而他从小跟着祖父孔子学习，也应该把自己一辈子的学问和见解写出来，以澄清孔子学问的道统，使之见诸世人。所以他著了《中庸》，阐明孔子之所以为圣人的学养和造诣。事实上，《中庸》也就是子思一辈子的读书学习心得。我们在读《中庸》这本书时，要晓得他著书的时候，是这样的一种心情，有这样一个背景。

蒙冤千年的"中庸"

大家要特别留意，南老师的著述出版了将近一百本，绝大部分都是他讲课的记录，由学生们以及各方面人士整理出版的。由他亲自下笔写的书，不超过十本，很奇特的。这本《话说中庸》就是在一九九八年前后，南老师旅居香港时亲自写的。那时候，南老师每天写好一部分文稿，第二天交给学生去打字。他老人家做这件事情绝不是一时兴起，而是有他的深意的。他在《话说中庸》这本书里，开宗明义地讲，近现代很多人感慨，我们中国就是被"中庸"所误，认为"中庸之道"就是不要得罪人，不偏不倚谓之中，不要太右，也不要太左，两边都不得罪人，上海话叫"温吞水"，所以百年来弄得国家、民族吃尽了苦头。大家要知道，这种误解，也是当年五四运动"打倒孔家店"，其中一个很大的罪名。到目前为止，我可以很负责任地说，我们社会上，包括我身边，还有许多对"中庸"怀有误解的人，也有很多没有真正见解、正确行为和精神的人。

另外还有一派号称有修养的人，见到某人发脾气，或者有喜怒哀乐的情绪，就评价这个人没有修养。好像有修养的人就不能够有喜怒哀乐的情绪。那请问，世界上什么东西没有喜怒哀乐的情绪？石头、木头没有喜怒哀乐，没有情绪。那么，我们做人像石头、木头一样，还有什么味道呢？反过来讲，修养跟喜怒哀乐的情绪又是什么关系呢？有一次，我陪南老师散步，他说儒家学问很特别的一点，也是其他各家所没有的，就是怎样调御人的喜怒哀乐的情绪，在这方面儒家有独道的见解和看法。如果仔细研究《话说中庸》，以及我们已经讲过的《原本大学微言》，我相信你会有自己的见解。今天我先把这些被误解的观点提出来。

我们刚刚也提过，南老师在《话说中庸》的前言里，已经说得很详细，他讲，一般人认识的"中庸之道"，就是马马虎虎、糊涂敷衍、和稀泥，上海话叫捣糨糊，万事得过且过，不要得罪人，凡事不必太认真，混得过去就行，比如工作把老板忽悠过去就可以了。另外，碰到事情不左不右，没有任何确定的主张。大家想想看，我们社会上，是不是有很多这样的人？当我读到南老师描述的一般社会上人们认识的所谓"中庸之道"时，坦白地讲我心里是很震撼的，他老先生不厌其烦地把这些现象描述出来，绝对有其深意，他觉得这样的认知、观点，害了我们国家民族。所以他要亲自写《话说中庸》，他的结论是假如不改变这样的观念，国将不国，人人将成为庸庸碌碌之辈。我相信不管哪一行，能够真正做出成绩的人，肯定不会是这样的。

宋儒程朱说"中庸"

对《中庸》的误解是从一千多年前，程颐、程颢、朱熹等宋明理学家开始的。当然我这么说，不见得所有人都同意，但是没关系，每个人都有自己的观点。宋儒讲"不偏之谓中，不易之谓庸"，我当年读书的时候也是这么背的。什么叫中？比方说一个小小的圆盘，中心有个点，那这个点就是这个圆盘的中。如果这个圆变了，变成另外一个形状或换了一个方位，这个中就变了。比方说，中国的中和美国的中，位置就不一样。"不偏之谓中"，事实上都是相对的，天下没有真正所谓"中"的地方。第二句，"不易之谓庸"，不改变的叫庸。那么请问，世界上什么东西及现象是不会改变的？太阳、月亮每分每秒都在变化，我们人体的细胞每一秒钟也都在变。所以，宋儒这样解释"中庸"真是似是而非，不知所云。

中入自性的中和之用

事实上，唐代孔颖达先生解释"中庸"，就已经很清楚了："中庸以其记中和之用也。"这个中就是"中"（音仲），我们山东或者河南人讲的"中了"，正确"中"入自性本净的心境。什么叫"庸"？用也，心性本体起用了。当你的心与外境交感而起作用，就是"庸"，反应在情绪上就是喜怒哀乐。情绪发而皆中节谓之和。什么叫"中节"？我简单地解释就叫恰得其分。该发脾气的时候不发，该高兴时不高兴，做人还有什么意思？但都要恰得其分，所以学会调御情绪，是人很重要的修养工夫。

我们要注重自己起心动念的慎独工夫，使心态返于灵明独耀的本位。当你在灵明独耀，合于天然本有自性的清明心境中，所有和生理情绪相关的喜、怒、哀、乐等妄想之念都未发动，便是正确中入自性本净的境界了。如果偶因外来境界的引发，动了喜、怒、哀、乐等的情绪妄念，当下就能自动自发地加以调整，重新归到安和平静的本来清净境界之中，这便是中和的妙用了。

大家不要忘记，中和用之于入世，在行为上必须"择善固执"。如何才能做到择善固执？子思先生后面讲到，择善固执需要具备三达德——知、仁、勇。什么叫知？知就是智慧，而且有丰富的知识，儒家讲"一事不知，儒者之耻"。仁是有爱心、有同情心，有"民胞物与"的情怀，想造福社会及国家民族。勇是有勇气，有毅力，有决断力。试问我们做哪一件事情不需要"知、仁、勇"？这三达德其实并不是你以为的那么高超伟大，而是很浅近的。我们做每一件事情都需要去研究，要有智慧、有知识；而且动机要对，动机不良，后面肯定会出问题；还要有勇气、有决断力。乃至煮饭做菜也要知、仁、勇，只是程度有所不同而已。能够做到这样，就可以在不同的环境里，面对不同的困难，可以让自己的情绪随时随地都处在"中和"的境界里，此之谓用也，这叫"中庸"。也就是教我们怎么活得更自在。

《中庸》的纲宗

《中庸》这篇文章很美,很浑厚,你一个人的时候,摇头晃脑地仔细念,会觉得是种享受。我们先念一遍,后面再来解释。

天命之谓性,率性之谓道,修道之谓教。道也者,不可须臾离也;可离非道也。是故,君子戒慎乎其所不睹,恐惧乎其所不闻。莫见乎隐,莫显乎微,故君子慎其独也。喜怒哀乐之未发谓之中;发而皆中节谓之和。中也者,天下之大本也;和也者,天下之达道也。致中和,天地位焉,万物育焉。

这一段是《中庸》的纲宗,你看我们子思先生因为受到这样的压迫,他反过来把自己一辈子的学问心得,用很简短的语句总结出来了。

首先,什么叫"天命之谓性"?这个天不是我们有形的、蓝天的天,是指形而上的天。《中庸》的结尾讲"上天之载,无声无臭",能够承载物理世界的天,我们勉强叫作形而上的本体。它是看不见的,没有声音、没有味道的,但又处处展示它的功能,有源源不断的生命的力量。什么叫"性"?这个性是指天人之际,心物一元,生命本有的自性。不管是哪一家,譬如我们讲的天、佛、道、涅槃、上帝,都代表这个自性。那么如何描述"天命之谓性"呢?南老师在《圆觉经略说》里,讲到涅槃的境界,包含"清净、光明、圆满、寂静、无生"。我们勉强借用,来解释这个"天命之谓性"的"性"。自性是清净无瑕的,没有任何染污。就像一个小孩刚出生，还没有受到任何染污，是很纯真的，清净的、光明的、圆满的，包含一切的，无声无息，但又有那么大的生命力量，不生不灭。每天早上太阳升起，晚上月亮出来，这些都是万物的自然现象，但自性本体没有变过，不来不去。

我们再用禅宗六祖慧能大师悟道的偈子来说明。当年五祖接引六祖，给他解说《金刚经》，六祖大彻大悟，报告自己的心得：

何期自性本自清净

何期自性本不生灭

何期自性本自具足

何期自性本无动摇

何期自性能生万法

"何期自性本自清净"，本来清净，没有瑕疵，连清净念头也没有。"何期自性本不生灭"，无生无灭，所有的众生都在这个自性里起起伏伏，生灭变化，但自性本体没有变过。"何期自性本自具足"，它涵盖一切，包含整个三千大千世界宇宙万物。"何期自性本无动摇"，没有来过，也没有去过。所以《金刚经》里讲："如来者，无所从来，亦无所去，故名如来。""何期自性能生万法"，所有的生命万物，生生不息，都是从这个自性本体所起的作用变化而来。

所以"天命之谓性"就是形而上，天人之际，心物一元，与生俱来的自性。

接下来，我们看《中庸》的第二句，"率性之谓道"，我们每个人从本有自性所起的初心一念是至善的，但从已经染污的人性所起的作用是有善有恶的。"率"是率然而起的，譬如被某人骂了一顿，我们马上就会起反应，每个人的反应会不会一样？肯定不一样。为什么？因为我们每个人自身的个性不同，业力累积不同，反应也就不一样。率然而起的性命机动之道，是根据你过去累积的业力习惯，包括当时的身体状况、心理状况等而来，所以不同的人反应是不一样的，且它有善恶并具的作用，那作用在不同的人身上就失之偏颇了。

南老师有个学生喜欢发脾气，他去问南老师，他说我知道发脾气不对，但实在忍不住，这该怎么办？南老师教他一个办法，他说你要发脾气之前，先吐一口气，再吸一口气，你看看那时候，是不是还想发脾气。这个人后来跟南老师报告说，老师您教的方法真灵啊。这个方法，大家不妨试一试。为什么有这个作用？因为当你一呼一吸，深呼吸的时候，你已经在反思自观了：我在干嘛？为什么人家骂我一句，斜着眼看我一下，就马上发脾气，犯不着嘛！所以什么叫有修养？随时能够静思反观，主动修正自己的行为，让它回到原来止于至善这样的一个境界。

你说如果做不到怎么办？那就要"修道之谓教"，要透过教化、教育来慢慢做到。所有教化的宗旨就是教人净化已经染污的性情，恢复到原来纯净的境界，这样我们率然而起的反应，自然就止于至善，很自然地做到"喜怒哀乐之未发谓之中；发而皆中节谓之和"的境界。所以，"修道之谓教"，能够修正每一刹那的心念，反观自省，就是修养之道。这个修养之道，须臾不可离也。我们任何时候都有可能会被误导，不是被别人误导，就是被自己误导。假定能够时刻修正自己，不被误导，那这个人就是真正有修养的人，才叫作修道人，并不是搞得很神秘，跑到山上，才叫作修道人。就是这么简单，随时观照自己的念头，能够时刻修正自己的行为。

慎独的修养工夫

那么，修养的工夫在哪里？《中庸》提出"慎独"的工夫。"是故君子戒慎乎其所不睹，恐惧乎其所不闻"，我们人现在每天都因为忙于各种事务，包括忙于看手机、用电脑，很少有时间独处，很少有时间自己面对自己。"慎独"就是对自己的起心动念随时随地地观照，戒慎恐惧，不敢放任。不是说没有人看见，没有人听见，自己就可以乱来。我们中国有一句老话"举头三尺有神明"，我们每个人的心里，对于什么是对，什么是错，自有一把尺。因为我们每个人天然的自性，都有随时鉴临自己善恶的功能。即使你现在不承认它，但等到要离开这个世界的那一天，也自然会承认。

所以，"莫见乎隐，莫显乎微"，很细微，好像看不见，好像听不见，但各位不要忘记"举头三尺有神明"，我们的一切所作所为，皆会明显地反映在自心自性的影像之中。佛陀说，"纵使经百劫，所作业不亡。因缘会遇时，果报还自受"。所以佛家以及西方基督教和天主教都强调忏悔，与儒家强调慎独的工夫，都是一样的。"故君子慎其独也"，所以有道的君子，自然注重起心动念的慎独工夫，注重心境上一刹那之间，率然而起的心念，能够留意照顾自己的独头意识，使自己的念头能够返还于灵明独耀的本位。

也就回归于六祖所讲的"何期自性本自清净","何期自性本无动摇"的境界。

中和之用

"致中和,天地位焉,万物育焉","中和"两个字,在中华文化里常常被引用,很值得大家去深思。什么叫"中"?刚才我们也提到了。譬如我们随时观照自己的心,灵明独耀,清净光明,合于天然自性的清明境界之中。勉强比喻,如同那时候大海的风浪还没有起来,就是"喜怒哀乐之未发谓之中",便正确地"中"入自性本净的心境。什么叫"和"?当偶因外境引发了我们喜怒哀乐等情绪妄念,因为我们人不是石头、木头,不可能没有反应。但是,你仍然能够观照你的念头及情绪,灵明独耀,当下就能够做到动态的平衡,能够自动加以调整和修正,重新归到安和平静的本来清净的境界之中,这便是中和的妙用,真正的本事工夫也在这里。从小的方面来说,我们个人,当你碰到事情不回避,而是设法调御它,就是致中和的作用。从更大的方面来说,譬如当年日本侵略我们,如果我们不抵抗,那么中国就灭亡了,正是因为抗战的胜利,保护了我们应有的主权,国家民族才有条件、有基础实现发展,这也是整个国家民族"致中和"的大机大用。

所以,"中也者,天下之大本也;和也者,天下之达道也。致中和,天地位焉,万物育焉"。我们假定能够随时处在"中和"的境界里,就会明白,每个人每个众生都与天地并存在同一本位,万物一体,都在天地生生不已的养育之中。

只为苍生感泪多

刚才我们讲致中和的境界，大家也许要问了，释迦牟尼佛有没有贪嗔痴慢疑？这也是南老师考问我们的问题。释迦牟尼佛讲"法门无量誓愿学"，这是不是贪啊？但此贪非彼贪也。嗔呢？他说"烦恼无尽誓愿断"，是不是嗔心啊？"众生无边誓愿度"，这是多么大的痴啊！就像地藏王菩萨发的愿"地狱未空，誓不成佛"，地狱里只要还有一个众生没有得度，就不成佛。慢呢？他讲"天上天下唯我独尊"，这又是多么大的慢。疑，他十九岁放弃王位，访贤修道十二年，周遍寻思，雪山苦行六年，最后在菩提树下成道，有多少疑！所以释迦牟尼佛有没有贪嗔痴慢疑？答案是有的。但关键是出发点的不同，释迦牟尼佛已经把贪嗔痴慢疑转化成生命的升华，对我们整个社会人类的贡献。

那你又要问了，南老师有没有情绪？他的情绪在哪里？当他看到学生真的有所长进，他很开心，很高兴。如果你告诉他，自己又赚了多少钱，对他来讲，都是过眼云烟，就像他的一句诗"过手资财似白云"。他常常讲"愿天常生好人，愿人常做好事"，我们也时常看到，很多人得到了南老师的帮助，反过来问南老师，说老师啊，您这么帮助我，我该怎么回报您啊？南老师的标准答案，你多为社会做些好事吧！另外，他老人家忧的是什么？他最担忧我们中华文化的断层、国家民族的发展、人类文明的前途，他忧人类的文明被物欲牵着走，而遗忘我们自己本身自性光明的清净。他到九十五岁，临走之前，还在批阅学生的心得报告，这就是南老师的忧情。

自在从容中道难

现在,我们回到《中庸》的原文,子思引用祖父孔子的话:

仲尼曰:"君子中庸,小人反中庸。君子之中庸也,君子而时中;小人之中庸也,小人而无忌惮也。"

他说天性纯良的君子,随时都是在率性而行,从容中道的境界。反过来讲"小人之中庸也,小人而无忌惮也",一个人受业力的影响已经染污了,就像几十年前的嬉皮士文化,包括现在社会上很多不大负责的人,时常讲"这是我的自由,我的权利,关你什么事"。这就是天性不纯良的"小人",任性妄作非为。因为他不懂得反观自照,他觉得自己率性而为,任其自然,自由自在,有什么不对?到目前为止,有很多所谓的哲学观点,就往这条路走,包括西方社会也还存在很多这样的观点。

子曰:"舜其大知也与!舜好问而好察迩言,隐恶而扬善,执其两端,用其中于民,其斯以为舜乎!"

我们研究儒家的学问特点,它随时都把你拉回到人的本位,讲怎样入世处事。"迩言"就是身边最平实的话,这些言语,就像我们做市场调查一样。譬如,你要去看一家医院的经营状况,你到它的大堂去看看,站上一天,心里大概就有数了。"执其两端",就是对善恶两者都很清楚,不是模糊的、草率的,而是对一件事情的好坏优劣，可能产生的影响都清清楚楚。"用其中于民"，面对现实的情况，把握善恶之间的妙用权变，以至于当时当位中庸的中和之用，一样的要发而皆中节。

子曰："人皆曰予知，驱而纳诸罟擭陷阱之中，而莫之知辟也。人皆曰予知，择乎中庸而不能期月守也。"

孔子生在春秋那个时代，当时整个文化、社会在衰落之中，所以他一生选择了教化这条道路。"人皆曰予知"，孔子讲别人都说我很有智慧，但"驱而纳诸罟擭陷阱之中，而莫之知辟也"，被人家赶到陷阱里，我也心甘情愿地跳进去，不晓得回避。因为他选择了他想走的这条文化、教化的大道，明知道这辈子会很辛苦，会有各种的苦难，也依然不会回避。"人皆曰予知，择乎中庸而不能期月守也"，人家都说我很有智慧，但对于中庸这样的修养，往往一个月，我就坚持不住了，就有所差错了。这是他的谦虚之词。我们看，孔子的一生始终困于尘劳，而不能大行其道，明知其不可为而为之，但孔子的精神却已经延续两千六百年之久了。释迦牟尼佛也是一样，他放弃王位，离家出世，教化众生，转眼之间，也已经影响世界两三千年。耶稣为显示博爱之教化，宁可舍身被钉上十字架。苏格拉底坚持理性的正念，甘愿饮毒而亡。这些历代的圣人都是一样的，他们很清楚，对于自己选择的道路是不会逃避的，不会因为任何艰难困苦而改变自己的抉择。

我们再看南老师的抉择是什么。

他在一九七〇年创办了东西精华协会，当时有感而发写的诗，有志于文化教育事业的朋友，要好好参究：

> 辛苦艰危独自撑，同侪寥落四周星。
> 松筠不厌风霜冷，雨露终教草木青。
> 熟读经书徒论议，实行道义太伶仃。
> 乾坤亘古人常在，欲为天心唤梦醒。

南老师说"辛苦艰危独自撑，同侪寥落四周星"，他开始创办东西精华协会时是很艰苦的，没有几个人跟着他一起做。"松筠不厌风霜冷，雨露终教草木青"，但他坚信这条路走下去，一定会有所成就。南老师为我们留下了那么多的著述，透过他的讲解，我们可以深刻地感受到中华文化的无尽妙用，深深影响着我们整个中国及世界。"熟读经书徒论议，实行道义太伶仃"，熟读经书高谈阔论的人不少，但能够为了文化的兴盛，真正身体力行的人却不多。"乾坤亘古人常在，欲为天心唤梦醒"，南老师一生的抉择，就是要唤醒我们每个人自性的清净光明，不要被物欲牵着走。可见，一个人的一生想要对社会、对世界有所贡献，能够成就千秋事业，一定要有不畏艰难、不畏寂寞的抉择。

天性与人性

君子之道费而隐。夫妇之愚，可以与知焉；及其至也，虽圣人亦有所不知焉。夫妇之不肖，可以能行焉；及其至也，虽圣人亦有所不能焉。

接下来，我们讲人性与天性。子思很有意思，他引用孔子的话"君子之道费而隐"。什么叫"费"？不是我们通常讲的浪费，这里的费是无所在无所不在的意思。请问，我们身边有什么东西是费而隐的？空气是费而隐的。空气在哪里？空气无所在，无所不在，平时我们感觉不到，等到没有空气，窒息的时候，才会感觉到空气的重要。另外大家不要忘记，有一个比空气还重要的，就是我们生命的灵知，也就是所谓的自性，所谓的道，冥冥之中有个法则，它是无所不在的，但却又抓不到它。所以南老师讲，"欲为天心唤梦醒"。

"夫妇之愚，可以与知焉；及其至也，虽圣人亦有所不知焉"，夫妇，指一般的老百姓，我们的日常生活，饮食男女之中，有没有这个与生俱来的灵知自性？当然有。"夫妇之不肖，可以能行焉；及其至也，虽圣人亦有所不能焉"，什么意思？有一次，我们听南老师解读这一句，听了之后真是拍案叫绝，大家可以参照一下，就能豁然开朗了。有一位儒家的读书人去请教禅宗的天童密云圜悟禅师，《中庸》里这一段话是什么意思，天童密云圜悟禅师回答他，第一句"具足凡夫法，凡夫不知，凡夫若知，即是圣人"。他说一般的老百姓，自己本身拥有无穷无尽的宝藏，而自己不知道，假定你自己觉知了，悟道了，就是圣人。第二句"具足圣人法，圣人不知，圣人若知，即是凡夫"。反过来讲，你觉得自己悟道了，到处吹牛，告诉别人我有多大的本事，要别人来恭敬你，那你也就是十足的凡夫。所以当你真正觉悟到自己的自性，就是圣人；但如果你觉悟了，还存在自以为了不起，自以为有觉悟的这一念，那就又变成彻底的凡夫了。

素位而行

儒家的特点，处处讲到形而上的道体，但又随时把你拉回到形而下的为人处世，也就是"内修外用"。现在大家看，子思又把我们拉回来，讲我们的人世间。

君子素其位而行，不愿乎其外。素富贵行乎富贵，素贫贱行乎贫贱，素夷狄行乎夷狄，素患难行乎患难。君子无入而不自得焉！

他说"君子素其位而行，不愿乎其外"，这是我们做人处世很重要的基本原则。"素富贵行乎富贵"，什么意思？譬如你很有钱，但你装成很穷的样子，那不是素富贵而行乎富贵，如果你已经有了一定的财富，愿意帮助别人，这才是素富贵行乎富贵。"素贫贱行乎贫贱"，如果你很穷，像我们都做过穷学生，你一定要把一个月的生活费在一夜之间挥霍光，结果搞得自己没有饭吃，这不是素贫贱行乎贫贱。"素夷狄行乎夷狄"，你到任何地方去，要融入当地的社会风俗里去，人家都是吃牛肉的，你偏要吃猪肉，那只会给大家带来麻烦。"素患难行乎患难"，在艰苦困难之中，依然怡然自得，潇洒自在。"君子无入而不自得焉"，一个真正的君子不论处在什么环境，都能够回到自己的本位，素位而行。不管是多么艰苦或是多么富贵显达的环境，都能够走出自己的一条道路。事实上，包括我们经营企业也是一样，有些公司倒闭了，往往是因为没有认清自己到底具备怎样的条件和能力，而做了超出自己能力本位的事情。

君子与小人的不同作风

君子居易以俟命，小人行险以徼幸。

这次准备课程的过程中，当我念到《中庸》里的这一段，把书放下来，深深地反省，实际上我这辈子做了不少错误的决策，想一想，就是子思引用孔子讲的"君子居易以俟命，小人行险以徼幸"。什么叫"居易以俟命"？"居易"并不是叫我们卜卦算命，而是要彻底了解掌握自己具备的条件以及所处的时间和位置，以此判断未来的演变，这样做出决策，才是居易。但即便如此，能否一定成功？也不尽然，还要看命运，所以"君子居易以俟命"是这个意思。什么叫"小人行险以徼幸"？有时候想一想，算了，管他三七二十一，格老子干了再说！我们都有这种心理，是不是？这就是"行险以徼幸"，在做重大决策的时候，不管是个人、家庭、公司还是国家，都要居易以俟命。也就是孟子讲的"虽有智慧，不如乘势。虽有镃基，不如待时"。若真能够做到如此，当你决策的时候，自然心里就不会慌乱了。素位而行，是从容而自在地应对。

天人之际　鬼神之说

子曰："鬼神之为德，其盛矣乎！视之而弗见，听之而弗闻，体物而不可遗。使天下之人，齐明盛服，以承祭祀，洋洋乎如在其上，如在其左右。"

讲完了人世间的事情，子思又跳出来，讲到天人之际，鬼神之说。我们先不谈世界上是不是有鬼神，这个问题孔子平常不说。孔子说："鬼神之为德，其盛矣乎！视之而弗见，听之而弗闻，体物而不可遗。"就是我们前面讲的，举头三尺有神明。"使天下之人，齐明盛服，以承祭祀，洋洋乎如在其上，如在其左右。"马上要到清明节了，我们祭祀祖先也是同样的道理，要有敬畏之心。

行其礼，奏其乐；敬其所尊，爱其所亲，事死如事生，事亡如事存，孝之至也。郊社之礼，所以事上帝也。宗庙之礼，所以祀乎其先也。明乎郊社之礼，禘尝之义，治国其如示诸掌乎！

我们中国人特别重视祭祀，清明节的道理正在于此。"行其礼，奏其乐；敬其所尊，爱其所亲，事死如事生，事亡如事存，孝之至也。"敬神如神在，敬祖先如祖先在。孔子说，一个领导人真正懂得这些，尊重先人、重视祭祀，国家社会很自然地就安定了，因为人人有一个看不见的敬畏之心，不敢乱来。"治国其如示诸掌乎"，假使人人皆有敬畏之心，治理国家就如同观看手掌心一样，清楚明了。

中庸之道在人世的发挥

天下之达道五，所以行之者三。曰君臣也，父子也，夫妇也，昆弟也，朋友之交也。五者，天下之达道也。知、仁、勇三者，

天下之达德也。

接下来，话锋又一转，转到我们人世间。人世所有的人际关系其实就是这五种：君臣、父子、夫妇、兄弟、朋友，"五者，天下之达道也"。另外还有一道是师道。我们刚刚讲的《中庸》这些原则，假定能够用在这五种关系的处理中，我相信我们的人生会过得"无入而不自得"，中和之道也就体现在这五伦里。

那么具体怎么做呢？他提出来"三达德"。我们课程曾开宗明义，要有"知、仁、勇"的三达德。而三达德也并不是那样高远，反而我们时时处处都要用到。具备三达德，才能够把大小事情以及生活中的五伦处理到中和的境界。下面我们看孔子怎么说。

子曰："好学近乎知，力行近乎仁，知耻近乎勇。知斯三者，则知所以修身；知所以修身，则知所以治人；知所以治人，则知所以治天下国家矣。"

"知"是什么？就是做人做事要有知识及智慧的判断。但知是从不断学习而来。"仁"是什么？仁是同情心、慈悲心、爱心。譬如我们的母亲，养育照顾我们，不会说哪一天请假不干了，这就是力行近乎仁。最后一个，什么叫"勇"？勇就是毅力和决心。知道什么事该做，什么事不该做，任劳任怨，果断坚强，知非即改，勇于认错改过。有很多人在关键的时刻没有原则，那就不叫勇。在人世间，能够真正无入而不自得，一定要有知、仁、勇的三达德。

我们说孔子这一脉的儒家，始终不忘治国平天下，内修外用的大原则。所以子思在《中庸》里提出治国平天下有"九经"：

凡为天下国家有九经：曰修身也，尊贤也，亲亲也，敬大臣也，体群臣也，子庶民也，来百工也，柔远人也，怀诸侯也。修身则道立，尊贤则不惑，亲亲则诸父昆弟不怨，敬大臣则不眩，体群臣则士之报礼重，子庶民则百姓劝，来百工则财用足，柔远人则四方归之，怀诸侯则天下畏之。

第一条，"修身则道立"，讲个人的修身。第二条，"尊贤则不惑"，要尊重贤者，包括我们单位、组织里的好干部。第三条，"亲亲则诸父昆弟不怨"，父母、兄弟等亲属间彼此亲爱尊重，融洽相处，不会相互抱怨。第四条，"敬大臣则不眩"，尊重下面的干部，集思广益，就可以避免被误导，避免聩庸无能。第五条，"体群臣则士之报礼重"，你能够真正尊重你的干部，他们自然会回报你。第六条，"子庶民则百姓劝"，爱老百姓，为人民服务，自然老百姓就拥护政府。第七条，"来百工则财用足"，能够吸引各种人才创造丰富的物质及财富，国家自然财用充足。第八条，"柔远人则四方归之"。第九条，"怀诸侯则天下畏之"。一共九条，今天我们只重点解说三条。

第二条，"尊贤则不惑"。大家看看历史，不只是我们现代人，往往当人成功的时候最容易迷失，很容易被权位迷惑，被成功迷惑，不知不觉陷入"师心自用"或"刚愎自用"之中，这是人性之常。所以我们说"用师者王"，请高明的人做老师，能够随时指导和纠正自己，比如周文王师事吕望。"用友者霸"，有朋友跟你一起打天下，如齐桓公用管仲，汉高祖用张良及陈平，刘备用诸葛亮。"用徒者亡"，如果一个单位或一个国家的领导希望属下都像奴才一样，一切只听自己的，那这个单位或者国家肯定会衰亡。所以子思引用孔子的话讲"尊贤则不惑"。

"来百工则财用足"，这一点，我要帮儒家伸冤了。大家注意，这是两千四百多年前子思的话，他说"来百工则财用足"。当时孔子是提倡发展工商业的，不像宋明理学，天天只是讲"尊德性，道问学"，静坐谈心性。西方国家到十五世纪之后，逐渐开始重视工商业的发展，进而推动了实用科学的进步。儒家在工商业发展上，有一个很实用的办法，"日省月试，既廪称事，所以劝百工也"，定期检查，考核完成了多少工作。这不就是现在我们讲的工商管理吗？包产到户，不正是"日省月试"吗？完全是一模一样的道理。各位啊，这可不是我们现代才有的制度，而是两千四百多年前儒家就已经提出来的。几千年来人们一直误解孔夫子，这是多么大的冤枉。

"怀诸侯则天下畏之"，我们中华文化有一个很大的特点，历代都有很多的藩属国。譬如与我们临近的朝鲜、琉球（今日本冲绳）、泰国、缅甸等，以前都曾是我国的藩属国。但我们从来没有将它们变成殖民地的野心，"继绝世，举废国，治乱持危，朝聘以时，厚往而薄来，所以怀诸侯也"，只有中华民族有这个伟大的气量。譬如明朝末年，日本侵略朝鲜，明朝政府派兵解围，把日本人打了回去，然后就撤兵，你继续做你的国王。譬如清朝时期，琉球作为中国的藩属国，每年都向清政府朝贡，而清政府每次赏赐给他们的物品，是他们进贡的数十倍，这是当时琉球国很大的财政来源。这与西方帝国主义的殖民思想是大相径庭的，大家要了解这个事实，这是我们中国文化和西方的殖民文化本质上的差别。

凡事豫则立，不豫则废。言前定则不跲，事前定则不困，行前定则不疚，道前定则不穷。

子思告诉我们在人世间要能够从容中道，他再三叮咛，要谋定而后动。"言前定则不跲"，是教诫我们开口讲话的修养，不要随便讲话，事先要谨慎思考，做到言而有信，这样讲话就会有条理，就不会结结巴巴，不会不知所云。"事前定则不困"，事情预先规划好，充分考虑各种情境，才能防患于未然，也就不会遭遇太多太大的困难。"行前定则不疚"，一个人但凡有任何一种举动，或是要做任何一件事，都叫作行为。不管是想要建功立业的领导者，还是一个普通人，任何一个行为，都需要事先有所考虑和抉择，尽量减少后悔的可能性，避免事后内疚。"道前定则不穷"，这里所说的"道"是指做人处世的法则，事先必须有久远的准备和计划，碰到任何状况，都晓得怎么随机应变，这样才不致走到穷途末路，陷入无法回头的困境。我们要想做到从容中道，君子而时中，就必须掌握"凡事豫则立，不豫则废"的基本原则。我们看《中庸》，子思从个人的慎独工夫一路过来，到素其位而行，再到谋定而后动，处处在叮嘱我们，在提醒我们。

如何实证天人之际的大机大用

诚者，天之道也。诚之者，人之道也。诚者，不勉而中，不思而得，从容中道，圣人也。诚之者，择善而固执之者也。

子思写到这里，他反问自己：如何能够实证到天人之际的大机大用呢？他提出一个很重要的"诚"字。我们中国人常讲诚心诚意，这里子思讲"诚者，天之道也"。什么叫"诚"？"诚"就是本具率真的直道。

"诚者，不勉而中，不思而得，从容中道，圣人也。"我们在《大学》里讲的诚意，是人能诚之，要从意念做起，从意念专一开始。《中庸》里的诚是"不勉而中，不思而得"，不加意识的作用，只是直接说明诚的本来的境界。当然，现代社会我们人都太忙了，很少有这种体会。但如果有时间，大家不妨放下一切，从很宁静的境界去体会，看看怎样回到自性的本来面目，怎样做到"不勉而中，不思而得，从容中道"。

子思提出"诚者，天之道也"，不是要你勉强去做，他教你一个办法"诚之者，人之道也"，人能自诚其心，因为我们普通人，不是与生俱来，天然就能觉悟的，要有明师引导，我们要走人之道，所以"诚之者，人之道也"，"诚之者，择善而固执之者也"。怎样做到择善固执？就像我们很多同学，平时修行都要选择一个法门，我们叫作择善，选定了就持之以恒地修习下去，这是择善而固执。事实上，我们人每时每刻都在作抉择，最怕没有自己的主张和立场，不能择善而固执。

博学之，审问之，慎思之，明辨之，笃行之。

这是子思教我们的"诚之者，择善而固执之者也"的五道工夫，我很期待各位朋友和同学们能够把这个记下来。"博学之，审问之，慎思之，明辨之，笃行之。"什么叫"博学"？博学多闻，多学知识，多听，多交朋友，都是博学。还要审问，要问对的问题，深入的问题。这件事为什么会这样？这个人怎么这么说？社会为什么这么演变？当时历史为什么这样发展？就是"审问之"。"慎思之"，慎思是要审慎、仔细地思考。要拿出自己的主张和见解。我们很多人往往没有见解，听到很多事情，也知道很多事，好像都懂，但却只是人云亦云，没有自己独立的主张和见解。"明辨之"，慎思之后，要拿出智慧去抉择，要辨别，要裁定。这样四步工夫下来，有主张之后，还要"笃行之"，此之谓"择善而固执之者也"。所以要拿出自己的主张和见解，这是子思教我们的为人之道，在社会上如何做到无入而不自得的五个办法。这五者事实上是一路下来的，用之于个人生活，用之于学问，用之于事业，处处皆通。修道的朋友也一样，要择善而固执。

《中庸》的顿悟与渐修

自诚明谓之性，自明诚谓之教。诚则明矣，明则诚矣。

所以《中庸》里就提到，"自诚明谓之性"，就是我们刚刚讲的，你在原来的自性光明的本来境界里，回到你的本地风光，不勉而中，不思而得，很自然地就明白你本身的那个本来面目，所以说"自诚明谓之性"。"自明诚谓之教"又怎么说呢？你没有办法一下子回到那个地方，要靠教化与渐修，真明白了，很自然地又会回到原来的本地风光去。

接下来他解释道，"诚则明矣"，你本身已经在那个境界里，在本来的自性风光里，你自然就是明白的。反过来讲，你接受教化去悟道，悟明白了而回到本来诚明的境界里，此之谓"明则诚矣"。所以他提到，诚，是本觉的根本自我，"不勉而中，不思而得"，所以是"自诚明"，是禅宗的顿悟。"自明诚"，是禅宗的渐修，靠教化。

唯天下至诚，为能尽其性。能尽其性，则能尽人之性。能尽人之性，则能尽物之性。能尽物之性，则可以赞天地之化育。可以赞天地之化育，则可以与天地参矣。

明白了自性"诚"明的妙用，还要进一步达到"至诚"的作用。所谓至诚的作用，是指始觉诚明的自性后，依性起修，明悟所有人性、物性种种差别的作用。虽然人性万象有所差异，但人的本性却人人平等，本自具足。然后进一步，尽知万物现象虽然有所差别，却与人性同一本体而无差别，自此才能明白心物一元，人性、物性息息相关的妙用。用佛家的话说，也就是要能从明白的根本智进一步开发各种差别智，才能自立立人，乃至爱物。这样也就能完成人的生命功能的价值，即与天地并存并立，可以参与和赞助天地化生万物，养育万物的功德。此之谓"可以赞天地之化育，则可以与天地参矣"。所以传统文化中"天、地、人"，同为宇宙之间的三才。

其次致曲。曲能有诚，诚则形，形则著，著则明，明则动，动则变，变则化。唯天下至诚为能化。

假如我们没有办法直接达到"不勉而中，不思而得"的本来自性光明清净的诚明境界，那么还有其次的方法——"致曲"，转一个弯，稍稍走点冤枉路也没有关系。"致曲"，把这个曲的拐弯抹角弄清楚了，就是直道了。老子讲"曲则全"，用曲线容易完成一个圆圈到达圆满，中庸的道理也是一样的。所谓"曲能有诚"，你能转一个弯，最后还是直道，到达这个诚。这是方法问题。像我当年刚到南老师那里去学习，老师要我从洒扫应对做起，也是"致曲"的道理。表面上不是直接学道，似乎在走冤枉路，但我很诚心，不怕走冤枉路，就是"曲能有诚"，所以最后到达"诚"的境界。

当你修养到一念至诚的境界，"诚则形"，那么你的内心到达了怎样的境界呢？不勉而中，不思而得。任何时候都没有妄念，内心一直是清静的，没有贪嗔痴，随时在"喜怒哀乐之未发谓之中，发而皆中节谓之和"的中和境界。你内在慢慢达到这个中庸的境界以后，"诚则形"，内在、内心的修养又影响了外形、形体，整个的气质就都变了。"形则著"，就是有显著的作用。外形、气质一变，效果就出来了，所谓神通妙用不稀奇啊！"著则明"，万事通明，天地万有的事都明白。"明则动"，智慧到达的境界。光有智慧，做一个自了汉，没有用。要能够利事利人，起而行之，所谓利他。前面等于佛家讲的自利，这里达到利他。"动则变"，有神通变化。动念就有变化的作用。"唯天下之至诚为能化"，所以修养到至诚的境界、圣人境界，便能够感化众生，感化天地的一切。于是"神而通之"的境界就来了。

至诚之道　可以前知

至诚之道，可以前知。国家将兴，必有祯祥；国家将亡，必有妖孽。见乎蓍龟，动乎四体。祸福将至，善必先知之，不善必先知之，故至诚如神。诚者自成也，而道自道也。诚者物之终始，不诚无物，是故君子诚之为贵。

所以子思说一个人真正能够反身而诚的时候，"至诚之道，可以前知"。我们看历史上很多人，包括南老师，对于很多事情，能够未卜先知，一件事还在发展中，什么结果很自然地就知道了。"国家将兴，必有祯祥；国家将亡，必有妖孽。见乎蓍龟，动乎四体。祸福将至，善必先知之，不善必先知之，故至诚如神"，一个真正有道的人，达到至诚的境界，就可以产生前知的妙用。我们仔细体会，当你心里很宁静的时候，会发觉很多事情突然之间好像想通了，很自然，也就是"至诚之道，可以前知"，只是层次不同而已。"诚者物之终始，不诚无物，是故君子诚之为贵"，我们的心境，要回到自性光明清净的本来面目。

假定这样做到了，"**故至诚无息，不息则久，久则征，征则悠远，悠远则博厚，博厚则高明**"。"至诚无息"，天地宇宙万物，始终有一个无形无相生生不已的中心动力存在，它不断地在流转，随时随地，没有休息过，但在本体上又没有动过。"至诚无息"的作用就是天地万物与众生性命相通，生生不息的"诚"道之妙用。因为有"至诚无息"的性德，才顺序产生天地宇宙时空长存的永久性。如此"不息则久,久则征",征,是指有很明显的征兆、现象,有所印证的。"征则悠远,悠远则博厚,博厚则高明",如同宇宙万物的法则,它是悠远的、高明的、天长地久的,博大可以盖天,厚德可以载物。所以一个得道的人,时时处处在"至诚无息"的境界,可以与天地同休,与万物一体,进而对时代社会产生悠远广大深厚的影响,此之谓"参赞天地之化育"。

子思讲圣人之道"**故君子尊德性而道问学,致广大而尽精微,极高明而道中庸,温故而知新,敦厚以崇礼**"。是说君子要能够明心见性("尊德性"),学问修养不断精进("道问学"),心量无限广大,心智学识却极尽精微,这样才是极其高明而道中庸的修养,才是从容中道的中和境界。至于学问之道,要能温故而知新,做人处事要敦厚崇礼。

继往开来的真儒

最后子思鼓励我们,要做继往开来的真儒。我有时也很感触,现在社会上常常称呼某人是儒商。什么是儒商?什么是儒家?什么是道家?什么是佛家?怎么去定义?都是有问题的,是值得商榷的。那么真儒是什么?

是故君子动而世为天下道,行而世为天下法,言而世为天下则,远之则有望,近之则不厌。

"君子动而世为天下道",他一动可以引导天下,引领世界。"行而世为天下法",他的行为可以做天下的榜样。"言而世为天下则"，他的言语可以影响整个天下。"远之则有望，近之则不厌"，远远地看他，很尊敬他，接近他又发觉很亲和，一点架子都没有，这才叫真儒。

最后，子思写到他感念祖父孔子的功德。这样一篇文章就是齐鲁的文化，温柔敦厚，气势恢宏，文章很美，真是了不起。

仲尼祖述尧舜，宪章文武，上律天时，下袭水土。辟如天地之无不持载，无不覆帱。辟如四时之错行，如日月之代明。万物并育而不相害，道并行而不相悖。小德川流，大德敦化，此天地之所以为大也。唯天下至圣，为能聪明睿知，足以有临也；宽裕温柔，足以有容也；发强刚毅，足以有执也；齐庄中正，足以有敬也；文理密察，足以有别也。溥博渊泉，而时出之。溥博如天，渊泉如渊。见而民莫不敬，言而民莫不信，行而民莫不说。是以声名洋溢乎中国，施及蛮貊，舟车所至，人力所通，天之所覆，地之所载，日月所照，霜露所队，凡有血气者莫不尊亲，故曰配天。唯天下至诚，为能经纶天下之大经，立天下之大本，知天地之化育。夫焉有所倚，肫肫其仁，渊渊其渊，浩浩其天，苟不固聪明圣知达天德者，其孰能知之。

这一段今天我们没有时间解读，但我希望大家有机会，不妨泡一杯茶，从头到尾念一念，很有意思。南老师在《话说中庸》里特别提到，这一篇是亘古的大文章，了不起。

"唯天下至诚，为能经纶天下之大经"，我们刚刚讲的反身而诚，至诚无息，你真做到顶了，"能经纶天下之大经，立天下之大本，知天地之化育"，听起来好像很神奇，但事实上就是那样的平凡，自然就做到了。"夫焉有所倚"，他靠什么？并不靠什么，我们自性里本来就具足这些功能，就像六祖讲的，何期自性本自具足。"肫肫其仁，渊渊其渊，浩浩其天"，就像天那样广大，像大海那样深沉，无穷无尽。"苟不固聪明圣知达天德者，其孰能知之"，他说如果不是孔子的聪明圣知，能够达到天命自性本来的境界，又怎么会有这样大的智慧呢？

我们今天讲《中庸》，就要知道在修养上很重要的是要反身而诚，从自己本性做起，至诚无息，随时随地都在这样一个诚的境界里，注重自己的慎独工夫，观照自己的起心动念，去面对情绪，化解情绪。真正做到择善固执，博学之、审问之、慎思之、明辨之、笃行之，去把握那个生生不已的中心力量。

"上天之载，无声无臭，至矣！"

最后，子思引用《诗经》的话作结尾，讲述诚的境界是什么。《诗经》中说："上天之载，无声无臭，至矣！""诚"是我们本性与生俱来的，不勉而中，不思而得，与天地万物来自同一个本体，如同承载天地的"主人"，无形无相，无声无息。所以说"上天之载，无声无臭"。

最后，希望我们都能够达到"喜怒哀乐之未发谓之中，发而皆中节谓之和，致中和，天地位焉，万物育焉"的境界，都能够随时在"至诚无息"的境界，回归与天地同一的本位，在整个宇宙生生不息的生命里，参赞天地之化育！谢谢大家！

问　　答

问题一：现代社会提倡与人交往要圆融，但往往会变成圆滑，甚至失去诚恳，请问在日常的为人处事中，我们如何保持中庸之道，不失去自我？

李院长：事实上整篇《中庸》都是在讲这个问题。为人处世，我们刚才讲的君臣、父子、夫妇、兄弟、朋友五伦的关系，怎么在这五伦关系里行中庸之道？并不是回避矛盾，也不是不得罪人，而是要博学、审问、慎思、明辨、笃行。你仔细想想每件事情，分析一下都是一样的。素其位而行，你是做儿子的，就做好儿子；你是做父亲的，就做好父亲；你是做母亲的，就做好母亲。所谓的中庸之道，不是没有立场，不是得过且过，而是很清醒，知道自己的每一个念头、每个行为及其所产生的后果，而与人为善，这才叫中庸之道。

问题二："喜怒哀乐之未发谓之中"，那么我们平时在没有受到喜怒哀乐外境引发，没有情绪波动，保持心境平和时，可以理解就是中的境界吗？

李院长：不尽然。你看我们有时没有情绪，是吧？实际上，情绪只是还没有爆发，当碰到一件事情就爆发了，那不叫中的境界。真正中的境界是什么？你的这些情绪都化解掉了，在大爱大慈大悲的境界里。所以还是要回到净化心灵这条路上，但这个净化心灵，不是叫你什么都不干，躲在山上，而是能够透过子思的《中庸》、南老师讲的《话说中庸》里的这些道理和方法，从容入世，在选择的道路上自在地走下去。

问题三：《中庸》上说："中也者，天下之大本也。和也者，天下之达道也。"中国人很讲究"和"的文化，能不能请李院长再具体讲一下"和"字对我们生活工作的指导？

李院长：这个"和"不是你好我好，什么都好，每个人都无所谓的意思。子思自己解释了，"喜怒哀乐发而皆中节谓之和"，都恰到好处。譬如说日本当年侵略我们，我们把它打回去，就应该这样，"发而皆中节谓之和"。这个"和"字不是我们讲的和稀泥。假定你看南老师的《话说中庸》，一开始总共列出来七八项对中庸的误解，我看了之后毛骨悚然。事实上，我们很容易就陷入那样的误区，所以我们要经常反思。

问题四："君子居易以俟命，小人行险以徼幸"，我们在生活中也常常会说这件事赌一把，搏一搏，并往往因为这种行险的勇气和魄力而取得成功，请问您如何看待这个问题？

李院长：事实上，真正成功的人往往是有考量过的，绝不是暴虎冯河的。因为一时之勇而成功的，这样的成功也维持不久。刚刚我们讲的"君子居易以俟命"，要去较量、考验、考察你拥有的条件，包括考量时间和你所在的位置。做同样一件事情，时间不到有可能是错，时间到了就对了。而且你要做的事情是可持续的，要不断地调整时位之差，否则即使一切准备好了，考虑周到了，也还有可能失败。假定你说，格老子我干了再说，失败了也无所谓，这话讲穿了都是骗人的。最可怕的是什么？有些人认为，反正失败是国家的，是企业的，跟我没有关系，失败了也无所谓，这种心理是最可怕的。拿别人的钱、拿国家的钱来赌，甚至用别人的生命来赌，那是最可恶的。

问题五：《中庸》里有一句"万物并育而不相害"。在学习、工作、生活中，往往会有很多竞争，包括企业、国家之间的激烈竞争，那么如何真正做到万物并育而不相害的境界呢？

李院长："万物并育而不相害"，是的，良性的竞争，是好事情。反过来讲，在残酷竞争里活下来，或因为竞争力不够，后来被灭掉，也是很正常的事情。因为生与灭是人世间一个很重要的自然法则。但问题是，我们既然参与这样一个社会竞争，如何做到不违反道德还能够胜出，真正的本事就在这里。

问题六：南老师说学问修养之道是要使它还归本净而合于天然本性、纯善之道的境界，这也是教化教育的主旨，而当今教育的目的往往是注重知识的累积和技能的培养，请问您如何看待这个问题？

李院长：注重知识的累积与技能培养，当然是重要的。因为这是我们在社会上生存的一个工具。但除此之外，只有知识和技能是不够的。大家看看一个单位里一个人真正能够负责任、能领导大家，一定跟他的德性，他的人品，他的为人处世有很大的关系。所以儒家讲的"内修外用"绝对是有道理的，它实际上处处都能帮到我们。怎样把这些正确的观点用在我们人世间的五伦里，同时也包括企业、国家社会，这是一个很重要的认知，千万不要把它当作是一个老学究的教条。

本无所住而生其心
——《金刚经说什么》导读

观看本课程视频

这是一本安心立命，应对人生烦恼的书！

这是一本超越哲学宗教的书！

这是一本彻底消灭一切宗教界限的书！

这是一本极平凡，非平凡，是名平凡的书！

千余年来，无数人研究《金刚经》，念诵《金刚经》，为什么？

各位线上线下的贵宾、朋友、同学们，今天是我们"遇见南师"系列的第十次课程，题目是"本无所住而生其心"，导读南老师的《金刚经说什么》这本书。讲到《金刚经》，我有很特别的感情和感悟，每次我回台湾，总是尽量抽空跟父母亲一起念诵《金刚经》。我也知道很多人，包括南老师年轻的时候，因为抗战的关系到四川，很想念家人，每天为家人念诵《金刚经》及《心经》。今天早上，我醒来后像往常一样，到佛堂向释迦牟尼佛及南老师的像行礼，我对老师报告说，今天晚上我要导读他的书，希望能得到他的加持。同时，我也想到几千年前，释迦牟尼佛与他的弟子须菩提，师生之间有这么精彩的对答，才留下了这部《金刚经》。几千年来，薄薄一本《金刚经》产生了这么大的影响，无数人因《金刚经》受到启发，得到感应，真是不可思议。这次课程，我想一方面是对《金刚经说什么》作一个文字性的导读，另一方面是希望尽量能够引导大家体悟南老师讲述的这部经典的真正的精神。

今天，我的父母亲在台湾，也在线上，包括整理《金刚经说什么》的刘雨虹老师，也在线上收看直播。借此机会，向他们致以深深的问候。大家也知道，最近印度的疫情特别严重，在此，我们共同祈祷他们早日战胜疫情。

福德与智慧并重

我们先解释经题。大家的桌上都有这本薄薄的，由南老师题写经题的《金刚般若波罗密经》。事实上，南老师亲自题写经题的经典并不多。

首先，为什么叫金刚？大家知道，世界上最坚硬的东西就是金刚钻。所以，这里的金刚代表颠扑不破，永恒的真理。另外，用金刚钻制成的工具，可以断裂一切材质的物体，所以金刚也象征着如金刚般的智慧能断除一切烦恼和痛苦。第二，什么叫般若？通俗地讲就叫作智慧，但其实智慧这个词还不能够真正阐述般若的真意。我们后面会讲，般若总共包含五层意思。第三，波罗密是什么意思？就是到彼岸，使我们离开烦恼、纠结和不安，到达一个自在祥和的世界，离苦得乐。

在讲《金刚经》原文之前，我想特别提醒大家《金刚经》里在在处处都提到"福德"。现在社会上，对于什么叫福德，什么叫智慧，事实上有很多片面的理解。《金刚经》强调我们人生在世，真正能够活得好、活得自在，需要两种资粮，一种是智慧资粮，另一种是福德资粮，二者就像人的两条腿一样，所以叫两足尊。另外，大家误以为《金刚经》只说空，事实上它不谈空，而是谈无所住。也就是我们今天讲的，本无所住、应无所住而生其心。

我们先讲福德，一般人理解的福德是指什么？鸿福。我们常讲这个人很有福气，都是在讲鸿福，鸿是大鸿鸟的鸿。譬如说钱财、权力、地位、名望，包括世俗的房子、车子、子女，等等。但大家不要忘记，鸿福有可能就像这只大鸿鸟，一飞就没了。几十年后，你什么都带不走的，这叫鸿福。但这又是现实中人人都想追求的。

另外一种福德，是我们随时都可以得到的，我们现实社会，这个时代，又好像不是那么在乎的，但你要说真的不在乎，其实也不是，很奇怪的，这就是所谓的清福，清净悦心、平安健康就是清福。如果你享受不了清福，你的鸿福也维持不久。假定你的心情不能够平和，那么可以讲，你的鸿福到后来一定会闯祸。就像社会上很多已经很成功的人，后来为什么会犯一些看起来不可思议的错误？因为他不晓得怎样回到清净悦心、平安健康的状态里，不会享受清福。这两天，恒南书院的微信公众号上转发了南老师的一段很重要的话。他说，很多时候，我们每个人都有老天爷带给我们的最大福气，就是清福，但大家往往忽视了它。所以我们对这两种福德，要有这样的一个认识。

另外，什么叫功德？不管是鸿福还是清福，不要以为是自然而来的！它们都是需要工夫累积的，通过你工夫的累积，不断地往深层次用功就叫功德。我们要如何享受清福呢？譬如说，听听音乐，或看一本好书，或跟家人聚在一起谈谈心，或喝杯好茶，这些都是享清福。那么最高的清福是什么？就是所谓的悟道和得道，也就是我们讲的无为福，能够自在面对自己，享受心灵的安宁。

般若与菩提心

接下来我们讲般若。般若本身，我们勉强解释为智慧。但中文的"智慧"二字，无法涵盖般若的全部意义。般若包含五个方面的意义：

第一是实相般若。就是形而上的道体，你悟道了，就是证到实相般若，也就是我们所谓的法身，自性的本体。

第二是境界般若。譬如有一副对子"**千江有水千江月，万里无云万里天**"，那是一个很美的境界，就是境界般若。包括我们到野外去，或者下课之后，你到恒南书院的院子里走走，感觉很舒服，有一个很好的境界，这也是境界般若。

第三是文字般若。文字语言体现的意境，叫文字般若。文字语言本身有它自己的生命力，好的文字语言是亘古长青的。就像往圣先贤所讲的经典，诗人优美的诗句，等等。真正得道的人，一定出口成章，文字般若肯定是了不起的。你看《金刚经》里佛陀讲的很多话，我们一直引用到今天。

第四是方便般若，不管学佛学道，还是入世做事，要讲究方法，要有很多方便智慧。我们看千手千眼观世音菩萨，就代表要有那么多的办法，那么多的方便法门，才能在入世出世中真正能够行得通。

第五是眷属般若，当你证得实相般若，后面的布施、持戒、忍辱、精进、禅定很自然地都跟着来了，就像一个家庭里有许多眷属一样。

这是简要理解般若，包含这五个大方面。

《金刚经》再三提到，一个真正学佛的人要发阿耨多罗三藐三菩提心。"阿耨多罗"是至高无上的意思，"三"是正，"藐"是平等，"菩提"是觉悟，就是要发无上正等正觉的心。也就是我们讲的为什么要学佛，学佛的目的是什么。就是要发阿耨多罗三藐三菩提心，发无上正等正觉的菩提心。在理上，要大彻大悟，明心见性。在行为上，要大慈大悲，能入世度一切众生。常常有人对我说，李先生，你学佛啊？我回答说，只可以说我心向往之，不敢说我在学佛！那什么是真学佛？真学佛绝不是信仰一个泥菩萨，崇拜一个偶像。而是真正要求自己，希望能够大彻大悟，明心见性，然后能够真正地牺牲自我，在行为上彻底地入世，能够大慈大悲，这才叫作发阿耨多罗三藐三菩提心，这才叫学佛。而不是说，你到庙子里买几根香，敬一下菩萨，拜两下，就可以叫学佛。大家看《金刚经》再三提到发阿耨多罗三藐三菩提心，就是这个意思，其实没有什么宗教的味道。不管你是走哪一派，本质上都是一样的。

平凡的伟大

我们来看经文。事实上，所有的佛经都是释迦牟尼佛与他的弟子或向他请法的人之间的对答记录。你可以把它当作一个剧本，或是一个演出来看待，是很活泼的，而且很有意思。从这里面，你能体会到释迦牟尼佛与他的弟子们的日常生活，以及修道的情境，其实就是那样地平凡。

如是我闻。一时佛在舍卫国。祇树给孤独园。与大比丘众。千二百五十人俱。尔时世尊。食时。着衣持钵。入舍卫大城乞食。于其城中。次第乞已。还至本处。饭食讫。收衣钵。洗足已。敷座而坐。

佛陀在世传法四十九年，居住时间最久的就是舍卫国，这是当时印度很发达的一个国家。舍卫国的国王非常礼遇佛陀，他的太子和大居士给孤独长者，共同建造了祇树给孤独园这样一个道场，供释迦牟尼佛和他的一千两百五十位常随弟子修行。就像中国的禅宗丛林，有很大的场地，大家共同生活修行。印度的修行人是不做饭的,到时间了,佛陀和他的弟子们就披着袈裟,到城市去,沿途托钵乞食,今天在泰国一带,还保持着这样的习俗。当时有个特别的风气,供养者煮好饭菜后,要等到出家人来,把中间最好的一勺供养给出家人,然后自己再吃。

这一天佛陀吃好饭了,自己洗碗,收拾好衣钵。"洗足已",因为当时是赤脚行路,把脚也洗干净,就准备去打坐了。从这里大家就可以体会,像释迦牟尼佛那么伟大的人,却是那样平凡,事情都是自己做,没有前呼后拥的派头。事实上,我们在南老师身上,处处也能看到这种影子,很平凡,很自在。

此心如何住——善护念

时长老须菩提。在大众中。即从座起。偏袒右肩。右膝着地。合掌恭敬。而白佛言。希有世尊。如来善护念诸菩萨。善付嘱诸菩萨。世尊。善男子。善女人。发阿耨多罗三藐三菩提心。云何应住。云何降伏其心。

我们看他们师生之间的对答,这时须菩提——佛陀的大弟子之一,"即从座起",从座而起。"偏袒右肩,右膝着地",这是印度当时的礼仪,右膝着地单跪。"合掌恭敬,而白佛言",合掌恭敬向佛陀请法,他开始向老师报告了。"希有世尊",世尊就是释迦牟尼佛。"如来善护念诸菩萨,善付嘱诸菩萨。世尊,善男子,善女人,发阿耨多罗三藐三菩提心。"这是鸠摩罗什法师翻译的笔法,什么意思呢?须菩提尊者说,您老人家常常嘱咐我们这些学生,要

"善护念"，任何时候要观照自己的思想、念头。接着他又问了两个根本的问题："云何应住？云何降伏其心？"我们的思绪不能断，怎样才能让这个心平静下来？不知道大家有没有这个问题，我是有的。任何的宗教或者学问修养，都在追问我们的心在哪里，如何降伏我们的心念和情绪，可以讲这是人类永恒的主题。那么我问大家，我们的念头自己抓得住吗？我们号称要做自己的主人，念头和思想就是我们的部属。但很可怕的是，我们大部分人都是做了自己念头和情绪的奴隶，而不是它们的老板。可以讲世间所有的成就，包括科学家的发明、经营企业、教育孩子都要从善护念开始，时时刻刻观照自己的念头和思想。

那么，什么叫一念？一呼一吸之间就是一念。佛经里讲，一念之间有八万四千烦恼。《红楼梦》里讲"无故寻愁觅恨，有时似傻如狂"，我们有时静下来，就会想到一些莫名其妙的事，譬如某个人某天骂了你一句话，你可能一辈子都记得，好像他一辈子都对不起你一样，这些都是念头。《西厢记》里也讲"花落水流红，闲愁万种，无语怨东风"，说的都是我们心里面有许多潜在的，各种各样的念头。尤其我们这个现代社会，心理的情绪烦恼更是不断，包括我们很多的中学生，都有很多不好的心理状况，为什么会这样呢？物质文明越是发达，生活条件越方便，越是如此，各种压力，使得烦恼不断。譬如，以前我看过一个统计，现代社会有相当比例的人患有所谓的强迫症。但怎么定义强迫症？讲不清楚。像在美国，你如果真有心理上的问题去咨询，对于抑郁症、幻想症、情绪纠结等，医生会给你吃镇定剂。大家注意，以前我们古代中医的书里面是怎样讲的？当你情绪纠结太厉害的时候，就会气结,气瘀滞在一起就生病了。癌症就是气结的一种演变。所以心理和情绪是这样无形地主宰着我们的生命。假定我们能够反过来,做心理和情绪的主人,那么无形中就得到解脱自在了。

接着,我们再看须菩提的两个问题。第一个问题,云何应住?此心如何住?我们的心应该住在哪里?我们的念头应该放在哪里?第二个问题,云何降伏其心?我们怎样才能降伏自己这个不断的心念?你看整部经典,很有意思哦,他重复问了两次。在第十七品又重新问了一次。所以可以讲这两个问题,是我们所有的众生最根本的两个问题。

佛言。善哉善哉。须菩提。如汝所说。如来善护念诸菩萨。善付嘱诸菩萨。汝今谛听。当为汝说。善男子。善女人。发阿耨多罗三藐三菩提心。应如是住。如是降伏其心。唯然。世尊。愿乐欲闻。

我们看佛陀怎么说。他说你问得好啊!的确我常常嘱咐你们照顾好念头,你今天好好听着,"汝今谛听,当为汝说",佛陀要传法了。"善男子,善女人,发阿耨多罗三藐三菩提心,应如是住,如是降伏其心。"他说,当你发心追求无上正等正觉菩提心的时候,你就已经安住你的心了,也降伏了你的心。然后,佛陀就不讲话了。大家可以想象一下当时的情景,我估计佛陀可能讲完这句话后就把眼睛闭起来,不说话了。但须菩提这个时候还跪在那里,等老师说法。等了一会儿,须菩提憋不住了,他认为老师没有答复他,只是说"应如是住,如是降伏其心"。他没有懂,所以忍不住了,认为老师应该接着讲下去。这时候,须菩提补充道:"唯然,世尊，愿乐欲闻。"他说世尊啊，能不能请您老人家给我们细细解说啊？《金刚经》一开篇就是这样一个情景。佛陀已经传道给须菩提了，可是他不懂，才有后面一路接下来的说法。

降伏其心的步骤

佛告须菩提。诸菩萨摩诃萨。应如是降伏其心。所有一切众生之类。若卵生。若胎生。若湿生。若化生。若有色。若无色。若有想。若无想。若非有想。非无想。我皆令入无余涅槃而灭度之。如是灭度无量无数无边众生。实无众生得灭度者。何以故。须菩提。若菩萨有我相。人相。众生相。寿者相。即非菩萨。

释迦牟尼佛接着说，你真的要发阿耨多罗三藐三菩提心，怎么降伏自己的心念呢？"所有一切众生之类。若卵生。若胎生。若湿生。若化生。若有色。若无色。若有想。若无想。若非有想。非无想。"所有世界上的一切众生，卵生、胎生、湿生、化生、有色、无色，等等，不管有形无形，我们现在面对的病毒、细菌、微生物以及所谓的鬼神等都包含在内，一共十二大类。他讲，你要降伏你的心，首先要发大愿，"我皆令入无余涅槃而灭度之"。我有个心愿，能够帮助这所有十二类宇宙世界的众生。离苦得乐，到达彼岸，让他们全部成佛。

"如是灭度无量无数无边众生，实无众生得灭度者。"但即使做到了，灭度了无量无边众生，我却没有任何超度别人的观念，没有感觉自己有那么大的功德。如何降伏其心？释迦牟尼佛在这里已经给了我们答案，第一件事情是要发大愿。把自己的心念、愿力扩大到广大无边，涵盖一切的众生。南老师有本书叫《学佛者的基本信念》，讲的是普贤行愿品，普贤菩萨发了十个大愿。大家有没有这种体会？当一个人真正发大愿的时候，心量无形中就打开了，原先计较的很多事情，你会发觉不是那么在乎了，智慧也打开了。所以降伏其心的第一步是要把自己的心量打开，不要纠结在一个小我上，如果真的做到了，那时便没有自我，自己跟宇宙世界众生完全合而为一了，无我相、无人相、无众生相、无寿者相，这是第一步，我们再看第二步。

复次。须菩提。菩萨于法。应无所住。行于布施。所谓不住色布施。不住声香味触法布施。须菩提。菩萨应如是布施。不住于相。何以故。若菩萨不住相布施。其福德不可思量。

接下来第二步，释迦牟尼佛说要布施。我的兄弟曾经问我：为什么《金刚经》讲完第一步发大愿，第二步就开始讲布施？好问题哦！须菩提最初只是问怎么把自己的心降伏下来。但佛陀为什么要讲布施呢？我们先了解布施的内涵，有三层：一是施者，布施的主体。二是受者，接受布施的人。三是施事，布施这件事情。但大家不要忘记，当你真发心布施，那么在布施的那一刹那，便已经过去了。不要一直念着某人是我帮助的，感觉人家永远欠你的，那是给自己找烦恼。施者、受者、施事三轮体空，如雁过长空，过去就过去了，有这样的一个心量，很自然地你就降伏其心了。

另外，布施还分三种，一是外布施，譬如我们帮助别人，给人家钱、给人家提供方便，这是外布施。二是内布施，内布施比外布施更难，只有做到内布施，才有办法真正做到外布施，一会儿我们详细来看。第三是无畏布施，大家有没有发现，有时候，你与某人谈话之后，他并没有给你经济上或其他实质性的帮助，但让你的内心产生了无限的勇气，从而有信心面对各种苦恼，这就是无畏布施。像我们念《金刚经》，读《金刚经说什么》，就是佛陀和南老师给我们的无畏布施。

接下来，我们详细看看什么叫内布施。通俗地讲，内布施就是放下。把自己所有的念头，不管是快乐的还是痛苦的，通通放下，不要去纠结它们。譬如我们讲得意忘形，为什么很多有成就的人后来都失败，掉下去了？因为得意忘形。所以不管你曾经有多伟大，永远要把自己随时归零，这就是内布施。但人往往是失意时更容易忘形。当你得意的时候，还可以讲讲风凉话；失意的时候，那种自我的伟大没有了，感觉人世间一切都对不起你。我们看看历史上的人，还有我们身边的人，都是如此。所以内布施最难的是什么？得意或失意，快乐或痛苦，皆能放下。你真做到了内布施，外布施也就能很自然地做到了。所以苏东坡有一首很有名的诗：

人生到处知何似，应似飞鸿踏雪泥。
泥上偶然留指爪，鸿飞那复计东西。

人世间的一切都是抓不住的。不是说要不要去抓，而是根本上就抓不住，再怎么抓，都是这么一回事，人生几十年到头来，不想放下也得放下。

如何看待世界

大家看,《金刚经》这样一路下来,一层一层地剖析,从发大愿,讲到无所住而行布施,现在佛陀开始教须菩提如何看待这个世界,他反问须菩提:

须菩提。于意云何。可以身相见如来不。不也。世尊。不可以身相得见如来。何以故。如来所说身相。即非身相。佛告须菩提。凡所有相。皆是虚妄。若见诸相非相。即见如来。

这是师生间的问答。"可以身相见如来不?"释迦牟尼佛说你看到我这个样子,就见到如来了吗?"不也,世尊。"须菩提回答他说,世尊啊,不可以身相得见如来。他说我跟您这么久了,我学到的,不可以用身相见您。"何以故,如来所说身相,即非身相。"佛告须菩提,是啊,你讲对了。"凡所有相皆是虚妄,若见诸相非相,即见如来。"大家不要忘记,这是两千六七百年前的对答,你用现在的物理科学去看,当然很容易理解。大家有没有读过《平行宇宙》这本书?这是一位很有名的物理学家加来道雄写的。他在这本书里说,世界是很奇特的,假定把人拿去分析,人体内有多少万亿个分子,分子里面是原子、电子、夸克等一大堆。分析到最后是什么?是虚空,就是"若见诸相非相"。你在这样看不见的虚空里面,但又感受到它的存在。就像我们今年的春晚,三个不同地方的演员,用全息技术同时登台表演。你说这世界是实在的吗?或者说这个世界是虚无的吗?我回答你,当然是实在的,但也是虚幻的。

现代物理学已经说明，世界是由分子、原子、电子、夸克等形成的。这些相当于佛家所说的微尘。你把它分析到顶了，微尘背后是什么？是虚空。这样我们就有了一个问题，物理学家也还在追问，还没有得到答案，这也是我从年轻时就开始追问的问题：虚空的背后是什么？"若见诸相非相，即见如来。"我们看到表面的这些现象还不够，还要能够穿透它，看到它真正的本质的东西是什么。什么叫学佛？就是不断追问这些问题。

再打个比方，大家都见过大海吧？海面翻起波浪时，一百米的海面之下却是很平静的。我有个朋友很喜欢潜水，我常常跟他说，这个太危险了，一不小心就被海浪带走了，劝他少玩。他说你不知道潜在海水下面有多舒服啊！大海表面上的风浪，就是我们平时所看到的现象，就像我们的思想念头一样，是浮动的。但最根本的东西往往是看不见的，就如同大海最深处，是很安静、很平静的，可是却会产生各种作用。

所以我们讲到体、相、用，勉强用大海来比喻，大海是体，波浪是相，波浪可以击打石头，甚至把石头打穿，可以托起巨轮，或者将船掀翻，这些都是大海所起的作用。大海的体，我们是看不见的，只能在相和用中去体会它。穿透这些相和用，透过这些波浪和它所起的作用，才能见到体。我们追求所谓的法身，追求生命的本体，就是要从这里去追求，去体会。

佛法里常讲"法身、报身、化身"三身。清净法身是体，也就是我们刚才讲的道体。圆满报身是相，我们每个人都是圆满报身。千百万亿化身是用，也就是我们每天扮演不同的角色，吃饭、睡觉、做菜、写文章，等等，体、相、用对应法、报、化三身。我们看到的往往都是相，所以如何见如来？要回转来，"若见诸相非相，即见如来"，能够从这些相的表面，看到它的体，这样你才有办法真正见到如来法身的本体。

宇宙生命的大智慧

须菩提。于意云何。如来得阿耨多罗三藐三菩提耶。如来有所说法耶。须菩提言。如我解佛所说义。无有定法。名阿耨多罗三藐三菩提。亦无有定法如来可说。何以故。如来所说法。皆不可取。不可说。非法非非法。所以者何。一切贤圣。皆以无为法。而有差别。

释迦牟尼佛又接着问须菩提："须菩提，于意云何，如来得阿耨多罗三藐三菩提耶？"他说你知道吗？你觉得我得到了阿耨多罗三藐三菩提，无上正等正觉了吗？须菩提这个做学生的回答说，就以我跟您学习这么久来看，没有哪一句话、哪一个特定的法门叫阿耨多罗三藐三菩提法。什么原因呢？如来所说的一切法"皆不可取，不可说，非法非非法，所以者何，一切贤圣，皆以无为法，而有差别"。须菩提说，您说的所谓的法，我们都不能执着于它，为什么呢？因为佛陀每次说法的对象，或说法本身都有它特殊的因缘，不能抓住一个东西就觉得是至高无上的真理。所以你看全天下正统的宗教，都有这几个特点：第一点，教人要做好事；第二点，劝人不要做坏事；第三点，做坏事要下地狱，做好事可以上天堂。但有一条,不管是上帝也好,安拉也好,如来也好,道也好,天也好,都是在讲无为的道体。所以佛陀说:"一切贤圣,皆以无为法,而有差别。"这个道体本身,因为各个教主、圣贤所讲的层次不同,而有所差别。

从这里我们就可以体会到,《金刚经》超越了一切宗教,也包含了一切宗教。真正的佛境界,包容万象,也否定万象,同时还建立万象。所以说《金刚经》这本经典,它在讲什么?讲宇宙生命最根本的道体,讲法身本体在哪里。

真正的圣人

须菩提。于意云何。若人满三千大千世界七宝。以用布施。是人所得福德。宁为多不。须菩提言。甚多。世尊。何以故。是福德。即非福德性。是故如来说福德多。若复有人。于此经中受持。乃至四句偈等。为他人说。其福胜彼。何以故。须菩提。一切诸佛。及诸佛阿耨多罗三藐三菩提法。皆从此经出。须菩提。所谓佛法者。即非佛法。

佛陀又谆谆嘱咐须菩提,他说:"于意云何,若人满三千大千世界七宝以用布施,是人所得福德,宁为多不?"假定有人把三千大千世界那么多的财宝全部布施出来,这样的福德是不是很多?"须菩提言,甚多,世尊。"须菩提回答说当然多了。但大家不要忘记,"是福德,即非福德性,是故如来说福德多"。一旦有福德这个概念,抓住福德这一念,觉得我帮助了某个人,你就陷入执着于布施这样的境界中，你的福德也就消耗掉了。

"若复有人，于此经中受持，乃至四句偈等，为他人说，其福胜彼，何以故，须菩提，一切诸佛，及诸佛阿耨多罗三藐三菩提法，皆从此经出，须菩提，所谓佛法者，即非佛法。"什么意思呢？我们讲道体是看不见的，它在相和用上体现出来，我们才能感受得到。佛法是无法可得，无住无相的。一个真正大成就的人，就像《金刚经》一开始所描述的，佛陀自己托钵乞食，洗足敷座，是那样平凡，绝对的谦和，非常平实。所以真正的圣人，不认为自己是圣人，如果自己觉得自己是圣人，做了多少了不起的大功德，那就不对了，真正的佛，不认为自己是佛。所以，真正的佛法即非佛法。有一次，在饭桌上，有人跟南老师说，南老师啊，我听说您有道。南老师很幽默地回答，他说是啊，我有道，我上有食道，下有肠道，虽然是在笑谈之中，却把"所谓佛法者，即非佛法，是名佛法"的道理都讲完了。

生清静心

佛告须菩提。于意云何。如来昔在然灯佛所。于法有所得不。不也。世尊。如来在然灯佛所。于法实无所得。须菩提。于意云何。菩萨庄严佛土不。不也。世尊。何以故。庄严佛土者。即非庄严。是名庄严。是故须菩提。诸菩萨摩诃萨。应如是生清净心。不应住色生心。不应住声香味触法生心。应无所住。而生其心。

"佛告须菩提，于意云何，如来昔在然灯佛所，于法有所得不？"佛问须菩提，我在老师然灯佛那里得到授记，于法到底有没有所得？须菩提回答："不也，世尊，如来在然灯佛所，于法实无所得。"您在然灯佛那里，没有得到一法。记得有一次，南老师问一个学生，你最近情况怎么样？那位同学回答说，老师啊，我最近无一个境界可得。当时南老师笑了，他说看来你真的上路了。

"诸菩萨摩诃萨，应如是生清净心，不应住色生心，不应住声香味触法生心，应无所住，而生其心。"这时佛陀再进一步点题"应无所住，而生其心"。生什么心？生我们与生俱来，每个人自性里都有的清净心。所以等你把所有的念头，所有的烦恼，一切事情都摆在一边，都放下了，那时候感觉好像什么都没有了，你去体会那一下的清净与宁静，你的智慧福德自然会出来，不是别人给的，而是你自己与生俱来的。譬如大家有时候遇到困难或烦恼，不妨试着先将这些暂时放下，什么事都不管，去听听音乐，喝杯茶，静下心来，很多问题自然就解决了，这是最通俗的解释。"须菩提，于意云何，菩萨庄严佛土不？不也，世尊。何以故？庄严佛土者，即非庄严，是名庄严。"所以我们回转过来讲，真正庄严的佛土在哪里？就在你的清净心里，"应如是生清净心"，我们随时都能够一念生清净心，就是庄严佛土。

复次。须菩提。随说是经。乃至四句偈等。当知此处。一切世间天人阿修罗。皆应供养。如佛塔庙。何况有人。尽能受持读诵。须菩提。当知是人。成就最上第一希有之法。若是经典所在之处。即为有佛。若尊重弟子。

佛陀进一步讲，这本经典"如佛塔庙，何况有人，尽能受持读诵"。那么请问大家，真正的《金刚经》在哪里？其实就在我们每个人的心里，你的一念，真正应无所住而生清净心的时候，《金刚经》的经义就在你自己的心中。譬如有位禅师，作了一首偈子，就讲这一品：

佛在灵山莫远求，灵山只在汝心头。
人人有个灵山塔，好向灵山塔下修。

我们每个人，还不止我们人类，每个众生都有个灵山塔，只要你认知了它，真正应无所住而生清净心的时候就到了。

真空与妙有

须菩提。于意云何。三千大千世界所有微尘。是为多不。须菩提言。甚多。世尊。须菩提。诸微尘。如来说非微尘。是名微尘。如来说世界。非世界。是名世界。

在这里，佛陀再进一步阐述了"须菩提，于意云何，三千大千世界所有微尘，是为多不？须菩提言，甚多，世尊"。微尘当然很多，我们看整个宇宙都是由微尘累积起来的，包括我们刚刚讲的电子、原子、夸克等一大堆。按照目前的宇宙科学去解释，就是我们刚才讲的加来道雄的《平行宇宙》，很容易就看懂了，但你不要忘记，《金刚经》是两千七百年前的经典。

"须菩提，诸微尘，如来说非微尘，是名微尘。如来说世界，非世界,是名世界。"我们用现在的宇宙科学来解释,外色尘等于现在说的分子、原子、电子、核子等。包括现在西方很多科学家都在研究眼耳鼻舌身意与色声香味触法,六根与六尘之间的交互作用,这些都是现代科学最前沿,也都是与生命科学相关的课题。在六根六尘的背后还有个空,这个空是什么?包括物理学讲的,无中生有的宇宙,我们的宇宙是怎么来的?真是大爆炸来的吗?请问大爆炸之前又是什么?你说是空吗?空是什么?这还只是讲物理物质的空,是外色尘。还有一个内色尘,是精神层面的。南老师讲物质世界的空和般若波罗密心念的空是会合的,是心物一元,没有办法分开的。所以真正真空的时候就是妙有,妙有也是真空。物理的空与心念的空是什么关系?彼此怎样产生作用?为什么叫真空妙有,妙有真空?处处都是大学问,处处都是人类未来的大题目。

所以说《金刚经》并没有讲空,并没有讲世界什么都没有,而是说"世界,非世界,是名世界"。妙有真空,真空妙有,虚空的背后还有个东西,勉强叫它法身,自性本体。

尔时须菩提。闻说是经。深解义趣。涕泪悲泣。而白佛言。希有世尊。佛说如是甚深经典。我从昔来所得慧眼。未曾得闻如是之经。世尊。若复有人。得闻是经。信心清净。即生实相。当知是人。成就第一希有功德。世尊。是实相者。即是非相。是故如来说名实相。

"尔时须菩提,闻说是经,深解义趣,涕泪悲泣。"这时须菩提感动得泪流满面,他一辈子都在追寻这个东西,不是像我们有些人今天才初步接触。须菩提问佛，此心应如何住？怎样能降伏其心？佛陀给他一层一层地剖析，须菩提深解义趣，涕泪悲泣。不晓得大家有没有这种体会，有时你一辈子追求的东西得到了，或像父母亲看到多年不见的子女，激动得掉下眼泪。"而白佛言，希有世尊，佛说如是甚深经典，我从昔来所得慧眼，未曾得闻，如是之经。"须菩提说，世尊，希有难得，我从来没有听说过这样的甚深经典。"世尊，若复有人，得闻是经，信心清净，即生实相。"紧接着他报告自己的心得，说假定有人听到您讲的经典，一念清净，应无所住而生清净心，真正生起对佛法的正信，观察到一切众生能观宇宙的心，能起万法作用的心，皆来自于自性本体，就像大海深处，无比的清净。正信自心绝对的清净，达到清净的究竟，就见到形而上的本体，真正的能够明心见性，明白了心的妙用，也见到了空性的本体，那时候才是真正的实相般若境界，见到自己法身的道体。那时你会发觉，一切众生虽然表面现象不同，但本体是一个。生命的本体涵盖一切，无所在，无所不在。我们的自心是那样伟大，又是那样清净，因此才会了解什么叫实相。所以说"是实相者，即是非相，是故如来说名实相"。因为法身本体，一切无相。

所以者何。我相即是非相。人相众生相寿者相。即是非相。何以故。离一切诸相。即名诸佛。

所以正信一切众生皆是佛，众生与佛平等，绝不是我们见到的一个所谓的宗教形象。我们这个真正的心，本体的心就是佛。除了这本体的心之外，没有任何其他有形有相所谓上帝的主宰。我们见到所有的现象，万有的诸相只是因缘凑合，假合的虚妄相。但大家注意，虚妄不是没有，你是你，我是我，都是偶然暂时存在，不断在变化的，就像我们刚刚的比喻，大海上的这些波浪都是表面的现象，无所住，无所不住，你不要去抓它，当然抓也抓不住。

娑婆世界入世难

现在我们说回来，即使你体证到法身的道体，但真正入世还是很难的。所以佛陀讲，我们的世界是娑婆世界，是堪忍的世界，有苦有乐，有善有恶，没一件事情是圆满的，我们众生能够承受忍耐各种各样的痛苦。但大家有没有想过，假定一个国家，全部的一切都是美好的，只有快乐，只有幸福，没有敌国外患，那么这个国家会怎样？我想肯定会灭亡。就像孟子讲的，"入则无法家拂士，出则无敌国外患者，国恒亡"。一个国家没有敌国外患，没有持不同意见的士大夫，这个国家肯定灭亡。曾国藩晚年将自己的书房起名叫"求阙斋"，就是这个意思。当一个人没有真正的挑战，没有痛苦的时候，就很难激发自己解脱的智慧和上进的勇气。人就是这么奇特，众生就是这么奇特。

所以佛法里讲八难，很有意思。其中有一难，就是你生活的这个地方太好了，绝对的享受，里面的人都不晓得上进，结果等到福气享受完了，寿命到了，就堕落下去了。另外，八难中还有一难是长寿，活得太久也是难。大家有没有想过，你活了一万年，你所有的朋友、同学、亲人都走了，那你活着还有什么意思？这也是一难。

难忍而忍

释迦牟尼佛接着讲到忍辱波罗密。什么叫辱？不要以为别人给你脸色看，就叫辱。一切的不如意，一切的痛苦烦恼就是辱，跟大家报告，我一天到晚都处在辱里面，有很多的不如意。忍呢？能够切断一切万缘。什么叫忍辱波罗密？就是当你碰到痛苦烦恼的时候能够切断，但又没有忍受的观念。譬如，大家有没有发觉，当你说真的在忍耐一件事情时，一般来讲，是忍不住的。但当你没有忍的观念的时候，这件事情好像一下就过去了。

何以故。须菩提。如我昔为歌利王割截身体。我于尔时。无我相。无人相。无众生相。无寿者相。何以故。我于往昔节节支解时。若有我相人相众生相寿者相。应生瞋恨。

释迦牟尼佛讲他过去生被歌利王割截身体的时候，他没有忍的念头，没有我相、人相、众生相、寿者相的观念，所以他没有生任何的瞋恨心，他把烦恼痛苦的念空掉、转化掉了，这才是真正的菩萨的功德，才叫忍辱波罗密。

什么叫菩萨道？能够入世，忍人所不能忍，行人所不能行，有忍辱波罗密的修持工夫，这才是菩萨道的基本精神。真正的菩萨是积极的，是不会只管自己、自我的，而是处处为别人着想。

但入世是非常痛苦烦恼的。我想今天听课的朋友里，有很多人在从事各种各样的事业，都知道要完成一个事业是不简单的，不管是出世还是入世，哪怕是培养自己的孩子，都是一样的。所以我们一开始就开宗明义地讲，发阿耨多罗三藐三菩提心，并不是自己躲到山上去逃避现实。记得南老师还在香港时，为他的一位师兄写了一副对联，实际上从某种程度上讲，也是在描述他自己"**入世出世皆通悟，人道佛道两圆成**"。在痛苦烦恼之中，娑婆世界里，能够切断自己一切的烦恼痛苦，又能够坚韧不拔地去做利他的事业，这是真正的菩萨道。

究竟无我

须菩提。若菩萨通达无我法者。如来说名真是菩萨。

《金刚经》是讲大法，它从实际修行来告诉我们，如何做到通达无我，有三个层次。第一层，我们在修行用功时，最难去掉的是什么？是自己身体的感觉，身见。就是老子讲的"吾所以有大患者，为吾有身"。我们把身上的各种感受抓得牢牢的，无法去掉身见。第二层，是"人我"的观念无法去掉，无法做到"人无我"。第三层，是"法无我"，更做不到，没有一个真正的法可得。所以《大智度论》讲"不依身，不依心，不依亦不依"，才能做到究竟无我。菩萨是究竟无我，没有我的概念。修无我工夫的法门，是东方文化真正的核心，我们叫内修外用。内修修什么？就是修无我，当你达到无我之境，就有无穷的力量，无穷的智慧和勇气。譬如佛家讲的十六特胜、呼吸法门、十念法门等，儒家孟子讲"我善养吾浩然之气"，都是修无我的工夫。道家吕纯阳《百字铭》里讲"养气忘言守，降心为不为，动静知宗祖，无事更寻谁"，也是修无我的工夫。所以人类的智慧文化，尤其东方文化的儒释道三家其实是一致的，故说"一切贤圣，皆以无为法而有差别"。

"五眼"与"三心"

> 须菩提。于意云何。如来有肉眼不。如是。世尊。如来有肉眼。须菩提。于意云何。如来有天眼不。如是。世尊。如来有天眼。须菩提。于意云何。如来有慧眼不。如是。世尊。如来有慧眼。须菩提。于意云何。如来有法眼不。如是。世尊。如来有法眼。须菩提。于意云何。如来有佛眼不。如是。世尊。如来有佛眼。

佛陀很慈悲，又继续讲到了五眼。第一个是肉眼，我们观看物质世界一般的现象，就是用肉眼。第二个是天眼，真正由定力产生的神通力量，可以透视肉眼所见不到的世界。第三个是慧眼，是智慧的力量。第四个是法眼，看一切众生平等无别，我、众生、佛三位一体，非空非有。第五个是佛眼，慈悲观照一切众生，愿意为众生牺牲小我，处处帮助人，助别人成就。就像释迦牟尼佛，须菩提问了他一句话，他却一层一层地解释，帮助其领悟。这五个就是《金刚经》里说的五眼。

> 如来说诸心。皆为非心。是名为心。所以者何。须菩提。过去心不可得。现在心不可得。未来心不可得。

佛陀接着说，三心不可得，"过去心不可得，现在心不可得，未来心不可得"。现在大家不妨把眼睛闭上，不要听我讲，看看自己的念头，过去的已经过去，抓得住吗？现在的，当你想抓住它，它已经过去了。未来的，还没有来，当然更抓不到。过去心、现在心、未来心，本来不可得。所以我们讲本无所住而生其心，本来就无所住嘛。应无所住而生其心，是一个修行的方法，告诉你应该是这样子。本无所住是什么？本来就是如此，你永远得不到的心，就像波浪一样，不断变幻，抓不到的。心的用是有为的，体是无为的，看不见的。但大家不要忘记，无为的体能产生无限的力量，这个体无生无灭，生生不已，如同大海，不可能没有波浪。如果你以为把能生能灭的心断灭了，就可以证道，那是很可怕的错误见解。

那么请问，能生能灭的心在哪里？有为法在无为之中，无为之道又需在有为的现象中去观察清楚，这样你才有办法真正见到无为的法身本体。用一首南老师的诗来帮助大家理解，南老师这幅字我一直挂在办公室的墙壁上：

> 万古千秋事有愁，穷源一念没来由。
> 此心归到真如海，不向江河作细流。

当我们把自己的念头仔细观察，观察到底了，就像看波浪一样，它究竟是从哪里来的？原来没有来由，我们刚才讲的三心不可得，要从这里面去体会。"此心归到真如海"，把这些念头都放下了，"不向江河作细流"，心清净了，归到本体的真如大海。那时候，你真正可以体会到生命本来的滋味了。所以南老师这首诗，我有时会自己吟诵，无比的清净。

无法可说与无法可得

须菩提。汝勿谓如来作是念。我当有所说法。莫作是念。何以故。若人言如来有所说法。即为谤佛。不能解我所说故。须菩提。说法者。无法可说。是名说法。

佛陀再进一步交代须菩提，"须菩提，汝勿谓如来作是念，我当有所说法"。须菩提啊，我没有说过法。释迦牟尼佛晚年要走了，他也说自己讲法四十九年，没有说过一句法。什么原因？真正的法身道体是无法言说的。

尔时慧命须菩提白佛言。世尊。颇有众生。于未来世。闻说是法。生信心不。佛言。须菩提。彼非众生。非不众生。何以故。须菩提。众生众生者。如来说非众生。是名众生。

这时候，须菩提有点带着幽默地问老师，世尊啊，您讲了这么多，您刚才又说您没有说过法。"颇有众生，于未来世，闻说是法，生信心不？"他说若干年后，有人听闻您说的法，人家会相信您的话吗？佛就回答他说："须菩提，彼非众生，非不众生，何以故？须菩提，众生众生者，如来说非众生，是名众生。"什么意思？这是翻译的手法，我们每个众生的本体都是一样的，因地上个个都是佛，都是菩萨，所以不是众生，彼非众生，非不众生，是名众生，所以不要妄自菲薄。

须菩提白佛言。世尊。佛得阿耨多罗三藐三菩提。为无所得耶。佛言。如是如是。须菩提。我于阿耨多罗三藐三菩提。乃至无有少法可得。是名阿耨多罗三藐三菩提。

复次。须菩提。是法平等。无有高下。是名阿耨多罗三藐三菩提。以无我无人无众生无寿者。修一切善法。即得阿耨多罗三藐三菩提。须菩提。所言善法者。如来说非善法。是名善法。

既然"过去心不可得，现在心不可得，未来心不可得"，自然无法可得。在无法可得里，佛陀再次强调，要修一切善法，而且不要着行善之念，前面我们讲了布施是施者、受者、施事三轮体空，当你真无着无住，连空也空了，所以敢入世去修行，自然能够有忍辱波罗密，能够超越一切烦恼，勇敢地面对我们这个娑婆世界。在沉沉苦海之中，真正做到诸恶莫作，众善奉行。

小我、大我、无我、真我

须菩提。如来说有我者。即非有我。而凡夫之人。以为有我。须菩提。凡夫者。如来说即非凡夫。是名凡夫。

我们把"我"的这个概念，分成四个层次来看。首先是"小我"，我们讲的凡夫，就是一般的人，就是小我。我们一般所谓的凡夫，这个小我，都是表面的现象，就像波浪一样，一下就过去了。我们的小我更像宇宙中飘浮的一颗微尘。譬如马一浮先生，他把自己的名字改为一浮，非常谦虚，事实上这就是体悟自性的一种表现。扩大一点是"大我"，我们整个宇宙众生，一切平等，都是来自同一个本体，就像庄子讲的"旁日月，挟宇宙，为其脗合，置其滑涽，以隶相尊"。把自己的小我扩大到整个宇宙，与日月为邻，与万物合一，却又生机活泼，天上天下唯我独尊，就是大我。再扩大一点到"无我"，连"我"的观念都没了，都放下了。然后回到真如大海，找到自己生命的"真我"，找到形而上宇宙生命本来的道体，找到生命的本来，真正回归自性的真如海。

佛陀一辈子讲无常、苦、空、无我，但他在晚年，要涅槃之前，反过来讲常、乐、我、净。常，是永恒不变的，就是我们今天讲的颠扑不破的金刚。乐，这个乐不是指一般世俗之乐，代表极乐世界的净土。这个净土在哪里？在我们自己的心里。净，绝对的清净。我，找到真正的真我。学佛的人往往会走向偏空之果，忘记了涅槃的真意"常、乐、我、净"，这一点大家要特别注意。

须菩提。于意云何。可以三十二相观如来不。须菩提言。如是如是。以三十二相观如来。佛言。须菩提。若以三十二相观如来者。转轮圣王。即是如来。须菩提白佛言。世尊。如我解佛所说义。不应以三十二相观如来。尔时世尊。而说偈言。

> 若以色见我　以音声求我
> 是人行邪道　不能见如来

这一段，佛陀又在考验他的大弟子须菩提，能不能用三十二相观如来？须菩提一下被问住了，说可以三十二相观如来。当时佛陀肯定哼了一声，说假定可以三十二相观如来，那么转轮圣王就是如来。这时须菩提清醒了，知道答错了，才回答不能用三十二相观如来。佛陀说"若以色见我，以音声求我，是人行邪道，不能见如来"。事实上在修证的过程里，各种的现象都不能执着。

这段经文特别讲到转轮圣王，什么叫转轮圣王？能够把一个时代的历史扭转过来，把乱世扭转成太平世界，有这样大的道德和力量，能够成就如此功德，才能叫转轮圣王。大家看我们中国几千年的历史，真正好的皇帝不多，真正好的时代也不多。虽然释迦牟尼佛没有走入世转轮圣王的路线，但他再三期许世间有转轮圣王出现。南老师也很期待我们这个世界能够出转轮圣王，拯救人民于苦海之中。所以他刚下峨眉山，就作了一首自述诗表达这样的心情：

> 不二门中有发僧，聪明绝顶是无能。
> 此身不上如来座，收拾河山亦要人。

不二门中有髮僧，聰明絕頂是無能。此身不上如來座，收拾河山亦要人。

癸酉孟春偶憶舊作書　南懷瑾

此"空"非波"空"

须菩提。汝若作是念。如来不以具足相故。得阿耨多罗三藐三菩提。须菩提。莫作是念。如来不以具足相故。得阿耨多罗三藐三菩提。须菩提。汝若作是念。发阿耨多罗三藐三菩提心者。说诸法断灭。莫作是念。何以故。发阿耨多罗三藐三菩提心者。于法不说断灭相。

无断无灭分。今天我要特别提出来,很多学佛的朋友,包括现代科学的观念,很容易走入的一个错误方面。佛法讲空,但空并不是断灭。我们这个时代的思潮,很可怕的一面是落于断见。人死如灯灭,人走了,好像灯灭掉一样,没有三世因果,也没有六道轮回,所以什么都无所谓。所以很多人做事情,胆子很大,认为要充分享受这辈子,做坏事也不怕,这是很可怕的思想。有很多人学佛,自己认为什么都看空了,其实这不是真的看空,是灰心的空。现在很多人误解所谓的佛系人生,都是灰心的,逃避的。不是我们讲的真空妙有,能够产生一切万有的力量的空。我们一开始就讲了真空妙有,真空有无穷无尽的力量。假定物理学要发展,我相信探索真空的力量,一定是未来很大的一个发展方向。

当年禅宗五祖弘忍法师接引六祖慧能,就是用《金刚经》。一天晚上,五祖暗示六祖三更到他的寮房来,给他讲《金刚经》,六祖才真正得以大彻大悟。当时六祖讲了五句话,实际上这五句话涵盖了所有的佛法。他讲**"何期自性本自清净"**,什么叫自性?人人是佛，人人的法身自性的本体，本自清净。本无所住而生其心，生清净心。生命的道体，本来就是清净圆满的。**"何期自性本不生灭"**，所以自性本体不在生与灭的现象中，就像不在波浪般的现象里一样，不在相和用上面。**"何期自性本自具足"**，自性本体具足一切，包含宇宙万物的一切功能，当然包括人、我及一切众生。**"何期自性本无动摇"**，自性本体无所从来，亦无所去，所以叫如来。**"何期自性能生万法"**，自性本体能产生一切万有的现象。所以佛法不是断见，不是空见，要超越"空、有、非空非有、即空即有"四句的戏论。

所以不要有断灭见。《金刚经》没有告诉我们一个空字，它只是教我们三心不可得，应无所住而生其心。生什么心？生清净心。信心清净，即生实相，要找到自己生命的本体。大家念《心经》，前面一路都是无，"无眼耳鼻舌身意，无色声香味触法"，后面有一句话，大家仔细体会，"无智亦无得，以无所得故，菩提萨埵，依般若波罗蜜多故，心无罣碍；无罣碍故，无有恐怖，远离颠倒梦想，究竟涅槃……能除一切苦，真实不虚。"所以要破除一切相，但你说什么相都没有，以为不着相是空的，是断灭的，那也是错的。譬如落在不着相看佛，以为什么都没有了，即英文的 Nothing，是错的。既然 Nothing，一切都是空的，你何必做善事呢？就像一块石头、一块木头，有什么用？请问这样你干嘛要学佛呢？我们学一切的贤圣无为法，但无为法里面真实不虚，可以成就一切法。

另外，有些人误以为悟道证得涅槃，生死已了，就不用再来这个世界受苦了，这些都是错误见解。涅槃是什么？并不是有形有相的境界叫涅槃。我们要跳出三界外，不在五行中，那请问你要跳到哪一界去?《楞严经》里讲观世音菩萨得道之后,以三十二应化之身到这个世界,有求必应,度化众生。行难行而行、非忍而忍的菩萨道。

所以真正追求宇宙生命的本体,根本的一个问题,不能落入空见,不能落入断灭之见。

提得起,放得下

须菩提。若菩萨以满恒河沙等世界七宝。持用布施。若复有人。知一切法无我。得成于忍。此菩萨。胜前菩萨所得功德。何以故。须菩提。以诸菩萨不受福德故。须菩提白佛言。世尊。云何菩萨不受福德。须菩提。菩萨所作福德。不应贪着。是故说不受福德。

佛陀在这里再三交代须菩提:"须菩提,若菩萨以满恒河沙等世界七宝,持用布施,若复有人,知一切法无我,得成于忍。"要真的有所成就,必须修忍辱波罗密,要忍得住,对自己、对众生、对社会、对世界,要得成于忍,要有忍辱波罗密的智慧和力量。

南老师常常讲说学佛有两条路,他讲得很通俗的,这两条路是并行不悖,相辅相成的。第一条路,提得起。什么叫提得起?要有福德成就,诸恶莫作,众善奉行,强调福德的成就。第二条路,放得下。要内布施,随时随地内布施,随时放下,才能有智慧的成就。什么叫真工夫?能够随时提得起,随时放得下,才是真工夫。有些很有成就的人,你会发觉他们一直都是很谦虚的,并且随时放得下，这样的人一定是了不起的。假定一个人有一点成就，就以为自己已经了不得了，这样肯定会出状况的。所以我们要随时提得起，随时放得下。南老师也常常用"想得到，做不来；看得破，忍不过"这十二个字笑我们这些学生，当然我也是被笑的一个。人生就是这么一回事啊，要得成于忍，看得破，忍得过呀。

放下你的知见

须菩提。若有人言。如来若来若去。若坐若卧。是人不解我所说义。何以故。如来者。无所从来。亦无所去。故名如来。

最后整部《金刚经》要进入尾声了，佛陀讲法身本体了。"无所从来，亦无所去，故名如来。"各位啊，并不是佛菩萨的像叫如来，我们要真正找到自己生命的真我，找到法身的本体，才是见如来，就像六祖悟道的偈子**"何期自性本无动摇"**。

世尊说我见人见众生见寿者见。即非我见人见众生见寿者见。是名我见人见众生见寿者见。须菩提。发阿耨多罗三藐三菩提心者。于一切法。应如是知。如是见。如是信解。不生法相。

佛陀很慈悲，他说须菩提啊，你怎么能做到没有相呢？"世尊说我见人见众生见寿者见，即非我见人见众生见寿者见，是名我见人见众生见寿者见。"我们觉得好像在念绕口令，事实上，把这些相分析下来，佛法唯识里有四分，相分、见分、自证分、证自证分。相分是什么？是观察来的，你所看到的现象叫相分。能够见到这些现象的是你的见分，就像科学上讲的，有个观察的主体，能够观察的思想见解就是见分。但你能够见的，这个知见的见，是你本身本体功能的一部分。你能够把自己的见分放下，就是所谓的自证分。所以《楞严经》里讲"**知见立知，即无明本，知见无见，斯即涅槃，无漏真净**"，你的知见，那个见起了作用的时候，就是见分起作用了，产生了所谓的现象。能够把见分放下来，就找到了自己的自证分，"**知见无见，斯即涅槃，无漏真净**"。然后你真的能够起用无碍，能够行"**无缘之慈，同体之悲**"，证果圆满，照彻整个三千大千世界，证到"**大圆镜智**"，就是证自证分。

我很期待，有同学能从这边切进去，仔细体会唯识四分——相分、见分、自证分、证自证分。

须菩提。若有人以满无量阿僧祇世界七宝。持用布施。若有善男子。善女人。发菩萨心者持于此经。乃至四句偈等。受持读诵。为人演说。其福胜彼。云何为人演说。不取于相。如如不动。何以故。

一切有为法　如梦幻泡影
如露亦如电　应作如是观

不取于相，就自然如如不动，所以《金刚经》讲"一切有为法，如梦幻泡影，如露亦如电，应作如是观"。幻不是没有，当幻存在的时候，幻就是真，譬如你今天吃了一顿好吃的大餐，感觉很舒服，并不是没有，有啊！怎么没有？当幻存在的时候，幻就是真的！那一刹那是真的，不是虚空的，不是断灭的。但要不住于相，如如不动。要怎么做到？就是刚刚我们讲的"知见不生"，要放下你的知见。可能不太容易懂，但我希望能够种个种子在大家的心里，什么时候你体会到了，那我就真是要恭喜你了。

《金刚经》的精要

最后，我们对今天的内容作一个要点的梳理。《金刚经》一路下来，有四个要点。第一点，整部《金刚经》都在教导我们三个字——"善护念"。如何观照我们的念头，如何调御我们的思想情绪，做自己心念的老板。第二点，要无相。要去掉我们的身相、我相、人相、众生相、寿者相。修证的工夫要不取于相，才有办法做到如如不动。第三点，要无住。我们再三讲三心不可得，过去心不可得，现在心不可得，未来心不可得。应无所住而生其心。生什么心？生清净心，正信自己的心，本来就是清净圆满的，那时候就可以证得实相般若。所以信心清净，即生实相。譬如大家碰到很多困难、烦恼的时候，你先把事情摆在一边，不要着急，先把自心清净下来，智慧自然会起来。有了智慧，还要看得破，忍得过，得成于忍。第四点，无愿。整部《金刚经》再三教导我们布施，要发大愿，发无愿之愿。你发大慈悲心做了很多好事，但没有心存慈悲这一念，没有觉得自己了不起，觉得自己就是那么平凡、平常。义所当为，该做就做，这就是无愿。所以《金刚经》讲善护念、无相、无住、无愿。事实上，所有的佛法都包含在其中了。

《金刚经》和《中庸》《论语》

我们把《金刚经》和《中庸》《论语》以及其他经典放在一起比较一下。《金刚经》讲应无所住而生其心，讲信心清净，即生实相，讲得成于忍，要忍得住。《中庸》里讲，"喜怒哀乐之未发谓之中"，也就是我们讲的自性本体，就像我们刚才讲的还没起波浪之前的道体。"发而皆中节谓之和"，并没有叫你忍着自己的情绪，压抑自己，它没有叫你不要发脾气哦，"发而皆中节谓之和。中也者，天下之大本也，和也者，天下之达道也。"核心问题在于怎么做到发而皆中节？当你碰到烦恼的时候，先把自己的心放下来。我记得南老师举过一个例子，有位朋友在外面做官，上面的领导给他难堪，下面的同事给他气受，回家之后他就骂老婆。他也觉得自己有问题，就去问南老师。他说老师啊，我自己也知道有这个毛病，但就是忍不住，怎么办啊？南老师告诉他，以后要发脾气之前啊，先吸一口气，再吐一口气，那时你再看看是不是还有脾气？他就这样做了。结果一个礼拜之后去跟老师报告，老师啊，我好像脾气少多了，现在好像不大会对老婆乱发脾气了！大家看，当你吸一口气，呼一口气的时候，无形中自己已经观察到，我干嘛受情绪的影响呢？干嘛去骂老婆？所以说应无所住而生其心，那时候很自然的，自己的清净心生起来了，智慧自然也就起来了。所以《中庸》和《金刚经》是一体两面的。一个在教你道理，一个在教你方法，大家仔细去体会一下，很有意思。

接下来，我们再看《论语》。孔老夫子教我们做事做人要"毋意、毋必、毋固、毋我"。大家有没有想过怎么做到四毋？其实，这跟《金刚经》的道理是一样的，要无所住，要把所有的烦恼先摆在一边，去观照自己的念头——善护念。我二十岁的时候，刚去南老师那边学习，当时是学儒家的，很喜欢讲自我反省。差不多大半年之后，有一天客人比较少，南老师将我与另外一位同学陈世志叫过去，他说你平常很喜欢讲自我反省，是吧？现在你先把反省的心摆在一边，并没有让你不要反省。那个当下，一刹那间，我很有体会，生起了清净心，那时的滋味不是言语可以描述的。

平凡——三无老人的最后交代

南老师晚年称自己是三无老人，"**一无是处，一无所长，一事无成**"，实际上是话里有话。大家仔细分析，其中大有文章。一无是处，就是无住。一无所长，就是无相，你抓不住它的。有人说南老师是国学大师，他怎么只是国学大师？这些观点都是误解。南老师融通古今，学贯中西。他入世出世皆通达。经纶三大教，出入百家言。一事无成，就是无愿。他修金温铁路，促进两岸达成"九二共识"等，为国家民族做出的贡献太多了！在今天这样的一个时代，幸亏有南老师为我们讲述这么多经典，又有刘雨虹老师带领同学们将南老师讲述的经典整理出版，才能让我们得以去体会古代贤圣们这样伟大的智慧。南老师一生弘扬中华文化，成就千秋事业，这不正是对大乘三法印"无住、无相、无愿"最好的印证吗？

南老师在最后交代我们要平凡。什么叫平凡？无住、无相、无愿，每一个人都是佛，众生平等。我跟大家都一样，没有什么了不起，可能我今天幸运一点，比你多赚一点钱，或者运气不好，比你多辛苦一点，但本质上，我们人人是佛，众生平等。什么叫非平凡？我没有放弃自己想要努力、想要精进的念头，才能成就非凡的事业。就像南老师一辈子，发扬中华文化的正统，他真的都做到了，但他觉得这是自己本来就该做的，就是那么平凡。像我们每个人的母亲，一辈子都在奉献，无私地照顾孩子，但母亲并没有觉得自己了不起，而是将自己的付出看作义所当为的，母亲就是我们身边最平凡又最不平凡的人。所以平凡，非平凡，是名平凡，这就是我们学习《金刚经》的一个体悟，世界，非世界，是名世界。佛法，非佛法，是名佛法。善护念、无住、无相、无愿。

最后回到我们今天的主题"本无所住而生其心"，本来三心不可得。有位同学问我说，你怎么改了经文？不是我改的，这是南老师讲的，本无所住，本来就是这样子嘛！只要我们能够随时放下，让自己的清净心呈现出来，我们的智慧资粮、福德资粮都会随时涌现，它也会帮助我们渡过种种的烦恼、痛苦，成就无限的事业。谢谢大家！

问　答

问题一：人生不如意事，十有八九。您讲忍是切断一切万缘，请问我们如何运用忍的方法，面对生活和工作中的不如意？而这个忍的方法和《中庸》里说的发而皆中节，是一个概念吗？

李院长：事实上，刚刚我在讲的时候，已经有讲到这一方面的。当你碰到各种烦恼的时候，先把这些烦恼摆在一边，让自己的心念清净下来。你去喝杯好茶，听听音乐，或是到外面看看风景等，都是好方法。我们通俗地讲，就是把自己先放空。另外，有些人念一句佛号，或者你信上帝的，好好地祈祷，都是一样的。只要能生起真正的清净心，智慧自然就出来了，这样才有办法真正做到发而皆中节谓之和。并不是说要一味地忍耐，隐忍不发，我想这个还是要分清楚。

问题二：孔子一生不得其时，不得其位，无法大弘圣贤之道。释迦牟尼佛贵为太子，又那么推崇转轮圣王，他为何不选择继承王位，借助他世间巨大的影响力，更好地弘扬佛法呢？

李院长：这个问题事实上是有问题的。我的看法，孔子一生恰得其时，恰得其位，他就选择一辈子走这条道路。你看孔子生活的时代距现在已经两千五六百年了，释迦牟尼佛的时代到现在，也是两千五六百年，到今天，我们仍然推崇他们。假定孔子或释迦牟尼佛做了某一个国家的帝王，了不起也就几十年的风光。所以你说不得其时，不得其位，我觉得是错的。孔子是千秋万世的素王，释迦牟尼佛是千秋万世的空王，永远对人类社会有长久的贡献。包括南怀瑾老师也是一样，他也是走这条文化的大道，也必将影响千秋万世，这是我的观点。

问题三：《金刚经》中说，应无所住而生其心，要我们"善护念"。请问善护念是不是有所住？又譬如念佛、念准提咒、观呼吸等，让我们专一到一点上，是不是也是有所住呢？

李院长： 事实上，这个问题似是而非。刚刚讲"应无所住而生其心"，生什么心？生清净心。你真的把这些念头、烦恼都放下时，一定会很自然，很容易专一。譬如我们写毛笔字，很容易专一，能够知道自己写字的那个心在哪里。它不在写毛笔字这件事上面，不要忘记哦！我再讲一次，你知道自己在写毛笔字的那个心，不在写毛笔字上。所以应无所住而生其心，生什么心？生你本体的清净心，让你本身的念头，真的放下来，很宁静的时候，你要起用，放在写毛笔字上，或思考事情上面都可以的。但那是两个层次的事情，一个是所知，一个是能知，大家去体会一下。

问题四： 您在讲座中提到"忍，切断一切万缘"，后面又提醒我们要注意不要落于"断灭见"。在现实生活中，当我想去"切断万缘"的时候，往往会落于灰心、逃避等断灭见中，能不能请李院长把"切断万缘"和"断灭见"这两点再讲一下？

李院长： 这些都是蛮深的问题，说明问这个问题的同学，也有所体悟。我们说忍是切断一切万缘，并不是什么都不存在了。还是我们之前讲的，先把烦恼摆在一边，去观照它。为什么会有这样的一个念头或情绪起来呢？其实包括我们的念头及心情，以及一切事情都是会变化的。所以切断万缘并不是回避，也不是逃避，更不是压制，而是观照它，善护念。那时候在"过去心不可得、现在心不可得、未来心不可得"之中，让自己清净的那一面生起来，享受这一时的清福，我相信，自然地会有很多福德跟着你而来了。《心经》里所说的，"观自在菩萨，行深般若波罗密多时，照见五蕴皆空，度一切苦厄"，也就是这个意思。

宇宙生命科学的实践
——《楞严大义今释》导读

在这个大时代里，一切都在变，变动之中，自然乱象纷陈。变乱使凡百俱废，因之，事事都须从头整理。专就文化而言，整理固有文化，以配合新时代的要求，实在是一件很重要的事情。

历史文化，是我们最好的宝镜，观今鉴古，可以使我们在艰苦的岁月中，增加坚毅的信心。

这本书的译述，便是本着这个愿望开始，希望人们明了佛法既不是宗教的迷信，也不是哲学的思想。更不是科学的囿于现实的有限知识。但是却可因之而对于宗教哲学和科学获得较深刻的认识，由此也许可以得到一些较大的启示。

无论是科学、哲学和宗教，都在寻求人生的真理，都想求得智慧的解脱。《楞严大义今释》译成于拂逆困穷的艰苦岁月中，如果读者由此而悟得真实智慧解脱的真理，使这个颠倒梦幻似的人生世界，能升华到恬静安乐的真善美之领域，就是我所馨香祷祝的了。

——摘自《楞严大义今释》叙言

各位现场及线上的贵宾、朋友、同学们，今天是我们恒南大讲堂"遇见南师"系列第十一次的课程。这次的题目是"宇宙生命科学的实践"，导读南老师很重要的一部著作《楞严大义今释》。

我第一次接触《楞严大义今释》这本书，是在二十岁的时候，当时我大学二年级。在那之前，我对科学有着崇高的追求，希望透过科学来解答宇宙生命，乃至人生很多的困惑和问题，同时也希望为人类的文明发展找到方向。但后来渐渐发觉纯粹靠科学解决不了问题，包括看到爱因斯坦晚年的一些言论，更感觉到仅仅靠现代科学是有所不足的。那时我就想，是不是我们传统的东西方文化，包括宗教中会有答案？所以我才转到南老师门下去追寻、学习。到南老师那里没有多久，他就让我读这本《楞严大义今释》，同时也看《楞严经》的原文。从那时候算起，到现在快四十五年的时间了，可以讲这两本书我前后看过不下一百次。很多时候，我心里有所感悟就会去书中找，去书中查。南老师在世的时候，我也会去跟他老人家报告自己的心得，请他指点。二〇一二年南老师走了之后，我就只能透过自己的参悟，去得到新的见解，包括修证上的进步。

颠扑不破的永世奇经

事实上《楞严经》是一部很奇特的佛经，是当时印度的国宝，印度曾禁止这本经典出境的。到了我国的唐朝时期，印度的一位法师般剌密帝，他看到中国有大乘气象，所以发愿要把这本经典带到中国来，但几次都没有成功，据说后来这位大师把自己胁下的皮肉剥开，把《楞严经》缝在自己的身体里，才通过轮船到达广州。当时和般剌密帝一起翻译《楞严经》的，是唐朝开国宰相房玄龄的孙子房融。房融因为犯错，被武则天贬谪到岭南做地方官，所以才有了这段译经的因缘。这本经典来历之奇特，房融文笔之美，使它成为中国翻译的佛教经典中的伟大著作。到了几百年后的明代，就出现了"自从一读《楞严》后，不看人间糟粕书"这样的极高赞誉。南老师特别重视这部经，有很多学生向他讨教问题，他就说你去《楞严经》里找，里面都有答案。我不算聪明，但对这本经典的的确确研究过不下一百次。所以今天，我抱着这样的一个心情，来跟大家作心得报告，有所不足的地方，还是劝请大家能够自己去研读。

首先，我们看经题。《楞严经》完整的经题，叫作"大佛顶如来密因修证了义诸菩萨万行首楞严经"，这个经题已经涵盖了这部佛经全部的含义。"大佛顶"，所有佛法里最顶上、最重要、最根本的。"如来密因",佛法最秘密的精要,都包含在其中了。包括我们现在讲的,所谓各宗各派的秘密,所有的精要道理都讲透了。"修证了义",作为一个凡夫想要证道,想要修到佛菩萨的境界,可以透过这本经典找到修行之路,它是了义的、根本的经典。"诸菩萨万行",还不只是对个人的自度自了,还可以入世,进而对社会、对世界能够有所贡献,能够行菩萨道。什么叫作"楞严"呢?"楞严"是梵文的音译,表示颠扑不破、坚固不坏,自性本来清净,常在定中之意。《楞严经》就是这样一部蕴含着无上秘密的经典。

《楞严大义今释》的脉络

接下来我们看《楞严大义今释》。南老师用现代的手法,结合哲学与科学的论点,把《楞严经》的章节进行了重新整理。

第一章,**心性本体论**。学过哲学的同学应该都知道,哲学里有一个很根本的理论,就是我们所谓的本体论。到底心是什么?心的本体是什么?

第二章,**宇宙心物认识论**。这是哲学里很重要的一部分,认识论,我们怎么认知这个世界。

第三章,**心理与生理现状为自性功能发生的互变**。大家看佛法,两千多年前,用这样的几个大类,简单的几个概念,已经把我们心理和生理的现状描述清楚了。这些现状跟我们每个人与生俱来的自性本体功能,到底是怎样的互动关系?

第四章,**物理世界与精神世界同为自性功能的显现**。讲到物理世界,我们现在所谓的自然科学、物理科学与我们的精神世界,与我们的法身自性本体有什么关系？所以它是从哲学到科学一路过来的，南老师用现代的分类来说明这些道理。

第五章，**修习佛法实验的原理**。这不是讲理论，而是告诉我们如何从凡夫开始修证。包含我们耳熟能详的弥勒菩萨、普贤菩萨、观世音菩萨等，他们是怎么修证的，其中的秘密跟我们讲得清清楚楚，所以叫作"如来密因修证了义"。

第六章，**修习佛法的程序与方法**。我们讲十地菩萨，为什么叫十地，之前有十信、十住、十行、十回向、四加行等，这些程序都有一套条理井然且很科学的方法。绝不是我们在庙子里面，烧三根香，求求佛，祈祈福，如此简单。

第七章，**修习佛法定慧中的错误和歧路**。讲在修习佛法的过程里，有定慧不同的境界产生的错误和歧路。释迦牟尼佛很慈悲，把它们都指出来了。

所以《楞严大义今释》是南老师用现代哲学、科学的方法来阐述《楞严经》这部经典的。今天因为时间关系，我们只能讲到第四章。以后有机会，我会继续跟大家分享。

南师著本书的愿望

南老师在《楞严大义今释》的叙言里讲述了著这本书的愿望，希望人们明了佛法：

首先，佛法不是宗教迷信，不只是到庙子里烧几根香，祈祷佛菩萨保佑。

第二，佛法不只是哲学思想。我相信学过哲学的朋友，应该知道很多的名词和明义,也学了很多逻辑的思维方法,但这些好像并没有使我们的身心受用。

第三,佛法更不是科学囿于现实的有限知识,它把整个科学与人生、宇宙生命彻底打通了。

第四,假定我们研究现代科学,会发现人类对科学的认知,还有很多需要不断进步的地方。所以南老师有个很大的期望,他希望我们通过对《楞严大义今释》的研读,对《楞严经》的研究,从而对宗教哲学与科学能够有更进一步的认识。这也就是南老师一直讲的,希望我们继往开来,整合佛法、科学、哲学与宗教,这才是他内心真正所深深祈祷的,所期望的。

阿难遇摩登伽女

大家了解了这样的背景,我们再开始研究《楞严经》的第一章——心性本体论。《楞严经》和所有佛经一样,实际上都是一部舞台话剧,都是佛陀和他的弟子们的对答。如果大家用比较轻松的态度来看,我相信,一定会会心一笑的。

那么,第一幕是什么?大家知道,两千六七百年前,印度也分了很多国家,其中有一个国家舍卫国,国王叫波斯匿。这一天,刚好是波斯匿王的父亲逝世周年祭日,波斯匿王特地邀请释迦牟尼佛和一众弟子到皇宫去享用斋饭,并为自己的父亲做法事,这些都是人之常情,很容易理解。所以各大弟子都跟着释迦牟尼佛入城,去了波斯匿王的皇宫。那天阿难因为其他原因没有跟去,他独自一人到舍卫城的其他地方沿途托钵乞食,这是当时印度出家人的风俗,信众也对出家人很恭敬,都把自己家里最好的饭菜中的第一瓢供养给出家人。那天,阿难不晓得为什么,沿途走到了一个地方,这个地方事实上是一家绿灯户。这个绿灯户的老板有个女儿叫摩登伽女,她看到阿难长得很高很帅,一眼就爱上了阿难。于是就对她的妈妈说,我爱上了这位出家人,这位妈妈挨不过她女儿的恳求,便施了魔咒,把阿难迷住了。正在很紧急的关头,释迦牟尼佛心有感应,派文殊师利菩萨去救阿难,把摩登伽女一起带到了祇树给孤独园,也就是佛陀经常讲经说法的地方。当时,释迦牟尼佛跟波斯匿王讲,我有事情要提前回去。波斯匿王想,今天肯定有特别的事情发生,所以跟着一起来到了祇树给孤独园。这里离皇宫不远,这个祇树给孤独园也是波斯匿王的太子和舍卫城的大富豪给孤独长者共同为释迦牟尼佛建造的讲法道场。大家看看,《楞严经》的开始就是这样的一个背景。

结果,阿难被救出来了,自然是很惭愧喽!他在释迦牟尼佛面前涕泪纵横。他心里想,我这么多年跟着佛陀出家修行,却仍然禁不住这样的诱惑。这时佛陀抓住这个机会,很慈悲地问阿难,我今天问你,当时你为什么要跟我出家?阿难讲了大实话,他说自己不是要追求什么宇宙生命的奥秘,是因为当时看到佛陀出来说法,有三十二相、八十种好——这是佛经的描述,表示一个人所有的好处如英俊、潇洒等,全部都具备了,是无穷的好。所以阿难说,我看您这样漂亮,绝不是一般世俗所能够做到的,心生仰慕,所以才跟着您出家。这就是阿难很实在的回答。这时候,佛陀抓住这个话头,就问阿难,请问你当时看到我的三十二相,起了欣慕这个念头,这个心,能够让你产生欣慕的主人公是谁?用我们通俗的话讲，当时你那个心在哪里？什么是你的心？就是这样的问题。我们会产生爱好喜好，是因为我们有心。大家现在不妨把眼睛先闭起来，不要看我，你先想一想看，自己的心在哪里？找找看，这就叫作学佛。这是佛陀问阿难的问题，你的心在哪里，你拿给我看看，这是一个生命的根本问题。就像当年达摩祖师来到中国，在河南嵩山面壁，二祖神光向他求法。外面下着大雪，二祖在雪地里站了很久，达摩祖师不理他。后来二祖把自己的膀子砍下来，达摩祖师就问他，你到底求什么？他说我此心不安，达摩祖师说"将心来，与汝安"，你的心给我，当时二祖神光说了一句名言"觅心了不可得"，我的心找不到。

我们看阿难怎么回答。他的回答都很实在。他说佛啊，您问我心在哪里？第一个，心在我身内。我们一般讲的心在哪里？在身体里面，就是我们肉团的心脏，因为有这个心，所以我们才能看见嘛。经过和佛陀一番对答，他发觉心好像不在身内，这样说不对。他一想，要么心在身外，因为假设心不在身外，就看不到我的身体，后来又经过和佛陀的一番对答，发觉也不对。阿难又说心在生理的神经根里。就像有一次，我问一位同事，我说心在哪里？他回答我说，心起作用的时候心就在生理的神经那里。像这样，阿难说心在身内、在身外、在生理神经根里、在中间、在见明见暗的作用上，等等，都被佛陀批驳了，最后阿难说无着就是心，也被佛陀批驳了。

这一段佛陀与阿难的七问七答，就是《楞严经》里有名的"七处征心"。心在哪里？拿给我看看。心是什么？我们会觉得很奇特，其实是佛陀故意引导阿难回答。

两种"心"

接下来，佛陀说："**当知一切众生，从无始来。生死相续，皆由不知常住真心性净明体。用诸妄想。此想不真，故有轮转。**"

他说有两种心。各位，假定今天这次课上，你能记得有两种心，那么你就不虚此行，也不枉上网听了这一两个小时的课！佛陀说有两种心，是哪两种心？一种是妄心，也就是我们一般所谓心所起的作用叫攀缘心。第二种心是什么？在这个攀缘心之下，我们底层的心叫根本心，也就是所谓的妙常真心。或许大家会觉得很难理解，譬如我们都看过大海，大海的表面是不是有很多波浪？波浪是一波一波的，很厉害，风浪大的时候可以把千万吨的巨轮打翻，但大家看看大海的深层，譬如一百米以下，永远是湛湛清清，不受任何污染，而且有无穷的力量和无数的生命在里面。我们勉强用大海做比方，表面上的波浪就是我们每个人心里的念头，一波一波不断地往来的攀缘心，但在底层承载这些波浪，能够起这些作用的，我们叫作根本心或妙常真心。

我们再进一步看，什么叫攀缘心。这一段南老师解释得太透彻了，我舍不得删减。大家仔细看看，观照自己的心理是不是这个样子。南老师说："普通心理现状，都在感想、联想、幻想、感觉、幻觉、错觉、思惟与部分知觉的圈子里打转。"我们的心理作用是不是这样的？这些总体的作用加起来叫作妄想。但妄想并不坏哦！只是心的现象。所以有时我们讲佛法里的妄心，好像是很坏的事情，其实并不是，只是我们的心起的作用，这些攀缘心就像波浪，一波一波、一层一层的，犹如钩锁连环，停不下来。譬如，你想到晚上要吃红烧肉，口水就流出来了，思绪一钩，会一直想下去，互相连带发生关系，由此到彼。我们念头就是这样子，就是这么联想出来的。心里必须缘着一事一物或一理，停不住的，有攀取不舍的现象，所以叫攀缘心。等到你要睡觉了，或者有另外一件事情，把你的念头拉走了，这都叫攀缘心。实际上，我们一般所谓的心都是指这个攀缘心，也就是所谓的妄心。

另外有一个心，也就是佛陀以及南老师希望我们去认知、去体会、去寻找的妙常真心。我们刚才拿大海打比方，不要只是看上面的波浪，要看到海面一两百米以下，澄澄净净的那样一个大海深层的本体。假定我们能够把身心、物理、精神的这些表面攀缘的现象，它们互相关系所产生的各种因缘都暂时放下来，各自归返其所以生起攀缘的本位，那时你会发觉自己的内心是很清净的。这个本来清净，是能感觉、能觉悟，又是明明白白，很寂静的，这才是我们自己的心的本体，这时候它自然会超然独立出来。我们人世间，为什么有生生死死？大家去看看自己的念头，能够安静得了吗？安静不了的。为什么？我们的念头就像波浪一样，一波又一波，一串又一串。我们很少倒过来去找波浪里真正根本的东西，那个澄澄清清海底的水。所以佛陀说要把这两种心看清楚。

讲到这里，分享一个我个人的经历。在去南老师那里学习之前，我也对人生宇宙带有很多疑惑。所以除了科学著作之外，我也去找其他各家各派的书。后来，看书看到头都大了。去南老师那里学习之后，前三四个月，他没有跟我谈任何事情，只叫我读

《货殖列传》。我心想，这不是我来跟您学习的目的。但不管怎么样，老师既然这么讲，我也就学了。有一天晚上，客人都走了，他把我跟另外一个同学陈世志一起叫到他书桌前。他说，李慈雄啊，你天天讲自己在反省，是吧？我说，是啊。他说，你现在先把那个反省的心摆在一边，先不要去反省，你看是什么感觉？大家知道，我们在反省的时候，心念会一步一步地勾连攀缘。南老师说先把反省的心摆在一边，事实上，那是南老师第一次接引我，让我体会到，除了一段一段的攀缘心之外，还有个东西。这个东西是什么？你要去找。那时我二十岁，第一次体会到妙常真心。那天晚上，老师同时开示了《心经》和永嘉大师的《证道歌》，现在回想起来，多少感念他老人家啊！我把个人经历向大家报告，是想告诉大家这些学问不只是理论性的。你如果找到了，我相信你的生命会充满能量，无比的精彩。

大家可能都是第一次听到"妙常真心"这个名词，你或许会问，妙常真心的境界是什么？我们讲堂后面，挂着南老师的两幅字，勉强讲就是妙常真心的境界，**天机清旷长生海，心地光明不夜珠**"，怎么说呢？我们的心境，就像天空一样，无量无边，又是活活泼泼，清清净净的。"旷"是很空旷，无垠的，本身具有生生不息的力量，承载着整个宇宙的万事万物。另一方面，"心地光明不夜珠"，妙常真心本来是圆满的、光明的，充满整个宇宙。自性是光明的，没有变过，没有动过，勉强来说这就是妙常真心的境界。

天機清曠長生海

心地光明不夜珠

南懷瑾

抓不住的念头与烦恼

好，讲到这里，大家不要忘记，释迦牟尼佛和阿难的对答还没有结束，阿难兜了老半天，讲心在哪里。佛陀告诉他说，你刚刚讲的心都是攀缘心，一般人们是被攀缘心牵着走的，你要去找到妙常真心。

这个时候，佛陀的弟子憍陈那站起来报告了——佛陀悟道之后，第一个度的就是憍陈那。他说您今天讲的就是我悟道的因缘，您说我是得道解脱的。我为什么能得道解脱？就是因为悟到了"客尘"两个字。客是客人，尘是像粉尘一样，抓不住的，一扫就掉了，不扫也会被风吹掉，随时在变化，像海面上的波浪。憍陈那说，我悟到了"客尘"烦恼，这些攀缘心上的各种现象，都不是我们的主人。一般的众生认定念念变动无住的意念，生起灭了，灭了生起的作用，将其当作自己的心性，而遗失了真心自性的本体，颠倒行事，所以才有无尽的烦恼。就像我刚刚让大家闭上眼睛，回转过来观照自己的念头，念头起来了，又下去了，抓不住的。譬如现在想到要吃红烧肉，接着又想到明天要去张家界玩，第三个念头又想到今天老婆把我骂了一顿，很不开心。念头不断生起，又灭了，你抓得住吗？就是我们刚刚讲的大海里的波浪，你是抓不住的。

我再讲一个禅宗的故事，禅宗有位很有名的善知识——马祖大师，他是四川人，后来到江西弘法，他门下有七十二名大弟子，其中百丈禅师是他得法的大弟子。可以讲，中国禅宗一千多年来能够这样维系下来，跟他们师徒二人有很大的关系。百丈禅师从小就跟随着马祖出家，做他的侍者，照顾他的生活起居，一直在修学，但也一直没有悟道。今天大家听了课程，听到妙常真心如果没有懂，是很正常的。像百丈禅师这样了不起的人，一直跟着马祖修行，也没有悟进去。有一天傍晚，差不多是在江西宜春那个地方，风景很美，他们师徒在庙子外面散步。马祖看百丈，知道这个徒弟悟道的时机因缘到了。刚好他们面前有一群野鸭子，哇，一下子飞过去了。马祖就问百丈，那是什么？百丈回答说野鸭子飞过去了。没有错吧？百丈这么讲很实在啊，野鸭子飞过去了。马祖是四川人，他长得很高大，用手指很用力地把百丈的鼻子狠狠捏了一下，百丈痛得哇哇叫起来，马祖说你再说说看。百丈这时候懂了，一直在点头，意思是说：师父啊，我懂了！我懂了！百丈懂了什么？大家去参参看，野鸭子飞过去了。我们刚刚这些心念，攀缘心就像波浪一样都过去了，我们要去找到那个不动的妙常真心。还有很多故事，以后我们有机会再讲。

这就是《楞严经》的第一阶段第一幕，释迦牟尼佛在问阿难，心在哪里？什么是心？他归纳有一个叫攀缘心，有一个叫妙常真心。大家这么听可能会觉得很困惑，这很正常。

三岁观河，百年视水

接下来，第二幕出来了。大家还记得吧，波斯匿王是跟着佛陀来听法的，舍卫国是当时印度最繁荣、最强大的国家之一。人最怕的是什么？最怕死。波斯匿王虽然贵为国王，但对生死依然无能为力，这也是我们人类共同的问题。波斯匿王听到释迦牟尼佛说有这样的一个妙常真心，就问佛陀说，我已经六十岁了，外道说人死后灵魂就断了，人死如灯灭，讲穿了就是从这个宇宙世界里消失掉了。大家注意，一个贵为国王、皇帝的人，可以说权力无边，但他担不担心自己死后会怎么样呢？譬如秦始皇，历史上这些帝王哪一个不怕死？哪一个不担心死后如何？

我们看波斯匿王怎么说，这段佛经翻译得真优美，真漂亮！**"世尊，我此无常变坏之身虽未曾灭。我观现前，念念迁谢，新新不住。如火成灰，渐渐销殒。殒亡不息，决知此身，当从灭尽。"** 他说佛陀啊，我这个身体每天都在变化，细胞每天都在新陈代谢，每天照镜子，总觉得自己一天比一天衰老。就像一根木头不断在燃烧，最终会变成灰烬，我知道自己迟早会死掉的。他问佛陀该怎么办啊？我死了之后是不是像外道讲的一样，人死如灯灭，什么都没有了？

佛陀很会安慰人，他说大王啊，**"汝见变化，迁改不停，悟知汝灭。亦于灭时，汝知身中有不灭耶"**？你知道自己的身体每天都在变化，迁改不停，知道自己最终会死亡，但你知不知道在每天的变化之中，乃至你死了之后，有一个永远不灭的东西？这样一个个不跟着这些表面现象变化的，即使死后依然永远不灭的东西，大家想不想找到？我不知道大家的想法，但我想找到！

这时，波斯匿王眼睛亮了，振奋起来了，**"合掌白佛，我实不知"**。他说我实在不知道！他想不想知道？当然想知道。接下来，佛陀对波斯匿王讲，**"我今示汝不生灭性"**，我今天给你展示，有一个东西，不跟着这些表面现象变化的。波斯匿王很高兴，聚精会神地听。佛陀的教育方法都是问答引导式的。"**大王，汝年几时，见恒河水？**"他说大王，你几岁的时候看过恒河的水啊？波斯匿王说："**我生三岁，慈母携我，谒耆婆天，经过此流，尔时即知是恒河水。**"三岁的时候，我的母后抱着我经过恒河，我就知道这是恒河。佛陀进一步问："**汝今自伤发白面皱。其面必定皱于童年。则汝今时，观此恒河，与昔童时，观河之见，有童耄不？**"他说现在呢，你的头发已经白了，脸上的皱纹也起来了，而你三岁的时候，脸上很有光泽，没有皱纹。佛陀说，请问大王，你三岁时候看恒河，那个能看的功能，跟现在六十几岁了，能够看的这个功能有差别吗？这是一个好问题。譬如你今年六十五岁了，或者四十几岁，或者十几岁，都没有关系，请问我们能够看的这个功能，这个自性有变化吗？大家想想看，有没有变化？譬如说我每天要照镜子，我十岁的时候照镜子和现在六十几岁照镜子，这个能够看的见性，见的功能有变化吗？这是佛陀的问题，很科学吧！佛陀告诉波斯匿王，"**汝面虽皱，而此见精，性未曾皱。皱者为变。不皱非变。变者受灭。彼不变者，元无生灭。云何于中受汝生死。而犹引彼末伽黎等**"。你的年纪大了，脸上虽然起了皱纹，但能够看的这个精明，这个能够看的性能，没有变过。所以"**三岁观河，百年视水，同此真实**"，怎么受到末伽黎这些外道的影响，以为人死如灯灭呢？

从这里引申下来，"**生老病死，但为形变，固有不变者在也**"，人死了之后，生命本来可以知觉、感觉的这个东西变过吗？答案是没有变！并不是我们一般讲的，死后就如灯灭了。所以我们的生命虽有生老病死，但那都是表面现象，就像大海的波浪，一层一层地变化，但有一个不变的，就是我们讲的妙常真心。

如何认识自性

我们怎么去认识这个妙常真心呢？佛陀提出来叫能见的自性，我们要体会什么叫能见的自性，反过来问自己，能见的功能和所见的现象是一回事还是两回事？大家不妨把眼睛闭起来——请问你看到什么？好，我帮大家回答，看到眼前白茫茫灰蒙蒙的一片，是不是这样的？能不能看见？当然能看见。

记得南老师在世的时候，有一次苏州盲人乐团来拜访南老师，给在座的表演，我们当时都很感动。南老师给他们信心，问他们，你们看得见吗？他们都说看不见。南老师说，错了，你们都能看得见，只是看到前面白茫茫灰蒙蒙的一片，你们能够看见的那个本能是在的，没有变过。现代科学也证明了这一点，有人愿意捐献眼角膜给一个盲人，这个眼角膜一换上去，盲人就复明了。这表示什么？他本身能够看见的功能一直在，只是眼睛这个器官受损了。我们做个比喻，眼睛这个器官就像硬件，眼角膜是器官硬件的一部分，眼睛看不见了，就是因为眼睛这个硬件受损了。但能看见东西还要有很多软件，要有操作系统，能够见的这个自性功能就像软件一样。硬件、软件要整合起来，你才能看到东西。所以南老师告诉他们说能见的自性，是你自己本身与生俱来的，不因为你眼睛的好坏，各种因素不同而变化。

譬如今天在这个讲堂里有桌子，有椅子，我们一般的众生往往会被外界的境界，乃至万事万物，或者自己的身体牵引走了，以为那些就是你生命的全部，也就是所谓被物质牵着走了。但大家不要忘记，能够看见这些物质的，是我们能见的自性，这能见的自性不在你看到的桌子、椅子或者山河大地上，它是"**大而无外，小而无内**"的。能够见的这个自性本身，不受外面这些物质的影响。

不汝还兮复是谁

接着释迦牟尼佛进一步说见性的真际。我们刚刚讲的，能见的自性，它真实的面貌是什么？是在你看到的光明里面吗？不是，因为光明是太阳给你的。是在黑暗里吗？也不是。自性能够见的这个本能，不在这些上面。"**明还日轮，暗还黑月，通还户牖，壅还墙宇，缘还分别，顽虚还空，郁埻还尘，清明还霁。**"把这八个方面，即我们一般讲所谓的物质现象、物理现象都打破了，这就是所谓的"八还辨见"。所以这里《楞严经》有一句名言"**诸可还者，自然非汝**"，这些能够还掉的，都是外面这些客尘烦恼，我都还给你了，这不是我本来的自性，都不是我自己作为老板，作为主人公的东西。"**不汝还者，非汝而谁？**"能够还的都还给外面了，你把所有的攀缘心都放下，还有个还不掉的，很灵明清净的自性本体就显现出来了。

所以，南宋的天目礼禅师写了一首悟道的偈子：

> 不汝还兮复是谁，残红落满钓鱼矶。
> 日斜风动无人扫，燕子衔将水际飞。

他说"不汝还兮复是谁",所有能够还的东西都还了,所有攀缘上的东西全部都还掉了,都放下了,那时候自性的光明,清清净净、明明白白地就呈现出来了。"残红落满钓鱼矶",很漂亮的晚霞,落满钓鱼矶。"日斜风动无人扫",太阳快落山了,叶子掉在地上,心里的念头就像落叶一样,你也不用去打扫,那时候的心境,清清楚楚,明明白白,这时你去体会妙常真心的境界。"燕子衔将水际飞",你看这个境界多轻松自在,活活泼泼!所以学佛、学禅不是呆板的,大家要去体会我们一开始讲的妙常真心,去体会我们能见的自性。也就是一开始,波斯匿王担心的,死了之后怎么办?你真的找到了,也就不再畏惧所谓的生死了。

自性本体与功能

所以,佛陀进一步说明,"**不知色身,外洎山河虚空大地,咸是妙明真心中物。譬如澄清百千大海弃之。唯认一浮沤体,目为全潮,穷尽瀛渤**"。他说,你不知道我们的身体,包括外面的山河虚空大地,都是从妙明真心中显现出来的。本来很美妙,永恒存在,而且是光明清净的。但很遗憾,我们一般的众生忘记了自己的生命本来就是这样伟大,涵盖一切,把原来生命本体的伟大宝贝放弃了。就像一个"大老板",本来拥有整个宇宙,但都放弃了,"唯认一浮沤体",反而去抓一个小的水泡,认为这就是生命的本体,以为这就是生命的全部。所以佛陀就直接指出来妙常真心是什么。它本身是有体有用的,它是"弥纶天地,开物成务"的。就是我们刚刚讲的,大海可以承载几千万吨的巨轮,可以养活几十万亿、几百万亿的生物,可以产生各种作用。"大而无外,小而无内",我们的妙常真心你看不到它,但它又无所不在。"放之则弥六合,卷之则退藏于密"。很可惜的是,我们一般的众生找不到,感受不到。所以佛陀也好,南老师也好,希望我们能找到生命真正的本来面目,而且还能够真正起用。

南老师曾经题写过四个字"心外无佛",大家可能不明白这个心是指什么心。我今天明明白白地讲,这个心就是妙常真心,是我们每个人生命本体真正的真心。什么叫佛?佛就是妙常真心,是一回事。我们每个人都有,你的、我的、大家的都是来自同一个本体,从妙常真心变化出来的,只是表现方式不同,就像大海的波浪,不断地变化。

接下来,我们看这个妙常真心和我们个人生命有什么关系,这是我们该问的问题。假定我们把每个生命个体,剖析来看,有六根、六尘、六识,就是佛法讲的十八界,很科学的。

六根是眼耳鼻舌身意,六尘是色声香味触法。我们看到外面的种种现象,包括颜色,都属于色。大小不同的声音,是声。闻到的气味,是香的或是臭的。还有味,不同的味道。触,感触、触觉。法,你的念头及各种的理念都是法。但如果只有六根,就像我们刚刚讲的，只有所谓的电脑硬件，起不了真正的作用，还需要有电脑软件，也就是六识。眼识、耳识、鼻识、舌识、身识、意识。我们之所以有生命，是因为我们有知觉和感觉。眼识、耳识、鼻识、舌识、身识和意识，体现在我们的知觉和感觉里。

这里佛陀再进一步分析了，不管你是不是接受，都不能不佩服，两千多年前，他用这样的几个大类，来分析我们的生命，反观我们的身心。他说我们的身心都是"根尘识"同时结合产生作用的。就像今天，我看到我们的张总，是我的眼睛在起作用，但不要忘记，我之所以知道他是张总，是因为我的"识"也在里面起作用，在我的数据库里，我知道，哦，这位是某某，那位是某某。

大家再仔细看看，我们在做的任何事情，每天根尘识都在变化，刹那生，刹那灭，缘起性空，凑在一起就发生作用了，等到作用过了，又变化了。但那个能见的自性功能本身没有变过。就像我们刚刚讲的，海水的本体没有变过。

佛陀进一步讲到我们的心理与生理现状乃是自性功能发生的互变。你看自然界，我们讲的生理跟心理，大海上的这些波浪在变化，自然界一切现象都在变化，形相随时在变化，就是我们讲的幻化，实际上你不幻化，也不可能。就像每天照镜子，发觉今年总是比去年稍微衰老了一点，这种幻化、变化的现象是很自然的，它形成自然界的形形色色，但不要忘记，你那个妙常真心的自性本体没有变过，仍然是灵妙光明，不随变幻而变化。就像刚才波斯匿王问佛陀的一样，妙常真心没有跟着这些变化而变，所以我们要找到生命的本体是什么，找到生命真正的根源是什么。

在这里，佛陀讲了所有学佛的人都要记得的三个字叫"如来藏"。什么叫如来藏？这个藏有好几层意思。第一层"所藏"，它像一个无边无界的数据库。这个数据库是永远跟着我们走的。第二层"能藏"，它又具有无穷无尽储存及运算的功能。这个数据库不需要你购买，是我们与生俱来的。第三层"执藏"，这些数据是很执着的，会把你抓得牢牢的。每个人的数据库，都跟着这个人走了一辈子，还要走无限的辈子，所以佛陀说"**假使经百劫，所作业不亡。因缘会遇时，果报还自受**"。有一次我跟南老师报告说，现在很多人讲云端数据库，南老师笑了，说有点接近了。但电脑云端你还要付钱去买，我们每个人自己的云端数据库，是与生俱来的。你放心好了，丢不掉的，它永远跟着你，你所起的每一个念头、一切行为都永远跟着你，一般的人就跟着业力不断地流转下去。但修行的人可以把它净化、转化、升华。

在这个自性本体妙常真心中，这些生死迷幻都是像水泡变化一样的表面现象，殊不知生命去来的作用，都是自性本体功能的现象显变。同时如来藏本身却拥有无限的生命功能，生生不息，生起无限的作用。这个称为如来藏或者真如的自性永远住于灵妙光明、如如不动的本位，周遍圆满十方。在自性本体的真常当中，求其去来生死与迷悟，也都是时间空间里的变幻现象，其实在自性本体上，根本了无所得。所以刚刚讲到的百丈禅师，他在晚年的时候，写了一首偈子：

灵光独耀，迥脱根尘。

体露真常，不拘文字。

> 心性无染，本自圆成。
>
> 但离妄缘，即如如佛。

"灵光独耀"，我们刚刚讲的妙常真心，自性光明，不是我们一般讲的所谓电灯的灯光。"迥脱根尘"，六根六尘全部脱离，都放下了。就像南老师教我的，把这些所谓的反省的各种念头都先暂时摆在一边。"体露真常，不拘文字"，那时候你去体会一下，不加任何理论，什么都放下了，才是我们生命本来真正独有的东西。"心性无染，本自圆成"，妙常真心本来清净、圆满具足。"但离妄缘，即如如佛"，你离开这些攀缘的一切妄缘，就是如如佛。我们刚刚讲的"心外无佛"，也就是找到了那个真常的妙心。

宇宙生命本体的七大功能

接下来，我们讲《楞严经》的第四章。物理世界、精神世界，与我们的自性本体功能到底是怎样的关系？我们刚刚讲到妙常真心和攀缘心，也讲到能见的自性功能不随这些外境外相而变化，我们要去找到我们生命本然的本体。我们的身体有六根，眼耳鼻舌身意。意根包括的范围不只是现在说的大脑，大脑可以讲只是身根的一部分。这个意根以现代科学的说法，到底在我们身体的什么部位？还不知道，还在研究之中。目前美国的大学里，有不少机构都在研究与生命科学相关的课题，都在追问这些问题。

佛陀讲，我们这个宇宙生命本体有七大功能。大家可以去看看早期的希腊哲学，还有西方其他各种哲学，都有类似的说法。但

宇宙生命本体的七大功能作用

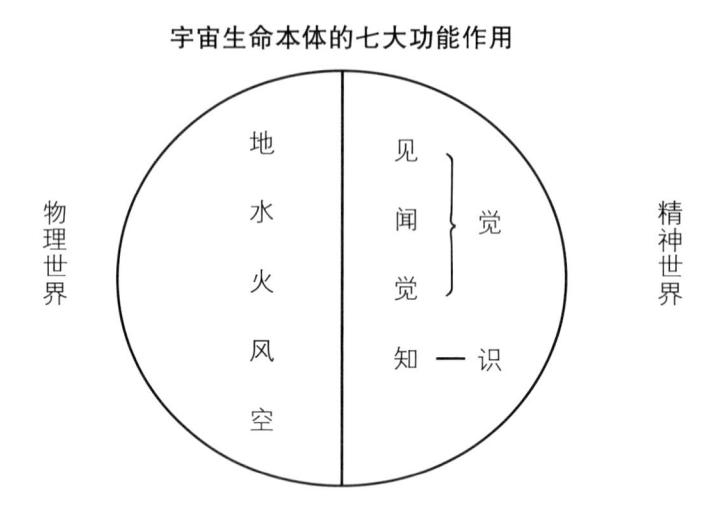

物理世界：地水火风空

精神世界：见闻觉知——觉、识

佛陀分析得很有意思，宇宙世界有物理世界，有精神世界。物理世界包含地、水、火、风、空。大家不要把这个"地"认为是踩在地板上的地。地是什么？一个坚固性的功能。譬如一块木头，有地大的功能，里面有能量。水是什么？流动的，有形体有物质的。风是动能，是能量，但没有物质。火是热能。还有一个空是虚空。这个空是物理的空，但我们现在对整个虚空，物理的空，还在研究。最大的能量来源在哪里？人类还没有找到，或许就在虚空之中。佛法特别强调"空大"，它讲我们这个有形的世界就在虚空之中。事实上，你看现代天文、物理等科学，已经证明我们这些行星都是飘浮在浩瀚的宇宙虚空之中。人类对于虚空、宇宙生命科学的探讨研究，还在日新月异地发展着。一百年前，如果你说人类将来在月球上可以与地球上的人通话，大家一定会认为你是疯子。所以人类不要被眼前的科学局限住，一切都在变化发展之中，这是我们说的物理世界。另外，精神世界就是感觉与知觉。我们生命之所以存在，是因为我们有知觉、有感觉，假定没有知觉,没有感觉,就无所谓生命了。其实,物理世界与精神世界是相互交感,彼此影响的。

所以,佛陀进一步分析。他说地、水、火、风、空这五大是无处不在的,他说世界的一切本来都是无远弗届的,都在如来藏中,只是各种形象的变化不同而已。他讲物理世界,众生世界,心意识精神领域,我们任何人自性本体里,都有感觉和知觉的作用,在这些感觉和知觉下面,有一个本体的东西,就是我们一直在用大海做比喻的那个本体,那个能见的自性,湛湛清清,清楚明白,周遍宇宙,没有处所,大而无外,小而无内,你抓不到,但又处处能感受到。

我们生命的本体,就是我们刚才说的妙常真心。它的功能叫如来藏,一切见闻觉知,感觉知觉,包括物理的地、水、火、风、空,都是如来藏本体功能的表现,没有生过,也没有灭过。学佛究竟学什么?就是要把这个问题弄明白,同时能够掌握它。如来藏包含这七大功能——地、水、火、风、空、觉、识,我们刚才讲了,宇宙万象无非都是物理、物质能量互变的幻影,因为看到这些幻影,所以产生个别及群体的各种见解。但那个能变的本体寂然不动,没有变过。所以《中庸》上引用《诗经》里讲的"**上天之载,无声无臭**",《易经·系辞》讲"**易无思也,无为也,寂然不动,感而遂通天下之故**"。都是在讲同样的道理,此心同,此理同。大家看,两千多年前,中国和印度的文化还没有沟通过,东方有圣人,西方有圣人,他们讲的是一回事,仅仅在表现的手法、方式上有所不同而已。

阿难及大众的心得

尔时阿难，及诸大众，蒙佛如来，微妙开示，身心荡然，得无罣碍。是诸大众，各各自知，心遍十方。见十方空，如观手中所持叶物。一切世间诸所有物，皆即菩提妙明元心。心精遍圆，含裹十方。反观父母，所生之身，犹彼十方，虚空之中，吹一微尘，若存若亡。如湛巨海，流一浮沤，起灭无从。了然自知，获本妙心，常住不灭。

阿难和大众听到这里无限感慨，因为从来没有人向他们展示过生命的本体是如此伟大，生命并不只限于我们那么渺小肉体的。所以阿难与法会上的所有人，"身心荡然，得无罣碍"，发现自己原来那样执着的个体生命，却像想抓住的小水泡一样，那么渺小。"各各自知，心遍十方"，他们的器量、心胸一瞬间就放大了。也明白了"一切世间诸所有物，皆即菩提妙明元心"，都是如来藏的变化。反观父母所生的我们这个身体，就像大海中一个小水泡，一粒微尘。但大家也不要小看我们这粒微尘，它与自性本体是一样伟大的，都是自性本体功能的一部分。所以"了然自知"，我们个体生命虽然这么短暂，在这地球上仅仅存在几十年寒暑，但也是非常珍贵的，只要能够回到自性本体，随时都是那样的光明伟大。譬如浙江大学校歌的作词者马一浮先生，大家知道他为什么叫马一浮吗？这个名字是他学佛之后，自己取的。就像我们刚刚讲的一颗浮尘。但这个浮尘伟不伟大？绝对伟大，能够通天通地。

所以我常常劝大家去看看浙江大学的校歌歌词，体会一下它器量之澎湃。

于是阿难站出来报告，在印度的文化里叫偈颂：

妙湛总持不动尊，首楞严王世希有。
销我亿劫颠倒想，不历僧祇获法身。

他说佛陀啊，今天您引导我们，为我们开示，让我们认识到自性的本体，它不跟着外在生命现象而变化，是那么美妙，那么清净，那么纯洁，又包含一切，颠扑不破。原来我们的生命是那样伟大，那样具足，那样圆满，那样光明清净，这个世界上没有比它更伟大的了。"销我亿劫颠倒想"，他说我几亿辈子以来，我的思想都在攀缘心上颠倒流浪，您把我这些攀缘心、颠倒想都灭除了，让我回到自性本体的如来藏里去了。"不历僧祇获法身"，我不用历劫修行，当下便体认到了自性本体这个法身。后面还有很长的句子，表达他的感叹及祈愿，《楞严经》用阿难的这个偈颂，总结了我们刚才讲的妙常真心。

妙湛总持不动尊　首楞严王世希有
销我亿劫颠倒想　不历僧祇获法身
愿今得果成宝王　还度如是恒沙众
将此深心奉尘刹　是则名为报佛恩
伏请世尊为证明　五浊恶世誓先入
如一众生未成佛　终不于此取泥洹
大雄大力大慈悲　希更审除微细惑

> 令我早登无上觉　　于十方界坐道场
> 舜若多性可销亡　　烁迦罗心无动转

富楼那的问题

大家以为《楞严经》到此结束了吗？这时佛陀的十大弟子之一，说法第一、辩才无碍的富楼那尊者登场了。大家看他与佛陀之间的对答，他问佛陀："**若此世间之山河大地，形形色色之万有世间相，究竟胡为而来者？**"世尊啊，照您这么讲，我们本来都是在妙常真心自性本体里，光明清净，为什么还要修呢？为什么还有那么多世间相？人间还有那么多贫穷疾病等痛苦？这些形形色色的万有世间相，是怎么生起来的？

在看佛陀回答之前，我们不妨看看《易经》，看看我们最早的中国文化是怎么看这个事情的。《易经》怎么说？《易经》说我们宇宙生命原来叫太极，姑且叫它妙常真心，或叫如来藏，都可以。太极是寂然不动的，因为有缘分凑足，感而遂通。这个太极本身，具备了阴阳两种相生相克的功能。阴和阳都是动能的代名词，大家不要以为阴阳只是讲男女。阴阳相生相克，我相信我们在座的很多人都有这样的经验，很多事情一旦有了一面，就会有其反面。不管是个人，还是家庭、企业，包括我们现在讲的资本市场都有相生相克，也就是相反相成的力量，它的功能不断在变化。大家也许会问，这是什么道理？本来就是这样，从来如此。但真正的太极又是浑然一体的，阴阳正反相生，就产生了万物万象。万物万象一旦产生，就像一个男人和女人结婚之后，生了孩子，孩子也变成一个太极，这个孩子长大后又找了对象，又生了下一代……一事一物，又各具一太极，重重叠叠，无穷无尽。我们宇宙众生，难道不是这样来的吗？这是《易经》的说法。

我们再看佛陀怎么说。他说宇宙世间物质的形成，那个太极自性本觉，元自灵明。因为明极而产生妄动，于是产生照明感觉的功能，起了作用。这个后天妄动的照明功能起了作用之后，就形成有所为的功用。有了这个功用便产生各种妄能。佛陀进一步讲，这些妄动，在相反相成的同异对待变化之中，又彼此扰乱，产生各种物理的变态现象，所以才形成有形的山川河流等世间的一切。

不知道大家有没有看过一本书，叫《无中生有的宇宙》。作者是美国一位著名理论物理学家劳伦斯·M.克劳斯，他二十五岁就当上了麻省理工学院的全职教授。他最新的理论观点是，符号不同的演变，造就了宇宙的万事万物。可见现在有的科学研究与《易经》《楞严经》的世界观、宇宙观方向相近。

我们现在来看众生世界。为什么会有众生世界？因为众生有知觉，有感觉。但为什么有知觉、有感觉就会形成这个世界？有个很大的秘密，在《楞严经》里很明白地讲出来了，叫**"异见成憎，同想成爱""同业相缠，合离成化"**。譬如不同意见的人容易产生对立，就是异见成憎，同样观感的人，很容易走到一起，就是同想成爱。所以我们常常说，中国人的玉皇大帝一定是中国人的样子，西方人的神一定是西方人的样子，同样的想法和观感就具有同样的业力。譬如我们常常讲的夫妻相，别人一看就知道这是一对夫妻，因为同样的业力会相互缠绕，合离成化，不断在变化，不断在演变，阴阳彼此互动，就是这样一个功能的变化过程。

所以你看佛陀在《楞严经》里，用这样的方式在描述，在设法剖析我们物理世界和众生世界。他进一步讲，物理世界和众生世界，离不开两个根本要素，一个是时间，一个是空间。可以讲，对我们限制最大的就是时空。你说宇宙有界限吗？时间、空间有限制吗？没有限制的。时间与空间是无限的，它本身一直在不断地演变。所以对待尘劳在不断的交互变化之中，不要忘记那都是我们的妙常真心演变的现象。从我们小小的身体可以看到整个宇宙生命的本体，每个人都是那么伟大，所有众生都是那么伟大。真的认清楚这一点，你就会看到事物自然地演变，就会活得很自在，怡然自得，安然住在这个人世间。我们看现代科学对这方面有很多研究和探索，我的看法是，科学还在不断地研究中，还没有定论，没有对错之分，但在往这条路上走。所以南老师讲，传统的宗教挡不住科学的研讨，以前的传统宗教，未来若不能与科学、哲学、个人身心整合在一起是不可能有生命力的。所以我们要继往开来。

接下来，《楞严大义今释》第五章讲"修习佛法实验的原理"，大家耳熟能详的很多佛菩萨，都在这里把修行的奥秘透露出来了，包括普贤菩萨、观世音菩萨、弥勒菩萨、富楼那、憍陈那，等等。

第六章详细讲"修习佛法的程序与方法"，包括十信、十住、十行、十回向、十地、四加行以及等觉、妙觉，一直到成佛，是有一套严谨的程序。所以学佛不只是磕头烧香而已。

第七章讲"修习佛法定慧中的错误和歧路"。事实上，不只是修行佛法，所有的修行过程，不管哪一教都一样，容易走岔路。

第七章里很清楚地指出五十种境界。有心的同学，应该仔细去研究，可以具体去对照，避免走错路，走弯路。

由于时间的关系，这里第五章、第六章、第七章，我们不能深入地讲下去。但大家注意，世界上有哪一种学问能够把平凡的人生升华到整个宇宙生命本体的高度呢？《楞严经》就是这样一本经典，很值得大家深入研究。

《楞严经》与南老师的祈愿

我们现在作个总结。《楞严经》是从阿难一念糊涂的现实人生基本身心说起的，是一部从心理生理的实际体验，进而达致哲学最高原理的纲要，它建立了一个妙常真心的假设本体，但大家不要忘记，不是真有个妙常真心！它有别于我们一般现实应用的攀缘心、妄心，但又不是一般哲学理论所讲的纯粹唯心论，纯粹偏向心理的。《楞严经》是讲心物一元，它假名于一个真如本体，好像有个东西，但它是真的吗？它无所在，无所不在，所以叫"真如"。

《楞严经》在两千多年前，很系统性地说明了心物一元的原理。它说物理世界的形成乃由本体功能动力所产生，因为能与量的互变，构成形器世间的客观存在，但真如本体仍然是个假名。它从身心的实验去证明物理世界的原理，又从物理的范围，指出身心解脱实验的理论与方法。

我们每个人的自身生命里，自性本体里涵盖物理世界、精神世界所有的功能。你觉得自己是那样渺小，但又是那样伟大。为了说明本体和所起的作用，我们有时候叫它如来藏，有时候又叫它佛，或叫它真如，或叫它妙常真心。所以它是从自我身心的实验去证明宇宙生命的原理，同时又与我们修行的方法结合在一起。

南老师写《楞严大义今释》的那个时期，常常是日间忙于各种事务，每到深夜才能动笔，经常连宵不寐。但他的心却是湛然不动，清清楚楚，怡然自得。大家看《楞严大义今释》里用的每一个字，真是太了不起了。南老师就是希望我们在念《楞严大义今释》的时候，能够悟得真实的智慧及解脱的真理。希望我们每一个处在颠倒梦幻世界里的众生，不要一直苦苦纠结在自我这个小小的水泡之中，不要攀缘不息，不要无限无穷地纠缠下去。我们所有人都能够升华到恬静安乐的真善美的境界之中，这才是南老师为之馨香祷祝的。假定通过我们共同的研习，大家能有所体会，那我们便对得起他老人家及往圣先贤了。

最后，我用南老师的一首诗，作为今天课程的结尾。

万古千秋事有愁，穷源一念没来由。
此心归到真如海，不向江河作细流。

"万古千秋事有愁"，我们看历史或回想自己的人生，有时会为自己而掉泪，觉得好像很辛苦，有很多的忧愁，忧愁天下事，忧愁国家，忧愁企业，忧愁亲人。"穷源一念没来由"，但当你去看这些念头，它们是从哪里来的呢？就是因为攀缘，一念一念过来的。你把这些攀缘心都放下来，就像南老师教我的，把那些念头暂时摆在一边。不是没有，你不要操心，它不会跑掉的，它会永远跟着你，永远都在如来藏里。"此心归到真如海"，把你的心回归到真正的清净光明的妙常真心中，就像大海一样湛湛清清，这样的境界里，不再向江河作细流，那时候才叫归家稳坐，才知道我们生命就是如此伟大。相信大家都会找到自己生命的真谛，得到真善美的境界！

谢谢大家！

孔子的《易经》学习心得

——《易经系传别讲》《易经杂说》导读

南师说：中华文化思想，包括孔子、老子以及诸子百家的思想，都从《易经》文化中而来。它是经典中的经典，学问中的学问，哲学中的哲学。

人类的文化思想，是从观察宇宙天文地理现象而来，再参之以人事经验，而形成"天、地、人"三极的人文体系，人生的价值就是"参赞天地之化育"，如斯而矣！

《易经》包括理、象、数、变、通。观察挂着的现象，乃有卦象。然宇宙万事万物，随时有正反两种力量相生相尅。研究其中的变化之数，乃有爻变，利用六爻符号说明变化的法则，确定变化的过程、动力、轨迹及趋向。因为深入研究，故能通天下之志；因为掌握变化之机，故能成天下之务；因为"无思也，无为也，寂然不动，感而遂通天下"，故不疾而速，不行而至。

《易经·系辞》上下传（即"系传"）是孔子研究《易经》的心得报告。南师说：先把《系辞》研究通了，研究象数的钥匙就拿到了。通了《系辞》，对中国文化的根本，才真正有认识。孔子的哲学思想，以及他一切理论及学说来源，也搞清楚了！

孔子曰："絜静精微，《易》之教也，其失之也贼。"《易经》是哲学性的，心性修养的，也是科学性的，精算的，要有良好的动机，不忘初心，举而措之天下，谓之事业，此之谓也。

各位现场及线上的贵宾、朋友们、同学们，今晚是我们"遇见南师"系列第十二次的演讲，也是第一阶段课程的最后一期，题目是"孔子的《易经》学习心得"，导读《易经系传别讲》《易经杂说》这两本书。今天早上我起床之后，在南老师的像前向他报告，希望今天能够比较圆满地完成一年多以前立下的志愿，顺利讲完第一阶段的南师著述导读课程。同时，在准备这次课程的过程中，我发觉自己又重新认识了孔子。我们一般对孔夫子的了解是透过《论语》，事实上孔子删《诗》《书》、订《礼》《乐》，著《春秋》，《易经》的系辞及文言也都是他作的。如果我们想真正了解孔子，要从《易经》的《系辞》开始，这是很重要的渠道，也只有通过对这些的了解，才能切实感受到孔老夫子的伟大之处。

《易经》在研究什么

记得当年我刚到上海没多久，复旦大学商学院的郑院长邀请我给他们毕业班的同学作一次演讲，刚好瑞士洛桑商学院毕业生的毕业之旅也来到了复旦大学，我讲的是企业的创办和管理。那天下午很有意思，有一位欧洲的同学，他听完我演讲之后，问了我一个问题，到现在我的印象还很深。他说，请问李先生，人生的价值是什么？他问这个问题的时候，现场鸦雀无声，因为一般学商的人不会想到这个问题，这好像是一个哲学问题。刚好我在去演讲之前的几天，正在读《易经系传别讲》，南老师在书里给了一个标准答案，人生唯一的价值，就是参赞天地之化育。什么意思呢？我们这个天地，整个世界有很多的缺憾，不管是人世间的苦难，还是气候变化等都是缺憾。我们人生的价值在哪里？就是弥补天地之不足，参赞天地之化育，这是人生真正的价值。所以那天在那样的一个场合，我的印象很深。我从小到大也在问自己，这辈子活着到底意义何在？我们怎么面对各种不同的顺境或是逆境？所以今天我希望与大家一起，去体会孔子的《易经》学习心得，一起参赞天地之化育。

首先，《易经》是以太极作为本体的表示。太极是哪里来的？就是从《易经》这里来的。太极是我们形而上的本体，它是寂然不动的，但一旦有了感应，感而遂通，就产生了形而下世界的各种变化。在这个变化过程里，有阴阳的两面。什么叫阴阳？不只是我们讲的男女。譬如说日和月，就是一个阳一个阴。包括事情的正反两面，有相生相克的功能，就是所谓的阴阳，阴阳也就是动能的一种代表。大家仔细想想看，譬如你今天骂了你的孩子，孩子心里肯定起了反应，不管他是不是接受，或者心里是不是起反感，都是阴阳的变化。做领导的，对下属有所要求，下属肯定也会有反应，这也是相生相克的关系。所以生和克就是相反相成的作用。大家看看世界上，不管是物理世界，还是人文世界，这种相生相克的作用，无时无刻不存在，包括在企业界，在家庭中，每个人的心理情绪都是这样的。但回到真正形而上的本体，却又是浑然一体的，在阴阳这两个相生相克的作用变动之后，就产生了万物万象。就像我们人，是从父母亲结合受孕开始，由一个受精卵的单细胞，变成双细胞，逐渐分裂，后来变成我们现在这个样子。但没有多久，可能几十年，或一百年，我们又死亡，回归到大地中去了。所以一事一物，都各具本身原始的东西，我们叫它太极也好，形而上的道也好，都没有问题。这个形而上的太极是不生不灭的，不随万事万物的生灭而变化，但它衍生出来的形而下的世界却随时在变化，就像一个细胞，它本身不断地在分裂。我们人世间、物理世界、物质世界都是这样的，阴阳彼此相生相克，彼此重重叠叠，发展到无穷无尽。你说哪里是宇宙的起点，哪里又是宇宙的终点？它没有起点也没有终点，是无始无终，无穷无尽的。但回到它真正形而上的本体，还只是那一个，也就是所谓的太极。那么《易经》在研究什么？就是在研究从形而上的本体，到形而下的世界，相生相克的变化，研究它变化的现象、变化的历程，乃至让我们可以去预测它如何变化。

所以《易经》的道理，大家仔细研究，都是在讲动，在讲变化。有一次一位哈佛大学的教授去看南老师,他说中国人的文化好像都是静态的。南老师回答他,谁跟你说的?这位教授说,我印象如此。事实上,这是彻底的误解。中国文化对动的哲学,动的变化研究得很深,很透彻。譬如我们讲黑格尔有三段论证法,讲正反合,然而《易经》是十面看事情,绝不是那么简单的。

所以《易经》的道理,讲"**交易、变易、简易、不易**"。交易,一切的变化都是彼此变易、交换的过程,也就是爻变的过程。我们后面会举一些《易经》的卦象来解释这个爻变,每个爻在变化过程里,又彼此交互感应。譬如说第一爻变了,第二爻也会跟着起变化,整体的卦象也变化了。交互之中又有变化,从这个交互变化之中,我们就能看到万物的复杂性。我举个例子,一家公司,其内部某个部门的负责人变了,也就是爻变了,事情也跟着变化了。这个变也影响到很多方面,一点动随万变。但在这个变易的过程中,有一个简易的道理。就像这个礼拜一是夏至,夏至一阴生。大家看我们中国二十四节气的变化是很科学的,这个变化的本身是可以预见的,可以预测的,有它很简单的道理,这就是所谓的简易。当然,最终回到宇宙形而上的本体,还是不变的,不易就是不变。那个太极始终不变,那个能够产生变的东西,它本身没有变化过。"交易、变易、简易、不易"就是《易经》的道理。

南老师讲世界上有三等人,实际上还有第四等人。第一等人是知道要变了,能够领导变化。第二等人是把握变化,抓住变化。第三等人是跟着变化而变化。还有第四等人是什么?天下已经都变了,他还在背后骂这个时代,时不我与,这叫第四等人,不足论也。所以我们要学习怎样去预测、去判断变化，能够领导变化、把握变化，至少能跟着变化而变化，不要等到天下已经变了，自己还在背后骂。譬如公共汽车已经开走了，你没有赶上，还在背后臭骂，结果倒吸了汽车尾气，有什么用呢？不足论也！所以我们学《易经》，就是研究、学习这些学问。

研究《易经》的钥匙

大家知道，现在所谓的《易经》，一般都是指《周易》。《周易》是周文王整理的，周文王被商纣王关在羑里，他在牢里演"易"，所以目前的《易经》是周文王演绎出来的，后来由周公、孔子继续深化下去。

《易经》分三大部分，通俗地讲叫理、象、数。首先，我们讲象，就是现象。为什么叫象？请问大家看过最大的动物是什么？当然不包括恐龙时代，恐龙我们没有见过。现在陆地上最大的动物是什么？就是大象，对吧？譬如自然界的一个现象，我们看到的天象，这个现象出来了，所以所谓卦象，挂在那边的一个现象，叫卦象。

第二，什么叫数？某个现象的变化，是可预测的，但要怎么预测它？有一套数理的符号，有它的变化法则，这叫数。我们常讲数理数理，都是很科学的。那么《易经》透过什么方式来预测变化？就是透过每一爻的变化去预测。

第三，这样的一个卦象与爻变的数理基础，与我们人类社会到底有什么关系呢？这就是所谓的理。《易经》的系辞就是周文王、周公和孔子对《易经》加入的很多心得体会。从观察天文物理的卦象，将其演绎出来，到我们人世间各种不同的现象，又有不同的演绎理论与道理，这个叫作系辞。

所以南老师特别提出，研究中国文化的方法，把《易经》的《系辞》研究通了，研究象数的钥匙就拿到了。这个《系辞》很重要，为什么？因为人的思想情绪都是跟着文化思想在演变，研究通了《系辞》，才有办法真正了解《易经》的象数。刚刚我们也讲了，卦象与爻变的这个数，背后的道理了解了，你才有办法拿到真正的研究《易经》的钥匙。所以我一开始讲的，透过研究《易经》及其《系辞》，我对孔子有了重新的认识，更加尊敬佩服他老人家了，对整个儒家、道家的文化也都有了更深刻的理解，因为中国文化都是从《易经》来的，《易经》的《系辞》就是那样的重要。目前坊间讲到《易经》，就认为是卜卦算命，那太可惜了，也太小看我们的《易经》了。

天地间的大象

天尊地卑，乾坤定矣；卑高以陈，贵贱位矣；动静有常，刚柔断矣；方以类聚，物以群分，吉凶生矣；在天成象，在地成形，变化见矣。

接下来，我们回到《易经·系辞》的第一章，请问大家，你早上出门，第一个看到的自然大象是什么？天，是天象。第二个看到的大象是什么？地。所以我们讲天地这两个大象把我们地球上的众生涵盖住了。一个天，一个地，就是我们见到的所有现象里最大的两个象。其次，看到太阳、月亮，有风、有雨、有雷、有高山、有湖泽，这就是我们自然界里的几个大现象。但最重要的还是天和地，所以《易经》里，首先研究天、地，说"天尊地卑，乾坤定矣"。

天尊，尊是什么意思？尊贵、尊远，高深的，悠远的，你没有办法抓得到，也无法隐藏。地卑是什么意思？这个卑不是好坏的意思，是浅近的意思，地就在我们脚下。"卑高以陈，贵贱位矣"，天很高，我们摸不着。所以我们人都有一种普遍的心态，摸不着的东西觉得特别伟大，很仰慕它，所谓远来的和尚会念经。很接近的，很平实的，却踩在地上。这就是我们人类的基本心理，天下很多事情往往如此。

"动静有常，刚柔断矣。"动与静是物理的变化，讲的是物理世界的法则。就像我们刚刚讲的，太阳与月亮不断在演变，每个刹那都在变化，没有停过，所以我们讲"天行健，君子以自强不息"。刚与柔是指物质世界的法则，譬如说，我们的嘴巴里有牙齿，牙齿是刚的硬的，坚强的。舌头是软的柔的。假定我们的嘴巴里，只有硬的牙齿，没有舌头，或是有舌头，没有牙齿，那嘴巴的功能就不完整了，刚柔要相济。所以《易经·系辞》就是利用这样很简单的文字来描述我们整个物理、天文世界的变化法则。

"方以类聚，物以群分，吉凶生矣。"为什么叫"方以类聚"？譬如说，我们讲不同地方的人，有不同的个性。湖南人有湖南人的个性，上海人有上海人的个性，安徽人有安徽人的个性，乃至不同的县，人的个性也都不同，所以是"方以类聚"。"物以群分"，有些人喜欢追逐名，有些人喜欢追逐利，有些人在一起喜欢争吵，不同性向、不同属性的人，群分之后，又形成不同的利益团体，产生不同的意见。"吉凶生矣"，这样就有吉凶的现象发生。什么叫吉？譬如事情很顺利，大家都称赞你，就是吉。凶是什么？事情不顺利，大家都骂你，或不赞同你，就是凶。所以只要有人的地方，一定有是非，事情一定有吉凶。所以"方以类聚，物以群分"，包括经营一家公司，也是同样的道理。

我们再看天文世界，"在天成象，在地成形，变化见矣"，很自然的。譬如我们看早上的天空，太阳还没有出来之前是一个天象，等到太阳出来了，天象就变化了。地形、地貌也随时在变化，只是我们一般人没有感觉到而已，这是很自然的天文地理现象。所以大家要理解，中国文化最根本的东西都是从观察天文宇宙物理世界而来的。

刚柔相推生变化

是故刚柔相摩，八卦相荡。鼓之以雷霆，润之以风雨，日月运行，一寒一暑。

乾道成男，坤道成女，乾知大始，坤作成物。

"刚柔相摩，八卦相荡"，我们刚刚讲物理世界里有刚柔的现象。譬如说水是柔的，石头是硬的，是刚的。刚与柔彼此影响，彼此感应。"鼓之以雷霆，润之以风雨"，讲到天象，有时打雷，有时起风下雨，一旦天气变化，整个天上的云彩也就变化了。"日月运行，一寒一暑"，这些都是孔老夫子在两千六七百年前，用很通俗的语言描述观察到的天文物理世界，里面有很深的道理。

接下来，他在讲完天文物理世界之后，开始讲人文世界了。他说"乾道成男，坤道成女"，我们这个世界人类，有男有女，一个阳的一个阴的。一般来讲，乾代表阳的、男的，坤代表阴的、女的。"乾知大始"，乾代表形而上，没有变动之前的，所以叫大始。"坤作成物"，坤是形而下，已经变成物质世界了。所以乾卦代表形而上，形而上者谓之道，坤卦代表形而下，形而下者谓之器，开始形成各种有形的物质。

圣人设卦，观象，系辞焉而明吉凶，刚柔相推而生变化。

"圣人设卦，观象"，什么叫卦？我们讲八卦，所谓"卦者，挂也"，就是挂在我们眼前的一个景象，挂在天体上我们看得见的一种自然现象，这种自然现象就是卦。刚刚我们讲的，有天、地、日、月、山、泽、雷、风，这些现象就是卦，叫卦象。最原始的，就是这八个卦象，是从对天文物理的观察而分析出来的。但这些卦象，与我们人有什么关系？乍看起来好像和我们没有什么关系，但从周文王开始，一路下来到周公、孔子，他们把人文思想加上去了。"系辞焉而明吉凶"，这个卦象有一套演绎的办法，有它数学数理的演变，再利用这样一个办法，加上人文思想的文辞文句，演绎出来。

所以《易经》的系辞，总共有六个方面，包括**卦辞、爻辞、彖辞、象辞、文言、系传**，都是前人一路总结过来的。

首先，我们看"卦辞"，也就是每一卦下面的解释，这个应该是周文王时代，他被困在牢里演八卦时写出来的。接下来，什么叫"爻辞"？每一卦，有六个爻，每一爻或阴或阳，都在变化中。每一个爻又有爻辞，有它的解释，据说是周公所作。"彖辞"以下都是孔老夫子所作，"彖辞"是对于一个卦象的断语。譬如说今天要打仗，将领就当前这样一个情况，看能不能打，根据这个象下一个判断，就是断语。象是古代一种动物，牙齿特别锋利，一咬东西就咬断了，所以彖辞就是断语。"象辞"是什么？是对一个现象的解释。"文言"是什么？是孔老夫子透过卦辞、爻辞、象辞，在不同阶段写出的心得体会。所以大家看《易经》，有时一个爻辞，孔子有好几句文言。还有一个"系传"，是孔子对整个《易经》综合的心得报告。大家可能觉得很复杂，不要着急，我们一个一个研究下去。

"刚柔相推而生变化"，刚才我们讲过，整个物理世界是两种力量相生相克，抽象的就叫阴阳，实质的就叫刚柔。那么这个刚柔和我们人世有什么关系？大有关系！不管是有情世界，还是无情世界都一样，都是刚柔相推而生变化。

是故吉凶者，失得之象也；悔吝者，忧虞之象也；变化者，进退之象也；刚柔者，昼夜之象也。

我们人生的经历不外乎四种现象，没有第五种。哪四种现象呢？吉、凶、悔、吝。

什么叫吉？一切顺利，一切都很好。凶是什么？很糟糕，凶险的。譬如说你的孩子今年考大学考得很好，就是吉，大吉大利。考得不好，就是凶。另外还有两种情况，一个叫悔，一个叫吝。什么叫悔？悔就是烦恼，很忧愁的就是悔。哎呀，这件事情不晓得会怎么样！心里上上下下的，很焦虑、烦恼，就是悔。后悔只是悔的一种。吝是什么？不顺利的，碰到了困难，事情有周折。譬如说，我们这里有很多经营公司或是做企业的朋友，公司里一件事情怎么推也推不下去，受阻碍了，就是吝。大家仔细想想看，我们人生的境界是不是就是这四种？所以我们中国人讲，人生不如意事十之八九，这是很自然的嘛！大家都学过数学的，你们算一算，二分之一乘二分之一，真正顺利的只有四分之一。"变化者，进退之象也"，天下一切事都在变化，假如你今天很倒霉，生病拉肚子了，不要着急，好好休养一夜，第二天可能就好了。"刚柔者，昼夜之象也"，每天白天太阳都会升起，晚上太阳落下，月亮就会升起，这就是昼夜之象，有刚有柔。譬如你今天的情绪特别不好，很暴躁，第二天可能因为某些事情或是生理的变化，又柔软下来，对人又和颜悦色了，这就是刚柔的变化。

我们的人生是不是这样很自然地、不断地在演变？人生于世，碰到顺利的时候特别得意，不顺利的时候特别沮丧，吉、凶、悔、吝，使得我们的心情境界也不一样。但大家不要忘记，人在得意的时候往往容易乐极生悲；失意的时候，通过不断反省，则慢慢会否极泰来。譬如我们这里有些朋友在做股票投资，当股价涨得太凶的时候，一定会掉下来，会变化的，所以得意的时候不要太得意，失意的时候也不要太沮丧。刘雨虹老师在她的博客里写过一篇文章，因为很多人喜欢找她算命，她就告诉别人，你不要找我算命，没有用的。你真的命很好，要谦虚一点，好好珍惜，这可能是你过去积的德。命不好，好好努力，改变自己的命运。事实上，《易经》就是讲天下万事万物，包括我们人生境界都在变化之中，但我们的心境不能因为外面的现象而改变，顺境时要谦虚，逆境时要反省，还要不断地精进努力，如此才能做自己生命的主人。

《易经》中的人生价值——天地人合一

我们接着看，《易经》又把阴阳分为四个象，有**老阴、老阳、少阴、少阳**，所谓的"太极生两仪，两仪生四象"。我们不妨按照数理逻辑，再进一步去看它的演变。大家看这张图，最下面的太极，太极本体没有变过。太极生两仪，有阴有阳，阴阳又生四象，阳中阳是老阳，阳中阴是少阴，阴中阳是少阳，阴中阴是老阴。老阳、少阴、少阳、老阴就是四象。四象再生八卦，八卦再往上，八八六十四卦，就是这么演变过来的。

太极生两仪

八	七	六	五	四	三	二	一	
坤	艮	坎	巽	震	离	兑	乾	八卦
老阴		少阳		少阴		老阳		四象
阴				阳				两仪
太　　极								

伏羲先天八卦图

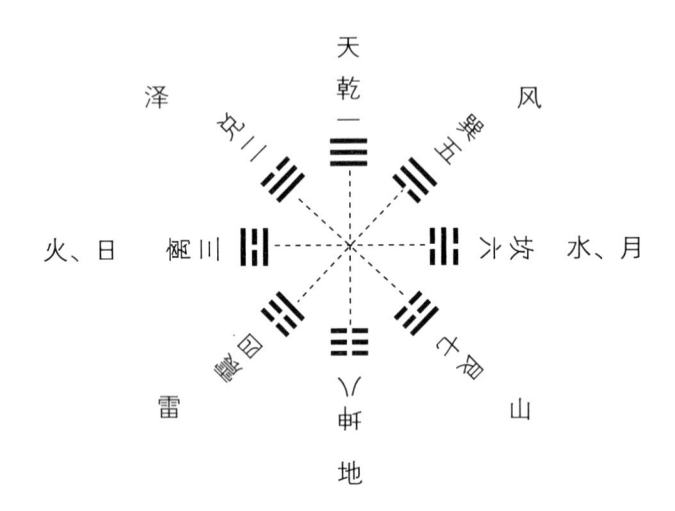

（图：伏羲先天八卦图，标示乾一天、兑二泽、离三火日、震四雷、坤八地、艮七山、坎六水月、巽五风）

我们再看这张伏羲的先天八卦图。刚刚我们讲了，乾代表天，最上面的是天，坤代表地，三根阳爻代表乾，三根阴爻代表坤。离代表火，也代表日，中间是阴的。坎代表水，也代表月亮。今天因为时间关系，我们不花太多时间去延伸到这些具体的卦象上。如果大家真正把这些卦象弄清楚了，就会发觉很有味道，很有乐趣，而且它们是很科学的。所以你真正学《易经》，要"**玩索而有得**"，就像我们小时候玩积木一样。"闲坐小窗读周易，不知春去几多时。"南老师在他的书里也讲过，有时夜里研究《易经》，不知东方之既白，因为已经把时间都忘记了。

"**六爻之动，三极之道也。**"三极是哪三极？就是天与地，这二者是所谓的物理世界，再加上人，即我们人文世界，这三个维度就是三极。这三极彼此互动，互相影响，就好像我们人类的活动会影响自然气候以及大地的面貌，同时天地也会影响我们的身体和心情，中国二十四节气就是从这里衍生出来的。"六爻之动，三极之道也"，任何一个爻动了，都有阴阳正反两面相生相克的力量，新的变化也就出来了。所以说，宇宙万物没有静止过，都在变化之中。

这里孔子对人生价值下了一个定义，就是我一开始跟大家讲的，人生的价值在哪里？就是参赞天地之化育。因为天地本身有很多不足，有很多缺憾。譬如有些人生来特别穷苦，有些人先天身体有残疾，怎么弥补先天的不足？就是参赞天地之化育，这是我们人类、人生的真正价值，也是唯一的价值。南老师也专门讲到，现在西方讲人道主义，按照我们中国文化，人道主义是什么？是天地人合一。不只是简单地讲所谓的人权，现在西方人定义的人权还是带引号的，核心问题应该还是怎么做到参赞天地之化育。所以说孔子把大自然的法则人文化了。

是故君子所居而安者，易之序也；所乐而玩者，爻之辞也。是故君子居则观其象而玩其辞，动则观其变而玩其占。是以自天佑之，吉无不利。

"君子所居而安者，易之序也"，譬如你生在一个很艰苦的时代环境里，但你知道是这样一个时代，而心安理得地接受它。"所乐而玩者，爻之辞也"，你只需要静静观察它的演变。"是故君子居则观其象而玩其辞"，不断地观察，有自己的主张和见解。这个象不只是天象，也包括人类社会历史的发展演变。"动则观其变而玩其占"，不断地观察它的变化，一切事物都不是一成不变的。所以真正有智慧的人，一定可以预知时代的变化。"而玩其占"，占的意思不只是卜卦。所谓"善易者不卜"，他一看就知道了。譬如南老师在世的时候，很多人去求教他。他不需要卜卦，因为他本身很宁静，所有的事情一看就很清楚了。"是以自天佑之，吉无不利"，什么叫自天佑之？因为你很清楚事情的变化，谦虚到极点，在最差的环境中，一样可以设法克服困难，慢慢走上好的道路。并没有说有一个上帝可以帮助你，人要自助才能得天助，要自己帮助自己，所以叫"自天佑之，吉无不利"，整个《易经》就是讲这样一个道理。

万物资始的乾卦

接下来，列举乾卦来和大家一起研究。当然我也和大家一样，处在学习阶段，只能算是抛砖引玉，期待以后有更精通的朋友，与大家细细分享。乾卦䷀是八八六十四卦的第一卦，也是我们讲的天。它的卦辞是什么？周文王给了四个字"元、亨、利、贞"。什么是元？最原始、最根本的。亨，很顺通，通达，亨通的。利，大吉大利。贞的意思是正。元、亨、利、贞，代表乾卦。

再看乾卦的六爻的爻辞，第一爻的爻辞是"初九，潜龙勿用"。首先，大家要注意，这个龙不要受西方知识的影响，以为是恐龙的龙。《易经》里的龙是什么？代表宇宙生命最原始最伟大的功能，是一种动能，它是抽象的，变化无常，隐现莫测。但我们却时时刻刻都能感受到它。那么"潜龙勿用"怎么解释呢？假如以它来比喻我们人生的阶段和境界，十岁到二十岁的时候，就是

乾卦：元、亨、利、贞

		用九，见群龙无首，吉
60~	▬▬▬▬	上九，亢龙有悔
50~60	▬▬▬▬	九五，飞龙在天，利见大人
40~50	▬▬▬▬	九四，或跃在渊，无咎
30~40	▬▬▬▬	九三，君子终日乾乾，夕惕若，厉无咎
20~30	▬▬▬▬	九二，见龙在田，利见大人
10~20	▬▬▬▬	初九，潜龙勿用

"龙"代表宇宙生命原始最伟大的功能"变化无常，隐现不测"

潜龙勿用。你那时还在学习，本事还没有聚成，要开始累积你的知识，学习各种能力。

接下来"九二，见龙在田，利见大人"。这个九二是人生二十到三十岁这个阶段，在学校学习快毕业了，或毕业之后，这个龙，这个动能，开始有结果了。你开始在公司上班，有各种资源了。"见龙在田"，已经有一点样子了，但还没有飞起来。"利见大人"，这个大人是什么？在你的成长过程中帮助你的人就是大人，不是说一定是一位大官才叫大人。譬如我们中国人常常讲"某某人是我的贵人"，这个贵人并不是说有钱就是贵人。你今天很辛苦，没有饭吃，肚子饿了，有一个人给你一个便当，这个人就是你的贵人。

"九三，君子终日乾乾，夕惕若，厉无咎"。在人生的阶段里，从三十岁开始，你可能做到一家公司的部门经理了，"终日乾乾"，每天都很精进努力，很谨慎，战战兢兢的，勉励自己尽量不要犯错误，不断地反省自己。

等到四十到五十岁这个阶段，"九四，或跃在渊，无咎"。我们比喻人生的这个阶段，遇到一个更好的机会，升迁到一个很好的职位。"或跃在渊"，一跃，跃得好，跳得好。无咎，因为你很小心，随时晓得反省，所以不会犯错，没有跳错。当然有些公司或者个人在这个阶段出了错，也有最后垮掉的。

接下来"九五，飞龙在天，利见大人"。我们常讲"九五之尊"，是吧？经过了前面的潜龙勿用、见龙在田、终日乾乾、或跃在渊四个阶段之后，你这个时候飞起来了，有各种人帮助你。我们看一个成功的人，一定有很多人帮助过他，不管别人是有意还是无意的。就像刘邦死后，陈平、周勃这些老臣还坚持辅佐刘家走下去。反面的例子，我们也看到秦始皇，在他还没有死的时候，李斯和赵高就已经算计好了。秦始皇的后代，包括他十几个儿女全都被杀了，这就不是利见大人，即便秦始皇统一了中国，但因种种因素，秦朝很短暂就结束了，也就是我们讲的因果。各位，这些都是《易经》的符号，你要把它作为一个象征，要自己去参透它。

最上面一爻，"上九，亢龙有悔"。人生到六十岁以上了，该退了，那时候只知进而不知退是很惨的，叫亢龙有悔。历史上这种例子很多很多。孔子很有意思，他加了爻辞"用九，见群龙无首，吉"，什么叫用九？能够用这个九，而不为这些阳爻所用，叫用九。我们勉强做个解释，譬如说你创办了一家公司，公司发展得很好的时候，你下面不同事业部的总经理都能各司其职，做得都很好，好像天下无事，有没有你这个老板，似乎都一样，这就是"群龙无首，吉"。假定什么事情都要靠你亲自指挥，要指挥东指挥西，那你还在"终日乾乾"的阶段，还没有飞起来。所以《易经》用这样的符号，把人生的阶段，把事业不同的发展状况，等等，高度归纳和总结了，你说这一套学问伟大不伟大？

我们接着看下去。乾卦的彖辞怎么说？

彖曰：大哉乾元，万物资始，乃统天。云行雨施，品物流形。大明终始，六位时成，时乘六龙以御天。乾道变化，各正性命，保合太和，乃利贞。首出庶物，万国咸宁。

"大哉乾元，万物资始"，它赞叹天象，我们刚才讲的，所有世间万事万物都从乾卦这里来的，因为有天才有一切。"云行雨施"，云飞来飞去，"雨施"就是下雨。"品物流形"，产生万事万物。"大明终始"，就是讲时间，昼夜变化，每天太阳升起来，落下去。"六位时成"，我们中国以前讲十二时辰，白天六个时辰，晚上六个时辰。"时乘六龙以御天"，这个龙并不是恐龙，而是不断变化的动能。"乾道变化，各正性命，保合太和，乃利贞"，在乾卦变化的这个过程里，能够保合太和，就能够大吉大利，而且是很中正不阿的。"首出庶物，万国咸宁"，应用在政治上就能做到天下太平，国泰民安。

接下来，我们看乾卦的象辞：

象曰：天行健，君子以自强不息。潜龙勿用，阳在下也。见龙在田，德施普也。终日乾乾，反复，道也。或跃在渊，进无咎也。

飞龙在天，大人造也。亢龙有悔，盈不可久也。用九，天德不可为首也。

"天行健，君子以自强不息"，我们从小就学过这句话，人生有再多的委屈，再多的不顺利，但你看太阳每天照样升起来，所以不要气馁，要不断努力，自然有所转机。"潜龙勿用，阳在下也"，这个状态如同你还在念书，还在累积力量，还不具备本事。阳在下也，还没有冒出来，不要那么急切地想出人头地。"见龙在田，德施普也"，毕业了，已经有点本事，开始工作了，慢慢地有了自己的朋友圈，有了自己的社会资源。"终日乾乾，反复，道也"，有机会做部门经理了，不要忘记，还要反复研究，不断努力。"或跃在渊，进无咎也"，那时候鲤鱼跃龙门，抓住机会一跳，但当心不要跳错了，有时一不小心就掉下去了。"飞龙在天，大人造也"，一个事业，一个单位，乃至一个国家的成功，都是如此，是时代趋势的力量和一群人集体努力的结果，不要把个人想得那么伟大，不要高估自己的能力和魅力。"亢龙有悔，盈不可久也"，世间所有的事情，都像月亮一样有盈亏，前两天是圆月，今天开始慢慢又由盈转虚了。天象是这样，人世间的事情也是这样。"用九，天德不可为首也"，所有的功劳都归于天地之德，不要把自己看得那么了不起，就像我们刚才讲过的"用九，见群龙无首，吉"，一个真正好的组织，好像没有领导人，一切很自然地在运行，"群龙无首"是最高的境界。所以这里孔子讲"用九，天德不可为首也"，是靠无形的德性引导，化育大众，以德化人，以德服人，以德领导人。《易经》就是用这么简单的卦辞、象辞、爻辞来解释万事万物的变化。

接下来我们看乾卦的文言。"文言"是孔子研究每一爻的时候，他自己两次不同的心得体会，第一次的心得体会是：

上九曰："亢龙有悔"，何谓也？子曰：贵而无位，高而无民，贤人在下位而无辅，是以动而有悔也。

"上九曰：'亢龙有悔'，何谓也？"为什么周公说亢龙有悔？"子曰：贵而无位，高而无民，贤人在下位而无辅，是以动而有悔也。"孔子说，一个人假定坐到了高位，譬如当了董事长，但没有实际的权力，就是贵而无位，高而无民，没一个人听你的。"贤人在下位而无辅"，没有人辅助你。"是以动而有悔也"，这个时候要小心了，你做不了任何事情。所以我们看历史上，唐明皇重用李林甫，造成了之后的安史之乱，就充分说明了亢龙有悔的道理。假定他不重用李林甫，也不会造成后面这样的局面。后来有人问唐明皇，明明知道李林甫有问题，为什么还用他？唐明皇讲了一句名言，他说李林甫能干，我不用他，没有其他人可以用啊。这就是虽然位居九五之尊，却因为这种懒惰不求上进的心理，姑息养奸，所以种下了必败的种子。

好，我们再接下去看，大概隔了一段时间，孔子又有新的心得体会了：

亢之为言也，知进而不知退，知存而不知亡，知得而不知丧，其唯圣人乎？知进退存亡而不失其正者，其唯圣人乎？

什么叫亢？一个人只晓得往前进，"知进而不知退，知存而不知亡"，不晓得什么时候应该停下来，只想抓东西，不晓得有些事需要割舍。"知进退存亡而不失其正者，其唯圣人乎。"这是孔子研究《易经》的心得，他把天地人三极的道理引申到我们人世间，他讲我们人碰到的各种现象。"知进退存亡而不失其正者"才是圣人的境界，我们普通人不知道进退存亡之道，所以垮掉了。中国有句老话"百尺竿头更进一步"，但大家有没有想过，百尺竿头更进一步会怎么样？人已经到竿头了，再进一步就掉下去了，除非谦虚到极点，重新再来。中国很多古话都有很深的意义。"亢龙有悔"就是在提醒我们，人和事到了一个地步，该停一停了，该休息了，该让位了，不要骄傲自满。

因为时间关系，今天我们不能展开讨论每一个卦，只能举几个比较有代表性的例子和大家共同学习。

十二辟卦与二十四节气

接下来我们看，十二辟卦与二十四节气的关系。我们中国的二十四节气是怎么来的？事实上就是从《易经》的卦变来的。我们看乾卦。在节气里，农历四月份对应的节气是立夏和小满，这时候阳到极点了，接下来就要转阴了。我们现在还在夏至这个节气里，从今年阳历的六月二十一日（阴历五月十二）开始是夏至。大家看最下面的一个爻变了，变成了阴爻，这个阴爻是阴符之始，就是"夏至一阴生"，原来的六个爻都是阳的。所以夏至的时候太阳日照时间最长，夏至之后日照慢慢又变短了，这就是天文的道理。

十二辟卦与二十四节气

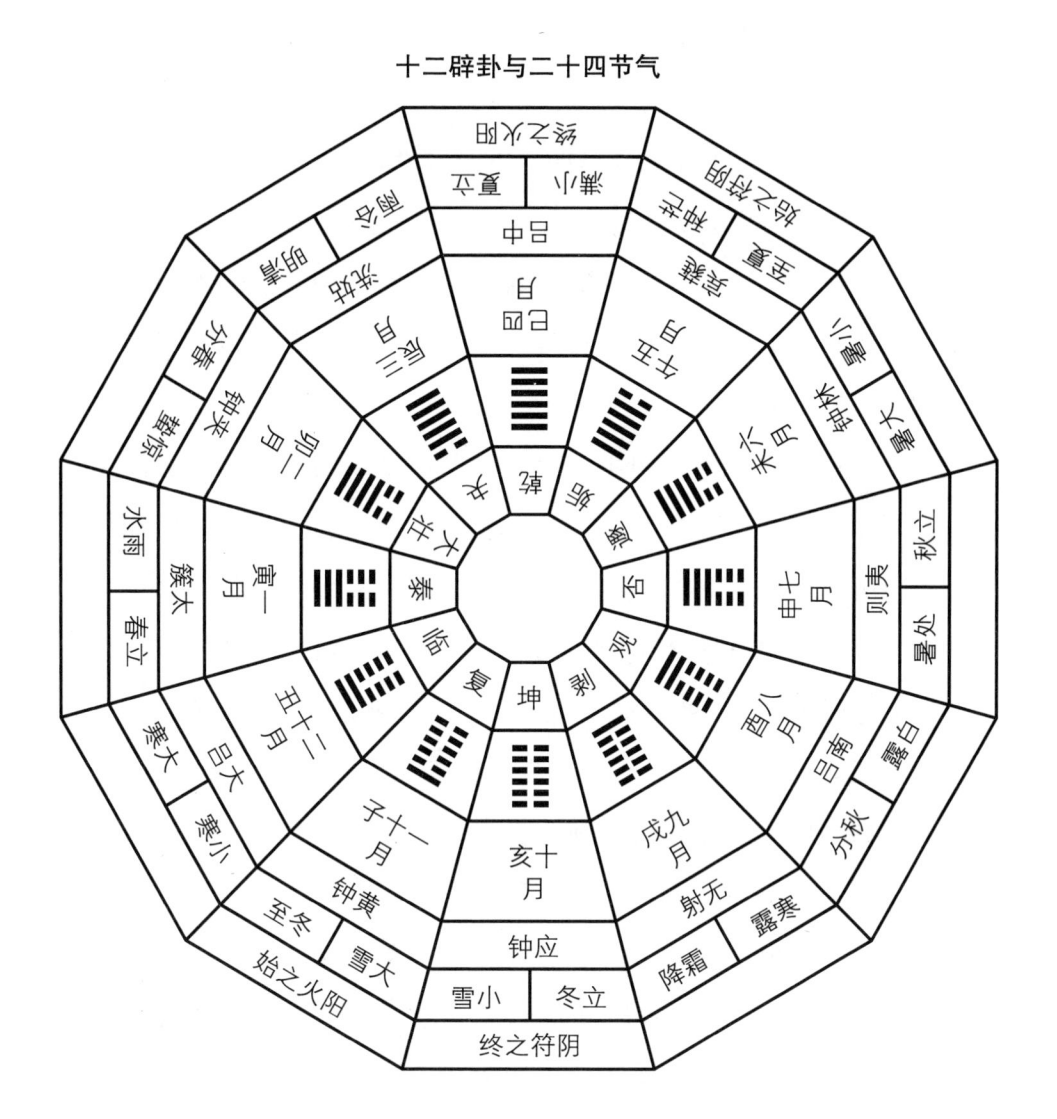

对应到我们人体是怎样的呢？从人生下来开始，女性到十四岁的时候，月经来了。男性到二八十六岁，就是姤卦☰。接下去，又有另外一个爻变成阴爻了，卦象变成遁卦☰，这个时候的节气是小暑和大暑。再进一步演变，第三个阳爻也变成阴爻了，变成否卦☰了。我们讲否极泰来，否是什么？代表很不好的意思，但不要忘记，坏中也有好。这时候节气开始进入立秋和处暑了，所谓的"秋老虎"就在这个时节。从我们人体的角度讲，女性这个时候是四七二十八岁，男性是四八三十二岁。

接下来，阳爻不断地转换成阴爻，节气也从白露到了秋分，对人来说，意味着我们身体逐步衰老了。等到了剥卦䷖，下面五个爻全部变成阴爻，那时候开始，节气是霜降了，大家知道不论南北方，一旦起霜，人们就晓得冬天要来了，就开始立冬、小雪、大雪，一路下来，就是剥卦。我们的老祖宗用归纳的办法，简单地把卦和节气，利用爻变的方式描述出来了。再进一步到坤卦䷁，每年阴历十月份的时候，你看六爻原来都是阳的，现在全部是阴的了，就是"阳符之终"，阳不见了，我们人体也是一样的变化，女性七七四十九岁，男性是七八五十六岁，就是所谓的更年期。

大家都看过《三国演义》，诸葛亮借东风打败了曹操的水军，事实上在阴历十月那一段时间，虽然一般是刮西北风，但因为阴极阳生，会出现小阳春，那几天刮东南风。所以诸葛亮号称掐指一算，可以借东风，其实是他把《易经》学通了。曹军因为铁索连船，最怕火攻，所以被诸葛亮全部烧光了。曹操兵败回去之后，重读《易经》才读通这个道理，哈哈大笑，拍案叫绝，就因为之前一句话没有读懂，损失了几十万大军。

坤卦接下来再演变。卦的变化都是从内到外，由下到上的，这一点大家要特别注意，所以研究卦象事实上是从下面开始看的。现在最下面的爻又变了，从阴爻变成了阳爻，就是复卦䷗，"阳火之始"。我们讲复兴、复苏都是复卦。这个时候开始，一层一层的阳爻又上去了，一直再到乾卦䷀。二十四节气里，有两个节气要特别注意，一个是冬至，一个是夏至。冬至一阳生，夏至一阴生。冬至的时候，我们讲冬令进补。为什么进补？因为人体内部阳气起来了，能量开始聚集，所以可以进补。夏至的时候一阴生，身体里是冰的，这时候三伏天可以贴膏药，清理身体。所以夏天的时候，你吃太多生冷的东西，实际上是很伤身体的。大家看，从乾卦䷀的六个爻，每一个爻不断变化，一直演变到坤卦䷁。从坤卦又演变，到复卦䷗、临卦䷒、泰卦䷊。我们春节的前后，阴历的一月份，是三阳开泰。

今天我们大概了解了整个十二辟卦变化的道理，这十二辟卦的应用，事实上是很奇特的。大家知道，北宋的邵康节是《易经》的大师，他著了《皇极经世》这部书，把十二辟卦推演开来，可以计算人类世界十二万年的变化。我亲身经历的，当时是一九八〇年初，南老师对我们讲，按照《易经》大的法则来计算，一九八四年我们中华民族开始转运，整个国家开始慢慢复苏，未来有两三百年的好运，而且这个气势会比汉、唐、清的气势还要大。这一套的道理，你说是迷信吗？不是，只是我们现代科学还没有研究透。所以这十二辟卦，大家不要只把它看作节气变化，它本身有一套《易经》数理大精算的道理。

爻辞中的奥秘

接下来我们看坤卦䷁，《易经》的每一卦，大家要一爻一爻地去研究，每一爻的爻辞都有很深的道理。坤卦的爻辞说："初六，履霜坚冰至"，霜降这个节气的时候，坤卦还没有到，但后面一路下去，有小雪、大雪两个节气。"象曰：'履霜坚冰，阴始凝也。'"地球物理的阴气这个时候开始凝聚了，整个日照的时间慢慢少了，"驯致其道，至坚冰也"。孔老夫子把它延伸到历史人文的观察上。

臣弑其君，子弑其父，非一朝一夕之故，其所由来者渐矣，由辩之不早辩也。易曰：履霜坚冰至，盖言顺也。

大家知道，春秋时代，有很多臣子杀自己的国君，儿子弑自己的父亲，孔子说这都不是一朝一夕的原因造成的。就像"履霜坚冰至"，冬天看到下霜了，就应该知道后面一定会开始结冰。"其所由来者渐矣"，这个演变是一步一步来的。但假定你作为国君，作为领导，"由辩之不早辩也"，你发觉了这个现象，知道趋势必然往这个方向演变却不阻止，任其发展，那么后来被推翻也只能怪自己，不晓得决断变化，不晓得自助天助。所以《易经》讲要预测变化，这就是孔子在文言里对人生历史观察的体会。

接下来，我们看复卦䷗，活子时的奥秘。刚刚我们也提到了复卦，子时就是复卦。子时是什么时候？晚上十一点钟到凌晨一点。刚刚讲了一阳来复，冬至一阳生，所以中医强调，晚上十一点钟人要好好休息。为什么？因为那个时候是子时，一阳生。阴变阳的时候，阴跟阳彼此在交换，这时候的休息对身体最重要。我们讲人病了以后回转，身体很虚弱，全身都是阴的，之后开始慢慢恢复，也就是复卦，活子时。很多人，在生命最后的过程里，回光返照的现象也是活子时。那么，晚上十一点是子时，白天与它相对应的，就是中午十一点的午时，也就是姤卦䷫，一阴生，也是同样的道理，阴和阳在交换。所以我们中午要稍微睡一下午觉，十五分钟或半个小时，这一点很重要，让身体的阴阳能够调和，这就是活子时的奥秘。那么什么叫养生？养生就是掌握自己生命的修复，养生的生命法则也是很科学的。我们刚刚讲的，你的生理状态，人身上的十二经脉，每个时辰都在变化之中，就像爻变一样，一个爻一个爻地变化。爻变是必然的，但爻变又是简易的，有它遵循的法则。那么什么叫善守活子时？你能够把握每一秒钟，掌握自己生命的恢复，那你就能够做自己养生的主人了。

我们再讲谦卦䷎。很有意思的，在《易经》八八六十四卦里，只有谦卦是"六爻皆吉"。我们刚刚讲乾卦"上九，亢龙有悔"，不是吉的。但只有谦卦，每一个爻皆吉。什么叫谦？万事退一步，随时不断地反省自己，不傲慢，让一步就叫谦。九三的爻辞是什么？"劳谦，君子有终，吉。"我为什么专门把这一卦拎出来？因为这个"劳"字，我觉得用得太妙了，要"劳谦"，不只是谦虚，还要"劳"。假定一个人很谦虚，又很勤劳，很努力，那么这个人肯定可以永葆无疆的。但假定你说自己不如别人，很谦虚，可又不努力，只是躺在那里，现在有个词叫"躺平"，对吧？那肯定会出问题，会倒霉的。所以《易经》讲"劳谦"，譬如我们看南老师，他九十五岁的时候，临走前的三天还在批改学生的作业。刘雨虹老师今年已经一百岁了，还在不断精进努力。所以"劳"和"谦"两个字结合在一起，是很有道理的。

那么孔子怎么解释"劳谦"呢？

子曰：劳而不伐，有功而不德，厚之至也，语以其功下人者也。

"劳而不伐"，你很辛苦，很有功劳，但不把自己抬得很高、很伟大。"有功而不德，厚之至也，语以其功下人者也"，有功劳都让给别人，给下面的人，不觉得自己了不起，并且不断地努力，没有丝毫的懒惰，这就是谦卦，这就叫劳谦。

我们再看鼎卦䷱，大家都知道大鼎，周公鼎的鼎，很重，整个卦象是"元吉，亨"。亨利，很顺利的。但大家注意，这里面有个九四爻，是不好的。

鼎折足，覆公餗，其形渥，凶。

这个鼎本身有四个脚，其中有一只脚断了，把鼎里面的食物倒出来了，把地弄脏了。凶，当然很不好。孔子怎么解释呢？

子曰：德薄而位尊，知小而谋大，力小而任重，鲜不及矣！失正不中，行事不自量力，似鼎器折足，鼎中储物倒出，鼎身沾满龌龊，凶。

一个人本身没有很高的德行，但占据的地位很高，就是德薄而位尊。大家想想现实中有没有这种情况？就像西方的"彼得定律"，譬如一家企业，有些人占着很高的职位，不断被提拔，提拔到已经超越他的能力范围，后来整个公司因此崩塌了。

《易经》总共有三百多个爻，每个爻都有很深的道理，都可以引申到我们人世间。

《易经》的应用

接下来说到悔吝无咎。我们刚刚讲了，什么叫悔？就是烦恼，后悔。吝是什么？不顺利，碰到了阻碍。要怎么做到无咎呢？"忧悔吝者存乎介"，这个时候，不要怨天尤人，提起正念，行得正、坐得稳、一切从头再来。这个"介"字是什么意思？是正的意思，行正念，做正事。"震无咎者存乎悔"，怎样超越自己的悔吝状态？要多反省自己，才能够突破困境。

所以真正通达的人，一定是"乐天知命，故不忧"。为什么能够乐天知命？即使痛苦、烦恼、艰难，他知道一定有过去的原因，不会怨天尤人，只要好好努力，肯定会变好。反过来讲，即使你现在很得意，很顺利，也要知道，这不是偶然的，不要觉得自己多么伟大，要知道世事是会变的，所以要不断地谦虚努力，再努力。不管是好的环境，坏的环境，都能够随遇而安，这叫作乐天知命。另外，我们更不要期望自己的孩子一辈子顺利，"无病无灾到公卿"，天下没有这种事。苏东坡的《洗儿》诗："人人都说聪明好，我被聪明误一生。但愿生儿愚且鲁，无灾无难到公卿。"

极数知来之谓占，通变之谓事，阴阳不测之谓神。

所以我们讲《易经》的学问，要透过这些卦象、爻变来观察。包括卜卦，知道未来事情会怎样变化。"通变之谓事，阴阳不测之谓神"，最后不需要卜卦就知道事情会怎么变化，理、象、数都通了。那么《易经》的理、象、数的关键是什么？要晓得变通。很多人学《易经》，好像被某一个卦象限死了，这就是被《易经》所限了，不晓得权变。所以学《易经》的目的是要学会变通。

接下来再看卦的"错综复杂"。《易经》里有错卦、综卦，还有交互卦，就是错综复杂的道理。"错综复杂"这个成语就是从《易经》里来的。因为时间关系，我们不深入下去了。所以《易经》是十面看事情，一个卦正面是什么样，反面是什么样，左右两个侧面什么样，还有中心内部的交互卦什么样，一旦一点变了，全部都会跟着变。譬如说我们并购一家公司，里面的董事长变了，交互卦变了，交互卦的反面再加两个侧面，还有上下两面，总共十面都变了。前两天我与我们公司一位做二级市场股票的同事聊天，他说股票也是一样的道理，要多面看事情，否则自己的头脑会混乱。

是以明于天之道，而察于民之故。是兴神物，以前民用。圣人以此齐戒以神明其德夫！

《易经》中强调，作为领导人，除了能够十面看事情，还要能够明于天地运行的法则，而观察人心的趋向及需求，又能够发挥物质的作用，为老百姓创造方便及利益。除此之外，领导人的修养还有一条，要斋戒。现在很多人动不动讲吃斋，恕我直言，一般讲吃斋，只是吃素。真正的斋是什么？是心理的，是心灵的一种清净无为的境界，把自己心里所有的杂念都放下来，没有任何个人的私欲私心，这个叫斋。什么叫戒？心境不为外物所动。譬如古代的国君，在打仗之前要斋戒，把自己关在祖庙里，让自己的心神很宁静、很坚定，那时候作出的决策才不至于犯错。内心越清净，你的感应、智慧就越通达。所以真正的神明是什么？就是智慧的通达，明白了一切人世间的道理。所以古人讲"不学易，不足以为将相"。不只是十面看事情，还要能够"明于天之道，而察于民之故"，同时在自身的修养方面，能做到斋戒，这才是具备了做领导人的条件。

圣人之道四焉

易无思也，无为也，寂然不动，感而遂通天下之故；非天下之至神，其孰能与于此？

我们讲《易经》从形而上的道体讲起，"易无思也，无为也，寂然不动，感而遂通天下之故"，譬如我们说，代表形而上的天，天没有讲过一句话，本来"无思也，无为也"，所以"上天之载，无声无臭"。从修养上，怎样回到本来清清明明觉悟的境界呢？心灵宁静到极点"无思也，无为也"，那时候心不是一无所知，而是活活泼泼，无所不知。所以心能照耀宇宙万事万物，感而遂通，此之谓"非天下之至神，其孰能与于此？"

夫易，圣人之所以极深而研几也，唯深也，故能通天下之志；唯几也，故能成天下之务；唯神也，故不疾而速，不行而至。

子曰：易有圣人之道四焉者，此之谓也。

刚刚我们讲形而上的道体，接下来讲形而下感而遂通的起用。圣人是怎么做的呢？"夫易，圣人之所以极深而研几也，唯深也，故能通天下之志。"圣人能将万事万物，包括其各种变化的现象，深入地研究，人情世故，世界的变化，各种事物的演变他都通达了，自然知道事物演变的规律。"唯几也，故能成天下之务"，什么叫几？事情可变不变，可变未变，就叫作几。譬如一件事情你决定做了，这个几是什么？就是决定往前走；也有可能决定不做了，这也是几。所以一个真正的领袖,对进退存亡的"几"的把握是很关键的,一个人、一家公司成败的关键也是如此。"唯神也,故不疾而速,不行而至",怎么能做到神?就是刚刚我们讲的,心灵宁静,斋戒到极点,那时候你的智慧,自然很通达。不是鬼里鬼气、神神鬼鬼的叫作神。所以孔子说"易有圣人之道四焉者,此之谓也",也就是我们刚刚一开始讲的"易也,无思也,无为也",是形而上的道。形而下要极深而研几,才有办法做到形而下的起用,才能够真正对社会有所贡献。所以圣人之道包含四个方面——无思、无为、极深、研几。

《易经》中的中国文化精神

在这里,我特别提醒大家,学《易经》很容易走入的一个邪路,以为学《易经》就是学卜卦算命。今天一开始,我就开宗明义地讲,如果学《易经》讲得头头是道,只是为了卜卦,能够知道过去未来,没有什么了不起的,这不是我们学《易经》真正的目的。即使你修到神通,掐指一算,什么事都知道,还不是真的学到家。那怎样才是真正到家呢?要斋戒到顶点,洗心退藏于密。洗心是把自己心境里的杂念、私欲彻底清理干净,后来连洗的念头都没有了,才是退藏于密。能够做到这样,你自然神而明之,很多事情都有智慧的判断,自然会得机而动。

但要怎么做到洗心退藏于密呢?基辛格的接班人雷默先生,曾到我们恒南书院参加过南老师百年诞辰纪念会。南老师在世时,他问过南老师一个问题,什么是禅。当时我也在场,南老师回答他说："禅啊，你用西方的逻辑思想，是没办法理解的。禅是'言语道断，心行处灭'。"事实上用一些修养的法门，逐步做到洗心退藏于密，就能做到"言语道断，心行处灭"，如此便能达到《易经》"无思也，无为也，寂然不动，感而遂通"的境界，那时候就能起神明而通的作用。

神以知来，知以藏往，其孰能与于此哉？

所以最高的智慧与德行是什么？是"神以知来，知以藏往"，能够知道过去未来，却依然把自己看得很平凡。不会利用神通去唬人，不会告诉别人可以帮他算命赚钱。等于完全不知不用，但又对社会、国家时代有自己的见解。义所当为的，即使知道要倒霉，还是坚决去做，不会逃避。大家看看，我们的孔老夫子就是这样的人，被道家隐士骂如丧家之犬，但他始终没有逃避困难，他也可以选择躲到深山去做所谓的道人，但他没有这么做。他删《诗》《书》，定《礼》《乐》，著《春秋》，作《易经·系辞》，宁可被骂，也不逃避历史责任。明知不可为而为之，只是尽其在我。这是我们学《易经》真正应该向往的境界，而不是只晓得算命卜卦。

所以《易经》代表了中国文化的精神，即参赞天地之化育，具备神通而不用，不但不用，还把自己的修养，包括心念、智慧整个退藏于密，无思，无为，寂然不动。尤其要做到无所不知，能知过去未来，但仍然吉凶与民同患，对于天下的事情，还是一样地关心，处处为天下生民着想，自己又谦虚到极点，就像普通人一样，非常平凡，这才叫得道之人。二〇〇二年，南老师八十五岁高龄，他为了中国文化慧命的继绝，从香港回到上海，再到吴江太湖建立学堂。他明知不可为而为之，明知走这条路是很辛苦的，但他还是不畏困难和艰苦，这就是圣人真正的行径，也是《易经》所代表的中国文化精神。

是故形而上者谓之道，形而下者谓之器，化而裁之谓之变，推而行之谓之通，举而措之天下之民谓之事业。

总而言之，《易经》的学问是从形而上的道理，一直研究到形而下的世界，以及彼此之间的关联和关系。从乾卦到坤卦，把八八六十四卦的演变，以及宇宙来源的究竟，人世的变化参究透了，才能够"化而裁之谓之变"，晓得如何变化，晓得变的过程，变化的动力、轨迹和趋向，那时你所具备的智慧才能为人类做出真正的大贡献。

是故圣人以通天下之志，以定天下之业，以断天下之疑。

所以我们可以下结论了，《易经》这门学问是干什么的？首先，"以通天下之志"，通达天下的人心趋向以及历史的大势，而不只是为自己算算命、卜卜卦而已。"以定天下之业"，能够使整个天下，整个时代，达到更大的辉煌和健康的发展。"以断天下之疑"，能够决断天下的疑惑。今天我们中华民族，最大的疑惑之一是什么，大家有没有想过？就是如何重建中华民族的文化自信。南老师一辈子都在做的事情就是这个。他很怕我们中国文化断根了，所以在二〇〇八年，南老师要我出来办国学班。有一天晚上，他把我找去说："慈雄啊，中国文化不绝如缕，就像一根丝一样，快要断了，再不好好把它强化，让它恢复生命力，就断了，我们这辈人就成为历史的罪人。"这就是南老师的心情，所以他这辈子就是在重建中国人的文化自信。"举而措之天下之民谓之事业"，这才是千秋的事业，也是全人类，更是我们中华民族，共同举而措之的大事业，也是我们学《易经》，包括学习历代古圣先哲智慧的真正目的。

回顾"遇见南师"系列

最后，我们回顾一下这一年，从二〇二〇年六月份开始，我动了这个念头，跟同学们商量，想讲这样一个"遇见南师"系列的课程，对南老师部分著述进行一个导读。二〇二〇年七月正式开讲，第一讲题目是"重建中国人的文化自信——从'见、闻、思、修'学习南师的教化思想"，事实上我们看南老师的很多书，以及他书里面的很多故事，都在讲见、闻、思、修。

接下来八月份，导读《药师经的济世观》。从中我们学习了药师佛的济世大愿，也就是天下大同的社会理想，以及社会福利思想。

九月份，"从历史哲学看企业经营"，导读《历史的经验》。研究了历史哲学及经验对企业经营的启发。

十月份，"南师的教育思想及实践"，导读《新旧教育的变与惑》与《廿一世纪初的前言后语》，希望大家一起来研究我们现在家庭教育和学校教育的未来发展。

十一月份，"人生的内修外用工夫"，导读《原本大学微言》。如何做到诚意正心修身，反求诸己，去参究怎样做到格物致知。

《大学》中讲七证工夫：知、止、定、静、安、虑、得，这是一套严谨的修炼身心、提升智慧的办法。

十二月份，"中国人的处世圣经"，导读《论语别裁》及《孔子和他的弟子们》。孔子被称为三千年的素王，没有一兵一卒，他和他的弟子们能够影响千秋万世，绝不是偶然。《论语》是一部可以传家、教子，包括在五伦世界里，如何应对进退和修身养性的中国人的处世圣经。

二○二一年的一月份，我们研究了"骑牛的智者"，导读《老子他说》。如何修道？怎样达到道的境界？老子提出"致虚极，守静笃，万物并作，吾以观复"，南师指出"致虚极，守静笃"是修道修养的根本原则。同时，老子也描述了一个有成就的修道人包含七个方面：豫兮若冬涉川，犹兮若畏四邻，俨兮其若容，涣兮若冰之将释，敦兮其若朴，旷兮其若谷，浑兮其若浊。最后老子对于如何入世救世有很多的大智慧。

三月五日，"庄子的入世与解脱"，导读《庄子諵譁》。庄子的逍遥绝不是什么事都不管，他对人世间有很多的理想和情怀，但又不失解脱之道。

三月二十六日，"致中和，天地位焉，万物育焉"，导读《话说中庸》。事实上《大学》和《中庸》都是从《易经》里衍生过来的。《中庸》里特别提到"喜怒哀乐之未发谓之中，发而皆中节谓之和。致中和，天地位焉，万物育焉"，如何调御情绪，发挥这些情绪的大机大用，乃是儒家真正的工夫。

四月三十日，"本无所住而生其心"，导读《金刚经说什么》。这是一本安心立命，应对人生烦恼的书！千余年来，无数人研究

《金刚经》，念诵《金刚经》，因《金刚经》而得到不可思议的感应。

五月二十八日，"宇宙生命科学的实践"，导读《楞严大义今释》，讲身心性命的问题。《楞严经》从现实人生基本的身心说起，等于是一部从心理生理的实际体验，进而实践宇宙生命科学最高原理的纲要。

最后，就是我们今天晚上共同研究的"孔子的《易经》学习心得"，导读《易经系传别讲》《易经杂说》。宇宙万事万物，随时都有正反两种力量的相生相克。深入研究《易经》，修养上做到"无思也，无为也，寂然不动，感而遂通"，进一步掌握变化之机，做到能通天下之志，定天下之业，断天下之疑。

一年时光，就这样很快地过去了，我只是抛砖引玉，很多内容都没有讲完，希望能帮助一些同学跨进这个门槛，希望能够对大家有所帮助。这也是我当时立下的志愿，我这个人一辈子做事，只要想做，总是会尽力去完成。同时也非常感谢我们线上、线下这么多的朋友们、同学们，和我们共度这一年的时光！在这个过程中，我真正深刻体会到教学相长的道理，让我对圣人有了更多的了解，同时自己也学习了很多，希望没有耽误大家时间，谢谢大家。

附录一　南怀瑾先生年谱（简谱）

二〇二二年十月修订

南怀瑾先生，谱名常铿、常泰，又名永宁，学名超，号怀瑾，别号玉溪

1918 年（民国七年）戊午　1 岁

农历二月初六出生于浙江省乐清县翁垟镇地团叶村

父谱名光裕，名正裕，字仰周，号化度（1888~1957）

母赵氏（1891~1990）

1923 年（民国十二年）癸亥　6 岁

开蒙

1928 年（民国十七年）戊辰　11 岁

乐清县立第一高等小学校六年级

1929 年（民国十八年）己巳　12 岁

小学毕业

1930 年（民国十九年）庚午　13 岁

从学朱味温先生、叶公恕先生

乐清县井虹寺玉溪书院自读

1931 年（民国二十年）辛未　14 岁

自读

1932 年（民国二十一年）壬申　15 岁

自读

1933 年（民国二十二年）癸酉　16 岁

自读

1934 年（民国二十三年）甲戌　17 岁

结婚，妻王翠凤（1916~2009）

长子南宋钏出生

1935 年（民国二十四年）乙亥　18 岁

于杭州入学浙江省国术馆

孤山文澜阁藏书楼，阅《四库全书》

里西湖闲地庵出家师赠《金刚经》《指月录》

秋水山庄，阅道家秘本等藏书

1936 年（民国二十五年）丙子　19 岁

杭州之江文理学院中国文学系旁听

1937 年（民国二十六年）丁丑　20 岁

次子南小舜出生

浙江省国术馆毕业

浙江省学生集中训练总队技术教官

七七事变，由杭州径赴四川成都

1938年（民国二十七年）戊寅 21岁

参贤访道

1939年（民国二十八年）己卯 22岁

创办"大小凉山垦殖公司"（一年后结束）

1940年（民国二十九年）庚辰 23岁

四川宜宾《金岷日报》编辑

成都中央陆军军官学校政治教官

1941年（民国三十年）辛巳 24岁

成都金陵大学社会福利行政特别研究部选读

中央陆军军官学校政治研究班（第十期）修业

1942年（民国三十一年）壬午 25岁

参加袁焕仙先生主持的灌县灵岩寺禅七

随袁焕仙先生至重庆，会见主持护国息灾法会的虚云老和尚、贡噶呼图克图

1943年（民国三十二年）癸未 26岁

参与筹创维摩精舍

入峨眉山大坪寺闭关，阅藏

1944年（民国三十三年）甲申 27岁

闭关，阅藏

1945 年（民国三十四年）乙酉　28 岁

闭关，阅藏。秋后转至乐山五通桥继续闭关，阅《永乐大典》《四部备要》等

11 月 9 日（农历十月初五），在成都大慈寺万佛楼，贡噶呼图克图等授予三坛大戒

1946 年（民国三十五年）丙戌　29 岁

新正后转至多宝寺（大坪寺下院）继续闭关

主持大竹县文昌阁禅七

走康藏参访密宗上师

应邀赴昆明讲学

年底，自昆明赴上海，转杭州

1947 年（民国三十六年）丁亥　30 岁

返乐清故里省亲

修南氏家谱

1948 年（民国三十七年）戊子　31 岁

旅台三个月后，返杭州

江西庐山大天池短期闭关

杭州武林佛学院教师

再阅文澜阁《四库全书》等藏书

1949 年（民国三十八年）己丑　32 岁

只身赴台

台湾《全民日报》社论委员

结婚，妻杨晓薇（1928～2011）

组公司"义利行"，三条机帆船从事货运

1950 年　庚寅　33 岁

"义利行"船只被官方征用，三船火灾沉舟山

长女南可孟出生

1951 年　辛卯　34 岁

基隆佛教讲堂讲佛法

1952 年　壬辰　35 岁

次女南圣茵出生

1953 年　癸巳　36 岁

写作

1954 年　甲午　37 岁

主持台北观音山凌云寺禅七

三子南一鹏出生

1955 年　乙未　38 岁

主持七堵法严寺禅七

台湾初版《禅海蠡测》

1956 年　丙申　39 岁

杨管北先生邀请，讲佛经

1957 年　丁酉　40 岁

四子南国熙出生

1959 年　己亥　42 岁

讲《楞严经》

1960 年　庚子　43 岁

主持新北投居士林禅七

台湾初版《楞严大义今释》

1961 年　辛丑　44 岁

台北寓所掩关

写作

1962 年　壬寅　45 岁

主持新北投居士林禅七

台湾初版《禅宗丛林制度与中国社会》《孔学新语》

1963 年　癸卯　46 岁

主持新北投居士林禅七

辅仁大学讲"哲学与禅宗"

1964 年　甲辰　47 岁

写作

1965 年　乙巳　48 岁

主持北投奇岩精舍禅七

台湾初版《楞伽大义今释》

兼任教授：陆军理工学院、辅仁大学、台湾中国文化学院

1966年　丙午　49岁

主持北投奇岩精舍禅七

应邀于台湾三军各基地巡回讲演中国文化

兼任教授：辅仁大学、台湾中国文化学院

1967年　丁未　50岁

台湾中华学术院研士

兼任教授：辅仁大学、台湾中国文化学院

1968年　戊申　51岁

主持台北禅七法会

台湾初版《禅与道概论》

1969年　己酉　52岁

辅仁大学讲《易经》、"中国哲学史"

台湾师范大学讲"佛学概论"

随台湾"中日文化访问团"赴日，应邀发言（《致答日本朋友的一封公开信》）

于美国加州先创办东西精华协会分会

1970年　庚戌　53岁

东西精华协会总会成立大会

开设禅学班（台北市青田街）

成功大学讲"廿一世纪的文明与禅学"

台湾初版《维摩精舍丛书》(袁焕仙著，南怀瑾等整理)

兼任教授：辅仁大学

1971 年　辛亥　54 岁

主持禅学班禅七

创办《人文世界》月刊

东西精华协会迁至台北市临沂街莲云禅苑四楼，定期讲课

兼任教授：辅仁大学

1972 年　壬子　55 岁

主持东西精华协会禅七

定期讲课

各大学邀请讲演

兼任教授：辅仁大学

1973 年　癸丑　56 岁

在莲云禅苑四楼主持禅七

杨管北先生邀请，讲《金刚经》

台湾中华电视台邀请，讲《论语》

台湾初版《静坐修道与长生不老》《禅话》

兼任教授：辅仁大学

1974 年　甲寅　57 岁

"恒庐"(台湾国民党中央党部大陆工作会)邀请，讲《论语》

高雄佛光山邀请，讲"丛林制度"

东西精华协会迁至台北市信义路三段，讲《难经》

台湾初版《周易今注今译》（南怀瑾、徐芹庭合著）

1975 年　乙卯　58 岁

在佛光山大悲殿主持禅七

"恒庐"邀请，讲《易经》、"历史的经验"、"革命哲学"

东海大学历史研究所，讲"隋唐五代文化思想史"

《青年战士报》慈湖版连载《论语别裁》讲记

1976 年　丙辰　59 岁

台湾中国广播公司邀请，讲《易经》

青年战士报社，讲"唯识研究"、《孟子》

创办老古出版社

台湾初版《习禅录影》《论语别裁》

1977 年　丁巳　60 岁

台北寓所掩方便关

台湾初版《新旧的一代》

1978 年　戊午　61 岁

在台北佛光别院，讲"融会显密圆通修证次第"

台湾初版《南氏族姓考存》、《正统谋略学汇编初辑》（三十四卷五十本）

1979 年　己未　62 岁

主持新正禅七

洗尘法师从香港来敦请主持十方丛林书院

为出家同学讲"佛教佛法与中国历史文化"、《禅秘要法》

讲《大圆满禅定休息清净车解》、《宗镜录》、《大乘要道密集》、《楞严经》、《大比丘三千威仪》、"诗学"等

1980 年　庚申　63 岁

东西精华协会迁至台北市信义路二段复青大厦九楼

假台北市辛亥路救国团活动中心主持禅七

老古出版社改组为老古文化事业股份有限公司

十方丛林书院成立，开设定期课程

为台湾军方将领、政要、企业界领导组成的文化专题研究班，讲《左传》《战国策》《史记》《长短经》《汉书》《管子》《易经系传》等

主持十方丛林书院禅七

台湾初版《参禅日记》（初集）（金满慈著，南怀瑾批）

1981 年　辛酉　64 岁

主持十方丛林书院教务

假东西精华协会大礼堂，举行"南氏宗亲新正祭祖大典"

创办《知见》杂志

1982 年　壬戌　65 岁

主持十方丛林书院学员新正特别修定训练

政治大学东亚研究所兼任教授，讲"中华文化大系"

1983 年　癸亥　66 岁

与美国斯坦福大学哈门教授谈全球性前提计划

主持十方丛林书院教学

政治大学东亚研究所兼任教授,讲"中华文化大系"

台湾初版《定慧初修》(袁焕仙、南怀瑾合著)、《参禅日记》(续集)(金满慈著,南怀瑾批)

1984年　甲子　67岁

主持东西精华协会(台北禅学中心)新正精进禅修

美国禅学大师卡普乐先生来访

英国学者李约瑟先生来访(陈立夫先生陪同),讨论道家学术问题数小时

政治大学东亚研究所兼任教授,讲"中华文化大系"

台湾初版《金粟轩诗词楹联诗话合编》《孟子旁通》《旅台南氏家族记要》

美国初版英文译本《静坐修道与长生不老》(Tao E LONGEVITA)

1985年　乙丑　68岁

寒假禅修课程

十方丛林书院结束

离台赴美

在天松阁寓所,讲《圣经·启示录》

台湾初版《历史的经验》、《道家、密宗与东方神秘学》、《观音菩萨与观音法门》(合著)

1986年　丙寅　69岁

夏,移居兰溪行馆

成立东西学院

台湾初版《中国文化泛言》《一个学佛者的基本信念》《禅观正脉研究》

美国初版英文译本《习禅录影》之"一九六二年禅七"(*Grass Mountain*)

意大利文译本初版《静坐修道与长生不老》(*Tao and Longevity*)

1987 年　丁卯　70 岁

于兰溪行馆为大陆留学生等讲"中国未来之前途"(共四十三讲)

讲"密宗大手印"、"佛学大纲"、《佛为阿难说处胎会》、《易经》

台湾初版《老子他说》(上)、《易经杂说》、《中国佛教发展史略述》、《中国道教发展史略述》、《金粟轩纪年诗初集》、《怀师——我们的南老师》

1988 年　戊辰　71 岁

离美赴港

老友贾亦斌先生从北京来访,谈两岸事

香港佛教图书馆,讲"唯识"

温州政府代表来访,谈金温铁路修建事

大陆初版《维摩精舍丛书》(袁焕仙著,南怀瑾等整理)(繁体字木刻版影印)

韩国初版韩文译本《静坐修道与长生不老》

1989 年　己巳　72 岁

主持新正禅修

金温铁路建设意向确定

讲《庄子》选篇

台湾初版《如何修证佛法》

1990 年　庚午　73 岁

应邀返台湾谈两岸事

两岸国共两党密使会谈于香港寓所

讲"三十七菩提道品"

指导《大智度论》研究

个人捐资设立温州南氏医药科技奖励基金

大陆简体字初版《静坐修道与长生不老》《论语别裁》

1991 年　辛未　74 岁

讲"静坐要诀"、《百法明门论》、《肇论》

台湾初版《易经系传别讲》

大陆简体字初版《孟子旁通》、《老子他说》(上)、《禅宗与道家》

1992 年　壬申　75 岁

正式签订金温铁路修建协议

修建金温铁路的合资公司在浙江温州开业

拟《和平共济协商统一建议书》

个人捐资成立南氏农业科技成果奖

台湾初版《圆觉经略说》《金刚经说什么》

大陆简体字初版《历史的经验》、《观音菩萨与观音法门》

（合著）

1993 年　癸酉　76 岁

讲"生命科学研究"（共三十五讲）

大陆简体字初版《如何修证佛法》《楞严大义今释》《楞伽大义今释》《金刚经说什么》《圆觉经略说》

美国初版英文译本《如何修证佛法》（上）（*Working Toward Enlightenment*）

1994 年　甲戌　77 岁

主持厦门南普陀寺禅七"生命科学与禅修实践研究"

讲"生命科学研究"（共七十七讲）

大陆简体字初版《禅海蠡测》、《禅话》、《参禅日记》（初、续集）（金满慈著，南怀瑾批）

美国初版英文译本《如何修证佛法》（下）（*To Realize Enlightenment*）

法国初版法文译本《道家密宗与东方神秘学》之节录（*YI KING*）

1995 年　乙亥　78 岁

主持新正禅修

美国彼得·圣吉教授初次来访

应邀赴法国文化交流考察

台湾初版《药师经的济世观》

大陆简体字初版《亦新亦旧的一代》《中国文化泛言》

美国初版英文译本《禅与道概论》之"禅的部分"(*The Story of CHINESE ZEN*)

1996年　丙子　79岁

个人出资五百多万元人民币改扩建幼时旧居后，捐赠乐清地方政府，作为"乐清老幼文康活动中心"，题写匾名并作《乐清老幼文康活动中心赠言》：

我生于此地长于此地，而十七年后，即离乡别土。情如昔贤所云：身无半亩，心忧天下；读书万卷，神交古人。旋经代嬗五六十年后，父罹世变，未得藻雪，老母百龄，无疾辞世，虽欲归养而不可得，故有此筑，即以仰事父母之心转而以养世间父母，且兼以蓄后代子孙。等身著作还天地，拱手园林让后贤。以此而报生于此土长于此土之德，而无余无负。从今以后，成败兴废，皆非所计。或嘱有言，则曰：人如无贪，天下太平，人如无嗔，天下安宁。愿天常生好人，愿人常做好事。

岁次乙亥冬月中旬即一九九六年一月上旬
南怀瑾书时年七十八

大陆简体字初版《中国佛教发展史略》《中国道教发展史略》《易经杂说》《易经系传别讲》《道家、密宗与东方神秘学》《禅观正脉研究》《习禅录影》

1997年　丁丑　80岁

主持新正禅修

于香港光华文化中心，为彼得·圣吉教授等主持七天禅修金温铁路全程铺通，感言：铁路已铺成，心忧意未平，世间须大道，何只羡车行。提出"功成身退，还路于民"

美国初版英文译本《中国佛教发展史略述》(*Basic Buddhism*)

韩国初版韩文译本《易经系传别讲》

1998 年　戊寅　81 岁

台湾初版《原本大学微言》、《南怀瑾与金温铁路》（侯承业编记）

大陆简体字初版《原本大学微言》

法国初版法文译本《如何修证佛法》（上）

韩国初版韩文译本《易经杂说》

1999 年　己卯　82 岁

受邀在吴江宾馆，与吴江政府代表商谈文化投资事宜

台湾初版《禅门内外——南怀瑾先生侧记》（刘雨虹著）

韩国初版韩文译本《金刚经说什么》

2000 年　庚辰　83 岁

讲学

写作

2001 年　辛巳　84 岁

创设东西精华农科（苏州）有限公司，任董事长

2002 年　壬午　85 岁

主持新正禅修

台湾初版《布施学——毗耶娑问经》

大陆简体字初版《药师经的济世观》、《定慧初修》(袁焕仙、南怀瑾合著)、《学佛者的基本信念》

韩国初版韩文译本《论语别裁》(上、下)

2003 年　癸未　86 岁

主持浙江义乌双林寺禅修

台湾初版《现代学佛者修证对话》(上)

韩国初版韩文译本《静坐修道与长生不老》(《静坐修道讲义》新译本)、《如何修证佛法》(《佛教修行法》)

2004 年　甲申　87 岁

移居上海

与中国科技大学联合举办"中国传统文化与认知科学、生命科学、行为科学"专题研讨会,在吴江七都讲课

上海兴国宾馆二楼,讲"读书和工商文化"

上海国家会计学院,讲"大会计?"

台湾初版《现代学佛者修证对话》(下)

美国初版英文译本《金刚经说什么》(Diamond Sutra Explained)

韩国初版韩文译本《原本大学微言》(上、下)

2005 年　乙酉　88 岁

资助《仓央嘉措》纪录片拍摄工作

上海四季酒店,讲"人文问题"

上海市宛平宾馆会议厅,讲"中国传统文化与经济管理"

为美国来访学者讲"企业之道、管理要义、修行入门、认知科学"等

台湾初版《花雨满天维摩说法》

2006 年　丙戌　89 岁

独资创办"吴江太湖文化事业有限公司"

主持"禅与生命科学的实践研究"

上海美仑大酒店会议厅，对新闻出版界讲演

彼得·圣吉教授及 ELIAS 国际跨领域领导人组团参学

台湾初版《庄子諵譁》《南怀瑾与彼得·圣吉》

筹建恒南书院

为美国管理协会（中国）讲"现代工商业企业家的修养"

2007 年　丁亥　90 岁

独资创办"吴江市太湖大学堂教育培训中心"（简称"太湖大学堂"）

解答法国参学团关于"道家、观心法门、医疗与养生、生死"等问题

净慧老和尚邀请，作《序说虚老年谱》文，题写《虚云老和尚全集》书名

获江苏省吴江市政府授予"荣誉市民"

台湾初版《南怀瑾讲演录》《与国际跨领域领导人谈话》《人生的起点和终站》《答问青壮年参禅者》

大陆简体字初版《南怀瑾讲演录》《南怀瑾与彼得·圣吉》《庄子諵譁》

2008 年　戊子　91 岁

独资创办"吴江太湖国际实验学校"

国际教育研讨会

与人民出版社黄书元社长一行，议定著作授权出版事宜，亲自签署合约（以"东方出版社"名义出版著作简体字版）

开办太湖大学堂国学经典导读讲习班

为香港瑜伽团队讲课

托宗性法师代查袁焕仙先生灵骨下落

推动中印文化交流，捐资印度龙城龙树学院建造佛像、培训中心

支援中医四诊仪研制

支持北京桂馨慈善基金会

台湾初版《小言黄帝内经与生命科学》《禅与生命的认知初讲》《漫谈中国文化》

大陆简体字初版《人生的起点和终站》《答问青壮年参禅者》《小言黄帝内经与生命科学》《漫谈中国文化》

大陆初版英文版《静坐修道与长生不老》《中国佛教发展史略述》

2009 年　己丑　92 岁

个人出资并委托宗性法师代为主持修建袁焕仙先生灵骨塔工程（登琨艳设计）

主持太湖大学堂禅七

彼得·圣吉教授等数十位学者来参学，研讨"科学与哲学、宗教、人性、社会"等问题

推动复建禅宗曹洞宗祖庭洞山寺

对太湖国际实验学校学生家长研修班讲话

台湾初版《我说参同契》《老子他说（续集）》

大陆简体字初版《禅与生命的认知（初讲）》、《我说参同契》（上、中）

2010年　庚寅　93岁

对太湖国际实验学校学生家长、教师数次讲话

对太湖大学堂经史合参班第一期学员讲话，授课

"音声法门"、"音声与疾病诊断"答疑，指导《华严字母》学习

台湾初版《列子臆说》

大陆简体字初版《我说参同契》（下）、《老子他说（续集）》、《维摩诘的花雨满天》（上、下）、《列子臆说》（上）

韩国初版韩文译本《人生的起点和终站》

2011年　辛卯　94岁

对太湖国际实验学校新生家长讲话

台湾初版《孟子与公孙丑》

大陆简体字初版《列子臆说》（中、下）、《孟子与公孙丑》

韩国初版韩文译本《定慧初修》（袁焕仙、南怀瑾合著）

2012年　壬辰　95岁

讲"女性修养教育""子女教育""母仪修养"

答复中国航天员科研训练中心航天员医监医保室管理及研究人员，关于"航天员如何在未来二〇二二年空间站内停留几百天"

等问题

对太湖国际实验学校第一届学生毕业典礼致临别赠言

对太湖国际实验学校家长讲话

捐赠十八亩土地使用权及个人稿费一百万元人民币，资助修建吴江庙港老太庙文化广场

以个人身体情状为例说明医理；谈病与十二时辰经脉运行的关系、《验方新编》噎膈的理法方药、如何面对生死与疾病、如何面对人生的最后等问题；谈根本气

辞世（九月廿九日十六时廿九分）

台湾初版《〈瑜伽师地论·声闻地〉讲录》《廿一世纪初的前言后语》《孟子与离娄》《孟子与万章》

大陆简体字初版《廿一世纪初的前言后语》《〈瑜伽师地论·声闻地〉讲录》

韩国初版韩文译本：《圆觉经略说》、《漫谈中国文化》（《中国文化漫谈》）

先生辞世后

南怀瑾文化事业有限公司在台湾设立

南怀瑾文化事业有限公司台湾初版：《孟子与尽心篇》、《孟子与滕文公、告子》、《太极拳与静坐》、《话说中庸》、《对日抗战的点点滴滴》、《大圆满禅定休息简说》、《我的故事我的诗》、《洞山指月》、《禅海蠡测语译》（南怀瑾原著，刘雨虹语译）、《金粟轩纪年诗》（南怀瑾原著，林曦注释）、《南师所讲呼吸法门精要》（刘雨虹汇编）、《东拉西扯——说老人、说老师、说老话》（刘雨虹著）、《点灯的人》（东方出版社编）、《云深不知处》（刘雨虹编）、《跟着

南师打禅七》(刘雨虹编)、《说不尽的南怀瑾》(查旭东著)、《说南道北——说老人、说老师、说老话》(刘雨虹著)、《南怀瑾与杨管北》(刘雨虹编)《怀师之师——袁公焕仙先生诞辰百卅周年纪念》(刘雨虹编辑)、《百年南师——纪念南怀瑾先生百年诞辰》(刘雨虹编)、《中医医理与道家易经》、《怀师的四十三封信》、(刘雨虹编)、《怀师的四十八本书》(刘雨虹著)、《谈天说地——说老人、说老师、说老话》(刘雨虹著)、《照人依旧披肝胆　入世翻愁损羽毛——刘雨虹访谈录》(岱峻编著)、《传统身心性命之学的探讨》

南怀瑾文化事业有限公司校订台湾繁体字再版：《孟子与万章》、《孟子与离娄》、《孟子与公孙丑》、《禅海蠡测》、《孟子旁通》、《我说参同契》(上、中、下)、《人生的起点和终站》、《孔子和他的弟子们》(原名《孔学新语》)《漫谈中国文化》、《〈瑜伽师地论·声闻地〉讲录》(上、下)、《静坐修道与长生不老》、《圆觉经略说》、《答问青壮年参禅者》、《如何修证佛法》、《药师经的济世观》、《禅、风水及其他》(刘雨虹著)、《新旧教育的变与惑》(原名《新旧的一代》)、《禅与生命的认知初讲》、《易经系传别讲》(上、下)、《道家密宗与东方神秘学》《花雨满天维摩说法》(上、下)、《金刚经说什么》(上、下)、《禅宗新语》(原名《禅话》)、《楞严大义今释》、《一个学佛者的基本信念》、《历史的经验》、《南怀瑾与彼得·圣吉》、《禅观正脉研究》

大陆简体字初版：《孟子与离娄》、《孟子与万章》、《孟子与尽心篇》、《孟子与滕文公、告子》、《太极拳与静坐》、《话说中庸》、《历史的经验》增订本（附《对日抗战的点点滴滴》)、《孔子和他的弟子们》(原名《孔学新语》)、《大圆满禅定休息简说》、《定慧初修》（袁焕仙、南怀瑾著）、《禅海蠡测语译》（南怀瑾著，刘雨虹译）、《南师所讲呼吸法门精要》（刘雨虹汇编）、《禅门内外——南怀瑾先生侧记》（刘雨虹著）、《南怀瑾与金温铁路》（侯承业编著）、《东拉西扯——说老人、说老师、说老话》（刘雨虹著）、《点灯的人》（东方出版社编）、《云深不知处》（刘雨虹编）、《说不尽的南怀瑾》（查旭东著）、《洞山指月》、《易经与中医》、《怀师的四十三封信——南怀瑾致刘雨虹书信四十三札》（刘雨虹编）

大陆初版日文译本：《论语别裁》（上、下）

韩国初版韩文译本：《老子他说》（上、下）、《禅与生命的认知初讲》、《楞伽大义今释》、《孟子与公孙丑》、《孟子旁通》、《庄子諵譁》（上、下）、《小言黄帝内经与生命科学》、《药师经的济世观》、《花雨满天维摩说法》（上、下）、《孟子与尽心篇》、《定慧初修》（袁焕仙、南怀瑾合著）、《南师所讲呼吸法门精要》（刘雨虹汇编）、《佛说入胎经》（南怀瑾指导，李淑君译）、《南怀瑾谈历史与人生》（练性乾编）、《话说中庸》、《道家、密宗与东方神秘学》、《大圆满禅定休息简说》、《我说参同契》（上、下）、《〈瑜伽师地论·声闻地〉讲录》（上、下）

初版法文译本：《般若正观略讲》（*Le Sûtra du coeur*，即《心经讲记》）

日本初版日文译本：《人生的起点和终站》《孔子和他的弟子们》《小言黄帝内经与生命科学》

附录二　恒南书院缘起

恒南书院是秉承先师南怀瑾先生意愿而建造。时在二〇〇六年，因思于沪上建造书院，作为先生弘扬中华文化基地之一，先生欣然首肯，并定名为"南怀瑾书院"。

二〇〇七年选定浦江镇恒南路为书院址，此处位于友谊河及三友河之侧，颇有儒释道三友及东西文化二友之意涵。即由美国名设计师 Ken Jenkins 设计，先生并亲加指示，再由斯米克公司房产部汪松等负责建造，五年始竣工建成。

因建筑力求完美故，南师于二〇一一年对我说："慈雄啊！房屋不重要，重要的是内容，赶快盖好吧！不要等公路修好时，车子已跑不动了。"岂知一语成谶，先生竟未能亲临讲课，令人痛悔无尽。

二〇一二年八月，诸事完备后，本定于十月一日至十日，请先生入驻书院讲学，不料先生已掩关谢客，但仍召余入室曰："学院你先安排开始文化活动吧！待我康复后再去讲课不迟。"

九月底，先生却舍寿辞世了。无奈之下，书院更名为"恒南"，吾等尊师遗嘱，自当继续先生遗志，为中华文化的发扬而努力，并结合科学，提升身心性命的认知调御之研究，才不负先生多年教导之恩。

李慈雄记